장자(莊子)의 이해

삶의 자유로움을 위하여

정태성

도서출판 코스모스

삶의 자유로움을 위하여

장자(莊子)의 이해

정태성

머리말

언젠가부터 시간이 날 때면 옛 고전을 읽기 시작하게 되었습니다. 논어, 맹자, 중용, 대학, 도덕경, 장자 등 읽을 때마다 새로운 것을 배울 수 있었고 저 자신을 돌아보게 만들어 주었습니다.

초등학교 3학년 겨울 방학 때 집 근처에 사시던 외할아버지께 한문을 조금 배운 것이 취미로 남아 지금까지 혼자서 이러한 고전들을 읽으며 그 지혜를 알고자 하는 것을 좋아하고 있는 것 같습니다.

읽은 것을 또 읽으면 전에 읽었을 때 잘 몰랐던 것이 다시 이해되는 신기함이 있었습니다. 제가 옛글을 읽는 것을 좋아하는 이유는 무엇보다도 더 나은 저 자신이 될 수 있는 기회를 고전은 부여해주고 있기 때문입니다.

장자를 읽으며 그 깊은 뜻을 이제 조금이나마 이해할 수 있는 것 같아 책으로 묶어 보았습니다. 양이 워낙 방대하여 제가 느끼고 생각하는 것은 최소한으로 줄였습니다. 각 해석의 뒤에 나오는 기호 "[ ]" 안의 내용은 순수한 제 생각입니다. 물론 제가 잘못 이해하는 것도 있을 것이지만 문제가 있는 것은 다음에 좀 더 보완하도록 하려 합니다.

옛 고전의 이해는 그 끝을 알기가 힘든 것 같습니다. 아직도 제 지식이 너무 부족하여 책 뒷부분에 있는 여러 좋은 장자에 관한 책들을 참고로 하였습니다.

장자라는 책의 내용을 한마디로 요약하라고 물으신다면 저는 "삶의 자유로움을 얻기 위함"이라고 답하고 싶습니다. 우리는 길지도 않은 한 평생동안 무수한 일들을 겪으며 살아가고 있습니다. 힘들고 아프고 상처받고 고통스러운 일들이 계속 일어납니다. 물론 좋은 일도 있기는 하지만 힘든 날도 많은 것이 사실입니다. 제가 생각하기에 장자는 이러한 우리의 인생을 자연의 원리에 따라 살아가면 더 평안하고 자유로운 삶을 살아갈 수 있을 것이라고 이야기하고 있는 듯합니다.

생각해 보면 우리가 살고 있는 지구라는 엄청나게 커다란 행성이 태양 주위를 지난 45억 년 동안 큰 변화 없이 계속 공전하며 오늘에 이르고 있습니다. 어떻게 이러한 일이 가능한 것일까요? 그것은 다 자연의 섭리를 따르기 때문입니다. 장자가 이야기하고 있는 자연은 그냥 우리 주위에서 보고 느끼는 것이 아닌 그 이상의 무엇을 말합니다.

우리의 삶도 그러한 자연의 섭리를 따라 살아갈 때 진정한 삶의 자유를 누릴 수 있을 것으로 생각합니다. 비록 부족하지만 이 책을 읽는 분 중에 한 분에게라도 조그만 힘이 되기를 바랍니다.

2021. 10.

지은이

차례

〈內篇〉

第一 逍遙遊
第二 齊物論
第三 養生主
第四 人間世
第五 德充符
第六 大宗師
第七 應帝王

〈外篇〉

第八 駢拇
第九 馬蹄
第十 胠篋
第十一 在宥
第十二 天地
第十三 天道
第十四 天運
第十五 刻意
第十六 繕性

第十七　秋水
第十八　至樂
第十九　達生
第二十　山木
第二十一　田子方
第二十二　知北遊

〈雜篇〉

第二十三　庚桑楚
第二十四　徐無鬼
第二十五　則陽
第二十六　外物
第二十七　寓言
第二十八　讓王
第二十九　盜跖
第三十　說劍
第三十一　漁父
第三十二　列禦寇
第三十三　天下

〈內 篇〉

第一 逍遙遊

1. 소요유

[소요유란 어슬렁 어슬렁 놀며 다닌다는 뜻이다. 이는 삶의 온전한 자유를 말함이다. 세상의 여러 가지에 집착하거나 연연해 하지 않고 속세를 초월한다는 의미이다. 이를 위해서는 대부분의 사람들이 생각하는 것을 따라서는 안 된다. 삶의 조그만 것에 매여 힘들게 살아가는 이유는 사고의 자유함과 유연함이 없기 때문이다. 자유로운 삶을 위해서는 우리가 현재 가지고 있는 사고의 패턴을 깨나가야 한다. 그러한 한계를 넘어서 더 나은 모습을 나아가는 것이 우리가 현재 존재하는 이유라 할 수 있다.]

北冥有魚 其名爲鯤。鯤之大 不知其幾千里也。化而爲鳥 其名爲鵬。鵬之背 不知其幾千里也 怒而飛 其翼若垂天之雲。是鳥也 海運則將徙於南冥。南冥者 天池也。

齊諧者 志怪者也。諧之言曰 鵬之徙於南冥也 水擊三千里 摶扶搖而上者九萬里 去以六月息者也。

북쪽 바다에 물고기가 있어 그 이름을 곤이라고 하는데, 그 크기가 몇 천리나 되는지 알 수가 없다. 그것이 변화해서 새가 되니 그 이름을 붕이라 하며 이 붕의 등 넓이도 몇 천리나 되는지 알지를 못한다. 이 새가 한번 기운을 내서 날게 되면 그 날개는 마치 하늘에 드리운 구름과 같을 정도다. 이 새는 바다 기운이 움직일 때 남쪽 바다로 옮겨가려고 하는데 남쪽 바다란 천지를 말한다. 제해란 기괴함을 적은 것으로 거기에 이런 말이 있다. "붕새가 남쪽 바다로 옮겨갈 때에는 물결을 치는 것이 삼천리요, 회오리 바람을 타고 구만리나 올라가 육 개월을 가서야 쉰다."라고 하였다.

[곤이라는 물고기의 크기는 몇 천리나 된다고 하는데 사실일까? 그렇게 커다란 물고기가 새로 변했는데 그 새의 크기도 몇 천리나 된다고 하는데 믿을 수 있는 것일까? 장자는 왜 이렇게 말도 안되는 이야기를 하고 있는 것일까? 그 이유는 우리가 가지고 있는 통념을 깨기 위해서이다. 모든 가능성을 열어 두고 마음을 비우고 내가 가지고 있는 고정관념이나 편견을 깨기 위해 말도 안되는 이야기들을 하고 있는 것이다. 우리가 현재 알고 있는 것에 모든 것을 담으려 한다면 우리의 세계는 그만큼 작은 상태에서 벗어날 수 없다. 즉 우물 안 개구리가 보는 세계가 작듯이 우리가 가지고 있는 편견과 통념이 고정되어 버리면 그만큼 우리가 볼 수 있는 세계가 한정될 수 밖에 없기 때문에 장자는 이것을 깨고 싶은 것이다. 더 커다란 세계로 나아가기 위해서, 더 나은 나의 모습으로 발전되기 위해서 우선 해야 할 것은 지금 가지고 있는 통념을 깨는 것이다.]

野馬也 塵埃也 生物之以息相吹也。天之蒼蒼 其正色邪 其遠而無所至極邪 其視下也亦若是 則已矣。

且夫水之積也不厚 則其負大舟也無力。覆杯水於坳堂之上 則芥爲之舟 置杯焉則膠 水淺而舟大也。風之積也不厚 則其負大翼也無力。故九萬里則風斯在下矣 而後乃今培風 背負青天而莫之夭閼者 而後乃今將圖南。

아지랑이와 티끌은 생명체가 불어내는 입김이다. 하늘이 저렇게 푸른 것은 저 하늘의 본래의 빛일까? 너무 멀어서 끝이 없는 까닭인 것일까? 저 위에서 이 지상을 굽어보아도 아마도 같을 것이다. 대체로 물이 고인 곳이 깊지 못하면 큰 배를 띄울 수가 없다. 한 잔의 물을 뜰의 패인 곳에 부으면 하나의 지푸라기는 배 같이 뜨지만, 술잔을 띄우면 가라앉는다. 물은 얕고 배는 크기 때문이다. 바람이 쌓인 것이 두텁지 않으면 저 붕새의 큰 날개를 날리기에는 힘들 것이다. 그러므로 구만리쯤이나 올라가야 바람이 그 밑에 있게 되고, 그런 뒤에야 바람을 타고 푸른 하늘을 날아가는데, 가로막는 것이 없어야 곧 남쪽으로 갈 수 있는 것이다.

[땅에서 하늘을 보나 하늘에서 땅을 보나 마찬가지인 것은 자연은 어느 쪽에서 보건 별 차이가 없다는 뜻이다. 어떤 사물을 볼 때 이쪽에서 보는 것이나 저쪽에서 보는 것이나 같은 사물에 불과하다. 같은 사물일진대 보는 위치에 따라 다르게 보인다면 문제가 있는 것이다. 이렇듯 자연의 원리는 어디에서나 같을 수밖에 없다. 조그만 물 웅덩이에는 조그만 것은 뜨지만 더 큰 것은 가라앉는다. 커다란 물 웅덩이라도 마찬가지이다. 커다란 물 웅덩이라고 해서 모든 것이 다 뜨는 것은 아니다. 보편 법칙이란 이 자연의 세계에서 모든 것이 모두 해당되는 법칙을 말한다. 그 보편 법칙에 따라 자연이 움직인다. 우리 인간도 자연의 일부이기에 자연의 원리에 따라 살아가야 한다. 작은 것이 하늘을 나는 것이나 아주 큰 것이 하늘을 나는 것도 다 같은 원리에 의해서 가능한 것이다.]

蜩與學鳩笑之曰 我決起而飛 槍楡枋 時則不至而控於地而已矣 奚以之九萬里而南爲?

適莽蒼者三餐而反 腹猶果然 適百里者宿舂糧 適千里者三月聚糧。之二蟲又何知? 小知不及大知 小年不及大年。奚以知其然也 朝菌不知

晦朔 蟪蛄不知春秋 此小年也。

매미와 작은 새는 이를 비웃는다. “우리는 높이 솟아올라 느릅나무나 박달나무가 있는 곳까지 가려 해도 때로는 이르지 못하고 땅바닥에 떨어지고 마는데, 어째서 구만리나 올라가서 남쪽으로 가려 하는가?” 가까운 들판으로 가는 자는 세 끼니만 먹고 돌아와도 배가 여전하지만, 백 리를 가는 사람은 전날 밤부터 양식을 준비해야 하고, 천 리를 가는 자는 3개월 동안의 양식을 준비해야 하는 법이니, 이 두 마리 벌레들이 또한 무엇을 알겠는가, 작은 지혜는 큰 지혜에 미치지 못하고, 단명하는 이는 장수하는 이에 미치지 못한다. 어째서 그런 줄 아는가? 아침나절에만 사는 버섯은 그믐과 초승을 알지 못하고, 쓰르라미는 봄과 가을을 알지 못하니 수명이 짧기 때문이다.

[자기 자신을 아는 것이 중요하다. 자신이 어떤 존재인지 모른다는 것은 어쩌면 슬픈 일인지도 모른다. 여름철에만 사는 곤충은 봄이나 가을 겨울을 전혀 알지 못한다. 하루만 살다가는 생명체는 한 달을 이해하지 못한다. 우리가 아는 만큼 세상이 보이는 것이다. 그렇기에 이를 위해서는 우리의 인식의 한계를 깰 필요가 있다. 우리가 지금 알고 있는 것이 전부가 아니며, 우리가 옳다고 판단하는 것이 틀릴 수도 있는 것이기에 삶은 단정하면 안되고, 더 열린 가능성을 위해 우리는 스스로 노력해야 할 필요가 있다.]

楚之南有冥靈者 以五百歲爲春 五百歲爲秋 上古有大椿者 以八千歲爲春 八千歲爲秋。而彭祖乃今以久特聞 衆人匹之 不亦悲乎?

초나라 남쪽에 명령(冥靈 : 나무의 이름이라고도 하고, 바다거북의 이름이라고도 함)이라는 것이 있는데, 오백 년을 봄으로 삼고 오백 년을 가을로 삼았다. 또 태고적에는 대춘(大椿 : 참죽나무라고도 하는데, 일설에는 무궁화나무라고도 함)이 있었는데 팔천 년을 봄으로 삼고 팔천 년을 가을로 삼았다. 그런데 팽조(彭祖 : 요임금의 신하로 팔백 년을 살았다고 함)가 지금에 와서 오래 산 것으로 소문이 났으니 또한 슬프지 아니한가?

[오백 년이 봄인 경우와 팔천 년이 봄이라는 말은 무엇을 뜻할까? 팽조가 팔백 년을 살았다면 80년 사는 사람은 무슨 차이가 있는 것일까? 비교는 아무런 의미가 없다는 뜻이다. 각자의 주어진 길을 따라가야 할 필요가 있다. 80년을 살 수 있는 생명체가 800년을 사는 생명체를 부러워할 필요가 없다는 뜻이다. 운명 자체가 다르기 때문이다. 자신의 가지고 있는 것을 다른 사람이 가지고 있는 것과 비교하다보면 삶은 상대적으로 고달파질 수밖에 없다. 비교한다는 자체가 삶을 불행하게 만들 수 있음을 뜻한다.]

湯之問棘也是已。窮髮之北 有冥海者 天池也。有魚焉 其廣數千里 未有知其修者 其名爲鯤。湯之問棘也是已。窮髮之北 有冥海者 天池也。有魚焉 其廣數千里 未有知其修者 其名爲鯤。有鳥焉 其名爲鵬 背若泰山 翼若垂天之雲 摶扶搖羊角而上者九萬里 絕雲氣 負青天 然後圖南 且適南冥也。
斥鴳笑之曰 彼且奚適也 我騰躍而上 不過數仞而下 翱翔蓬蒿之間 此亦飛之至也。而彼且奚適也 此小大之辨也。

탕왕(湯王)이 극(棘 : 탕왕의 신하 이름)에게 물은 것도 이와 같은 것이다. 궁발(窮髮 : 초목도 가지 않는 북극지방의 불모지)의 북쪽에 명해(溟

海)가 있는데 천지(天池)다. 거기에 물고기가 있는데 그 넓이가 수천 리나 되고 그 길이를 아는 자가 없다. 그 이름을 곤이라 한다. 또 거기에 한 마리 새가 있는데 그 이름을 붕이라 한다. 등은 태산과 같고 날개는 하늘에 드리운 구름과 같은데 회오리바람을 타고 구만리를 날아올라 구름을 벗어나고 청천을 등에 진 연후에야 남쪽을 도모하여 남쪽 바다로 간다. 종달새가 이를 비웃어 이렇게 말한다. "저들은 바야흐로 어디로 가는 것일까? 우리는 뛰어올라 두어 길도 못 가서 도로 내려와 쑥대밭 속에서 팔딱거리는데, 그리고 이런 정도도 최고의 비행인데, 저들은 대체 어디로 가는 것일까?" 이것은 작은 것과 큰 것의 구별을 의미한다.

[타고난 재능과 운명에 상관없이 받아들임이 가장 현명한 것인지 모른다. 자신이 할 수 없는 일을 가지고 절망하고 불행하게 느낄 필요가 없다. 현재에 만족하며 자신이 할 수 있는 것을 하며 자신이 기쁘게 인생을 살아갈 수 있는 것에 집중하면 그것으로 족하다. 아무리 해도 안되는 것은 안 된다. 삶은 욕심으로 되지 않으며, 과욕이 인생을 망칠 수 있다. 우리의 인생은 우리가 할 수 있는 것보다 할 수 없는 것이 더 많다. 자신을 객관적으로 바라볼 수 있는 눈을 가지는 것이 삶을 더 행복하게 살아갈 수 있는 길이 아닐까 싶다.]

故夫知效一官 行比一鄕 德合一君而徵一國者 其自視也亦若此矣。而宋榮子猶然笑之。且擧世譽之而不加勸 擧世非之而不加沮 定乎內外之分 辯乎榮辱之境 斯已矣。彼其於世 未數數然也。雖然 猶有未樹也。

그러므로 지혜는 겨우 한 관직이나 감당할 만하고 행동이 그 고을 사람들에게만 칭찬받을 정도이며, 덕은 그 나라 한 임금의 비위에나 맞는 정도라면, 한 나라의 신하로 임명된 자가 스스로 뽐내는 것은 이 종달새와 같은 것이다. 그러나 송영자(宋榮子 : 전국시대 송(宋)나라 사람 송경(宋牼)을 말함. 송견(宋鈃)이라고도 함)는 오히려 이들을 비웃는다. 그는 온 세상이 그를 칭찬해도 으스대는 법이 없고 온 세상이 그를 비난해도 그만두지 않으니, 안팎의 분수가 정해져 있고 영예와 굴욕의 경계가 구분되기에 그럴 수 있는 것이다. 그런 사람은 세상에 그리 많지 않다. 하지만 그렇다고 해서 아직 지극한 덕을 세웠다고 할 수는 없다.

[모든 사람은 한계가 있기 마련이다. 그 한계를 스스로 알고 깨나가야 더 높은 단계에 이를 수 있다. 자신이 스스로 잘났다고 생각하고 다른 사람의 칭찬에 만족하여 그 자리를 유지하고 있다면 그는 더 이상의 발전 가능성이 없는 것이다. 우리가 다다를 수 있는 곳은 무한한 가능성이 열려 있는 세계다. 자신의 능력이 어느 정도 될 수 있는지는 아무도 모른다. 끊임없이 자신을 더 나은 모습으로 창조해 나가야 한다. 일반 사람들의 판단과 기준을 뛰어넘을 필요가 있다. 많은 사람이 만족하는 것에 안주해서는 안 된다. 끝까지 자신의 길을 계속 새롭게 만들어 가야 할 필요가 있다.]

夫列子御風而行 泠然善也 旬有五日而後反。彼於致福者 未數數然也。此雖免乎行 猶有所待者也。若夫乘天地之正 而御六氣之辯 以遊無窮者 彼且惡乎待哉? 故曰 至人無己 神人無功 聖人無名。

열자(列子 : 전국시대초기의 철학자)는 바람을 타고 돌아다니며 시원하게 잘 지내다가 보름 만에야 돌아온다. 그래서 그는 복을 받는 사람 중에서 아직도 그리 흔한 사람은 아니다. 그러나 이는 비록 걸어 다니는 것을 면했다 하더라도, 오히려 의지해야 할 바람이 있어야 한다. 그러나 저 천지의 바른 기운을 타고 육기(六氣 : 천지춘하추동의 여섯 기운, 음양, 풍우, 회명(晦明)의 여섯 기운, 곧 천지자연의 대기운)의 변화를 몰아서 무궁에 노니는 자는 그가 다시 무엇을 의지할 필요가 있겠는가? 그러므로 "지인(至人)은 물아(物我)의 구별이 없고, 신인(神人)은 공을 의식하지 않으며, 성인(聖人)은 명예를 무시한다."는 것이다.

[삶은 자유다. 우리가 우리의 인생을 자유롭게 살지 못한다면 슬픈 일이 아닐 수 없다. 열자가 바람을 타고 다니듯이 인생을 살았던 것처럼 우리도 자유롭고 마음 편하게 삶을 살아가야 한다. 자연의 원리에 따라 살아가는 삶이 자유로운 삶이다. 우리가 만들에 낸 제도과 관습, 인습과 규범에 얽매여 살아가야 한다면 스스로 불행의 길을 선택하는 것인지도 모른다. 그러한 인위적인 것에서 탈피하여 진정 자유인으로 살아가야 한다. 나를 구속하는 것으로부터 과감하게 벗어나야 할 필요가 있다. 이를 위해서는 용기가 필요하다. 자유롭게 살아가고자 하는 그러한 삶에 대한 용기 말이다. 그 어떤 것으로부터 얽매이지 않기 위해 스스로를 더 나은 모습으로 발전시켜 나가야 할 필요가 있다.]

堯讓天下於許由 曰 日月出矣 而爝火不息 其於光也 不亦難乎 時雨降矣 而猶浸灌 其於澤也 不亦勞乎 夫子立而天下治 而我猶尸之 吾自視缺然 請致天下。

許由曰 子治天下 天下既已治也。而我猶代子 吾將爲名乎 名者 實之賓也 吾將爲賓乎? 鷦鷯巢於深林 不過一枝 偃鼠飮河 不過滿腹。歸休乎君 予無所用天下爲。庖人雖不治庖 尸祝不越樽俎而代之矣。

요(堯)가 천하를 허유(許由)에게 양도하면서 말했다.

"해와 달이 떠 있는데 횃불을 계속 밝히고 있으면 그 횃불의 빛을 나타내기가 어렵지 않겠소? 제 때에 알맞은 비가 왔는데 오히려 인력으로 물은 댄다면 그 적시어 주는 것이 또한 헛수고가 아니겠소? 그대가 서야 천하가 잘 다스려질 텐데 내가 아직도 그 자리에 있으니 나 자신이 볼 때 부끄럽소. 그러니 청컨대 천하를 맡아 주기 바라오."

허유가 이렇게 대답했다.

"그대가 천하를 다스렸으므로 천하는 이미 잘 다스려지고 있소. 그런데 내가 그대를 대신한다면 나는 장차 명예를 위하라는 말이요? 명예는 실질의 빈객(賓客)인데 나를 빈객이 되라는 말이요? 뱁새가 깊은 숲속에 깃들어도 한 개의 나뭇가지를 의지할 뿐이고, 두더지가 강물을 마셔도 그 배를 채우는데 불과하오. 그러니 당신은 돌아가시오. 나는 천하가 쓸데가 없소. 요리사가 음식을 잘 만들지 못한다 해서 신주(神主)가 술단지와 도마를 뛰어넘어 가서 대신 음식을 만들 수는 없는 법이요."

[허유는 요임금의 권유에도 불구하고 천하를 다스리는 자리도 원하지 않았다. 모든 사람이 원하는 자리였지만 허유는 그 자리가 자신에게는 아무런 의미도 없다고 생각했다. 많은 사람이 바라는 것일지라도 그것이 자신의 길이 아니라면 과감히 미련을 버려야 한다. 오직 자신의 가야 하는 길, 자신이 할 수 있는 길, 자신이 자유롭게 살아가야 하는 길을 선택해서 묵묵히 가야 할 필요가 있다. 거기에 우리 삶의 진정한 의미가 있을 것이다. 나에게 정말 의미 있고 필요한 것은 무엇일까? 내가 헛되이 나의 인생을 살아가지 않는 길은 어느 길일까? 한 번밖에 없는 인생의 길에서 진정으로 나를 위한 길을 어디인 것일까? 그 길은 나는 현재 가고 있는 것일까?]

肩吾問於連叔曰 吾聞言於接輿 大而無當 往而不返。吾驚怖其言 猶河漢而無極也 大有逕庭 不近人情焉。

連叔曰 其言謂何哉?

曰 藐姑射之山 有神人居焉 肌膚若冰雪 淖約若處子 不食五穀 吸風飮露。乘雲氣 御飛龍 而遊乎四海之外。其神凝 使物不疵癘而年穀熟。吾是以狂而不信也。

連叔曰 然 瞽者無以與乎文章之觀 聾者無以與乎鐘鼓之聲。豈惟形骸有聾盲哉 夫知亦有之。是其言也 猶時女也。之人也 之德也 將磅礴萬物 以爲一世蘄乎亂 孰弊弊焉以天下爲事 之人也 物莫之傷 大浸稽天而不溺 大旱、金石流、土山焦而不熱。是其塵垢秕糠 將猶陶鑄堯、舜者也 孰肯以物爲事?

견오(肩吾 : 옛날의 전설적인 득도자, 또는 신의 이름)가 연숙(連叔 : 옛날의 전설적인 현인)에게 물었다. "내가 접여(接輿 : 공자와 같은 춘추시대 초나라의 은자)의 말을 들으니 그 말이 너무 커서 타당성이 없고, 가기만 했지 돌아올 줄 모르니, 나는 그 말에 놀라서 두려워했네. 마치 하한(河漢 : 하늘의 은하, 혹은 황하와 한수)처럼 끝이 없데, 너무나 천양지차(天壤之差)가 나서 사람의 정과는 너무 거리가 멀었네."

연숙이 물었다.

"그 말은 무슨 뜻인가?"

이에 견오가 이렇게 대답했다.

"묘고야산(妙姑射山)에 신인(神人)이 사는데 살결이 얼음이나 눈 같고 자태가 처녀 같으며 오곡은 먹지 않고 바람과 이슬을 마시며 구름을 타고 나는 용을 몰며 사해(四海) 밖을 노닐고 있다고 하네, 그가 정신을 집중하면 만물이 병들지 않고 곡식 풍년이 든다네, 나는 그 말이 하도 허황되어서 믿을 수가 없네."

연숙이 말했다.

"그럴 것일세. 장님에게는 아름다운 무늬를 보일 필요가 없고 귀머거리에는 음악 소리가 필요 없는 법이네. 어찌 육체적으로만 장님과 귀머거리가 있겠는가? 정신면에서도 그런 것은 있으니, 이 말은 바로 자네를 두고 하는 말일세. 그 사람, 그의 덕은 만물을 혼연일체로 통일하는 힘을 가지고 있네. 그렇지만 세상 사람들이 천하를 다스려 달라고 해도 누가 힘들게 천하의 일에 관심을 두겠는가? 그 사람은 아무것으로도 해칠 수가 없네. 홍수가 나서 하늘까지 닿아도 그는 빠지지 않을 것이고, 큰 가뭄에 쇠나 돌이 녹아 흐르고 흙이나 산이 타더라도 그는 뜨거워하지 않을 것일세, 이렇게 그는 먼지와 때, 쭉정이와 겨를 가지고도 요(堯), 순(舜) 같은 자를 마음대로 만들어낼 것이니, 이런 인물이 어찌 세속의 일에 관계하려고 하겠는가?

[세상사는 별 것이 아니다. 깨달은 사람, 즉 선인에게는 모든 것이 그다지 차이가 없다. 따라서 천하를 운영하는 자리도 바라지 않는다. 그러한 것에 관심조차 없다. 보통 사람의 시야로 바라보기 때문에 그러한 사람을 이해하지 못하는 것이다. 그는 인간과 세상에 연연하지 않는다. 삶이 무엇인지를 알기 때문이다.]

宋人資章甫適諸越 越人短髮文身 無所用之。堯治天下之民 平海內之政 往見四子藐姑射之山 汾水之陽 窅然喪其天下焉。

惠子謂莊子曰 魏王貽我大瓠之種 我樹之成而實五石 以盛水漿 其堅不能自擧也。剖之以爲瓢 則瓠落無所容。非不呺然大也 吾爲其無用而掊之。

莊子曰 夫子固拙於用大矣。宋人有善爲不龜手之藥者 世世以洴澼絖爲事。客聞之 請買其方百金。聚族而謀曰 '我世世爲洴澼絖 不過數金 今一朝而鬻技百金 請與之。'客得之 以說吳王。越有難 吳王使之將。冬與越人水戰 大敗越人 裂地而封之。能不龜手一也 或以封 或不免於洴澼絖 則所用之異也。今子有五石之瓠 何不慮以爲大樽而浮於江湖 而

憂其瓠落無所容 則夫子猶有蓬之心也夫.

송나라 사람들이 장보관(章甫冠 : 은나라 시대의 갓을 말함)을 팔려고 월(越)나라로 갔더니, 월나라 사람들은 모두 머리를 깎고 문신을 하였기 때문에 그 갓이 쓰일 곳이 없었네. 요(堯)는 천하의 백성을 다스려 나라 안의 정치를 고르게 한 다음 분수(汾水 : 요가 도읍을 세웠다는 산서성 평양 부근을 흐르는 강)의 북쪽 묘고야산으로 가서 네 신선을 만나보고는 멍해져서 천하를 잊어버렸다 하네.

혜자(惠子 : 전국시대 장자와 같은 때의 논리학자, 정치가, 사상가, 원 이름은 혜시)가 장자에게 말했다.

"위(魏)나라 왕이 나에게 큰 박씨를 하나 보내주므로, 이것을 심었더니 닷 섬짜리 박이 열렸네. 그 속에다 장을 채워 두었더니 무거워서 들 수가 없었고, 다시 두 쪽으로 쪼개어 바가지를 만들었으나 너무 넓어서 쓸 수가 있어야지, 텅 비어 크기는 했지만, 나는 아무 소용없어 그것을 부수어버렸네."

장자는 이렇게 대답했다.

"자네는 참으로 큰 것을 쓸 줄 모르는군. 송나라 사람 중에 손 트는데 쓰는 약을 잘 만드는 자가 있었지. 그러나 그는 대대로 세탁업을 하고 있었네. 어떤 사람이 그 소문을 듣고 그 약방문을 백금(白金)을 주고 사려 하였네. 그래서 그 사람은 가족을 모아놓고 '우리는 대대로 세탁업을 해왔지만 겨우 몇 푼 벌이밖에 못해 왔다. 이제 그 약방문을 팔면 하루아침에 백금을 얻게 되니 얼마나 좋은가? 팔아버리자'고 하였다네.

그래서 그 손님은 이 약방문을 가지고 곧 오왕(吳王)을 찾아가 그 약방문에 대하여 유세를 했네. 그 후 오나라는 월나라와 전쟁을 하게 되었는데 오왕은 그 사람을 장군으로 삼았다네. 겨울에 월나라와 수전(水戰)을 하여 월나라 군사를 크게 쳐부수었네. 그래서 오왕은 그 사람에게 땅을 베어 봉토를 주었네. 이로 볼 때 손 트는데 쓰는 약방문은 한 가지지만 한 사람은 땅을 하사받았고 한 사람은 세탁업을 면하는데 그쳤으니, 이는 쓰는 법이 달랐기 때문일세.
지금 자네는 닷 섬짜리 바가지를 가지고 있으면서, 어째서 그것으로 큰 통을 만들어 강호에 띄울 것을 생각지 못하고, 그것이 넓어서 쓸데가 없다고만 근심하는가? 자네야말로 아직도 몹시 옹졸한 생각밖에 가지고 있지 못하군."

[모든 것은 쓸모가 있기 마련이다. 어떤 하나를 오직 한 가지 방법으로만 사용하려 하니 다른 곳에 쓸 수 있는 것임에도 불구하고 쓸모없다 하는 것이다. 어떤 사람의 모습이 어떻든지 간에 그 사람의 존재 자체는 의미가 있는 것이다. 자신의 눈으로 모든 것들을 생각해서 그것에 맞지 않는다고 하여 배척하고 섣불리 판단한다는 것은 그 사람이 자체의 시야가 좁기 때문이다. 또한 어떠한 것을 사용함에 있어 제대로 써야 한다. 올바르게 쓰이지 않는다면 그 또한 문제가 되지 않을 수 없다. 자신의 내면의 세계를 넓혀 가야 그러한 시야가 생길 수 있다. 이 세상에 쓸모없음은 아예 존재하지 않는 것인지도 모른다.]

惠子謂莊子曰 吾有大樹 人謂之樗。其大本擁腫而不中繩墨 其小枝卷曲而不中規矩 立之塗 匠者不顧。今子之言 大而無用 眾所同去也。
莊子曰 子獨不見狸狌乎 卑身而伏 以候敖者 東西跳梁 不辟高下 中於機辟 死於網罟。今夫斄牛 其大若垂天之雲。此能爲大矣 而不能執鼠。今子有大樹 患其無用 何不樹之於無何有之鄉 廣莫之野 彷徨乎無爲其側 逍遙乎寢臥其下 不夭斤斧 物無害者 無所可用 安所困苦哉?

혜자는 장자에게 말했다.

"우리 집에 큰 나무가 있는데 사람들이 가죽나무라 부르네. 그 밑둥은 혹투성이라 먹줄을 댈 수가 없고, 그 작은 가지들도 꼬불꼬불 해서 규구(規矩 : 컴퍼스와 자, 수준기와 먹줄)에 맞지를 않네. 그것이 길가에 서 있으나 목수가 돌아보지도 않네. 지금 그대의 말은 이 나무와 같아 커도 소용이 없네. 따라서 여러 사람들이 돌보지도 않을 것일세."

장자는 이렇게 대답했다.

"자네는 삵괭이를 보지 못했는가? 그놈이 땅에 납작 엎드려 짐승을 기다리고 있다가 이리저리 날뛰어 높은 곳 낮은 곳도 가리지 않다가 혹 덫에 치이기도 하고 혹은 그물에 걸려 죽는다네. 그러나 지금 저 들소는 그 크기가 하늘에 드리운 구름 같지만 한 마리의 쥐를 잡지 못하네. 이제 자네는 큰 나무를 가지고 있으면서 그것이 쓸데가 없는 것을 걱정하지만, 왜 그것을 무하유지향(無何有之鄕 : 인공을 가하지 않은 자연 그대로의 땅, 곧 이상향)인 광막한 들에다 심어 놓고 그 곁을 방황하면서 무위(無爲)로 날을 보내고 소요하다가 그 밑에서 드러눕지를 않는가? 그러면 그 나무는 도끼에 베어지지도 않을 것이고 아무에게도 해를 입을 염려가 없네. 쓰일 데가 없으니 또 무슨 괴로움이 있겠는가?"

[대부분의 사람들이 생각하는 일반적인 판단이나 상식에만 따른다면 그 넓고 깊이 있는 세계를 볼 수가 없다. 자신의 편견과 선입견은 사고의 자유함을 방해할 뿐이다. 우리의 현재의 시야를 가지고 어떠한 것을 분별하고 거기에 집착하게 되면 그 사람의 세계는 더 이상 확장될 수 없다. 다른 사람이 생각하는 대로 다른 사람이 판단하는 대로 자신의 독자적인 생각 없이 무작정 그러한 것을 좇는다면 그는 삶의 진정한 자유를 얻지 못할 수 있다. 삶의 주인은 자기 자신이기 때문이다.]

第二 齊物論

[제물(齊物)이란 모든 것이 하나같다는 말이다. 세상 일이 별 차이가 없다는 뜻이다. 이는 우리의 가치관을 확장시켜 나가야 한다는 의미를 품고 있다. 편협한 사고에 빠져 있기에 분별을 하고 옳고 그름을 따지는 것이다. 그러한 것을 넘어서야 진정한 삶의 자유를 얻을 수 있다.]

南郭子綦隱机而坐 仰天而噓 荅焉似喪其耦。顔成子游立侍乎前 曰 何居乎 形固可使如槁木 而心固可使如死灰乎 今之隱机者 非昔之隱机者也。

子綦曰 偃 不亦善乎而問之也 今者吾喪我 汝知之乎 汝聞人籟而未聞地籟 汝聞地籟而未聞天籟夫

子游曰 敢問其方?

子綦曰 夫大塊噫氣 其名爲風。是唯無作 作則萬竅怒呺。而獨不聞之翏翏乎? 山林之畏佳 大木百圍之竅穴 似鼻 似口 似耳 似枅 似圈 似臼 似洼者 似污者 激者 謞者 叱者 吸者 叫者 譹者 宎者 咬者 前者唱于而隨者唱喁。泠風則小和 飄風則大和 厲風濟則衆竅爲虛。而獨不見之調調、之刁刁乎?

子游曰 地籟則衆竅是已 人籟則比竹是已。敢問天籟。

子綦曰 夫吹萬不同 而使其自已也 咸其自取 怒者其誰邪?

남곽자기(南郭子綦 . 초나라의 철학자, 남백자기, 또는 남백자규라고도 함, 성곽의 남촌에 살았으므로 남곽자기라고 부름)가 책상에 기대앉아 하늘을 우러러 길게 숨을 내쉬니 그 멍청한 모습이 마치 짝을 잃은 것 같다. 안성자유(顔成子遊 : 남곽자기의 제자, 이름은 언'偃')가 그 앞에서 모시고 서 있다가 물었다.

"무엇을 하고 계십니까? 형체는 진실로 마른 나무같이 하시고, 마음은 진실로 불꺼진 재와 같이 하시니 말입니다. 지금 책상에 기대고 있는 분은 전에 책상에 기대고 있던 분이 아니십니다."

자기(子綦)가 말했다.

"언(偃)아, 자네 또한 착하지 아니한가? 자네가 그렇게 물으니. 지금 나는 내 자신을 잊고 있었는데 자네도 그것을 알았던가? 자네는 인뢰(人籟 : 사람이 악기를 연주하여 내는 소리, 즉 사람의 음악 소리)는 들었을 것이나 지뢰(地籟 : 대지가 울리는 음향, 즉 바람 소리)는 아직 못 들었을 것이고, 자네가 지뢰는 들었더라도 천뢰(天籟 : 하늘의 음악 소리)는 아직 못 들었을 것이다."

자유가 물었다.

"무슨 말씀입니까?"

자기가 대답했다.

"대체로 대지가 내뿜는 숨을 바람이라 한다. 이것이 일지 않으면 몰라도, 한번 일기만 하면 지상의 모든 구멍이 모두 성낸 듯이 울부짖는다. 너만이 그 소리의 우우함을 듣지 못했느냐? 산속의 숲이 우거지고 백 아름이나 되는 큰 나무에 패어 있는 구멍들이 코와도 같고 입과도 같으며, 귀와도 같고 목이 긴 병과도 같으며, 술잔과도 같고 절구와도 같으며, 연못과도 같고 웅덩이와도 같다. 이 바람이 마치 격류와도 같은 소리, 화살이 날아가는 소리, 꾸짖듯이 거센 소리, 숨을 들이쉬듯 하는 소리, 목청을 높여 부르짖는 소리, 탁 가라앉아 흐린 소리, 깊숙이 기어들어가는 듯한 소리, 재재거리듯이 맑은 소리를 내기도 한다. 그래서 앞의 것이 우우 하면 뒤엣것이 우우 한다. 작게 부는 바람에는 작게 화답하고 거센 바람에는 크게 화답한다. 그러다가 바람이 한번 자면 모든 구멍들은 텅 비게 되는 것이니, 너만이 저 나무들이 휘청휘청 흔들리다가 또 한들한들 움직이는 것을 보지 못하느냐?"

자유가 물었다.

"지뢰는 모든 구멍이 내는 것이고, 인뢰는 퉁소 같은 것이 내는 것이군요. 그러면 천뢰는 무엇입니까?"

자기는 이렇게 대답했다.

"대체로 그 불어내는 것이 만 가지로 같지 않지만 그것을 제멋대로 불어내게 하는 것이 천뢰란다. 그래서 모두가 다 제멋대로 내는 것이다. 그러면 그 성내게 하는 것은 누구일까?"

[남곽자기는 자연에 흠뻑 빠져 있었다. 왜 그는 사람의 소리, 땅의 소리, 하늘의 소리에 귀기울였을까? 자연의 원리가 무엇인지 알고자 하기 때문이다. 자연을 이해하여 자연의 일부인 인간을 알고자 함이다. 바람의 소리를 듣고, 그 원인을 알면 자연을 이해하는 길이 될 수 있다. 바람의 소리가 다 다른 것 같아도 그 근원은 모두 같다. 공기의 밀도 차이 때문일 뿐이다. 소리가 다르다 하여 바람을 만들어 내는 근원 자체가 다른 것이 아니다.]

大知閑閑 小知閒閒 大言炎炎 小言詹詹。其寐也魂交 其覺也形開 與接爲搆 日以心鬥。縵者 窖者 密者。小恐惴惴 大恐縵縵。
其發若機栝 其司是非之謂也 其留如詛盟 其守勝之謂也 其殺若秋冬以言其日消也 其溺之所爲之 不可使復之也 其厭也如緘 以言其老洫也 近死之心 莫使復陽也。

큰 지혜는 한가하고 작은 지혜는 다른 사람의 눈치만 본다. 위대한 말은 담담하고 시답잖은 말은 수다스럽다. 잠잘 때는 혼이 외부 세계와 교섭을 갖고, 깨어 있을 때에도 감각이 작용해서 외부와 접촉을 갖는다. 그리하여 너그러운 사람, 음험한 사람, 은밀한 사람이 있다. 조금 두려워 걱정하는 사람이 있고, 크게 두려워하여 정신을 잃는 자도 있다. 마치 활을 쏘듯이 말을 빨리하는 것은 시비를 잘 가리는 사람을 두고 하는 말이요, 딱 잡아떼어 맹세하듯이 하는 자는 자기 고집을 세워 남을 이기자는 사람을 두고 하는 말이며, 가을이나 겨울처럼 되어간다는 것은 나날이 자신이 약해져 가는 사람을 두고 하는 말이다. 이런 사람은 욕망에 흠뻑 빠져 돌이킬 수가 없는 것이다. 꽉 묶인 것처럼 욕망에 매이는 것은 늙음이 심해져 가는 것을 말하는 것이다. 그것은 죽음에 가까운 마음으로서 다시 살릴 수가 없는 것이다.

[우리 인간도 여러 종류의 사람이 있다. 자신의 욕망이나 아집에 매이면 편안한 삶을 살아갈 수 없다. 그러기에 커다란 지혜를 가질 필요가 있다. 그러한 자신의 조그만 지혜 즉, 선입견이나 편견에 사로 잡히면 그 이 삶은 죽어가는 것이나 마찬가지이다. 시간이 더 가면 그 상황을 돌이킬 수가 없다. 아름다운 삶을 위해서는 자신의 욕망과 조그만 지혜 즉, 독선과 아집을 벗어나야만 한다.]

喜怒哀樂 慮歎變慹 姚佚啟態 樂出虛 蒸成菌。日夜相代乎前 而莫知其所萌。已乎已乎 旦暮得此 其所由以生乎!

非彼無我 非我無所取。是亦近矣 而不知其所爲使。必有真宰 而特不得其眹。可形已信 而不見其形 有情而無形。

百骸、九竅、六藏 賅而存焉 吾誰與爲親 汝皆說之乎 其有私焉 如是皆有 爲臣妾乎 其臣妾不足以相治也。其遞相爲君臣乎 其有真君存焉。如求得其情與不得 無益損乎其真。

사람에게는 기쁨, 노여움, 애달픔, 즐거움, 걱정, 한탄, 변덕, 겁, 까불음, 방탕, 솔직, 허세 따위가 있어 그것들은 음악이 마치 피리의 빈 구멍에서 나오듯이, 버섯이 땅의 습기에서 나오듯이, 밤낮으로 교대하여 내 앞에서 나오건만 그것이 어디로부터 나오는지를 알지 못한다. 아서라, 말아라, 아침저녁으로 이를 경험하니 그것이 발생하는 곳이 있으리라. 만약 그러한 감정들이 없다면 '나'라는 자신도 없고 '나'라는 자신이 없으면, 그들을 받아들일 수가 없다. 이렇게 저 감정들과 나 사이는 가깝지만 누가 그렇게 시키는 줄을 알지 못한다. 그에 대하여는 참다운 주재자가 있는 것 같은데 그 행적을 알 수가 없고, 또 그것이 작용을 하고 있는 줄을 믿지만 그 형체를 볼 수가 없으며 그런 실정은 있으나 형상은 없다.

우리 몸에는 백 개의 골절과 아홉 개의 구멍과 여섯 개의 내장이 있는데 그 어느 것을 더 사랑해야 하는가? 그것들을 모두 사랑할 것인가? 특별의 어느 하나만을 사랑할 것인가? 혹은 그 모두를 신하나 첩으로 만들 수 있을까? 그 신하나 첩을 잘 다스릴 수는 없을까? 서로 번갈아가며 군신이 되게 할 수는 없을까? 아니 진정한 주재자가 있을 것이다. 그러나 그 실정을 찾아 알건 못 알건 그 참된 주재자와는 아무 상관이 없을 것이다.

[우리는 살아가면서 많은 감정을 경험하게 된다. 인간의 감정의 근원은 어디일까? 우리는 그러한 감정으로 인해 우리의 삶이 좌지우지 된다. 그러한 감정의 근원을 잘 이해한다면 우리는 그러한 감정에 영향을 받지 않고 항상 평온한 마음으로 큰 어려움 없이 우리의 삶을 살아갈 수 있을 것이다. 우리의 감정을 우리 스스로가 지배할수 있다면 삶은 그렇게 고단하지는 않을 것이다.]

一受其成形 不亡以待盡。與物相刃相靡 其行盡如馳 而莫之能止 不亦悲乎?
終身役役而不見其成功 苶然疲役而不知其所歸 可不哀邪 人謂之不死 奚益 其形化 其心與之然 可不謂大哀乎? 人之生也 固若是芒乎 其我獨芒 而人亦有不芒者乎?

한번 사람으로서 형체를 받으면 이것을 잘 보존하여 목숨이 다할 때까지 기다려야 할 것이다. 그런데 만물과 더불어 서로 거슬리기도 하고 서로 따르기도 하면서 그 가는 것이 달리듯이 하고 멈출 줄을 모르니 또한 슬프지 아니한가? 그러므로 종신토록 허덕여도 그 성공을 보지 못하고 고달파 쓰러지면서도 돌이킬 줄을 모르니 또한 애달프지 아니한가?
이렇게 살면서 남들이 "너는 아직 죽지 않았다." 한들 무슨 이익이 있겠는가? 이 몸이 변화되면 정신도 또한 변하니 어찌 큰 슬픔이라고 말하지 않겠는가? 사람의 삶이란 원래 이렇게 어리석은 것인가? 그렇게 나만 어리석고 다른 사람들은 그렇게 어리석지 않은 것인가?

[우리의 삶이 외부에 의해서 너무 많은 영향을 받는다면 어찌 슬픈 일이 아니겠는가? 나의 삶의 주인은 나일 뿐, 다른 사람이나 외부 환경이나 조건이 아니다. 내가 만약 그런 것에 의해 구속된다면 진정한 자유로운 나의 삶을 살아가기 힘들 것이다. 그러한 것들로부터 자유로워야 한다. 외부 조건이나 주위 사람들에 의해 흔들리지 말고 나의 길을 의연하게 가야 한다. 그것이 내가 존재하는 이유요 나를 사랑하는 방법이다.]

夫隨其成心而師之 誰獨且無師乎 奚必知代而心自取者有之 愚者與有焉。未成乎心而有是非 是今日適越而昔至也。是以無有爲有。無有爲有 雖有神禹 且不能知 吾獨且奈何哉.

夫言非吹也。言者有言 其所言者特未定也。果有言邪 其未嘗有言邪 其以爲異於鷇音 亦有辨乎 其無辨乎 道惡乎隱而有真僞 言惡乎隱而有是非 道惡乎往而不存 言惡乎存而不可 道隱於小成 言隱於榮華。故有儒、墨之是非 以是其所非 而非其所是。欲是其所非而非其所是 則莫若以明。

대체로 사람이 도에 어긋나지 않는 마음을 스승으로 삼는다면 어느 누구엔들 스승이 없겠는가? 그런 스승은 변천하는 이치를 알아서 도를 이룬 사람에게만 있는 것이 아니고, 도를 이루지 못한 어리석은 사람에게도 다같이 있는 것이다.

아직도 마음에 이룸이 없이 시비를 하는 것은 오늘 월(越)나라를 떠나면서 어제 도착했다는 것과 같고, 아무것도 없는 것을 있다고 하는 것과 같다. 아무것도 없는 것을 있다고 한다면 비록 저 신령스러운 우(禹)라도 알 수가 없을 것이다. 내가 더욱 어떻게 알겠는가?

대체로 말은 단순히 불어내는 바람이 아니다. 말은 무슨 생각을 나타내는 것이다. 그러나 그 말하는 것을 보면 모두 일정하지 않으니, 과연 말하는 것이 있다 할 것인가? 말하는 것이 없다고 할 것인가? 그리고 그것이 새의 지저귀는 소리와 다르다고 할 어떤 구분이 있는가? 혹은 구분이 없는가? 도는 무엇에 의지하고 있길래 참됨과 거짓이 있으며, 말은 무엇에 의지하고 있길래 옳음과 그름이 있는가? 도는 어디를 간들 존재하지 않으랴? 말은 어디에 있은들 옳지 않으랴? 그러나 도는 불충분한 이해 때문에 희미해지고 말은 화려한 수식으로 가리워지는 것이다. 그러므로 유가(儒家)와 묵가(墨家)의 시비가 생겨나 옳다는 것을 그르다고 하고, 그르다는 것을 옳다고 여긴다. 옳은 것을 그르다고 하고 그른 것을 옳다고 하려면 밝은 지혜로써 구분하는 것만 같지 못하다.

[현재 나의 부족한 마음을 따라서는 안된다. 진정으로 성숙하고 깨달은 마음이 내 삶의 주인이 되어야 한다. 따라서 내 마음을 성장시킬 필요가 있다. 지식과 지혜가 겸비된 더 나은 나의 모습의 삶을 살아갈 수 있도록 하는 마음이 필요하다. 사람은 말로써 옳고 그름을 따진다. 하지만 이는 상대적인 뿐이다. 절대적인 기준이나 가치관은 존재하지 않는다. 따라서 옳고 그름을 판단하는 것이 삶의 근원이 되는 것이 아니다. 그 옳고 그름을 생각하는 주체의 주관이 있기 때문이다. 따라서 그러한 것을 분별하는 것은 큰 의미가 없다.]

物無非彼 物無非是。自彼則不見 自知則知之。故曰 彼出於是 是亦因彼。彼是 方生之說也。雖然 方生方死 方死方生 方可方不可 方不可方可 因是因非 因非因是。是以聖人不由 而照之於天 亦因是也。是亦彼也 彼亦是也。彼亦一是非 此亦一是非。果且有彼是乎哉 果且無彼是乎哉 彼是莫得其偶 謂之道樞。樞始得其環中 以應無窮。 是亦一無窮 非亦一無窮也。故曰 莫若以明 。

물건에는 저것이 아닌 것이 없고 이것이 아닌 것이 없다. 그러나 저것으로부터는 보지 못하고, 스스로 아는 것만 안다. 그러므로 저것은 이것 때문에 생겨나고 이것은 저것 때문에 생겨난다. 곧 저것과 이것은 상대적으로 생겨난다는 설명이다. 비록 생(生)에 대립하여, 사(死)가 있고 사에 대립하여 생이 있으며, 가(可)에 대립하여 불가(不可)가 있고 불가에 대립하여 가가 있으며 시(是)에 기인하여 비(非)가 있고 비에 기인하여 시가 있다. 그러므로 성인(聖人)은 이런 상대적 입장에 서지 않고 천(天-자연)의 입장에서 바라본다. 이것이야말로 시(是-天)에 기인한 것이다.

이것이 곧 저것이요, 저것이 곧 이것이다. 저것에도 하나의 시(是)와 비(非)가 있고 이것에도 하나의 시와 비가 있다. 그렇다면 과연 저것과 이것은 없는 것인가? 저것과 이것을 갈라놓을 수 없는 것을 도추(刀錐 : 도의 요체, 실재)라 한다. 도추가 가장 맞는 곳에 끼워져야 무궁(無窮)한 변화에 대응할 수가 있다. 시(是)는 또한 하나의 무궁이요, 비(非)도 또한 하나의 무궁이다. 그러므로 "밝음으로써 비추어 판단하는 것이 가장 좋다"는 것이다.

[시시비비는 가릴 필요가 없다. 상대적이기 때문이다. 무엇이 옳고 무엇이 그르다는 것인가? 그 판단 기준은 어디로부터 나온 것인가? 그 기준이 절대적으로 옳다는 것을 어떻게 증명할 수 있는가? 우리는 본질을 따라야 한다. 그 본질이 근원이다. 자연의 원리 그것이 본질이다. 자연은 따지지 않는다. 우리 인간이 세워놓은 기준과 규범은 극히 상대적일 뿐이다. 시간이 흐름에 따라 우리가 믿고 있었던 것들이 다 변하고 있다. 따라서 이를 넘어서는 밝은 지혜가 필요한 것이다.]

以指喻指之非指 不若以非指喻指之非指也 以馬喻馬之非馬 不若以非馬喻馬之非馬也。天地 一指也 萬物 一馬也。
可乎可 不可乎不可。道行之而成 物謂之而然。惡乎然 然於然。惡乎不然 不然於不然。物固有所然 物固有所可。無物不然 無物不可。

손가락(일반적인 넓은 의미의 손가락)을 가지고 손가락(좁은 의미의 손가락, 엄지손가락, 가운뎃손가락, 새끼손가락 중의 하나)이 손가락(일반적인 넓은 의미의 손가락)이 아님을 깨우치는 것은 손가락 아닌 것(萬物)을 가지고 손가락이 손가락 아님을 깨우치는 것만 같지 못하다. 말(馬 : 넓은 의미의 말)로써 말(좁은 의미의 말, 백마, 흑마, 황마의 중의 하나)이 말 아님을 깨우치는 것은 말이 아닌 것(萬物)으로써 말이 말 아님을 깨우치는 것만 같지 못하다. 만물은 한 마리의 말과 같은 것이다. 세상에서는 가한 것을 가하다고 하고 불가한 것을 불가하다 한다. 길은 사람이 자주 다녀서 이루어지듯이 사람들이 자주 그렇게 일컫기 때문에 그러한 이름이 생기는 것이다. 어째서 그러한가? 그렇다고 하니까 그러한 것이다. 어째서 그렇지 아니한가? 그렇지 않으니까 그렇지 않은 것이다. 만물에는 진실로 그러한 바가 있고 만물에는 진실로 가한 바가 있다. 그러지 않은 물(物)이 없고 가하지 않은 물이 없다.

[자연의 원리는 그저 따를 뿐이다. 그것이 원리이기에 그렇다. 우리가 아무리 언어를 가지고 의미 부여에 노력을 한다 하더라도 그 본질을 앞설 수는 없다. 우리의 생각과 판단은 우리에게 국한되므로 거기에 본질은 존재하지 않는다. 상대적이기 때문이다. 우리가 당연히 옳다고 생각하는 것은 그저 우리가 옳다고 생각하기 때문일 뿐이다. 시간이 지나 그것이 옳지 않게 판명이 될 수도 있다. 이러한 것을 넘어설 수 있는 지혜가 필요하다.]

故爲是擧莛與楹 厲與西施 恢恑憰怪 道通爲一。
其分也 成也 其成也 毁也。凡物無成與毁 復通爲一。唯達者知通爲一 爲是不用而寓諸庸。
庸也者 用也 用也者 通也 通也者 得也。適得而幾已。因是已。已而不知其然 謂之道。勞神明爲一 而不知其同也 謂之朝三。

그러므로 이를 위하여 나뭇가지와 기둥, 문둥이와 서시(西施)를 예로 들어보자. 관대함과 변덕스러움, 간사함과 괴상함의 대립도 도(道)로는 통합되어 하나가 된다. 그 분화하는 것은 그대로 생성하는 것이고 생성하는 것은 그대로 허물어지는 것이다. 대체로 만물은 생성도 허물어짐도 없이 다시 통합하여 하나가 되는 것인데 오직 도에 통달한 자라야 통합되어 하나가 되는 줄을 안다. 그러므로 도에 통달한 사람은 지혜의 분별을 버리고 일체를 용(庸, 자연)에다 맡긴다. 용은 용(用)이요, 용은 통(通)이며, 통은 득(得)이다. 득에 이르렀다면 도에 가깝게 된 것이다. 오직 따를 뿐 그런 까닭조차 의식하지 못하는 것을 도(道)라 한다.

[밝은 지혜는 도라 할 수 있다. 모든 것의 근본이 되는 본질이 바로 도이다. 이러한 도에 이르러야 옳고 그름의 분별이 없어진다. 우리가 궁극적으로 향해야 하는 바가 바로 그것이다. 도에 이르면 오직 그것을 따르기만 하면 된다. 그것이 우리의 삶의 가장 큰 기반이 되어야 한다.]

勞神明爲一 而不知其同也 謂之朝三。何謂朝三 狙公賦芧 曰 朝三而暮四。衆狙皆怒。曰 然則朝四而暮三。衆狙皆悅。名實未虧 而喜怒爲用亦因是也。是以聖人和之以是非 而休乎天鈞 是之謂兩行。

신명(神明)을 수고롭게 하여 하나로 만들려고만 하고 그 동일한 것을 알지 못함을 조삼(朝三)이라 한다. 무엇을 조삼이라 하는가? 원숭이를 기르는 영감이 도토리를 주면서 "아침에 세 개, 저녁에 네 개를 주겠다"고 하니, 모든 원숭이들이 일제히 성을 냈다. 그래서 "그렇다면 아침에 네 개, 저녁에 세 개를 주겠다"고 하니, 모든 원숭이들이 일제히 기뻐하였다. 이는 이름과 실제가 틀리지 않는데 기쁨과 성냄의 작용이 달랐으니, 또한 주관적인 판단에 따랐기 때문이다. 그러므로 성인은 시비를 조화시키고 자연적인 균제(均齊)에 맡기니 이것을 양행(兩行 : 시와 비가 함께 통하는 경지, 곧 모순과 대립이 동시에 성립되는 혼돈)이라 한다.

[세상은 본질적으로 큰 차이가 없다. 우리의 편협한 주관이 세상을 달리

보는 거실 뿐이다. 조삼모사의 일화가 이를 잘 나타내고 있다. 우리 사람 또한 이와 다를 바가 없다. 옳고 그름을 판단하는 것도 조삼모사와 같은 것이다. 이러한 차이와 분별을 없애는 것이 삶의 본질을 이해하는 바탕이 된다.]

古之人 其知有所至矣。惡乎至 有以爲未始有物者 至矣盡矣 不可以加矣。其次以爲有物矣 而未始有封也。其次以爲有封焉 而未始有是非也。是非之彰也 道之所以虧也。道之所以虧 愛之所以成。果且有成與虧乎哉 果且無成與虧乎哉?

옛사람은 그 지혜가 지극한 바가 있었다. 어디에까지 이르렀던가? 처음부터 만물이 없었다고 여겼는데 이는 지극하고 극진하여 더할 수가 없었다. 그 다음에는 만물은 있었으나 한계가 없다는 것이고 그 다음으로는 한계는 있었으나 시비(是非)가 없었다는 것이다. 그러므로 시비가 생겨나자 도가 허물어지고, 도가 허물어지자 편애(偏愛)가 생겨났다는 것이다. 그렇다면 과연 도에는 성쇠(盛衰)가 있었던가? 과연 성쇠가 없었던가?

[우리의 주관이 근본적인 본질을 망각시켜 버리는 역할을 했다. 그러한 주관으로 인해 옳고 그름이 생겨났다. 이로써 우리는 근본적인 원리인 도에서 멀어지게 된 것이다. 도에는 본래 옳고 그름이 없다. 자연의 원리를 따르기만 하면 되는 것이기에 그렇다. 이것이 바로 우리가 우리의 주관을 넘어서고 우리가 만들어낸 인위적인 것을 극복해야 하는 이유이다.]

有成與虧 故昭氏之鼓琴也 無成與虧 故昭氏之不鼓琴也。昭文之鼓琴

也 師曠之枝策也 惠子之據梧也 三子之知幾乎 皆其盛者也 故載之末年。

唯其好之 以異於彼 其好之也 欲以明之。

彼非所明而明之 故以堅白之昧終。而其子又以文之綸終 終身無成。若是而可謂成乎 雖我亦成也。若是而不可謂成乎 物與我無成也。是故滑疑之耀 聖人之所圖也。爲是不用而寓諸庸 此之謂以明。

성쇠가 있었음은 옛날 소씨(昭氏 : 성은 소(昭), 이름은 문(文), 옛날에 거문고를 잘 뜯던 사람)가 거문고를 뜯을 때요(상조(商調)를 타면 각조(角調)를 못 타고 궁조(宮調)를 타면 치조(徵槽)를 못 타듯이 한 곡조가 이루어질 때 다른 곡조는 없어짐), 성쇠가 없었음은 소씨가 거문고를 뜯지 않았을 때다(아무 곡조도 타지 않으면 오음이 모두 다 살아있게 됨). 소문(昭文)이 거문고를 뜯고 사광(師曠 : 자는 자야(子野), 진(晉)나라 평공(平公)때의 악사, 음률에 정통했음)이 지팡이로 박자를 맞추며 혜자가 책상에 기대어 변론을 했는데 이 세 사람은 거의 성인의 경지에 가까워 모두 훌륭했으므로 후세의 기록에 남게 된 것이다.

다만 그들이 좋아한 것이 성인들의 그것과는 달랐으니 그들이 좋아한 것은 그것을 드러내고자 한 것이다. 그것은 밝혀야 할 것이 아닌데 밝혔기 때문에 견백(堅白)의 궤변(詭辯 : 전국시대의 공손용, 혜시 등의 논리학자에 의하여 주장된 궤변. 사물의 실체성과 속성과의 관계를 분석해서 단단하고 흰 돌은 한 개의 것이 아니고, 단단한 돌과 흰 돌의 두 개라고 하는 식으로 말함. 따라서 견백동이 (堅白同異)의 변이라고도 함)으로 일생을 마치게 된 것이다. 더구나 소문의 아들은 소문의 기술을 배우고도 일생동안 그것을 발전시킬 수가 없었던 것이다. 그러니 이들이 도를 이룬다면 나 또한 이루지 못하며, 이들이 도를 이룰 수 없다면 남이나 나도 이루지 못할 것이다. 그러므로 혼돈화(混沌化)된 지혜는 성인이 이를 없애려 하기에 주관을 버리고 용(庸, 자연)에 붙여주는 것이니 이를 명(明, 자연의 밝음)이라 한다.

[진정한 지혜는 옳고 그름도 없고 분별도 없는 것이다. 자신을 드러내려 하기에 자신의 주관이 강해지게 되고 이로써 분별이 생기며 다툼이 일어나게 되고 이로 인해 궤변이 나오지 않을 수가 없고 서로 고통과 상처가 생기게 되는 것이다. 아무런 분별이 없다면 이러한 시시비비를 가릴 필요도 없으니 모든 것은 차이가 없을 뿐이다. 이것이 바로 자연이 따르는 길이 되는 것이라 할 수 있다.]

今且有言於此 不知其與是類乎 其與是不類乎 類與不類 相與爲類 則與彼無以異矣。雖然 請嘗言之。

有始也者 有未始有始也者 有未始有夫未始有始也者。有有也者 有無也者 有未始有無也者 有未始有夫未始有無也者。俄而有無矣 而未知有無之果孰有孰無也。今我則已有謂矣 而未知吾所謂之果有謂乎 其果無謂乎.

지금 여기에서 말한 것이 이와 같은지, 그것이 이와 같지 않은지 알지 못하겠다. 같든 같지 않든 서로 끼리끼리가 되었으니 저것과 다를 바가 없다. 그러나 시험 삼아 말해 보겠다. 처음이 있다고 하는 자가 있고 처음부터 있지 않았다는 자가 있으며, 처음이 처음부터 있지 않았다는 것부터가 애당초 있지 않았다는 자가 있다. 또 있다는 자가 있고 없다는 자가 있으며 있음이나 없음이 처음부터 있지 않았다는 자가 있고, 있음이나 없음이 처음부터 있지 않았다는 것부터가 처음부터 있지 않았다는 자가 있다. 이윽고 있다 없다 하지만 그 있음과 없음은 과연 어느 것이 있고 어느 것이 없는지 알 수가 없다. 지금 내가 이미 말했지만 내 말한 바가 과연 말함이 있었는지, 과연 말함이 없는 것인지조차 알 수가 없다.

[우리 인간의 인식은 완전하지 못하다. 완전하지 못한 인식으로 판단을 하기에 문제가 생길 수밖에 없는 것이다. 이러한 불완전한 우리 인간의 한계를 생각하지 못하고 자신의 주관을 주장하는 것은 아무런 의미가 없다. 실로 궤변에 불과할 뿐이다. 주장을 위한 주장에 다를 바 없다. 이러한 인간의 불완전한 인식을 넘어서야 한다. 그래야 우리는 진정한 자유인으로서의 삶을 살아갈 수 있다.]

天下莫大於秋毫之末 而太山爲小 莫壽於殤子 而彭祖爲夭。天地與我並生 而萬物與我爲一。既已爲一矣 且得有言乎? 既已謂之一矣 且得無言乎 一與言爲二 二與一爲三。自此以往 巧曆不能得 而況其凡乎? 故自無適有 以至於三 而況自有適有乎 無適焉 因是已。

천하에 털끝보다 더 큰 것이 없는 동시에 태산이 작은 것이 될 수도 있고, 요절한 자식보다 더 장수한 이가 없는 동시에 팽조가 요사(夭死)했다고도 할 수 있다.

천지도 나와 함께 사는 것이 되고 만물도 나와 함께 하나가 될 수도 있다. 이미 하나가 되었으니 또 무슨 말이 있겠는가? 그러나 이미 하나라고 말하였으니 말한 바가 없다고 하겠는가? 하나라는 사실과 말이 합쳐 둘이 되고, 이 둘은 나누기 이전의 하나와 합쳐 셋이 된다. 이렇게 이어가면 아무리 역수(曆數)에 교묘한 사람이라도 계산해내지 못하거늘, 하물며 평범한 사람에게 있어서랴? 그러므로 무에서 유로 나가는 것만으로도 벌써 셋이 되는데 하물며 유에서 유로 나감에 있어서랴, 그래서 나아가는 것이 아니고 따라갈 뿐이다.

[태산이 어떤 사람에게는 크다 하겠지만 그보다 더 높은 산을 다녀본 사람은 태산도 작다고 할 수 있다. 누가 오래 살았다고 하지만 그보다 더 오래 산 사람도 있기 마련인 것이다. 이렇듯 따지고 계산해 봐야 별것도 아닌 것을 우리는 거기에 연연하고 집착하고 있는 것 뿐이다. 이러한 것을 극복해야 더 커다란 안목을 가질 수 있을 것이다.]

夫道未始有封 言未始有常 爲是而有畛也。請言其畛: 有左 有右 有倫 有義 有分 有辯 有競 有爭 此之謂八德。

六合之外 聖人存而不論 六合之內 聖人論而不議。春秋經世 先王之志 聖人議而不辯。故分也者 有不分也 辯也者 有不辯也。曰 何也 聖人懷之 衆人辯之以相示也。故曰 辯也者 有不見也。

대체로 도에는 처음부터 한계가 없는 것이나 말에는 처음부터 상도(常道)가 있는 것이다. 그러므로 분야(分野)가 생기는 것이니, 분야로 말하면 좌(左)가 있고 우(右)가 있으며, 윤(倫 : 논(論)의 뜻, 곧 이론, 추상적인 토론)이 있고 의(義 : 의(議)의 뜻, 구체적 사실을 토의함)가 있으며 분(分)이 있고 변(辯)이 있으며, 경(競)이 있고 쟁(爭)이 있어 이것을 팔덕(八德)이라 한다.

육합(六合 : 천지와 사람, 곧 우주) 밖은 성인이 인정은 하면서도 논하지는 않고, 육합 안은 성인이 논하면서도 토의하지는 않는다. 춘추(春秋)는 세상을 다스린 선왕의 뜻으로서 성인이 토의는 하면서도 변(辯-판단)은 하지 않았다. 그러므로 구분하는 것은 구분하지 않는 것이요, 변별(辨別)하는 것은 변별되지 않는 것이다. 가로되 어째서 그러한가? 성인은 도를 자기 몸에 품어 가지나 보통 사람은 그것을 변별함으로써 그것을 자랑하는 것이다. 그러므로 가로되 변별함은 제대로 보지 못한다는 것이다.

[자연은 일체적으로 통합적인 원리가 있다. 그 원리는 너무나 간단하다. 그 간단한 원리로 천지 만물이 운행되고 있다. 그러기에 도에는 한계가 없는 것이다. 그러한 원리가 너무나 복잡하다면 천하는 쉽게 돌아가지 않는다. 자연이 이러한 원리를 따르듯, 우리 인간도 그러한 길을 가야 한다. 주관에 의한 분별은 그러한 길에 방해가 될 뿐이다. 성인은 도를 따를 뿐 분별하지 않는다. 단지 보통 사람이 분별에 집착할 뿐이다.]

夫大道不稱 大辯不言 大仁不仁 大廉不嗛 大勇不忮。道昭而不道 言辯而不及 仁常而不成 廉淸而不信 勇忮而不成。五者圓而幾向方矣。故知止其所不知 至矣。孰知不言之辯 不道之道 若有能知 此之謂天府。注焉而不滿 酌焉而不竭 而不知其所由來 此之謂葆光。

대저 큰 도는 말로 표현할 수가 없고 위대한 이론은 말하지 않으며 위대한 인(仁)은 어질지 않음 같고 크게 청렴함은 겸손한 것 같지 않으며 크게 용감함은 남을 해치지 않는다. 도가 밝혀지면 도가 아니고 말이 변증되면 도달하지 못하며 인(仁)이 계속되면 이루어지지 못하고 청렴이 결백해지면 미덥지 못하며 용기가 해치면 이루어지지 못한다. 이 다섯 가지는 원래 원만한 것인데 지금은 거의 모난 데 가깝다.

그러므로 앎이 그 알지 못하는 데서 그치면 최고다. 누가 말하지 않는 변증과 표현되지 않는 도를 알 것인가? 만일 이를 아는 이가 있다면 이를 천부(天府 : 자연의 보고'寶庫')라고 일컬으니, 부어도 가득 차지 않고 퍼내도 마르지 않아서 그 말미암은 바를 모른다. 이것을 보광(葆光 : 숨겨져 있는 빛이라는 뜻으로 절대적인 지혜)이라 한다.

[여러 사람이 주장하는 것은 참된 도가 아니다. 그것은 그들의 주관일

뿐이기 때문이다. 그러기에 참된 도는 많은 사람이 말하지 못한다. 그들의 주관을 넘어서 존재하기 때문이다. 우리는 그러한 도를 따라야 한다. 이쪽저쪽이 아닌 자연이 순수히 따라가는 그러한 길을 가야 한다. 사람들이 이야기하는 것에는 진정한 참된 도가 존재하기 힘들다. 우리가 참된 도를 따라갈 때 진정한 삶의 자유를 얻게 될 것이다.]

故昔者 堯問於舜曰 我欲伐宗、膾、胥敖 南面而不釋然。其故何也? 舜曰 夫三子者 猶存乎蓬艾之間。若不釋然 何哉 昔者十日並出 萬物皆照 而況德之進乎日者乎?

그러므로 옛날에 요(堯)가 순(舜)에게 물었다.

"내가 종(宗 : 총(叢), 숭(崇)이라고 기록되어 있는데 〈서경(書經)〉등에 나오는 숭산(崇山)으로 지금의 호남성 풍현 부근이라고 함), 회(鄶 : <詩經>에 보이는 회국(鄶國)으로 지금의 하남성 밀현 부근이라 함), 서호(지금 운남성 귀주 산악지대에 사는 묘족)를 정벌하려고 한다. 내가 남면(南面)하고 있으면서 그것이 석연치 않으니 어째서 인가?"

순(舜)은 이렇게 대답했다.

"대저 그 세 나라의 임금은 오히려 쑥대밭 사이에 잇는 것과 같은데 폐하께서 석연치 않다 하시니 어째서 입니까? 옛날에 열 개의 태양이 한꺼번에 나타나 만물을 고루 비추었는데 지금 폐하의 덕은 그런 태양보다도 더 나은데 무엇이 석연치 않으십니까?"

齧缺問乎王倪曰 子知物之所同是乎? 曰 吾惡乎知之? 子知子之所不知邪? 曰 吾惡乎知之? 然則物無知邪? 曰 吾惡乎知之? 雖然 嘗試言之。庸詎知吾所謂知之非不知邪? 庸詎知吾所謂不知之非知邪?

且吾嘗試問乎女. 民溼寢, 則腰疾偏死. 鰍然乎哉? 木處, 則惴慄恂懼.

猿猴然乎哉?

三者孰知正處?

民食芻豢 麋鹿食薦 蝍且甘帶, 鴟鴉耆鼠, 四者孰知正味? 猿 猵狙以爲雌 麋與鹿交 鰍與魚游。

毛嬙、麗姬 人之所美也 魚見之深入 鳥見之高飛 麋鹿見之決驟。四者孰知天下之正色哉?

自我觀之 仁義之端 是非之塗 樊然殽亂 吾惡能知其辯.

설결(요때의 현인으로 허유의 은사이며, 왕예의 제자)이 왕예(王倪)에게 물었다.

"선생님께서는 만물이 다 같다는 것을 아십니까?"

"내가 그것을 어떻게 아나?"

"선생님께서는 선생님께서 그것을 모르신다는 사실을 아십니까?"

"내가 그것을 어떻게 아는가?"

"그러면 물(物)이란 알 수 없는 것입니까?"

"내가 어떻게 그것을 알겠는가? 그러나 시험 삼아 말해 보겠네. 나의 안다고 하는 것이 진정으로 모르는 것이 아닌 줄을 어떻게 알며, 나의 모른다고 하는 것이 진정으로 아는 것이 아닌 줄 어떻게 아는가? 내 시험 삼아 자네에게 물어보겠네. 사람이 습기 찬 곳에서 자면 허리를 앓아 반신불수가 되어 끝내는 죽으니 미꾸라지도 그러한가? 나무에 올라가면 몸이 떨리며 두려우니 원숭이도 그러한가?

이 세 가지 거처 중에서 어느 것이 바른 거처인 줄 누가 알겠는가? 사람은 소와 돼지를 먹고 순록과 사슴은 풀을 먹으며 지네는 뱀을 달게 먹고 솔개나 가마우지는 쥐를 즐긴다. 이 넷 중에 어느 것이 바른 맛인 줄 누가 알겠는가? 원숭이는 편저(猵狙 : 원숭이 비슷하니 머리가 개 모양임. 족제비과의 수달로도 봄)로서 암놈을 삼고, 순록은 사슴과 짝하며,

미꾸라지는 고기와 논다. 모장(毛嬙 : 전국시대 월왕의 애첩이었던 미녀)과 여희(驪姬 : 춘추시대 진나라 헌종의 총희였던 시녀)는 사람들이 아름답다고 여기지만 물고기가 그들을 보면 깊이 숨고, 새들이 그들을 보면 높이 날며 순록과 사슴이 그들을 보면 결사적으로 도망치니, 이 네 가지 중에 어느 것이 천하의 바른 색인 줄을 누가 아는가? 내가 볼 때 인의(仁義)의 단서나 시비의 갈림길이 어수선하게 뒤섞여 어지러우니 내 어찌 그 구별을 알겠는가?"

[우리가 알고 있는 것은 완벽할 수가 없다. 그러한 것을 바탕으로 판단하기에 우리는 잘못을 저지를 수가 있을 수밖에 없다. 우리가 옳다고 하는 것이 진정으로 옳지 않을 수도 있고, 우리가 옳지 않다고 생각하는 것이 옳을 수도 있는 것이다. 사람이 만든 기준과 자신의 주관에 따른 판단과 생각은 자연이라는 커다란 원리 앞에는 의미가 없다. 그러기에 우리는 항상 이러한 것들을 넘어서려고 노력해야 할 필요가 있는 것이다.]

齧缺曰 子不知利害 則至人固不知利害乎?

王倪曰 至人神矣: 大澤焚而不能熱 河、漢冱而不能寒 疾雷破山、風振海而不能驚。若然者 乘雲氣 騎日月 而遊乎四海之外。死生無變於己 而況利害之端乎?

이어 설결이 또 말했다.

"선생님께서 이해(利害)를 모르신다니 그러면 지인(至人)은 진실로 이해를 모르는 것입니까?"

왕예가 대답했다.

"지인은 신(神)이다. 큰 늪이 불에 타도 그를 뜨겁게 할 수가 없고, 하한(河漢)의 물이 얼어붙어도 그를 춥게 할 수가 없으며, 벼락이 산을 깨고 바람이 바다를 뒤엎어도 그를 놀라게 할 수가 없다. 그런 사람은 구름을 타고 해와 달을 몰아 사해(四海) 밖으로 놀므로 죽음과 삶도 그 마음을 움직이지 못하니 하물며 이 해의 말단 따위야 말이나 되겠는가?"

[지극한 사람은 자연의 원리를 알고 이를 실천하는 자이다. 그는 어떤 커다란 문제도 초월한다. 이 세상의 일에 연연해하지 않는다. 별것이 없기 때문이라는 것을 안다. 우리가 조그만 것에 매여 고민하는 것은 이러한 경지에 도달하지 못했기 때문이다. 하지만 우리도 그러한 경지 이르지 못할 이유가 없다. 자신을 계속 극복해 나간다면 자연의 흐름처럼 우리의 삶이 자유로울 것이다.]

瞿鵲子問於長梧子曰 吾聞諸夫子 聖人不從事於務 不就利 不違害 不喜求 不緣道 無謂有謂 有謂無謂 而遊乎塵垢之外。夫子以爲孟浪之言 而我以爲妙道之行也。吾子以爲奚若?

長梧子曰 是黃帝之所聽熒也 而丘也何足以知之 且汝亦大早計 見卵而求時夜 見彈而求鴞炙。予嘗爲女妄言之 女亦以妄聽之奚?

旁日月 挾宇宙 爲其吻合 置其滑涽 以隸相尊。衆人役役 聖人愚芚 參萬歲而一成純。萬物盡然 而以是相蘊。

구작자(瞿鵲子 : 옛날의 현인, 장오자'長梧子'의 제자)가 장오자(長梧子 : 옛날의 현인)에게 물었다.

"내가 공자에게서 들으니 성인은 속된 일에 종사하지 아니하며 이익을 추구하지도 않고 해를 피하려고도 않으며 구하기를 좋아하지도 않고 도를 따르려고도 하지 않으며 말을 안 해도 말함이 있고 말을 해도 말함이 없으며 멀리 속세 밖에서 노닌다고 하였습니다. 공자는 이것을 터무니

없는 말이라고 하였으나, 저는 그것을 미묘한 도의 나타남이라고 생각합니다. 선생님께서는 어떻게 생각하십니까?"

장오자는 이렇게 대답했다.

"이는 황제(黃帝)가 들어도 당황할 터인데 공구(孔丘)가 어떻게 그것을 알겠는가? 그리고 자네도 너무 속단을 한 걸세. 계란을 보고 새벽 알리기를 바라는 것이나 새 잡는 활을 보고 구운 새를 찾는 것과 같네. 내 자네를 위하여 망령되이 말하리니, 자네도 망령되이 들어줌이 어떠한가? 사람은 해와 달을 의지하고 우주를 끼고서 만물과 하나가 되어 몸을 혼돈 속에 두고서 천한 것을 존귀한 것으로 보네. 뭇사람들은 허덕이지만 성인은 어리석은 것처럼 만년을 꿰뚫으면서 한결같이 순수한 도를 지켜나가네. 그리고 만물을 다 그대로 옳게 여겨 그런대로 모두 감싸주네.

[성인은 어느 하나에 집착하지 않고 만물을 일체로 보는 사람이다. 그는 만물에 차별을 두지 않는 사람이다, 있는 그대로 받아들일 뿐이다. 시간이 지나도 변하지 않는 자연의 도르르 따르는 사람이다. 그리고 그러한 모든 것을 포용하는 것이다. 이러한 삶을 살아갈 때 우리는 진정한 자유를 얻게 된다.]

予惡乎知說生之非惑邪? 予惡乎知惡死之非弱喪而不知歸者邪? 麗之姬 艾封人之子也。晉國之始得之 涕泣沾襟 及其至於王所 與王同筐床 食芻豢 而後悔其泣也。予惡乎知夫死者不悔其始之蘄生乎?

내 어찌 삶을 즐기는 것이 하나의 미혹이 아닌 줄을 알겠는가? 내 어찌 죽음을 싫어하는 것이 어려서 고향을 떠나 돌아갈 길을 모르는 것이 아닌 줄을 알겠는가?

여희는 애(艾)의 국경을 지키는 관리의 딸이었다. 진(晉)나라에서 처음으로 그녀를 데려왔을 때에는 그녀는 눈물로 옷깃을 적시었으나 급기야 진왕의 처소로 들어가 왕과 침상을 같이하고 육미(肉味)를 맛본 뒤로는 전날에 울었던 것을 후회했다고 하네. 그러니 저 죽은 이가 죽기 전에 살기를 바랐던 것을 죽어서 후회하지 않는가를 내가 어찌 알 것인가?

[우리의 생각과 판단은 절대적이지 않다. 항상 나의 생각을 열어 놓아야 한다. 삶과 죽음에 대한 것도 우리는 잘 알지 못한다. 그러기에 삶이 어떠한 것인지, 죽음이 어떠한 것인지조차 판단할 필요가 없다. 죽고 싶었지만 나중에 알고 보니 사는 것이 좋음을 알 수도 있는 것이다. 삶에는 좋은 것만 있다고 생각해도 꼭 그렇지 않을 수도 있다. 우리는 삶과 죽음에 대한 판단도 하지 말고 자연이 그 흐름에 맡기는 것처럼 살아가면 족할 것이다.]

夢飮酒者 旦而哭泣 夢哭泣者 旦而田獵。方其夢也 不知其夢也。夢之中又占其夢焉 覺而後知其夢也。
且有大覺而後知此其大夢也 而愚者自以爲覺 竊竊然知之。君乎 牧乎固哉 丘也 與女皆夢也 予謂女夢亦夢也。是其言也 其名爲弔詭。萬世之後 而一遇大聖知其解者 是旦暮遇之也。

꿈에 술을 마시고 즐기던 사람이 아침에는 곡을 하며 울고, 꿈에 곡을 하고 울던 사람이 아침에는 사냥을 나가 즐기네. 항상 꿈을 꾸고 있을 때에 그것이 꿈인 줄을 알지 못하고 꿈속에서 그 꿈을 점치다가 깬 뒤에야 그것이 꿈인 줄을 아네. 또한 크게 깨달은 뒤라야 이것이 큰 꿈인 줄을 아네. 그러나 어리석은 사람들은 스스로 깨달았다고 여겨 잘 아는 체하며 임금이니 종이니 하니, 참으로 딱하네. 공구도 자네와 더불어 모두 꿈을 꾸고 있네. 자네더러 꿈을 꾼다고 하는 나도 꿈을 꾸고 있네. 나의 이런 말을 일컬어 조궤(弔詭 : 지극히 기이함의 뜻, 곧 세속적인 상식이 매우 다르다는 뜻)라고 하지마는 만세 후에나 이 말뜻을 이해하는 한 성인이 나타나면 그것은 아침에 만났다가 저녁에 또 만난 듯이 대단히 일찍 만난 것이라고 할 수가 있네.

[우리의 삶은 한낱 꿈과 같은 것일지도 모른다. 꿈과 같은 삶에서 옳고 그름은 의미가 없다. 세상의 가치도 어찌 보면 인간에 의해 만들어진 것에 불과하다. 많은 사람들이 추구하는 것이 삶의 정답이 되라는 보장은 없다. 그러한 것을 추구하다 인생을 스스로 힘들게 만들어 가는 것인지도 모른다. 우리 인간이 만든 인위적인 규범이나 가치가 우리의 삶을 예속한다면 우리는 그것을 넘어서야 한다.]

既使我與若辯矣 若勝我 我不若勝 若果是也 我果非也邪? 我勝若 若不吾勝 我果是也 而果非也邪? 其或是也 其或非也邪? 其俱是也 其俱非也邪 我與若不能相知也 則人固受其黮闇。吾誰使正之?
使同乎若者正之 既與若同矣 惡能正之? 使同乎我者正之 既同乎我矣 惡能正之? 使異乎我與若者正之 既異乎我與若矣 惡能正之? 使同乎我與若者正之 既同乎我與若矣 惡能正之 然則我與若與人俱不能相知也 而待彼也邪?

내가 자네와 더불어 논쟁을 하였다고 치세. 자네가 나를 이기고 내가 자네에게 졌다 하면 자네는 과연 옳고 나는 과연 그른가? 또 내가 자네를 이기고 자네가 나에게 졌다면 내가 과연 옳고 자네는 과연 그른가? 부분적으로 옳거나 부분적으로는 그른가? 또는 그것이 완전히 옳거나 완전히 그른가? 또는 그것이 완전히 옳거나 완전히 그른가? 내나 자네가 서로 이것을 모른다면 남도 또한 판단을 내리기가 어려울 것이다. 그러면 우리는 누구를 시켜 그것을 바로잡을 것인가? 자네에게 동조하는 이를 시켜 바로잡으려면 그는 이미 자네와 같은 의견이니 어떻게 바로잡을 수가 있겠는가? 나에게 동조하는 자로 하여금 바로잡게 한다면 그는 나와 같은 의견이니 어떻게 바로잡을 수가 있는가? 나나 자네와 다른 의견을 가진 사람더러 바로잡으라면 그는 이미 나나 자네와 의견이 다르니 그도 어떻게 바로잡을 수가 있겠는가? 또 나나 자네와 똑같은 자를 시켜 바로잡으려면 그는 이미 나나 자네와 의견이 똑같으니 어떻게 바로잡을 수가 있겠는가? 그러니 나나 자네나 또 제삼자가 모두 알 수가 없네. 그러니 또 누구를 기다릴 것인가?

[인간에게 논쟁이란 아무런 의미가 없는지도 모른다. 그 논쟁의 이유가 옳고 그름을 판단하기 위해서라면 사실 옳고 그름조차 인간에 의한 주관이기에 그렇다. 다수결이라 해도 그것이 절대적이 아니며, 아무리 똑똑한 학자가 주장하였다 하더라도 그것은 그 사람의 주관일 뿐 절대적 진리와는 거리가 멀다. 어떤 생각이나 판단을 절대시 하는 한 거기에 우리 인간의 패착이 이미 존재하는 것이다.]

化聲之相待 若其不相待。和之以天倪 因之以曼衍 所以窮年也。何謂和之以天倪? 曰 是不是 然不然。是若果是也 則是之異乎不是也亦無辯 然若果然也 則然之異乎不然也亦無辯。忘年忘義 振於無竟 故寓諸無竟。

이를 조화시키는데 천예(天倪 : 자연의 조화)로써 한다는 것은 무엇을 의미하는 것인가? 가로되 옳다는 것과 옳지 않다는 것, 그렇다는 것과 그렇지 않다는 대립에서, 그 옳음이 과연 진실로 옳은 것이라면 그 옳음은 옳지 않다는 것과는 다르네. 따라서 변명할 여지가 없네. 또 그렇다는 것이 과연 정말로 그렇다며 그렇다는 것은 그렇지 않다는 것과 달라 변명할 필요가 없네. 그 끝이 없는 순환 곧 변화를 되풀이하는 것은 상대적이라 해결되기를 기다릴 필요가 없네. 이것을 천예에다 조화시키고 만연(曼衍 : 끝이 없는 변화, 무궁)에다 붙여버려야 천년을 마치는 까닭이 되네. 그래야 세월도 잊고 의리도 잊어, 무한한 경지에 노닐 수가 있네. 그러므로 무한한 경지에 몸을 붙여 두는 것일세."

[우리는 이 세상이 돌아가는 자연의 원리, 즉 도를 따를 때 우리 인간의 한계를 넘어설 수 있다. 편협한 한 개인의 생각인 주관은 그가 아무리 현자라 할지라도 자연의 섭리에 버금갈 수가 없는 것이다. 따라서 우리는 자연의 도를 이해해야 하고 이를 우리의 삶에 적용해야 할 필요가 있는 것이다.]

罔兩問景曰 曩子行 今子止 曩子坐 今子起 何其無特操與?

景曰 吾有待而然者邪? 吾所待, 又有待而然者邪? 吾待蛇蚹蜩翼邪? 惡識所以然 惡識所以不然?

昔者莊周夢爲胡蝶 栩栩然胡蝶也. 自喻適志與 不知周也。俄然覺 則蘧蘧然周也。不知周之夢爲胡蝶與 胡蝶之夢爲周與 周與胡蝶 則必有分矣。此之謂物化。

망량(罔兩 : 그림자 옆에 생기는 그늘, 곧 그림자의 그림자)이 그림자에게 물었다.

"아까는 자네가 가더니 지금은 자네가 서 있고, 아까는 자네가 앉아 있더니 지금은 자네가 일어나 있으니, 어째서 그렇게 지조가 없나?"

그림자가 이렇게 대답했다.

"내가 의지하고 있는 것이 있기 때문에 그렇겠지? 그리고 내가 의지하는 것도 또 의지하는 것이 있어 그렇겠지? 내가 의지하고 있는 것은 뱀의 발이나 매미의 날개와 같다고 할까? 어찌 그런 까닭은 알고 어찌 그렇지 않은 까닭을 알겠는가?"

전에 장주(莊周)는 꿈에 나비가 되었다. 훨훨 나는 것이 분명히 나비였다. 스스로 즐겁고 뜻대로라 장주인 줄을 알지 못했다. 그러다가 조금 뒤에 문득 깨어보니 분명히 장주였다. 장주가 꿈에 나비가 된 것인지, 나비가 꿈에 장주가 된 것인지를 알지 못하겠다. 장주와 나비는 반드시 구분이 있을 것이니 이를 물화(物化 : 사물의 변화, 만물의 끝없는 유전)라고 한다.

[장자의 나비의 꿈은 상대적인 세계를 인정하면서 이를 극복해야 함을 말한다. 이러한 상대적인 개념이 없어져야 자유로운 삶을 살아갈 수 있다. 어디에 얽매이지 않기 때문이다. 나의 생각이나 판단에, 다른 사람의 생각이나 판단을 넘어서야 한다는 것이다. 그곳에 우리의 갈 바가 있지 않을까 싶다.]

第三 養生主

[양생주란 삶을 길러주는 것을 말한다. 우리의 삶이 더 나아져야 하는데 무엇이 그것을 가능하게 하는 것일까? 사람마다 다르겠지만, 중요한 것은 나 자신이 삶의 주인으로서 보다 더 나은 모습으로 성장해가야 한다. 그러한 것이 무엇이 있는지 우리는 진심으로 고찰하여 알아야 할 필요가 있다.]

吾生也有涯 而知也無涯。以有涯隨無涯 殆已 已而爲知者 殆而已矣。爲善無近名 爲惡無近刑。緣督以爲經 可以保身 可以全生 可以養親 可以盡年。

우리의 생명에는 한이 있으나 지식에는 한이 없다. 한이 있는 것으로써 한이 없는 것을 따르면 위태하다. 위험한 줄 알면서 지식을 추구함은 더욱 위태로운 일이다. 선을 행하여 명예에 가깝게 하지 말고 악을 행하더라도 형벌에 가깝게 하지 말며 오직 중도(中道)를 따름으로써 상도(常道)를 삼으면 그로써 몸을 보존할 수가 있으며 삶을 온전히 할 수가 있으며 어버이를 봉양할 수가 있고 천수(天壽)를 누릴 수가 있다.

[우리의 삶에는 한계가 있다. 자신이 알고 있는 것이 전부라 생각하고 자신이 판단하는 것이 옳다고 한다면 그는 진정으로 참된 삶을 살아가고 있는 것이 아니다. 스스로의 한계에 묶여 발목이 잡혀 있는 것과 마찬가지인 것이다. 도란 선과 악의 중간에 존재한다. 분별이 없는 주관이

없는 곳에 있다는 뜻이다.]

庖丁爲文惠君解牛 手之所觸 肩之所倚 足之所履 膝之所踦 砉然嚮然 奏刀騞然 莫不中音。合於《桑林》之舞 乃中《經首》之會。

文惠君曰 譆 善哉 技蓋至此乎?

庖丁釋刀對曰 臣之所好者道也 進乎技矣。始臣之解牛之時 所見無非牛者。三年之後 未嘗見全牛也。方今之時 臣以神遇 而不以目視 官知止而神欲行。依乎天理 批大郤 道大窾 因其固然。技經肯綮之未嘗 而況大軱乎?

良庖歲更刀 割也. 族庖月更刀 折也。今臣之刀十九年矣 所解數千牛矣 而刀刃若新發於硎。彼節者有間 而刀刃者無厚 以無厚入有閒 恢恢乎其於遊刃必有餘地矣 是以十九年而刀刃若新發於硎。

雖然 每至於族 吾見其難爲 怵然爲戒 視爲止 行爲遲。動刀甚微 謋然已解 如土委地。提刀而立 爲之四顧 爲之躊躇滿志 文惠君曰 善哉 吾聞庖丁之言 得養生焉。

포정(庖丁 : 요리를 직업으로 하는 백정. 정'丁'은 성, 또는 이름이라고도 함)이 문혜군(文惠君 : 소요유편에 나온 양나라의 혜왕)을 위하여 소를 잡는데, 그 손을 놀리는 것이나 어깨로 받치는 것이나 발로 딛는 것이나 무릎을 굽히는 모양이나 쓱쓱 칼질하는 품이 음률에 맞지 않음이 없었다. 따라서 그 행동이 상림(桑林)의 춤(은나라 탕왕이 상림이라는 땅에서 기우제를 지낼 때 춘 춤)에 맞고 경수(經首)의 장단(요임금 때의 음악이라고 전해지는 함지곡의 한 악장)에도 맞았다.

"참 잘한다. 재주가 여기까지 이를 수가 있는가?"

포정이 칼을 놓고 이렇게 대답했다

"제가 좋아하는 것은 도(道)로서 기술에 앞서는 것입니다. 처음 제가 소를 잡을 때는 눈에 보이는 것이 소뿐이었습니다. 그러나 삼년 후에는 소가 보이지 않았고 지금에는 저는 영감(靈感)으로써 대할 뿐 눈으로 보지를 않습니다. 그래서 소 몸뚱이 조직의 자연적인 이치를 따라서 뼈와 살이 붙어 있는 틈을 젖히는 것이나 뼈마디에 있는 큰 구멍에 칼을 집어넣는 것이나 모두 자연의 이치를 따라 갈라져 나갑니다. 그래서 그 기술은 뼈와 살이 합친 곳에서는 칼이 걸린 적이 한번도 없는데 하물며 큰 뼈에 부딪치는 일이야 있겠습니까? 훌륭한 포정은 일년에 한번 칼을 바꾸는데 그것은 살을 베기 때문이며, 보통 포정은 한 달에 한번 칼을 바꾸니 그것은 뼈에 칼이 부딪쳐 칼이 부러지기 때문입니다. 그러나 지금 저의 칼은 십 구년 동안이나 썼고 또 잡은 소도 수천 마리나 되지만, 그 칼날은 지금 막 새로 숫돌에다 간 것 같습니다. 저 뼈에는 틈이 있고 칼날에는 두께가 없습니다. 두께가 없는 것으로써 틈이 있는 데다 넣으므로 넓고 넓어 그 칼날을 휘둘러도 반드시 여유가 있습니다. 그러므로 십 구년이나 되었어도 그것은 지금 막 숫돌에다 갈아낸 것 같습니다. 그러나 막상 뼈와 심줄이 한데 얽힌 곳을 만났을 때는 저도 그 다루기 어려움을 보고 조심하여 곧 눈길을 멈추고 행동을 천천히 하며 칼을 놀리는 것도 매우 미묘해 집니다. 그러다가 쩍 갈라지면 마치 흙덩이가 땅에 떨어지듯 고기가 와르르 헤집니다. 그때야 칼을 들고 일어서서 사방을 둘러보며 머뭇머뭇 만족해하며 칼을 잘 닦아 집어넣습니다."

문혜군이 그 말을 듣고 이렇게 말했다.

"훌륭하구나. 나는 포정의 말을 듣고 양생법(養生法)을 배웠도다."

[소의 뼈와 살을 바르는 것도 이치를 깨달으면 도의 경지에 오를 수가 있다. 포정의 예화는 이를 설명하기 위함이다. 마찬가지로 우리가 삶에 대해 이치를 깨달으면 우리가 살아가는 삶이 도에 가까워질 수 있고 이로 인해 진정으로 자유한 인생을 살아갈 수가 있는 것이다. 하지만 대부

분의 사람들은 이러한 원리를 깨달으려 하지 않는다. 그러기에 삶이 고달프고 힘든 것이다.]

公文軒見右師而驚曰 是何人也? 惡乎介也? 天與 其人與?
曰 天也 非人也。天之生是使獨也 人之貌有與也。以是知其天也 非人也。
澤雉十步一啄 百步一飮 不蘄畜乎樊中。神雖王 不善也。

공문헌(公文軒 : 성은 공문, 이름은 헌, 전국시대 송나라 사람)이 우사(右師 : 관명, 전국시대 송나라 사람이라고도 함)를 보고 놀라 물었다.
"이 어찌 사람인가? 어째서 외발이 되었는가? 하늘이 그렇게 만들었는가? 사람이 그렇게 만들었나?"
우사는 이렇게 대답했다.
"하늘이 그렇게 만든 것이지 사람이 그렇게 만든 것이 아닙니다. 하늘이 나를 낳을 때 외발로 만들었습니다. 사람의 모양은 하늘이 부여한 것이라 하늘이 이렇게 만든 것으로 알고 사람의 것이 아니라고 생각합니다. 늪에 사는 꿩은 열 걸음을 가다가 한번 모이를 쪼아 먹고 백 걸음을 가다가 한 모금의 물을 마시면서도, 둥우리 안에 갇혀 길러지기를 원하지 않습니다. 원기는 비록 왕성해질지 모르지만 마음이 즐겁지 않기 때문입니다."

[다리가 하나인 것이 문제가 되는 것이 아니다. 태어날 때부터 삶이 그렇게 주어졌을 뿐이다. 다리가 두 개 있는 사람이 다리 하나 밖에 없는 사람에 대해 자신의 입장에서만 판단해서는 안 된다. 운명에 맞서기 보다는 운명을 받아들이고, 그 위치에서 현명하게 자신의 삶을 살아가면 족하다. 다리가 두 개인 사람이 모두 다 성공하고 행복한 것이 아니지

않은가? 다리가 하나라 해서 그 사람의 인생이 불행과 실패로만 이어지는 것이 아닌 것과 마찬가지이다.]

老聃死 秦失弔之 三號而出。
弟子曰 非夫子之友邪
曰 然。然則弔焉若此 可乎?
曰 然。始也 吾以爲其人也 而今非也。向吾入而弔焉 有老者哭之 如哭其子 少者哭之 如哭其母。彼其所以會之 必有不蘄言而言 不蘄哭而哭者。是遯天倍情 忘其所受 古者謂之遁天之刑。適來 夫子時也 適去 夫子順也。
安時而處順 哀樂不能入也 古者謂是帝之縣解。
指窮於爲薪 火傳也 不知其盡也。

노담(老聃 : 노자. 성은 李, 이름은 耳, 자는 聃)이 죽었을 때에 진일(秦佚 : 사람 이름)이 가서 조상을 하는데 세 번 곡을 하고 나와 버렸다. 이를 본 진일의 제자가 물었다.
"그분은 선생님의 친구가 아니었습니까?"
"그렇네."
"그렇다면 조문을 그렇게 해서 되겠습니까?"
"그럴 걸세. 처음에는 나도 그가 훌륭한 사람이라고 여겼었는데 이제 보니 그렇지가 않네. 아까 내가 들어가 조문을 할 때 늙은이는 마치 자기 자식이나 잃은 듯이 곡을 하고, 젊은이는 마치 자기 어머니나 돌아간 듯이 곡을 하더구나. 그가 사람의 정을 이렇게 모은 까닭은 반드시 그가 사람들에게 칭찬하는 말을 해달라고 요구는 안 했을망정 칭찬하는 말을 하게 작용했고, 곡을 해달라고 요구는 안했어도 곡을 안 할 수 없도록 작용을 가했기 때문일세. 이것은 천도(天道)에서 벗어나고 자연의 정을 배반하여 타고난 본분을 망각하는 것일세. 예부터 이런 것을 둔천(遁天)의 형벌(天理를 벗어난 죄)이라고 하네. 마침 이 세상에 태어난 것은 그 선생이 태어날 때가 되었기 때문이고, 그가 마침 떠난 것은 그 선생이 마침 자기의 천분(天分)에 순응한 것이며, 그 때에 편안하고 자연에 순종하면 슬픔과 즐거움이 스며들지를 못하네. 옛날에는 이를 천제(天帝)의 현해(縣解)라고(천제의 속박으로부터 벗어남) 불렀네. 손으로 땔 나무를 계속 밀어 넣으면 불의 번짐은 끝난 줄을 모르는 법이네."

[삶과 죽음도 자연의 원리에 따라 나타나는 것이다. 그러기에 우리은 삶과 죽음도 초월해야 할 필요가 있다. 그런 것은 연연해할 필요가 없다. 우리가 원하건 원하지 않건 우리의 영역이 아니기 때문이다. 삶과 죽음마저 초월할 수 있는 마음을 가지기 위해서는 우리는 자연의 도를 따라야 한다. 그것이 우리의 삶으 더 나은 모습으로 이끌어줄 진정한 양생주라 할 것이다.]

第四 人間世

[인간세란 글자 그대로 사람들이 살고있는 세상을 말한다. 수많은 사람들이 살고있는 세상에서는 어떠한 삶을 살아가야 하는 것일까? 다른 사람과 어떠한 관계를 맺으면서 어떠한 상호작용을 하면서 살아가야 하는 것일까?]

顔回見仲尼請行。
曰 奚之?
曰 將之衛。
曰 奚爲焉?
曰 回聞衛君 其年壯 其行獨 輕用其國 而不見其過 輕用民死 死者以國量乎澤 若蕉 民其無如矣。回嘗聞之夫子曰 '治國去之 亂國就之 醫門多疾。'願以所聞思其則 庶幾其國有瘳乎!
仲尼曰 譆! 若殆往而刑耳 夫道不欲雜 雜則多 多則擾 擾則憂 憂而不救。古之至人 先存諸己 而後存諸人。所存於己者未定 何暇至於暴人之所行?

안회(顔回)가 중니(仲尼)를 보고 하직 인사를 하니 공자가 물었다.
"어디로 가려느냐?"
"위(衛)나라로 가려고 합니다."
"뭘 하러 가려느냐?"
"제가 듣건데, 위나라 임금은 나이는 젊은데 그 행동은 독재적이라, 경솔하게 그 국민을 부리면서도 그 잘못을 모르며, 백성을 마구 부려 죽는 백성이 나라에 가득하여 연못을 메우고 삼단같이 쌓여 있어 백성들이 갈 바를 모른다고 합니다. 저는 전에 선생님께 이런 말을 들었습니다. '다스려지는 나라를 떠나 어지러운 나라로 가라. 의사의 문에는 환자가 많다.' 그래서 제가 들은 바를 실천하면 그 위나라를 고칠 수가 있겠지요?"

이에 공자는 이렇게 대답했다.

"허, 너는 가야 형벌만 받을 것이다. 대저 도는 잡되지 말아야 한다. 잡되면 일이 많아지고 일이 많으면 어지러워지고 어지러워지면 걱정이 생기고 걱정이 생기면 구제할 수가 없는 것이다. 그러므로 옛 지인(至人)들은 먼저 자기를 존립시키고 나서 남을 존립시키니 자기도 존립시키지 못하면서 언제 사나운 사람들의 소행을 간섭하겠는가? 또한 너도 덕이 혼란해지며 지혜가 생겨나는 것을 아느냐?

[안회는 공자의 따르는 성실한 제자였다. 공자의 가르침에 따라 어지러운 위나라에 가고자 하나 공자는 만류한다. 아직 때가 아니며, 안회 스스로 더 배우고 익혀야 할 것이 많다고 생각하기 때문이다. 다른 사람에 대한 일에 나서기 위해서는 나 자신부터 올곧게 서야 한다. 그것이 인간 세상의 원칙이다. 내 자신이 스스로 서지 않는 이상 다른 사람에 대해 나서는 것은 오히려 더 나쁜 결과를 가져올 수 있다. 따라서 자신을 수양하고 자신을 돌아보며 스스로를 더욱 성장시켜 나갈 수 있도록 노력하는 것이 우선이다.]

且若亦知夫德之所蕩 而知之所爲出乎哉? 德蕩乎名 知出乎爭。名也者 相軋也 知也者 爭之器也。二者凶器 非所以盡行也。
且德厚信矼 未達人氣 名聞不爭 未達人心。而強以仁義繩墨之言術暴

人之前者 是以人惡有其美也 命之曰菑人。菑人者 人必反菑之 若殆爲人菑夫!

덕은 명예를 구하는 데서 혼란해지고 지혜는 다투는 데서 생겨나는 법이다. 명예는 서로 해치는 것이요, 지혜는 서로 다투는 기구가 된다. 이 두 가지는 흉기라 그것으로 사람을 이끌어나갈 것은 아니다. 또 덕이 두텁고 신용이 확실해도 남의 기분에 통달하지 못하고 명예를 다투지 않아도 남의 마음에 통하지 못하는데, 인(仁)이니 의(義)니, 법도(法度)니 하는 말로서 사나운 사람 앞에서 지껄이는 것은 남의 악을 기화로 삼아 나의 미점(美點)을 과시하는 것이다. 이런 사람을 일러 남을 불행하게 만드는 사람이라 한다. 남을 불행하게 만드는 사람은 반드시 반대로 남에게 불행을 당한다. 그러니 너도 아마 남에게 불행을 주리라.

[명예와 지식이 우리 인간의 세상에서 좋은 것만이 아니다. 이로 인해 불행이 올 수도 있다. 자신의 지식이나 지혜를 믿고 자신의 덕을 위하여 세상에 나서는 일은 오히려 문제가 될 수 있다. 특히 선하지 않은 이에게 지혜나 덕을 말한다고 해서 쉽게 이를 수용되는 것이 아니다. 오히려 본인이 더 많이 상처를 받을 수 있다.]

且苟爲悅賢而惡不肖 惡用而求有以異? 若唯無詔 王公必將乘人而鬥其捷。而目將熒之 而色將平之 口將營之 容將形之 心且成之。是以火救火 以水救水 名之曰益多 順始無窮。若殆以不信厚言 必死於暴人之前矣。

且昔者桀殺關龍逢 紂殺王子比干 是皆修其身以下傴拊人之民 以下拂其上者也 故其君因其修以擠之。是好名者也。

昔者堯攻叢枝、胥敖 禹攻有扈 國爲虛厲 身爲刑戮 其用兵不止 其求實無已。是皆求名實者也.
而獨不聞之乎? 名實者 聖人之所不能勝也 而況若乎? 雖然 若必有以也 嘗以語我來.

또 진실로 그 임금이 현인을 좋아하고 불초(不肖)를 미워한다면 무엇 때문에 너를 등용해서 특이한 일을 하겠는가? 너는 오직 말을 하지 말라. 그 나라 왕은 반드시 남의 약점을 틈타서 꼭 이기려 들 것이다.

그러면 너의 눈은 현혹될 것이고 너의 기색은 공손해질 것이며 마음도 또한 그의 비위를 맞추게 될 것이다. 이는 불로서 불을 끄고 물로 물을 막는 격이라 이런 것을 '한 술 더 뜬다'고 하는 것이다. 그리하여 결국 순종으로 시종하여 끝이 없을 것이다. 그러나 만일 네가 신용을 받지도 못하면서 심한 말을 하다가는 반드시 사나운 사람 앞에서 죽게 될 것이다.

또 옛날에 걸왕(桀王)은 관용방(關龍逢)을 죽였고, 주왕(紂王)은 왕자 비간(比干)을 죽였다. 이들은 다 자기 몸을 닦아 신하의 몸으로서 군왕의 백성을 구제하였으나, 반면 신하의 몸으로서 그 군왕의 낯을 거슬린 것이다. 그러므로 그 임금은 그들의 좋은 성질 때문에 도리어 이들을 없애버린 것이다. 이는 이들이 명예를 좋아했기 때문이다.

옛날에 요(堯)는 총지(叢枝)와 서오(胥敖) 두 나라를 쳤고, 우(禹)는 유호(有扈)를 친 일이 있다. 그래서 세 나라는 폐허가 되고 백성은 죽임을 당했으며 그 국왕은 사형에 처해졌다. 이는 이 세 나라가 모두 용병을 그치지 않고 실리의 추구를 중지하지 않았기 때문이다. 이는 모두 명예와 실리를 구한 예이다. 그러니 너만 홀로 듣지 못했느냐? 명예와 실리에 대하여는 성인도 억제하기 어렵거늘 하물며 너 정도의 인간에 있어서랴? 비록 그러나 너에게는 반드시 까닭이 있을 것이니 시험 삼아 나에게 말해 보라.

[안회가 위나라에 가서 아무리 자신의 최선을 다한다고 해서 현재의 위나라의 인간 세계는 그 독선적인 임금으로 인해 안회의 포부를 풀어가기 힘들 것이라고 공자는 말하고 있다. 사람이 살고 있는 인간세는 그리 쉽게 변화하지 않는다. 자신의 아집과 독선에 사로잡혀 있는 사람일수록 더 그렇다. 위나라의 임금이 현재 그러한 상황이다. 오히려 안회가 죽임을 당할 수가 있다는 것이다. 인간이 사는 세상은 말처럼 쉽게 변화를 가져오기 힘들다.]

顔回曰 端而虛 勉而一 則可乎?
曰 惡, 惡可? 夫以陽爲充孔揚 采色不定 常人之所不違 因案人之所感 以求容與其心。名之曰日漸之德不成 而況大德乎? 將執而不化 外合而內不訾 其庸詎可乎?

안회가 말했다.
"단정하고 겸허하여 근면하고 한결같이 일하면 됩니까?"
"아, 어찌 될 수 있는가? 너는 겉으로 보기에는 덕이 충만 되어 있는 것 같으나 안색마저도 안정되지 않으니 보통 사람과 조금도 다름이 없다. 따라서 너는 남의 감정만 헤아려 그 사람의 마음에 들기만 하고자 하나, 이런 것을 일러 '날마다 덕을 조금씩 이루어 나가는 것도 불가능하다'고 하는 것인데, 하물며 대덕(大德)에 있어서랴? 위나라 임금은 고집이 세어서 조금도 감화를 받지 않을 것이고 겉으로는 듣는 척하면서 속으로는 생각지도 않을 것이니, 어찌 되겠는가?"

[안회는 위나라 임금에게 겸허하고 근면하게 한결같이 대하면 되지 않겠느냐고 말하지만, 이는 안회가 아직 인간세를 잘 모르기에 하는 말이다. 공자는 위나라의 현재 상황은 이러한 것이 통하지 않을 것을 잘 알

고 있었다. 인간에 대해 알기에 공자는 안회에게 위나라로 가도 아무 소용이 없다고 말하는 것이다.]

回曰 然則我內直而外曲 成而上比。
內直者 與天爲徒。與天爲徒者 知天子之與己皆天之所子 而獨以己言蘄乎而人善之 蘄乎而人不善之邪 若然者 人謂之童子 是之謂與天爲徒。
外曲者 與人之爲徒也。擎、跽、曲拳 人臣之禮也. 人皆爲之 吾敢不爲邪 爲人之所爲者 人亦無疵焉 是之謂與人爲徒。
成而上比者 與古爲徒。其言雖教 讁之實也。古之有也 非吾有也。若然者 雖直而不病 是之謂與古爲徒。若是 則可乎?
仲尼曰 惡 惡可 大多政 法而不諜 雖固 亦無罪。雖然 止是耳矣 夫胡可以及化 猶師心者也。

안회는 말했다.
"그렇다면 저는 속은 곧되 겉은 완곡하고 또 말을 할 때는 옛일에다 비유하겠습니다. 속이 곧은 사람은 하늘과 벗이 되는 것이며, 하늘과 벗이 되는 자는 천자가 자기와 더불어 다 같이 하늘의 아들임을 알 것이니 자기의 말을 가지고 남이 착하다 하기를 구하거나 남이 착하지 않다 하기를 구하겠습니까? 이런 이들은 사람들은 동자(童子)라 하고, 하늘의 벗이 된 사람이라 하겠습니다. 또 겉으로 완곡한 자는 사람과 벗이 된 자들이니 손에 홀(笏)을 잡고 무릎을 굻으며 절을 하고 몸을 굽히는 것은 신하의 예의로서 사람들이 모두 그것을 행하거늘 저라고 감히 안 할 수야 있겠습니까? 남이 하는 대로 하면 남도 나를 비난하지 않을 것이니 이것을 일러 사람과 더불어 벗이 된다고 하는 것입니다. 그리고 말을 하되 옛일에 비유하는 것은 옛과 벗이 되는 것이니 그 말에 비록 가르치고 꾸짖는 뜻이 포함되어 있더라도 그것은 옛날부터 있던 것이요, 제가 만들어낸 것이 아닙니다. 그렇게 하는 자는 비록 곧더라도 해를 받지 않을 것이므로 이를 일러 옛과 벗이 된다 하는 것입니다. 이렇게 하면 되겠습니까?"

"아, 어찌 될 수가 있느냐? 너무 정책이 많아 쉽지 않다. 비록 벌은 안 받을 것이나 거기에서 그치고 만다. 어찌 남에게 감화를 줄 수 있겠느냐? 너는 아직도 자기의 분별심에 너무 얽매어 있다."

[공자는 안회가 자신의 생각과 판단에 너무 얽매어 있음을 간파하고 있다. 안회가 깨우쳐야 하는 것은 자신의 생각이 옳지 않을 수도 있다는 것을 인정하지 못하기에 아직 분별의 수준에 있다고 공자는 말하고 있다. 그러기에 공자가 안회를 걱정하는 것이다. 자신의 생각에 매여 있기에 위험하다는 것이다. 안회의 생각이 원칙적으로 옳을지 모르나 인간이 살고있는 현실은 그렇지가 못하다. 이러한 것을 뛰어넘을 수 있을 정도가 될 때까지 공자는 안회에게 위나라로 가지 말라고 하는 것이다.]

顔回曰 吾無以進矣 敢問其方?
仲尼曰 齋 吾將語若 有而爲之 其易邪 易之者 皞天不宜。
顔回曰 回之家貧 唯不飮酒、不茹葷者數月矣。如此 則可以爲齋乎?
曰 是祭祀之齋 非心齋也。
回曰 敢問心齋?
仲尼曰 一若志 無聽之以耳而聽之以心 無聽之以心而聽之以氣。聽止於耳 心止於符。氣也者 虛而待物者也。唯道集虛。虛者 心齋也。顔回曰 回之未始得使 實自回也 得使之也 未始有回也。可謂虛乎

안회는 다시 말했다.

"저는 더 이상 나아갈 길이 없습니다. 좋은 방법을 가르쳐 주십시오."

"제계(齋戒)하라. 내 네게 말해주겠다. 마음에 있어서 한들 그것이 그리 쉽겠는가? 그것을 그리 쉽게 하려 하면 하늘도 마땅하다고 여기지 않을 것이다."

"저는 집이 가난하여 술도 마시지 않고 냄새나는 채소도 먹지 않은 지가 몇 달이 되었습니다. 이만하면 제계가 되었다고 말할 수 있겠습니까?"

"그것은 제사 때의 제계이지 마음의 제계는 아니다."

"마음의 제계란 무엇입니까?"

"너는 뜻을 한가지로 가져라. 그래서 귀로 듣지 말고 마음으로 들으며 마음으로 듣지 말고 기(氣)로 들어라. 듣는 것은 귀에서 그치고 마음은 부합(符合)하는 데서 그친다. 허나 기는 허해서 온갖 걸 다 포용한다. 오직 도는 허한 데서 모이니 허한 게 곧 마음의 제계이다."

[공자는 안회에게 먼저 마음을 깨끗이 닦으라고 말하고 있다. 이는 자신이 스스로 혼자 서야 함을 뜻한다. 그 어느 것에도 흔들리지 않는 자아부터 완성해야 한다는 것이다. 마음을 닦고 마음을 비울 줄 알아야 그 다음 단계로 나갈 수 있다고 공자는 말하는 것이다.]

顔回曰 回之未始得使 實自回也 得使之也 未始有回也。可謂虛乎?

夫子曰 盡矣。吾語若 若能入遊其樊而無感其名 入則鳴 不入則止。無門無毒 一宅而寓於不得已 則幾矣。

絕跡易 無行地難。爲人使 易以僞 爲天使 難以僞。聞以有翼飛者矣 未聞以無翼飛者也 聞以有知知者矣 未聞以無知知者也。瞻彼闋者 虛室生白 古祥止止。大且不止 是之謂坐馳。大徇耳日內通而外於心知 鬼神將來舍 而況人乎? 是萬物之化也. 禹舜之所紐也 伏羲 几蘧之所行終而況散焉者乎?

“제가 가르침을 듣지 못했을 때에는 제가 안회임을 의식하고 있었습니다. 그러나 가르침을 듣고 난 후에는 자신이 안회라는 의식이 완전히 없어졌습니다. 이것을 허(虛)라고 하겠습니까?”

“지극하도다. 내 너에게 말해 주리라. 네가 위나라로 들어가 노닐 때면 그 명예에 사로잡히지 말라. 너의 말이 용납되거든 입을 놀리고 용납되지 않거든 그만두어라. 마음속을 남에게 보여 탈을 잡히지 말고 한가지로 자기 내부의 세계를 지켜 부득이한 경우 이외에는 움직이지 말라. 그러면 도에 가까우리라. 걸음을 멈추고 가지 않는 것은 쉽지만 걸어가면서 땅을 건드리지 않기란 어렵다. 사람의 작위에 몸을 맡기는 자는 허위에 사로잡히기 쉬우나 하늘의 이치에 몸을 맡기는 자는 허위에 사로잡히기 어렵다. 있는 날개로 난다는 말은 들었어도 없는 날개로 난다는 말은 듣지 못했으며 있는 지혜로써 안다는 말은 들었어도, 없는 지혜로써 안다는 소리는 듣지 못했다. 저 뚫린 벽을 보면 빈방 안에 흰빛이 있고 거기에는 반드시 길한 징조가 깃들어 있다. 대저 마음이 정지하고 있지 않으면 이를 좌치(坐馳)라고 한다. 대체로 귀와 눈의 작용을 안으로 받아들여 마음의 지각을 벗어난다면 귀신도 와서 깃들일 것이니 하물며 사람이야 말로 무엇하랴? 이것이야말로 만물을 교화하는 길이며 우(禹)와 순(舜)임금도 근본으로 삼은 바이고 복희(伏羲)나 궤거(几蘧)도 이로써 한평생을 마쳤는데 하물며 범인에게 있어서랴.”

[안회의 마음이 비워지자 공자는 안회가 위나라로 갈 수 있음을 말하고 있다. 그가 이제 인간세를 이해할 수 있을 것이라 생각했기 때문이다. 자기 주관을 떨치고 다른 사람에 의해 자신의 인생 좌우되지 않을 수 있기에 안회가 위나라에 가도 아무런 문제가 없을 것이라 판단했기 때문

이다.]

葉公子高將使於齊 問於仲尼曰 王使諸梁也甚重 齊之待使者 蓋將甚敬而不急。匹夫猶未可動 而況諸侯乎 吾甚慄之。

子常語諸梁也 曰‘凡事若小若大 寡不道以懽成。事若不成 則必有人道之患 事若成 則必有陰陽之患。若成若不成而後無患者 唯有德者能之.’ 吾食也 執粗而不臧 今吾朝受命而夕飮冰 我其內熱與 吾未至乎事之情 而旣有陰陽之患矣 事若不成 必有人道之患。是兩也 爲人臣者不足以任之 子其有以語我來

仲尼曰 天下有大戒二: 其一 命也 其一 義也。子之愛親 命也 不可解於心 臣之事君 義也 無適而非君也 無所逃於天地之間。是之謂大戒。

是以夫事其親者 不擇地而安之 孝之至也 夫事其君者 不擇事而安之 忠之盛也 自事其心者 哀樂不易施乎前 知其不可奈何而安之若命 德之至也。爲人臣子者 固有所不得已 行事之情而忘其身 何暇至於悅生而惡死 夫子其行可矣

섭공자고(葉公子高 : 춘추시대 초나라 대부)가 제(齊)나라에 사신으로 가게 되어 공자에게 물었다.

“우리 임금이 이 제량(諸梁)에게 주신 사명은 매우 중요합니다. 그러므로 제나라에서 사신을 접대하는 데는 매우 공경스러울 것이지만, 교섭하는 일에 있어서는 그리 급하게 굴지 않을 것 같습니다. 필부도 움직이기가 그리 쉽지 않거늘 하물며 제후야 더 말할 나위가 있겠습니까? 그래서 저는 매우 걱정을 하고 있습니다. 선생님께서 전에 저에게 말씀하시기를 ‘무릇 작은 일이나 큰일이나 도를 따르지 않으면 잘 되지 않는다. 그 일이 만일 이루어지지 않으면 반드시 남의 노여움을 살 염려가 있고, 만일 성공되었다 하더라도 무리가 있었기 때문에 병이 나게 되는 것이다. 그러나 성공하든 성공하지 못하든 후환이 없는 것은 오직 덕이 있는 자라야 가능하다'라고 하셨습니다.

저는 식사를 할 때 거친 밥을 취하고 좋은 밥을 찾지 않으며, 취사(炊事) 중에도 더워서 서늘했으면 하는 사람도 없는데, 지금 제가 아침에 사명을 받고 저녁에는 얼음을 먹어야 하니 그것은 내 속이 더워지기 때문이겠지요? 그러니 나는 일에 손도 대기 전에 이미 병에 걸린 것입니다. 거기다가 일이 만약 성공하지 못하면 남의 노여움까지 살 것이니, 이렇게 되면 두 가지가 겹치게 됩니다. 남의 신하된 자로서 이런 의무는 담당키 어렵습니다. 그러니 선생님께서는 저에게 한 말씀 해 주십시오."

"천하에는 크게 경계해야 할 것이 두 가지 있으니, 하나는 의(義)이다. 자식이 어버이를 사랑함은 명(命)이니 언제나 마음에서 사랑함이 떠나서는 안 되고 신하가 임금을 섬기는 것은 의이니 어디를 가나 그 임금을 모셔야 한다. 이는 하늘과 땅 사이에서 피할 수 없는 것이라, 이를 대계(大戒)라 하는 것이다. 그러므로 대저 어버이를 섬기는 자는 어디를 가나 그 어버이를 편안히 해 드리는 것이 효의 극치요, 대저 임금을 섬기는 자는 어떤 일을 당해서나 임금님을 안심하게 하는 것이 충의 극치이다. 또 자기의 마음에 충실한 자는 슬픔과 즐거움이 그 앞에 베풀어지지 않으며, 그 어찌할 수 없는 것을 알았을 때는 명이라고 편안히 여기면 덕의 극치가 된다. 남의 신하나 자식 된 자는 원래 부득이한 것이라 그 일의 실정에 나아갈 뿐 어느 겨를에 삶을 기뻐하고 죽음을 싫어하겠는가? 그러니 그대는 가는 것이 좋네.

[장자 또한 공자의 효와 충에 대한 것은 같은 생각이다. 즉, 부모에게 있어 효를 행하고 임금에게 있어 충을 행하는 것이 도가에서 말하는 도와 같다고 말하고 있다. 그만큼 효와 충은 유가나 도가에서 일치하는 가장

중요한 덕목인 것이다.]

丘請復以所聞: 凡交 近則必相靡以信 遠則必忠之以言 言必或傳之。夫傳兩喜兩怒之言 天下之難者也。夫兩喜必多溢美之言 兩怒必多溢惡之言。凡溢之類妄 妄則其信之也莫 莫則傳言者殃。故法言曰 '傳其常情 無傳其溢言 則幾乎全。

그러나 내가 들은 바를 거듭 말하겠네. 무릇 가까운 교제라면 반드시 믿음으로 친할 것이고 멀리 있는 사람이면 반드시 말로써 성의를 다해야 하는 사람이 있어야 하네. 대체로 양쪽이 함께 기뻐하거나 양쪽이 함께 성내고 있을 때의 말을 전하는 것은 천하의 어려운 일이네. 대체로 양쪽이 다 기뻐할 때는 반드시 지나친 칭찬이 따르게 되고 양쪽이 모두 성내고 있을 때는 반드시 지나친 비난이 많아질 것이네. 대체로 지나친 것은 망령된 것이고 망령되면 신용을 받지 못하네. 신용을 받지 못하면 말을 전한 자가 화를 당하게 되네. 그러므로 법언(法言 : 격언)에도 '진실만을 전하고 지나친 말을 전하지 않으면 거의 몸을 보전할 수가 있다.' 했네.

[인간세의 가장 중요한 덕목 중에 하나가 바로 진실된 말이라 할 것이다. 지나친 아첨이나 격한 말은 인간의 세상에서 멀리해야 할 덕목이다. 말이 그만큼 사람 사이의 관계에서 중요하다는 의미이다. 조심스럽게 말을 해야 하고, 그 깊이와 무게도 있어야 사람 간의 관계에서 문제가 없게 된다.]

且以巧鬥力者 始乎陽 常卒乎陰 大至則多奇巧 以禮飮酒者 始乎治 常卒乎亂 大至則多奇樂。凡事亦然。始乎諒 常卒乎鄙 其作始也簡 其將畢也必巨。

夫言者 風波也 行者 實喪也。風波易以動 實喪易以危。故忿設無由 巧言偏辭。獸死不擇音 氣息茀然 於是並生心厲。剋核大至 則必有不肖之心應之 而不知其然也。苟爲不知其然也 孰知其所終 故法言曰‘無遷令無勸成。’過度 益也。遷令、勸成殆事 美成在久 惡成不及改 可不愼與?

且夫乘物以遊心 託不得已以養中 至矣。何作爲報也 莫若爲致命。此其難者。

또 기교로써 힘을 다투는 자는 처음에는 즐거운 기분으로 시작하지만 끝에 가서는 음험해지니, 너무 열중하다가 지나친 기교가 많아지기 때문이며, 예로써 술을 마시는 사람도 처음에는 질서 정연하지만 나중에는 문란해지니 너무 마시다 보면 기묘한 즐거움이 많아지기 때문이네. 대체로 모든 일이 그러하여 처음에는 점잖지만 나중에는 가서는 야비해지며 그 시작할 때는 간단하다가도 그 끝날 때는 반드시 거창해지는 법이네. 말은 풍파요, 행동은 득실이네. 대체로 풍파는 움직이기 쉽고 득실은 위태롭기가 쉽네. 그러므로 분노가 일어나는 것도 별다른 이유가 없고, 오직 교활한 말이나 속이는 말에서 기인하네. 짐승이 죽을 때는 아무 소리나 내고 숨을 헐떡거려 마음이 사나와지는 법이네. 사람도 이와 같아서 그 죄를 다스림이 도를 넘으면 반드시 나쁜 마음으로 대응하게 마련인데 왜 그렇게 되는지는 스스로도 모르네. 진실로 왜 그렇게 되는지도 모르니 그 결과를 누가 알 것인가? 그러므로 격언에도 말하기를 ‘임금의 명령을 함부로 고쳐서도 안 되고 무리하게 성공시키려 하지도 말라.’ 하였네. 도를 넘쳐서 덧붙이기 때문이네. 명령을 고치거나 억지로 성공시키는 것은 위태로운 일이네. 좋은 일은 오래 걸려야 이루어지고, 나쁜 일은 고치고자 해도 겨를이 없는 법이니 가히 삼가지 않을 수 있는가? 오직 사물의 자연에 맡겨 마음을 노닐고 부득이했을 때에나 응함으로써 중심(中心)을 기르는 것이 극치네. 어찌 무리를 하여 거짓 복명(復命)을 할 것인가? 받은 임금의 명령 그대로 전달하는 것이 낫네. 그러나 이것이 어렵네.

[모든 일에 있어 서두르지 말고 이치에 맞게 물 흘러가듯 자연스럽게 해야 한다. 일을 행함에 있어 기교를 부리지 말고 진실된 마음으로 하는 것이 인간세에 있어 가장 중요한 것이다. 마음을 삼가하여 사람을 대하고 일을 처리해야 인간세에서 커다란 문제가 일어나지 않을 것이라 말하고 있다.]

顔闔將傅衛靈公太子 而問於蘧伯玉曰 有人於此 其德天殺。與之爲無方 則危吾國 與之爲有方 則危吾身。其知適足以知人之過 而不知其所以過。若然者 吾奈之何? 蘧伯玉曰 善哉問乎 戒之愼之 正汝身也哉 形莫若就 心莫若和。

雖然 之二者有患。就不欲入 和不欲出。形就而入 且爲顚爲滅 爲崩爲蹶。心和而出 且爲聲爲名 爲妖爲孼。彼且爲嬰兒 亦與之爲嬰兒 彼且爲無町畦 亦與之爲無町畦 彼且爲無崖 亦與之爲無崖。達之 入於無疵。

안합(顔闔 : 노나라의 현인)이 장차 위나라 영공(靈公)의 태자의 스승이 되어 가려 할 때 거백옥(蘧佰玉 : 위나라의 대부)에게 물었다. "여기에 어떤 사람이 있어 그의 덕은 선천적으로 적습니다. 그의 무법한 행동에 동조하면 나라를 위태롭게 할 것이요, 그를 법대로 행동하도록 간해 나가면 내 몸이 위태롭게 됩니다. 그런데 그의 지혜는 남의 잘못을 아는 데는 넉넉하니 자기의 잘못은 모릅니다. 이런 사람을 대할 때 나는 어떻게 해야 됩니까?"

그래서 거백옥은 이렇게 대답했다.

“참 훌륭하오. 그 질문은 부디 조심하고 삼가서 당신의 몸을 바르게 하오. 겉으로는 그 사람을 따라가면서도 속으로는 그의 과실을 용서해서 잘 인도하시오. 그러나 이 두 가지로는 후환이 있을 것이니 그를 따라간다 해도 악한 데까지는 들어가지 말고, 인도한다 해도 그것을 겉으로 나타내서는 안 되오. 겉으로 따르다가 악에 들어가게 되면 자기 몸이 파멸되고 붕괴될 것이며, 또 마음으로 인도하다가 자기의 의도가 드러나게 되면 명성에 따르는 불길한 재앙이 따라올 것이오. 그래서 그가 어린애처럼 철없이 굴면 나도 그와 같이 하고, 그가 분수없는 짓을 하면 나도 그처럼 하며, 그가 방종한 짓을 하면 나도 그렇게 하여 은연중에 이를 인도하여 신임을 얻되, 허물을 입지 말아야 할 것이오.

[안합이 성격이 각박한 사람한테는 어떻게 해야 하는지를 묻자, 거백옥은 상대방에 맞추어 주는 것이 가장 현명한 방법이라고 말한다. 이는 상대를 있는 그대로 받아들일 수 있는 마음이 중요하다는 뜻이다. 그러기 위해서는 나를 버리고 나의 마음을 넉넉하게 비워 상대를 품어야 한다.]

汝不知夫螳蜋乎 怒其臂以當車轍 不知其不勝任也 是其才之美者也。戒之慎之 積伐而美者以犯之 幾矣。汝不知夫養虎者乎 不敢以生物與之 爲其殺之之怒也 不敢以全物與之 爲其決之之怒也。時其飢飽 達其怒心。虎之與人異類而媚養己者 順也 故其殺者 逆也。夫愛馬者 以筐盛矢 以蜄盛溺。適有蚉虻僕緣 而拊之不時 則缺銜、毁首、碎胸。意有所至 而愛有所亡 可不慎邪

당신은 사마귀를 알지 못하오? 그 놈은 팔을 벌리고 수레바퀴를 버티면서 그가 견디어낼 것을 모르니 이는 그의 재능을 뽐내는 것이오. 그러니 경계하고 근신하오. 당신의 재주를 자꾸 자랑해서 그에게 항거하면 당신은 곧 위태롭게 될 것이오. 또 당신은 저 호랑이 기르는 이를 모르오. 그가 생물을 산 채로 주지 않음은 그 호랑이의 죽이는 버릇이 매우 사나와질까 두려워하기 때문이오. 그러므로 그 호랑이가 시장한지 배부른지를 잘 살펴서 그 노여움이 폭발하지 않도록 이끌어 가면 호랑이가 사람과 다른 종류지만 저를 기르는 사람에게 잘 따르는 것이오. 그러므로 호랑이가 사람을 해치는 것은 사람이 그 성질을 거슬리기 때문이오. 또 저 말을 사랑하는 자는 광주리에다 말똥을 담고 동이에다 오줌까지 받지요. 그때 마침 모기나 등에가 말 몸뚱이에 붙으면 갑자기 그 놈들을 때리지요. 그러면 말은 놀라 재갈을 끊고 주인의 머리를 차고 주인은 가슴을 다치게 되오. 원래 주인의 뜻은 지극한 바가 있었으나, 한때의 부주의로 도리어 그 사랑이 허사가 되니 어찌 삼가지 않을 것이오?"

[사마귀같이 무모한 사람에게는 함부로 해서는 안 된다. 권력자에게 무작정 고치라고 한다고 해서 고쳐지는 것이 아니다. 호랑이 길들이는 사육사처럼 그 사람에게 맞는 방식을 찾는 것이 인간세를 살아가는 우리들의 가장 현명한 선택이라 할 것이다.]

匠石之齊 至乎曲轅 見櫟社樹。其大蔽數千牛 絜之百圍 其高臨山十仞而後有枝 其可以爲舟者旁十數。觀者如市 匠伯不顧 遂行不輟。

弟子厭觀之 走及匠石 曰 自吾執斧斤以隨夫子 未嘗見材如此其美也。先生不肯視 行不輟 何邪?

曰 已矣 勿言之矣 散木也 以爲舟則沈 以爲棺槨則速腐 以爲器則速毁 以爲門戶則液樠 以爲柱則蠹。是不材之木也 無所可用 故能若是之壽。

匠石歸 櫟社見夢曰 女將惡乎比予哉 若將比予於文木邪 夫柤、梨、橘、柚、果、蓏之屬 實熟則剝 剝則辱 大枝折 小枝泄。此以其能苦其生者也故不終其天年而中道夭 自掊擊於世俗者也。物莫不若是。且予求無所可用久矣 幾死 乃今得之 爲予大用。使予也而有用 且得有此大也邪? 且也 若與予也皆物也? 奈何哉其相物也 而幾死之散人 又惡知散木?

匠石覺, 而診其夢。

弟子曰 趣取無用 則爲社何邪?

曰 密 若無言 彼亦直寄焉 以爲不知己者詬厲也。不爲社者 且幾有翦乎! 且也 彼其所保 與衆異 以義譽之 不亦遠乎?

장석(匠石 : 장(匠)은 장인, 곧 목수. 석(石)은 이름)이 제나라로 가다가 곡원(曲轅 : 땅 이름)에 이르러 그곳 사당 앞에 서 있는 가죽나무를 보았다. 그 나무의 크기는 수천의 소를 뒤덮을 만하고, 재어보니 백 아름이나 되며, 그 높이는 산을 굽어볼 정도이고, 열 길이나 올라가야 가지가 있으며 배를 만들 수 있는 정도의 나뭇가지도 여남은 개나 되었다. 때마침 구경꾼들이 장을 이루고 있었다. 그러나 장석은 돌아다보지도 않고 자꾸 가기만 했다. 그의 제자들은 실컷 구경을 하고 나서 장석을 뒤쫓아 달려가 물었다.

"저희가 도끼를 잡고서 선생님을 따른 후로 여지껏 이렇게 좋은 재목을 보지 못했는데, 선생님은 보시지도 않고 자꾸 가기만 하시니 어째서입니까?"

"그만 두어라. 더 말하지 말라. 그것은 쓸 데도 없는 나무다. 그것으로 배를 만들면 가라앉을 것이고, 그것으로 관을 만들면 쉬 썩을 것이며, 그것으로 그릇을 만들면 속이 깨질 것이고, 그것으로 문을 만들면 진이 흐를 것이며, 그것으로 기둥을 만들면 좀이 먹을 것이다. 이것이야말로 재목이 될 수 없는 나무로서 아무 쓸 데가 없다. 그래서 이렇게 수명이 긴 것이란다."

장석이 집에 돌아오니 그 사람 앞의 가죽나무가 꿈속에서 이렇게 꾸짖었다.

"너는 나를 무엇과 비교하고 싶으냐? 너는 나를 문목(文木 : 인간 세계에서 쓰여 지는 나무, 곧 세상에서 쓸모 있는 나무)에다 비교하려느냐? 아가위나무, 배나무, 귤나무, 유자나무, 과일, 오이 따위는 그 열매가 익기만 하면 곧 박탈당하여 욕을 본다. 큰 가지를 꺾이고 작은 가지는 잘린다. 이것들은 그 유능한 구실 때문에 제 생명을 괴롭히는 것이다. 그러므로 그 자그마한 생명을 온전히 보전하지 못하고 중도에서 일찍 죽고 마는 것이니 이는 스스로 세속의 해를 받는 것이다. 모든 물건이 이렇지 않은 것이 없다. 그러나 나는 쓸모가 없기를 바란지가 오래인 동안 몇 번이나 죽을 고비를 넘기고 이제야 겨우 목적을 이루어 나로서는 큰 쓰임이 될 수 있었던 것이다. 가령 내가 쓸모가 있었던들 이렇게 클 수가 있었겠는가, 그리고 너나 나나 다 같이 물건인데 어째서 나만을 물건으로 취급하는가? 너는 거의 죽어가는 놈이니 또한 어찌 무용한 나무의 진가를 알겠는가?"

장석이 깨어나서 그 꿈을 말하자 제자들이 물었다.

"자진해서 쓸모가 없는 물건이 되기를 바라면서 사당 앞의 나무가 된 것은 어째서일까?"

"입을 다물어라. 너희들은 말하지 말라. 저 나무는 일부러 사당에 몸을 의지하고 있으면서 자기를 알아주지 못하는 사람의 비방과 욕을 받고 있을 뿐으로서 그것이 사당 앞의 나무가 되지 않았다 하더라도 아무에게나 베이지는 않았을 것이다. 그리고 그 나무가 가지고 있는 생각은 보통 무리들의 생각과는 아주 다르다. 그런데 너희들은 일반적인 생각으로 그를 칭찬하니 너무 거리가 멀지 않느냐."

[사당 앞에 있는 나무는 수명이 오래 되었다. 그 이유는 그 나무가 베어져 쓸모 있게 사용될 곳이 없었기 때문이다. 만약 그 나무가 좋은 재목

으로 쓸만한 가치가 있는 것이었더라면 이미 베어져 다른 곳에 사용되었을 것이다. 그 나무는 쓸모없었기에 사당 앞에서 쓰여진 것이다. 즉, '쓸모없음의 쓰임'이라 할 수 있을 것이다.]

南伯子綦遊乎商之丘 見大木焉有異 結駟千乘 隱將芘其所藾。子綦曰 此何木也哉 此必有異材夫

仰而視其細枝 則拳曲而不可以爲棟梁 俯而見其大根 則軸解而不可爲棺槨 咶其葉 則口爛而爲傷 嗅之 則使人狂酲三日而不已。

子綦曰 此果不材之木也 以至於此其大也。嗟夫 神人以此不材

남백자기(南佰子綦 : 제물론에서 나오는 남곽자기와 같은 인물)가 상구(商丘 : 장자의 고국 송나라의 지명, 현재 하남성에 상구란 지명이 있음) 지방을 유람할 때 큰 나무를 보았다. 그 나무는 보통 나무와 달라 그 나무의 그늘 속에 네 마리의 말이 끄는 수레 천 대를 숨길만 했다. 그래서 남백자기는 말했다.

"이것이 무슨 나무인가? 이것은 반드시 특이한 재목이 되겠다."

그는 이렇게 말하면서 그 나뭇가지를 우러러 보았다. 그러나 그 가지는 꾸불꾸불해서 도리나 대들보로도 쓸 수가 없고, 또 그 밑둥을 보니 뒤틀리고 속이 비어 관도 만들 수가 없었다. 그리고 그 잎을 따서 씹어보니 입안이 부르터 상처가 나고, 냄새를 맡으니 삼일 동안이나 취해서 깨어나지를 못했다. 그래서 남백자기는 말했다.

"이것은 과연 쓸모가 없는 나무로구나. 그래서 이렇게까지 자랐구나. 아, 저 신인(神人)들도 이 나무처럼 쓸모가 없었기에 천명을 즐길 수가 있는 것이로구나."

[여기서도 '쓸모없음의 쓰임'에 대해 말하고 있다. 재능도 없고 능력이 없는 것이 세상에서 삶을 가장 오래 보전할 수 있는 길이라는 뜻이다. 그

러니 그 쓸모없음을 우습게 생각해서는 안 된다.]

宋有荊氏者 宜楸、柏、桑。其拱把而上者 求狙猴之杙者斬之 三圍四圍 求高名之麗者斬之 七圍八圍 貴人富商之家求樿傍者斬之。故未終其天年 而中道已夭於斧斤 此材之患也。

故解之以牛之白顙者 與豚之亢鼻者 與人有痔病者 不可以適河。此皆巫祝以知之矣 所以爲不祥也 此乃神人之所以爲大祥也。

송나라 형씨(荊氏 : 땅 이름)란 곳이 있어 가래나무, 잣나무, 뽕나무가 잘 되었다. 그런데 그 나무 중에 한두 움큼 정도 되는 굵기의 나무는 원숭이를 매는 말뚝으로 쓰기 위해서 베어가고 세 아름, 네 아름 되는 나무는 큰 집을 짓는데 들보로 쓰기 위해서 베어가며, 일곱 아름이나 여덟 아름되는 나무는 귀인이나 부상(富商)들의 관재(棺材)로 베어갔다. 그러므로 그 나무들은 천년을 누리지 못하고 중도에서 도끼에게 베임을 당했으니 이는 쓸모가 있는 재목에는 우환이 있기 때문이다. 그러므로 해(解 : 봄에 행해지는 河神에 대한 제사)에는 "이마에 흰 점이 있는 소나 코가 찢어진 돼지나 치질이 있는 사람은 하신에게 제물이 될 수 없다." 했다. 이것들은 모두 무당이나 축관(祝官)들이 하는 것으로서 길하지 않다고 여기기 때문이다. 그러나 이것들을 신인은 더욱 길한 것으로 여긴다.

[너무나 잘 자라서 쓸모가 있는 나무는 재목으로 쉽게 쓰이기 마련이다. 여러 용도로 쓰일 수 있다면 그 나무의 수명은 그리 오래 가지 않는다. 장자가 이러한 이야기를 하는 것은 우리가 외면이나 일반적인 상식으로만 판단하는 데 머물지 말라는 의미일 것이다. 겉으로 보기에 좋다고 해서 그것이 전부가 아니라는 뜻이다. 볼품없는 것이라 해도 다른 측면에

서 보면 좋은 점도 있을 수 있다는 말이다. 우리가 살고있는 사회도 마찬가지이다. 외면으로 봐서 자신이 생각하기에 별로일 것 같은 사람도 나중에 알고 보면 정말 훌륭한 사람이었다는 것을 알게 되는 경우가 흔하다. 겉으로 보기에 멋지고 좋아 보여도 나중에 그 사람이 형편없다는 것을 깨닫게 되기도 한다. 그것이 바로 인간이 사는 세상의 현실이다.]

支離疏者 頤隱於臍 肩高於頂 會撮指天 五管在上 兩髀爲脅。挫鍼治繲 足以餬口 鼓筴播精 足以食十人。

上徵武士 則支離攘臂而遊於其間 上有大役 則支離以有常疾不受功 上與病者粟 則受三鐘與十束薪。

夫支離其形者 猶足以養其身 終其天年 又況支離其德者乎

지리소(支離疏 : 지리(支離)는 지리멸렬이라는 말 같이 꼽추의 불구를 형용한 말. 소(疏)는 그의 이름)라는 자가 있었다. 그는 턱이 배꼽에 박혔고, 어깨는 장수리보다 높으며, 상투는 뾰족하게 하늘을 가리키고 오장은 머리 위에 있으며, 두 다리는 바로 갈비뼈에 붙어 있는 것 같았다. 그러나 그는 바느질이나 옷 빨래로 호구지책을 삼기에 넉넉했고 키를 들어 곡식을 까불면 여남은 식구를 먹이기에 넉넉하였다.

그리고 나라에서 무사를 징발할 때면 그는 언제나 팔을 휘두르면서 그 장소를 돌아다닐 수가 있었고, 나라에 큰 부역이 있을 때에도 정상이 아니라 하여 언제나 면제되었다. 그러나 나라에서 병자에게 곡식을 나누어 줄 때에는 그는 삼종의 양식에 열 단의 나무도 배급받았다.

이렇게 그는 병신이면서도 오히려 무사히 자기 자신을 보신하여 천년을 누릴 수 있었거늘 하물며 도덕적으로 불완전한 사람에 있어서야 더 말할 것이 있겠는가?

[지리소라는 사람은 보통 사람이 보기에는 너무나 비정상적인 사람이었지만, 그것이 전부가 아니라는 것을 말하고 있다. 쓰임없는 쓰임의 또 다른 예이다.]

孔子適楚 楚狂接輿遊其門曰
鳳兮鳳兮 何如德之衰也?
來世不可待 往世不可追也。
天下有道 聖人成焉
天下無道 聖人生焉。
方今之時 僅免刑焉。
福輕乎羽 莫之知載
禍重乎地 莫之知避。
已乎已乎 臨人以德
殆乎殆乎 畫地而趨
迷陽迷陽 無傷吾行
吾行卻曲 無傷吾足
山木自寇也 膏火自煎也。
桂可食 故伐之
漆可用 故割之。
人皆知有用之用 而莫知無用之用也。

공자가 초나라에 갔을 때 초나라의 미치광이 접여가 공자의 문전에서 이렇게 노래하였다.

봉황새야 봉황새야
쇠한 덕을 어찌하리?

오는 세상 기다릴 수 없고
지나간 세상 따를 수 없고
천하에 도 있으면 성인은 성공하고
천하에 도 없으면 살아만 가느니
당신이 살아가는 지금 세상엔
겨우 형(刑)이나 면하면 될 때로다.
복은 하나의 날개보다 가볍지만
이를 거두어 가진 줄 모르네
화는 땅보다 무겁건만
그것을 피할 줄을 모르네
그만두소, 그만두소,
남에게 덕을 베풀기를.
위태롭도다 위태롭도다
땅을 그어놓고 그 속에서 사는 것은.
가시나무여 가시나무여
나의 발은 못 찌른다.
나는 굽이굽이 돌아가니
내 발은 못 찌르리.
산의 나무는 유용하기 때문에 스스로 해를 당하고
기름은 불이 붙기 때문에 제가 저를 태운다.
계수나무는 먹을 수 있기 때문에 베어지고
칠은 쓸 수 있기 때문에 오려내 지는도다.
사람은 유용(有用)의 용도는 알면서
무용(無用)의 용도는 모르도다.

[사람이 사는 세상은 쓸모 있음과 쓸모없음으로 판단하는 세상이 아니

다. 존재는 그 자체로 소중하다. 있는 그대로 받아들임이 사람이 살아가는 세상에서 가장 현명한 길인지도 모른다. 그것이 어렵기에, 자아에 대한 집착이 강하기에 그것을 하지 못하는 것이다.]

第五 德充符

[덕충부란 사람의 마음 속에 덕이 충만하면 그것이 자연스럽게 밖으로 스며나오는 것을 말한다. 덕이 많은 사람은 어떠한 삶을 살아갈 수 있는 것일까? 왜 우리는 내면의 덕을 쌓아야 하는 것일까? 우리가 덕이 쌓이면 우리의 삶은 어떻게 달라지게 되는 것일까?]

魯有兀者王駘 從之遊者 與仲尼相若。

常季問於仲尼曰 王駘 兀者也 從之遊者 與夫子中分魯。立不教 坐不議 虛而往 實而歸。固有不言之教 無形而心成者邪 是何人也?

仲尼曰 夫子 聖人也。丘也 直後而未往耳。丘將以爲師 而況不如丘者乎 奚假魯國 丘將引天下而與從之。

常季曰 彼兀者也 而王先生 其與庸亦遠矣。若然者 其用心也 獨若之何 仲尼曰 死生亦大矣 而不得與之變 雖天地覆墜 亦將不與之遺。審乎無假 而不與物遷 命物之化 而守其宗也。

노나라에 죄를 지어 다리를 잘린 왕태(王駘)라는 사람이 있었는데 그를 따라 배우는 자의 수가 공자의 제자 수와 비슷했다. 상계(常季 : 공자의 제자 이름)가 공자에게 물었다.

"왕태는 죄를 지어 다리를 잘린 자인데도 그를 따라 배우는 자가 선생님의 제자 수와 더불어 노나라의 반반씩을 차지하고 있습니다. 그는 서서도 가르치지 않고 앉아서 제자들과 의론하지도 않습니다. 그러나 그의 제자들은 처음 갈 때에는 지식이 공허한 상태였다가 돌아올 때는 학문이 가득 차서 돌아온다고 합니다. 그러니 그에게는 말하지 않는 가르침과, 나타냄이 없이 마음속으로 감화되어 이루어지는 것이 있습니까? 대체 그는 어떤 사람입니까?"

"그 분은 성인이다. 나는 다만 늦어서 아직껏 가서 뵙지를 못했다. 나도 장차 그를 스승으로 삼으려는데 하물며 나만 못한 자야 말하여 무엇하겠느냐? 어찌 노나라뿐이겠느냐? 나는 천하인을 모두 데리고 가서 함께 그를 따르고자 한다."

이어 상계가 물었다.

"그는 죄를 지어 다리를 잘린 사람인데도 선생님보다 위대하다니 보통 사람들은 근처에도 못 가겠군요? 그런 사람의 마음 쓰는 법은 어떨까요?"

"죽고 사는 것은 또한 큰일이지만 그것으로 그를 변화시킬 수는 없다. 비록 하늘과 땅이 엎어지고 꺼져도 그것으로 그를 망하게 할 수는 없다. 진리를 살펴 사물과 더불어 변천하지 않고 사물의 변화에 명(命)을 맡겨 중심에 도를 지키는 사람이다."

[도를 지키는 사람이 덕이 있는 사람이다. 그는 도가 무엇인지 잘 알고 있기 때문이다. 왕태는 죄를 지었지만 그것은 과거의 일이다. 그러한 그의 과거가 그로 하여금 깨달음을 주었는지도 모른다. 그로 인해 그는 현재 성인이 되었다. 세상에 사는 사람중에 문제가 없거나, 잘못이 하나도 없는 사람은 존재하지 않는다. 하지만 이를 극복하여 도를 따르고 덕을 쌓는 이는 드물다.]

常季曰 何謂也 仲尼曰 自其異者視之 肝膽楚越也 自其同者視之 萬物皆一也。夫若然者 且不知耳目之所宜 而游心於德之和 物視其所一而不見其所喪 視喪其足 猶遺土也。

常季曰 彼爲己 以其知得其心 以其心得其常心 物何爲最之哉?
仲尼曰 人莫鑑於流水 而鑑於止水 唯止能止衆止。受命於地 唯松柏獨也在 冬夏青青 受命於天 唯舜獨也正 幸能正生 以正衆生。
夫保始之徵 不懼之實。勇士一人 雄入於九軍。將求名而能自要者 而猶若此 而況官天地 府萬物 直寓六骸 象耳目 一知之所知 而心未嘗死者乎 彼且擇日而登假 人則從是也。彼且何肯以物爲事乎?

이에 상계가 물었다.
"그것이 무슨 말씀입니까?"
"모든 것을 다른 각도에서 보면, 비슷한 간(肝)과 담(膽)도 초나라와 월나라처럼 완전히 다른 것이고, 모든 것을 같은 입장에서 보면 만물이 모두 하나이다. 대저 그러한 자는 또한 귀와 눈의 즐거움을 알지 못하고 마음을 덕의 조화에 노닐어 만물을 하나로 보고 그것들의 득실은 보지 않는다. 그러므로 다리 한 짝 없는 정도는 흙 한 덩이 잃어버린 것으로 여긴다."
"그가 자기 자신을 수양한 것은 자기의 지혜로서 자기 내심의 진리를 깨닫고 그 내심의 진리로서 영원불변의 마음을 해득한 자입니다. 그런데 어째서 다른 사람들이 그에게 모여듭니까?"
"사람은 흘러가는 물에도 비춰볼 수가 없고 고요한 물에나 비춰보아야 한다. 오직 고요한 것만이 고요하기를 바라는 모든 것을 고요하게 할 수 있다. 땅으로부터 생명을 받은 것은 무수하지만 오직 소나무와 잣나무만이 겨울과 여름에도 항상 푸르고, 하늘로부터 생명을 받은 것은 무수하지만 오직 순(舜) 임금만이 정당하여 자기의 사명을 바르게 할 수가 있었고, 나아가 모든 생명을 바르게 할 수 있었다. 대저 본래의 본성을 보존하는 징표는 두려워하지 않는다는 사실이다. 용감한 무사 한 사람이 많은 적군 속으로 웅장하게 쳐들어가는 수도 있다. 장차 명예를 구하여 스스로 그럴 수 있는 자도 오히려 이와 같거늘, 하물며 천지를 주재하고 만물을 포장(包藏)하여, 육해(六骸 : 머리와 몸뚱이와 사지)를 임시 숙소로 삼고, 이목을 우상(偶像)으로 생각하며, 지혜로 알 수 있는 모든 것을 하나로 여기고 마음속으로 일찍이 죽지 않은 사람에 있어서랴? 그 왕태는 앞으로 어느 날을 기다려 멀리 떠나려 할 것이다. 그러므로 사람들은 그를 따르려 하나 그가 또한 어찌 여러 사람들이 따르기를 즐겨 할 것인가?"

[왕태는 일반 사람들이 세상을 바라보는 시야를 넘어선 사람이다. 이익을 따지지 않고, 모든 사물을 있는 그대로 보고, 분별하지 않는 자연의 원리를 이해한 사람이다. 그렇기에 가르치지 않아도 많은 제자가 저절로 따르는 것이다. 겉으로 보면 과거 죄를 지어서 형편없는 사람으로 보일지 모르지만 그는 이를 극복하여 스스로 내면의 세계를 만들어 간 사람이다. 겉과 속을 그렇게 다를 수 있다. 중요한 것은 과거도 아니고 겉모습도 아닌, 현재의 속 모습이다.]

申徒嘉 兀者也 而與鄭子產同師於伯昏無人。子產謂申徒嘉曰 我先出則子止 子先出 則我止。

其明日 又與合堂同席而坐。子產謂申徒嘉曰 我先出 則子止 子先出則我止。今我將出 子可以止乎 其未邪 且子見執政而不違 子齊執政乎?

申徒嘉曰 先生之門 固有執政焉如此哉 子而說子之執政而後人者也聞之曰 '鑑明則塵垢不止 止則不明也。久與賢人處 則無過。'今子之所取大者 先生也 而猶出言若是 不亦過乎.

子產曰 子既若是矣 猶與堯爭善 計子之德不足以自反邪?

申徒嘉曰 自狀其過以不當亡者眾 不狀其過以不當存者寡。知不可奈

何而安之若命 惟有德者能之。遊於羿之彀中 中央者 中地也 然而不中者 命也。人以其全足笑吾不全足者多矣。我怫然而怒 而適先生之所 則廢然而反。不知先生之洗我以善邪 吾與夫子遊十九年矣 而未嘗知吾兀者也。今子與我遊於形骸之內 而子索我於形骸之外 不亦過乎? 子產蹴然改容更貌曰 子無乃稱.

신도가(申徒嘉 : 신도(申徒)는 성, 가(嘉)는 이름. 정나라의 현인)는 형벌을 받아 다리를 잘린 자로서 정자산(鄭子産 : 정나라의 철인정치가, 성은 공손(公孫), 이름은 교(僑), 자는 자산(子産), 공자보다 약 50년 전에 죽었음)과 함께 백혼무인(伯昏無人)에게 배웠다. 정자산이 신도가에게 말했다.

"내가 먼저 나가거든 자네가 머물러 있고, 자네가 먼저 나가면 내가 머물러 있도록 하세."

이튿날 또 같은 방에 자리를 함께 하고 앉아 있었다. 그래서 정자산이 신도가에게 말했다.

"내가 먼저 나가거든 자네가 머물러 있고, 자네가 먼저 나가면 내가 머물러 있기로 하세. 지금 내가 나가려고 하니 자네는 머물러 있겠는가? 없겠는가? 또한 자네는 집정(執政)하는 나를 보고도 피하지 않으니 자네도 집정하는 나와 똑같단 말인가?"

이번에는 신도가가 말했다.

"선생님 문하에선 집정이라는 세속적 지위가 이렇게까지 문제가 되는가? 자네는 자기가 집정관임을 내세워 사람을 무시하고 있네. 듣건데 '거울이 맑으면 먼지가 끼지 못하고 먼지가 끼면 밝지 못하네. 어진 사람과, 오래도록 같이 있으면 허물이 없어진다'고 하네. 지금 자네가 존귀하게 여기는 것은 스승님인데 스승 앞에서 이런 말을 하니 또한 잘못이 아닌가?"

"자네는 그런 꼴을 해 가지고 오히려 요임금과 선을 겨루려 하나? 자네의 덕을 헤아려 스스로 반성할 줄 모르는가?"

"세상에는 스스로 잘못을 변명하면서 부당하게 다리를 잘리었다고 하는 자는 많으나, 제 잘못을 변명하지 않으면서 그 잘못이 발을 잘리기에 마땅한 죄였다고 생각하는 사람은 적네. 그것도 운명이니 인력으로 어찌할 수 없다는 것을 알아 그런 상태에 평안하면서 운명에 따르는 것은 오직 덕이 있는 사람이라야 할 수 있네. 예(羿)의 화살의 사정거리 안에 들 때 그 범위 안은 적중거리요, 명중되는 땅이네. 그런데도 적중되지 않았다면 그것은 운명이네. 그런데 사람들은 자기 발이 완전하다고 내 발의 불완전함을 비웃는 자가 많네. 그럴 때는 나도 발끈 화가 나지만 선생님이 계신 곳으로 가면 말끔히 잊어버리고 돌아오곤 하네. 아마도 선생님께서 나를 선(善)으로 씻어 주셔서 그런지는 알 수 없으나 내가 선생님을 따른 지 19년 동안에 선생님께서는 아직 한 번도 내가 발을 잘린 사람이라는 것을 의식하신 적이 없네. 지금 자네와 나는 형체를 넘어선 정신세계 안에서 사귀고 있는데 자네는 나를 형체의 겉모양에서 찾으려 하니 또한 잘못이 아닌가?"

정자산이 이에 몹시 놀라 낯빛을 고치고 모습을 바꾸며 말했다.

"내가 잘못했네. 자네, 다시는 그런 말 하지 말게."

[사람의 겉모습을 보고 일반 사람들이 생각하고 판단하는 것은 커다란 의미가 없다. 참된 모습을 보지 못할 수도 있기 때문이다. 신도가 또한 형벌을 받아 다리가 잘리었지만 그것은 과거의 일임에도 불구하고 그것을 가지고 친구마저 그를 일반 사람들처럼 생각하고 판단하고 있다. 이러한 편견과 선입견을 넘어서야 비로소 덕을 쌓아갈 수 있다.]

魯有兀者叔山無趾 踵見仲尼。

仲尼曰 子不謹 前既犯患若是矣。雖今來 何及矣?
無趾曰 吾唯不知務而輕用吾身 吾是以亡足。今吾來也 猶有尊足者存 吾是以務全之也。夫天無不覆 地無不載 吾以夫子爲天地 安知夫子之猶若是也?
孔子曰 丘則陋矣。夫子胡不入乎? 請講以所聞.
無趾出。孔子曰 弟子勉之 夫無趾 兀者也 猶務學以復補前行之惡 而況全德之人乎?
無趾語老聃曰 孔丘之於至人 其未邪 彼何賓賓以學子爲? 彼且蘄以諔詭幻怪之名聞 不知至人之以是爲己桎梏邪.
老聃曰 胡不直使彼以死生爲一條 以可不可爲一貫者? 解其桎梏 其可乎! 無趾曰 天刑之 安可解?

노나라에 숙산무지(叔山無趾 : 숙산(叔山)은 성, 이름은 무지(無趾), 무지란 발가락이 없다는 뜻)라는 다리 잘린 자가 있어 공자를 가서 만나니 공자는 말했다.
"자네가 전에 근신할 줄을 몰라 이미 범죄를 저질러 이렇게 된 것이다. 그러니 비록 지금 왔으나 어찌 구제할 수가 있겠는가?"
"나는 다만 세상 일을 몰라 내 몸을 경솔하게 썼기 때문에 나는 다리를 없애게 된 것입니다. 지금 내가 여기에 온 것은 오히려 내 발보다 더 존중할 것이 있어서 왔습니다. 나는 그것을 힘써 보존하려 합니다. 대저 하늘은 가려주지 않는 것이 없고, 땅은 실어주지 않는 것이 없습니다. 나는 선생님을 하늘과 땅으로 여겼는데 선생님은 오히려 이와 같이 하십니까?"
"내가 비루했소. 당신을 어찌 맞아들이지 않겠소? 내 들은 바를 말하지요."
그러나 무지가 나가자 공자는 제자들에게 말했다.

"제자들아, 노력하라. 대저 무지는 발을 잘린 사람인데도 오히려 학문에 힘을 써 지난 잘못을 보충하려 하거늘 하물며 너희들처럼 덕을 온전히 한 사람에 있어서랴?"

무지가 노자를 찾아가 말했다.

"공자는 지인(至人)이 되기에는 아직도 멀었습니다. 그는 어째서 자주 학생을 가르치며 괴상하고 허황된 명예를 구하는가요? 그리고 지인은 그것을 질곡(桎梏)이라고 여기는 것을 모를까요?"

"자네는 왜 생사(生死)가 여일(如一)하고 시비가 일관된다는 것으로 그의 질곡을 풀어주지 않았는가? 그래서야 되나?"

"그런 속박은 하늘이 준 형벌인데 어떻게 벗을 수가 있겠습니까?"

[무지가 공자를 만나고 나서 공자가 명예를 추구함을 보고 실망하는 모습이다. 이러한 명예에 대한 욕심도 넘어서야 내면의 성장을 기대할 수 있다는 것이 장자의 생각이다. 또한 공자가 명예를 추구하건, 다른 사람이 어떤 것을 추구하건 그것을 비난하고 비판하는 것 또한 극복해야 할 문제이다. 자신의 주관적인 생각으로 분별함은 덕을 쌓아가는 데 있어 방해만 될 뿐이다.]

魯哀公問於仲尼曰 衛有惡人焉 曰哀駘它。丈夫與之處者 思而不能去也。婦人見之 請於父母曰'與爲人妻 寧爲夫子妾'者 十數而未止也。未嘗有聞其唱者也 常和而已矣。無君人之位以濟乎人之死 無聚祿以望人之腹。又以惡駭天下

和而不唱 知不出乎四域 且而雌雄合乎前。是必有異乎人者也。寡人召而觀之 果以惡駭天下。與寡人處 不至以月數 而寡人有意乎其爲人也 不至乎期年 而寡人信之。國無宰 寡人傳國焉。悶然而後應 氾而若辭。寡人醜乎 卒授之國。無幾何也 去寡人而行 寡人卹焉若有亡也 若

無與樂是國也。是何人者也?
仲尼曰 丘也 嘗使於楚矣 適見純子食於其死母者 少焉眴若 皆棄之而走。不見己焉爾 不得類焉爾。所愛其母者 非愛其形也 愛使其形者也。
戰而死者 其人之葬也 不以翣資 刖者之屨 無爲愛之 皆無其本矣。爲天子之諸御 不爪翦 不穿耳 娶妻者止於外 不得復使。形全猶足以爲爾 而況全德之人乎 今哀駘它未言而信 無功而親 使人授己國 唯恐其不受也 是必才全而德不形者也。

노나라 애공(哀公)이 공자에게 물었다.
"위나라에 추악한 사람이 있어 애태타(哀駘它)라고 부르오. 그런데 사나이가 그와 함께 있으면 그를 사모해서 떠나려 하지 않고, 여자가 그를 보면 부모에게 간청하여 다른 사람의 아내가 되기보다는 그의 첩이 되고 싶다고 하며 그런 여자가 열 명이 넘어도 그칠 줄을 모르오. 그리고 그가 일찍이 주장하는 것을 듣지 못하겠고 항상 나의 의견에 부화(附和)만 할 뿐이오. 또 그는 임금의 자리에 있어서 남의 죽음을 구제해 준 일도 없고 녹(祿)을 많이 모아 남의 배를 부르게 해 준 적도 없소. 게다가 그의 추악함은 온 천하를 놀라게 하고 또 부화할 줄만 알고 주창할 줄은 모르며, 지식이라야 국내 문제만 알 정도요. 그러나 남녀들이 그의 앞에 모여드는 것은 반드시 남과 다른 점이 있어서 일 것이요. 그래서 나도 그를 불러 보았더니, 과연 그 추한 모습은 천하인을 놀라게 할 만 하였다. 그러나 나와 함께 있은 지 한 달이 못되어 나는 그의 사람됨에 주목하게 되었고 일 년이 못되어 나는 그를 신임하게 되었소. 때마침 나라에 재상이 없었기 때문에 나는 그에게 국정을 맡기려 하였소. 그러나 못마땅하다는 듯이 승낙은 하면서도 범연(汜然)히 사양할 것도 같더군요. 그래서 나는 부끄러워하다가 끝내는 그에게 국정을 맡겼소. 그러나 그는 얼마 가지 않아서 나를 버리고 떠나버렸소. 그래서 나는 서글퍼서 무엇을 잃은 것 같았으며, 같이 이 나라를 다스리면서 함께 즐길 수가 없을 것 같았소. 대체 그는 어떤 사람이었소?"

"제가 일찍이 초나라에 사신으로 간 적이 있습니다. 그때 마침 새끼 돼지가 죽은 어미의 젖을 빨고 있는 것을 보았습니다. 조금 있다가 그 새끼들은 깜짝 놀라 모두 제 어미를 버리고 달아났습니다. 그것은 그 어미가 자기들을 보아주지도 않고 전의 모습과 같지 않았기 때문입니다. 따라서 아내를 사랑하는 것은 그 외형을 사랑하는 것이 아니라, 그 외형을 지배하는 마음을 사랑하는 것입니다. 그러므로 전사자를 장사지낼 때는 삽(翣 : 상여 앞뒤에 세우고 가는 물건)을 보내지 않고 발을 잘린 자에게는 신을 보내도 좋아하지 않습니다. 이는 다 그것들을 필요로 하는 근본이 없기 때문입니다. 천자의 시녀가 된 여인에게는 그 아름다운 육체를 다치지 않게 하기 위하여 손톱도 깍지 못하게 하고 귀도 뚫지 못하게 합니다. 또 새로이 장가를 간 사람에게는 그 젊은 아내를 위하여 숙직도 면해 주고 부역도 시키지 않습니다. 이처럼 형체만 온전해도 오히려 이렇게 사랑을 받거늘 하물며 온전하게 덕을 구비한 사람이야 일러 무엇하겠습니까? 지금 애태타는 말을 하지 않아도 남이 믿고, 공이 없어도 친해 오며, 남으로 하여금 그 국정을 맡기게 하면서도 오직 혹시나 받지 않을까 걱정하게 하니, 이는 반드시 재능이 온전하면서도 그 덕이 드러나지 않는 인물일 것입니다."

[위나라의 애태타라는 인물은 겉으로 보기에는 끔찍하여 처음엔 사람들이 그에게 호감을 갖지 못하지만, 그와 같이 시간을 보내고 이야기를 하다 보면 모든 사람들이 그를 좋아하게 되었는데, 그 이유는 그가 덕이 있어 함께 하는 사람들과 화합할 줄 알았기 때문이다. 그는 다른 사람과 있을 때 자신을 내어놓지 않고, 자신을 감추며 다른 사람을 온전히 받아주기에 그러한 일이 생기는 것이다. 이것은 덕이 충만해야 가능하다. 내

면의 쌓은 덕은 그만큼 위대하다는 뜻이다.]

哀公曰 何謂才全?

仲尼曰 死生存亡 窮達貧富 賢與不肖 毁譽、饑渴、寒暑 是事之變 命之行也 而知不能規乎其始者也。故不足以滑和 不可入於靈府。使之和豫通而不失於兌 使日夜無郤而與物爲春 是接而生時於心者也。是之謂才全。

何謂德不形?

曰 平者 水停之盛也。其可以爲法也 內保之而外不蕩也。德者 成和之修也。德不形者 物不能離也。

哀公異日以告閔子曰 始也 吾以南面而君天下 執民之紀 而憂其死 吾自以爲至通矣。今吾聞至人之言 恐吾無其實 輕用吾身而亡其國。吾與孔丘 非君臣也 德友而已矣。

"재능이 온전하다는 것은 무엇을 말함인가?"

"죽음과 삶, 존재함과 사라짐, 빈궁함과 영달함, 어짊과 우둔함, 비방과 칭찬, 굶주림과 목마름, 추위와 더위 따위는 모두 사물의 변화요, 자연의 운행으로서 밤낮으로 우리 눈앞에서 바뀌지만 어떠한 지혜로써도 그 시원(始原)을 엿볼 수는 없습니다. 그러므로 그것들이 재능이 온전한 사람에게는 그 마음의 평화를 어지럽게 할 수가 없고, 그 마음속까지 침입할 수도 없는 것입니다. 그렇기 때문에 그런 사람은 평화롭고 유쾌한 기운이 언제나 감돌아서 마음의 기쁨을 잃지 않고, 또 그것은 밤낮으로 쉬지 않아서 만물과 더불어 봄기운 속에서 놀게 되는 것입니다. 이런 사람이야말로 온갖 사물과 접하면서도 마음속에 봄을 만들어내는 것입니다. 이런 사람을 일러 재능이 온전하다고 하는 것입니다."

"어떤 것을 덕이 드러나지 않는다고 하오?"

“수평이란 물이 괴어 있는 것입니다. 그것은 수준(水準)의 법이 되니 안으로는 그 본성을 보존하고 겉으로는 움직이지 않기 때문입니다. 그러므로 덕이 드러나지 않는 사람에게는 사물이 떨어져 나가지를 못합니다.”

애공이 다른 날 민자건(閔子騫 : 공자의 제자, 이름은 손(損), 자는 자건, 덕행으로 유명함)에게 말했다.

“처음에 남면하여 천하의 임금이 되어 백성을 다스리는 법을 쥐고, 그들이 굶어 죽지나 않을까 염려하는 것으로써 최고의 방편으로 삼았다. 그러나 지금 나는 공자에게서 지인(至人)의 말을 듣고서 자신이 아무 실력도 없으면서 경솔하게 내 몸을 움직여 내 나라를 망칠까 걱정하게 되었다. 나와 공자는 군신의 사이가 아니고 덕으로써의 친구일 뿐이다.

[재능이 온전한 사람이란 자연의 원리에 따라가는 살아가는 사람을 말한다. 사물의 변화에 연연하거나 집착하지 않고 이를 물의 흐름처럼 자연스럽게 받아들여야 한다. 덕이 겉에 드러나지 않는다는 말은 사물의 변화를 받아들이고 함께 어울리는 것을 말한다. 우리 내면의 덕은 이렇듯 자연의 섭리에 발맞추어 갈 때 쌓이게 된다. 그러한 태도로 삶을 살아갈 때 마음의 기쁨과 평안이 있을 것이라고 여기서 말하고 있는 것이다.]

闉跂支離無脤說衛靈公 靈公說之 而視全人 其脰肩肩。甕㼜大癭說齊桓公 桓公說之 而視全人 其脰肩肩。故德有所長 而形有所忘 人不忘其所忘 而忘其所不忘 此謂誠忘。

故聖人有所遊 而知爲孽 約爲膠 德爲接 工爲商。聖人不謀 惡用知 不斲 惡用膠 無喪 惡用德? 不貨 惡用商? 四者 天鬻也。天鬻者 天食也。既受食於天 又惡用人?

有人之形 無人之情。有人之形 故群於人 無人之情 故是非不得於身。眇乎小哉 所以屬於人也。謷乎大哉 獨成其天。

인기지리무순(闉跂支離無脤 : 인기(闉跂)는 발가락으로 걸어 발뒤꿈치가 땅에 닿지 않는 사람, 지리(支離)는 꼽추, 무순(無脤)은 언청이, 곧 이 세 가지를 겸비한 불구자)이 위나라 영공에게 도를 설명했다. 위나라 영공은 그를 매우 좋아했다. 그래서 위영공은 신체가 완전한 사람을 보면 오히려 그의 목이 마르고 가늘게 밉다고 여겼다. 또 옹앙대영(甕盎大癭 : 목에 물동이 같은 혹이 달린 사람)이 제나라 환공에게 도를 말했었다. 제환공은 그를 몹시 좋아했다. 그래서 제환공은 온전한 사람을 보면 그 목이 마르고 가늘어서 밉다고 여겼다. 그러므로 덕이 높으면 그 모양은 잊어지는 것이다. 그런데 사람들은 잊어야 할 것은 잊지 못하고 잊지 말아야 할 것은 잊는다. 이것을 진실한 잊음이라 부른다.

그러므로 성인은 따로 마음을 소요(逍遙)하는 데가 있어서 지혜를 번거롭게 생각하고, 약속은 아교풀로 생각하며, 도덕은 접붙임으로 생각하고, 공예는 상업으로 생각한다. 성인은 일을 꾀하지 않으니 지혜를 어디에 쓰며, 약속을 어기지 않으니 아교풀을 무엇에 쓰며, 잃지 않으니 도덕을 무엇에 쓰며, 물건을 팔지 않으니 상업을 무엇에 쓰겠는가? 이 네 가지는 하늘이 길러주는 것이요, 하늘이 길러줌은 하늘이 주는 밥이다. 이미 하늘의 밥을 받았으니 또 어째서 사람의 것을 쓰겠는가? 성인은 사람의 형체는 가지고 있으면서 사람의 정을 가지고 있지 않다. 사람의 형체를 가졌으므로 사람들과 함께 살고, 사람의 정이 없기 때문에 시비가 그들의 몸에 보이지 않는다. 성인도 인간에 속해 있기 때문에 아주 작고 하늘에서 받은 도를 완성하기 때문에 매우 크다.

[덕 있는 사람은 사사로운 개인의 감정에 좌우되지 않는다. 하지만 일반

사람은 그러한 사소한 것을 중요하게 생각하고 집착을 보인다. 이러한 사소한 것들의 감정을 넘어서야 덕을 이룰 수 있다. 우리 주위에 존재하는 수많은 일들과 주위의 많은 사람들에 의한 조그마한 것으로 인해 우리의 삶에 문제가 생긴다면 이는 우리가 진정한 삶의 주인이 아닌 그러한 사람과 사물이 우리 삶의 주인인 것과 마찬가지이다. 따라서 이러한 것으로부터 자유로워야 한다. 이러한 자유로운 삶을 위해 우리는 덕을 쌓아가야 한다.]

惠子謂莊子曰 人故無情乎?
莊子曰 然。
惠子曰 人而無情 何以謂之人?
莊子曰 道與之貌 天與之形 惡得不謂之人?
惠子曰 旣謂之人 惡得無情?
莊子曰 是非吾所謂情也。吾所謂無情者 言人之不以好惡內傷其身 常因自然而不益生也。
惠子曰 不益生 何以有其身?
莊子曰 道與之貌 天與之形 無以好惡內傷其身。今子外乎子之神 勞乎子之精 倚樹而吟 據槁梧而瞑。天選子之形 子以堅白鳴

혜자(惠子)가 장자에게 말했다.
"성인은 본디 정이 없는가요?"
"그렇다네."
"사람으로서 정이 없으면 어떻게 사람이라 할까요?"
"도가 모양을 만들어 주었고, 하늘이 형체를 만들어 주었으니 어떻게 사람이라 하지 않을 수 있는가?"
"이미 사람이라고 한다면 어떻게 정이 없을 수가 있습니까?"

"이는 내가 말하는 정이 아닐세. 내가 말하는 정이 없다는 것은, 사람으로서 좋고 싫어함을 가지고 안으로 그 자신을 상하게 하지 않고, 항상 자연에 맡겨 생명을 인위적으로 더해가지 않는 것을 말하는 것일세."

"생명을 인위적으로 더해가지 않으면 어떻게 그 몸을 보존할 수가 있나요?"

"도가 모양을 만들어 주었고, 하늘이 형체를 만들어 주었으니 좋고 싫어함으로써 속으로 그 몸을 해침이 없는 것이네. 그런데 지금 자네는 자네의 정신을 밖으로 소비하고 자네의 정력을 수고롭게 하여 나무에 기대어 신음하고, 책상에 기대어 조는군. 하늘이 자네의 형체를 갖추어 놓았는데, 자네는 견백(堅白 : 제물론 편에서 나온 견백이동(堅白異同)의 궤변)으로써 지껄이고 있군."

[내면에 덕을 쌓은 사람은 사사로운 감정에 연연하지 않는다. 그는 자연의 원리인 도를 알기 때문이다. 이는 사람과 사물에 대해 초월할 수 있기에 가능하다. 물이 그 흐름에 맡기어 흘러가듯, 덕이 있는 사람은 모든 것을 삶의 원리에 맡긴다. 그럴 수 있기에 주위에서 일어나는 일들로 인해 내면이 흔들리지 않은 채 삶을 자유롭고 편안하게 살아갈 수 있는 것이다.]

第六 大宗師

[대종사란 큰 스승을 말한다. 여기서 큰 스승은 일반 구체적인 사람이 아닌 가장 큰 가르침을 주는 자연을 의미한다. 인간이 자연의 일부이므로 인간도 자연의 원리에 따라 살아가야 함을 뜻한다. 즉, 자연이 우리에게 참 스승이 될 수 있다는 것이다.]

知天之所爲 知人之所爲者 至矣。知天之所爲者 天而生也 知人之所爲者 以其知之所知 以養其知之所不知 終其天年而不中道夭者 是知之盛也。

雖然 有患。夫知有所待而後當 其所待者特未定也。庸詎知吾所謂天之非人乎? 所謂人之非天乎?

하늘이 하는 바를 알고 사람이 하는 바를 아는 자는 지극하다. 하늘이 하는 바를 아는 자는 자연을 따라 산다. 사람이 하는 바를 아는 자는 그의 지혜가 아는 바로써 그 지혜가 모르는 바를 길러내어 그의 천수를 누리며 그의 중도에서 꺾이지 않는 자이니, 이는 지혜의 성대함이다. 그러나 걱정이 있다. 대저 지식은 반드시 대상(對象)을 기다린 후에야 정당해지는데 그 대상은 특히 일정하지 않다. 그러니 어찌 내가 말하는 바 하늘이 사람이 아니고, 이른바 사람이 하늘이 아님을 알겠는가?

[하늘이 하는 바란 자연의 원리 즉, 도를 말함이다. 이러한 도를 따라 사는 사람은 지극한 사람이다. 하지만 우리 인간의 지식은 한계가 있다.

진리라고 믿었던 지식도 시간이 지나면 변하기 마련이다. 진정한 지식, 즉 참된 앎이란 무엇일까?]

且有真人 而後有真知。何謂真人? 古之真人 不逆寡 不雄成 不謨士。若然者 過而弗悔 當而不自得也。若然者 登高不慄 入水不濡 入火不熱。是知之能登假於道也若此。

古之真人 其寢不夢 其覺無憂 其食不甘 其息深深。真人之息以踵 眾人之息以喉。屈服者 其嗌言若哇。其耆欲深者 其天機淺。

古之真人 不知說生 不知惡死 其出不訢 其入不距 翛然而往 翛然而來而已矣。不忘其所始 不求其所終 受而喜之 忘而復之。是之謂不以心捐道 不以人助天。是之謂真人。

참된 사람이(眞人)이 있은 뒤에라야 참된 앎(眞知)이 있는 것이다.
어떤 이를 참된 사람이라 하는가? 옛날의 참된 사람은 적은 것도 꺼리지 않고 성공도 자랑하지 않으며 일을 꾀하지도 않았다. 그런 사람은 잘못되어도 후회하지 않고 성공해도 득의양양하지 않는다. 그런 사람은 높은 데 올라가도 떨어지지 않고 물에 들어가도 젖지 않으며 불에 들어가도 뜨겁지 않다. 이는 그 지혜가 도에 이룰 수 있어서 이와 같은 것이다.

옛날 참된 사람은 잠을 잘 때 꿈을 꾸지 않고 깨어 있어도 근심이 없으며 식사에도 맛을 찾지 않고 그 숨결은 깊고 깊었다. 그래서 참된 사람의 호흡은 대지를 딛고 서서 발꿈치로부터 쉬어 나오나 보통 사람들의 호흡은 목구멍으로부터 나온다. 단 남에게 굴복한 자는 그 말소리가 어물어물하고 욕심이 많은 이는 천기(天機)가 얕다.
옛날 참된 사람은 삶을 기뻐하지도 않고 죽음을 싫어할 줄도 몰랐다. 출생했다고 기뻐하지도 않고 죽음에도 항거하지 않으며 자연스럽게 가고 자연스럽게 올 뿐이다. 그 비롯되는 바도 잊지 않고 그 끝나는 바도 추구하지 않는다.

삶을 받아서 기뻐하다가 죽어서 자연으로 돌아간다. 이런 것을 일러 마음으로 도를 버리지 않고 사람의 힘으로써 하늘의 명을 돕지 않는 것이라 한다. 이런 이를 참된 사람이라 한다.

[참된 사람은 참된 앎을 가지고 있는 사람이다. 참된 앎이란 우리들의 일반적인 감정이나 욕망을 뛰어넘는 것이다. 분별이 없어야 한다. 다른 것에 좌우되지 말아야 한다. 참된 사람은 삶과 죽음도 자연스러운 것을 아는 사람이다. 따라서 삶과 죽음도 초월한다. 삶이 그렇듯 죽음도 자연스럽게 받아들일 뿐이다. 참된 사람은 오고 가는 것에 연연하지 않는다. 오는 사람은 오고 가는 사람은 가는 것이다. 참된 사람은 자연의 이치, 즉 도를 아는 사람이다.]

若然者 其心志 其容寂 其顙頯 淒然似秋 煖然似春 喜怒通四時 與物有宜 而莫知其極。故聖人之用兵也 亡國而不失人心 利澤施於萬物 不爲愛人。

故樂通物 非聖人也 有親 非仁也 天時 非賢也 利害不通 非君子也 行名失己 非士也 亡身不真 非役人也。若狐不偕、務光、伯夷、叔齊、箕子胥餘、紀他、申徒狄 是役人之役 適人之適 而不自適其適者也。

그러한 사람은 그 마음은 잊어버리고 그 모습은 고요하며 그 이마는 넓고 크다. 쓸쓸하기가 가을과 같고 따뜻하기가 봄과 같다. 희로(喜怒)는 계절(四時)과 통하며 만물에 잘 적응하여 그 끝을 알 수가 없다. 그러므로 성인은 군사를 일으켜 남의 나라를 멸망시켜도 인심을 잃지 않는다. 그의 은택이 만대에 미쳐도 사람을 사랑해서 그런 것은 아니다. 자연을 따를 뿐이다. 때문에 만물을 통달하는 것을 즐기면 성인이 아니요, 천시(天時)를 따지면 현인이 아니며, 이해에 달관하지 못하면 군자가 아니요, 명예를 쫓느라고 자신을 잃으면 선비가 아니며, 몸을 망쳐 참되지 못하면 지배자가 아니다.

곧 호불해(狐不偕 : 요임금으로부터 천자의 지위를 양도받으라는 소리를 듣고 강에 몸을 던져 죽은 현인), 무광(務光 : 하나라 탕왕에게 천하를 양도받으라는 소리를 듣고 노수에 투신하여 자살한 현인), 백이(伯夷), 숙제(叔齊), 기자(箕子), 서여(胥餘 : 은나라 말년의 충신 비간이라고도 함, 혹은 춘추시대 초나라의 광인 접여라고도 함), 기타(紀他 : 하나라 탕왕 때의 현인, 무광이 탕왕으로부터 천하를 양도받으라는 소문을 듣고 분개하여 관수에 투신자살했음), 신도적(申徒狄 : 옛날 임금의 무도(無道)를 간하다가 듣지 않으므로 돌을 지고 투신자살한 충신, 일설에는 탕왕 때 기타가 관수에 몸을 던지자 그 고결한 절개를 흠모하여 투신자살했다 함) 같은 이는 남의 일을 일삼고 남의 즐거움을 즐겨 스스로 자기의 즐거움을 즐기지 못한 자들이다.

[참된 사람은 쓸데없는 곳에 자신을 낭비하지 않는다. 그는 오직 자연의 흐름처럼 사는 사람이다. 어떤 일이 그에게 일어나도, 주위의 어떤 사람이 그에게 무슨 일을 해도 그는 그러한 것에 좌우되지 않는다. 무슨 일이 생겨도 봄이 여름이 되고 여름이 가을이 되며 가을이 겨울이 되는 것과 마찬가지이다. 참된 사람은 남이 일에도 참견하지 않는다. 또한 다른 사람에 의해 자신의 삶이 영향을 받지 않도록 한다. 오직 자신의 길을 갈 뿐이다.]

古之真人 其狀義而不朋 若不足而不承 與乎其觚而不堅也 張乎其虛而不華也 邴邴乎其似喜乎 崔乎其不得已乎 滀乎進我色也 與乎止我

德也 厲乎其似世乎 警乎其未可制也 連乎其似好閉也 悗乎忘其言也。

以刑爲體 以禮爲翼 以知爲時 以德爲循。以刑爲體者 綽乎其殺也 以禮爲翼者 所以行於世也 以知爲時者 不得已於事也 以德爲循者 言其與有足者至於丘也 而人真以爲勤行者也。

故其好之也一 其弗好之也一。其一也一 其不一也一。其一 與天爲徒 其不一 與人爲徒。天與人不相勝也 是之謂真人。

옛날의 참된 사람은 그 모습이 우뚝하여 무너지지 아니하고 모자란 듯하면서도 남에게 받는 것이 없으며, 점잖아 올바르면서도 고집하지 않고, 넓어 비어 있으면서 화려하지 않으며, 온화하여서 기쁜 것 같고, 무뚝뚝하여 부득이 하는 듯하며, 그윽함이 안색에 나타나고 조용히 그 덕에 머물며, 널리 세상과 같이하고, 높아서 적어질 수가 없으며, 느릿하여 잘 다문 듯하고, 무심하여 그 말을 잊은 듯하다. 그는 법으로 지배하는 체통을 삼고 예로써 교화의 날개로 삼으며 지혜로써 적시에 응하는 때를 삼고 덕으로써 순종을 실현한다.

법으로 체통을 삼았기에 너그러이 죽을 수가 있고, 예로써 날개를 삼았기에 세상에 행동할 수가 있으며, 지혜로써 때를 삼았기에 부득이 일에 응하고, 덕으로써 순종을 삼았기에 두 발을 갖춘 사람과 언덕에 이르는 격이다.

그런데 사람들은 진실로 인위적으로 부지런히 행한다고 여긴다. 그러므로 그는 실재를 사랑함도 한결같고 그가 실재를 사랑하지 아니함도 한결같다. 그래서 그 한결같음도 하나요, 그 한결같지 않음도 하나다. 그 한결같음은 하늘과 짝이 되고 그 한결같지 않음은 사람과 짝이 된다. 그러므로 하늘과 사람은 서로 이기지 않는다. 이런 이를 참된 사람이라 하는 것이다.

[참된 사람의 모습을 보여주고 있다. 그는 한결같은 사람이며, 자연과 사람에 거스르지 않는 사람이다. 자연의 흐름처럼 살아가기에 삶 자체가 편안하며 안정되어 있다.]

死生 命也 其有夜旦之常 天也。人之有所不得與 皆物之情也。彼特以天爲父 而身猶愛之 而況其卓乎 人特以有君爲愈乎己 而身猶死之 而況其眞乎?

泉涸 魚相與處於陸 相呴以溼 相濡以沫 不如相忘於江湖。與其譽堯而非桀 不如兩忘而化其道。

夫大塊載我以形 勞我以生 佚我以老 息我以死。故善吾生者 乃所以善吾死也。

죽음과 삶은 운명이며 밤과 아침이 변함없이 있는 것은 하늘의 도리이다. 이는 사람이 따라갈 수 없는 바로써 모두 자연의 원리인 것이다. 사람은 특히 사람을 아버지로 삼아 자신이 그를 사랑하는데 하물며 더 두드러진 하늘에 있어서랴? 사람들은 특히 임금이 자기보다 낫다고 하여 자신이 그를 위하여 죽거늘 하물며 그 참된 것이 대하여서랴?

샘물이 말라 물고기들이 물에 있게 되자 입안의 습기로써 서로 적셔주고 거품으로 서로 축여주는 것은 강호(江湖)에서 서로 잊고 있는 것만 같지 못하다. 그렇듯 요(堯)를 칭찬하고 걸(桀)을 비난하는 것은 둘을 다 잊어버리고 도에 동화하는 것만 같지 못하다. 대괴(大塊: 조물주)가 나의 형체를 갖추게 하여 살아서는 나를 수고롭게 하고 늙어서는 나를 편안하게 하며, 죽어서는 나를 쉬게 한다. 그러므로 나의 삶을 좋다고 여기는 것은 곧 나의 죽음을 좋다고 여기는 까닭이 된다.

[자연의 변화는 자연의 원리를 따라 나타나는 현상이다. 이와 마찬가지

로 인간에게 있어 삶과 죽음도 자연의 일부이다. 자연의 원리를 인간은 거스를 수가 없다. 인간도 자연의 일부이기 때문이다.]

夫藏舟於壑 藏山於澤 謂之固矣。然而夜半有力者負之而走 昧者不知也。藏大小有宜 猶有所遯。若夫藏天下於天下 而不得所遯 是恆物之大情也。特犯人之形而猶喜之 若人之形者 萬化而未始有極也 其爲樂可勝計邪 故聖人將遊於物之所不得遯而皆存。善妖善老 善始善終 人猶效之 又況萬物之所係 而一化之所待乎?

대저 배를 산골짜기에 감추어 두고 그물을 못 속에 감추어 두고서 그것을 든든하다고 한다. 그러나 밤중에 유력한 자가 짊어지고 달아나도 어리석은 사람은 그것을 알지 못한다. 이와 같이 작고 큰 것을 적절히 감추어 두어도 오히려 빠져나가는 바가 있다. 그러나 만일 저 천하를 천하 자체에다 감추어 두면 빠져나갈 수가 없다. 이것이 모든 사물에 통하는 위대한 진리이다.

사람은 어쩌다 한번 사람의 탈을 쓰게 된 것을 오히려 기뻐한다. 그러나 사람의 형상 같은 것은 수없이 변화해서 끝이 없는 것이다. 그래서 그때그때의 즐거움도 이루 다 헤아릴 수가 없다. 그러므로 성인은 만물이 빠져나갈 수 없는 경지에 노닐며 그와 함께 공존한다. 따라서 일찍 죽음도 좋다고 하고 늙음도 좋다고 하며, 시작도 좋다고 하고 끝도 좋다고 한다. 사람들은 오히려 이런 성인도 공경하거늘 또한 하물며 만물이 거기에 매어 있고 모든 변화가 거기로부터 나타나는 근원인 도에 있어서랴?

[천하를 감추어 둔다는 말은 자연 그대로 내버려 둔다는 뜻으로 자연의 원리에 따른다는 것을 내포한다. 성인은 삶에 있어 자연스러운 경지에

도달한 사람이다. 자연의 변화에 따르듯 그는 삶의 변화에 맡기고 살아가기에 무슨 일이 일어나도 받아들이고 삶을 즐길 뿐이다. 그는 시작이건 끝이건, 삶이건 죽음이건 인위적인 것을 추구하지 않고 그저 자연의 흐름처럼 편안하게 모든 것을 받아들이는 사람이다.]

夫道 有情有信 無爲無形 可傳而不可受 可得而不可見 自本自根 未有天地 自古以固存 神鬼神帝 生天生地 在太極之先而不爲高 在六極之下而不爲深 先天地生而不爲久 長於上古而不爲老。

豨韋氏得之 以挈天地 伏犧氏得之 以襲氣母 維斗得之 終古不忒 日月得之 終古不息 堪坏得之 以襲崑崙 馮夷得之 以遊大川 肩吾得之 以處太山 黃帝得之 以登雲天 顓頊得之 以處玄宮 禺強得之 立乎北極 西王母得之 坐乎少廣 莫知其始 莫知其終 彭祖得之 上及有虞 下及五伯 傅說得之 以相武丁 奄有天下 乘東維 騎箕尾 而比於列星。

대저 도에는 정이 있고 믿음이 있으나 행위가 없고 형상이 없다. 그래서 마음으로 전할 수는 있으나 손으로 받을 수는 없으며, 체득할 수는 있으나 볼 수는 없다. 그것은 스스로 돌봄이 있고, 스스로 뿌리를 뻗어 천지가 생겨나기 이전의 옛날로부터 굳건히 존재해 있어서 귀신을 신령스럽다 하고, 상제(上帝)를 신령스럽게 하여 하늘을 만들어 내고 땅을 만들어 냈다. 태극(太極)위에 있어도 높다고 여기지 않고 육극(六極 : 육합(六合)과 같음, 천지 사방을 말함) 아래에 있어도 깊다고 여기지 않는다. 천지보다 앞서 존재해도 오래다고 여기지 않고 태고 이전부터 존재해도 늙었다고 여기지 않는다.

희위씨(豨韋氏 : 옛날 전설적인 제왕)는 이 도를 얻어 천지를 바로 잡았고, 복희는 이를 얻어 원기(元氣)의 모체를 움켜쥐었으며, 유두(維斗 : 북극성을 말함, 과거에는 이 별이 천체 운행의 중심이 됨)는 이를 얻어 영원불변하는 그의 자리를 차지했고, 일월은 이를 얻어 만고에 운행을 쉬지 않으며, 감배(堪坏 : 곤륜산의 신)는 이를 얻어 곤륜산으로 들어갔고, 풍이(馮夷 : 전설적인 물의 신(水神)의 이름)는 이를 얻어 큰 강에서 놀며, 견오(肩吾 : 소요유편에서 연숙과 문답을 했고, 응제왕편에서 접여와 문답을 한 득도자. 여기서는 태산의 신으로 등장했음)는 이를 얻어 태산에 처하고, 황제(黃帝)는 이를 얻어 구름에 싸인 하늘로 올라갔으며, 전욱(顓頊)은 이를 얻어 현궁(玄宮)에 거처했고, 우강(禺强 : 북해의 신)은 이를 얻어 북극에 살았으며, 서왕모(西王母 : 곤륜산에 산다는 아름다운 선녀 이름)는 이를 얻어 소광산(少廣山 : 서쪽 극지에 있다는 산 이름)에 앉아 그 태어남도 알지 못하고 그 끝맺음도 알지 못했고, 팽조는 이를 얻어 위로 순(舜)때로부터 춘추오패(春秋五覇 : 춘추시대의 다섯 패자. 곧 제환공, 진문공, 송양공, 진목공, 초장왕)때까지 살았으며, 부열(傅說 : 은나라 고종때의 재상, 토목공사의 일꾼이었는데 당시의 재상으로 등용되어 중흥의 대업을 이룸)은 이를 얻어 무정(武丁 : 은나라의 왕의 이름, 보통 고종이라고 함)의 재상이 되어 천하를 다스리다가 죽은 뒤에 동유(東維 : 별의 이름으로 보기도 하고, 동쪽을 유지하는 뜻으로 보아 기성과 미성의 수식어로 보기도 함)로 올라가 기성(箕星)과 미성(尾星) 사이로 가서 벌여 서 있는 다른 별(二八宿)과 나란히 있게 되었다.

[도가 무엇인지에 대한 설명을 하고 있다. 도는 자연의 원리, 자연의 근원이 되는 것이다. 도로 인해 우주 만물이 운행된다. 우리 인간은 이러한 도를 따라 살아갈 때 삶이 풍요로워진다. 이러한 도를 터득하여 살았던 사람들의 예를 들고 있다.]

南伯子葵問乎女偊曰 子之年長矣 而色若孺子 何也?

曰 吾聞道矣。
南伯子葵曰 道可得學邪?
曰 惡 惡可? 子非其人也。
夫卜梁倚有聖人之才 而無聖人之道 我有聖人之道 而無聖人之才 吾欲以教之 庶幾其果爲聖人乎 不然 以聖人之道告聖人之才 亦易矣。
吾猶守而告之 參日而後能外天下 已外天下矣 吾又守之 七日而後能外物 已外物矣 吾又守之 九日而後能外生 已外生矣 而後能朝徹 朝徹而後能見獨 見獨 而後能無古今 無古今 而後能入於不死不生。殺生者不死 生生者不生。其爲物 無不將也 無不迎也 無不毁也 無不成也。其名爲攖寧。攖寧也者 攖而後成者也。
南伯子葵曰 子獨惡乎聞之?
曰 聞諸副墨之子 副墨之子聞諸洛誦之孫 洛誦之孫聞之瞻明 瞻明聞之聶許 聶許聞之需役 需役聞之於謳 於謳聞之玄冥 玄冥聞之參寥 參寥聞之疑始。

남백자규(南伯子葵)가 여우(女偊 : 여자 꼽추란 뜻으로 여기서는 득도자)에게 물었다.
"당신은 나이가 많은데 모습은 어린애 같으니 어째서 그런가요?"
"도를 얻었기 때문이요."
"그 도는 나도 배울 수 있을까요?"
"안 돼요. 어찌 될 수 있겠소? 당신은 배울 사람이 못 돼요. 대저 복량의(卜梁倚 : 옛날의 현인)는 성인의 재질을 가지고 있으면서 성인의 도를 가지지 못했소. 반대로 나는 성인의 도를 가지고 있으면서 성인의 재질이 없소. 내가 그를 가르치고자 하는데 그이가 과연 성인이 될 수 있을까? 그렇게까지 걱정할 게 없다면 성인의 도로써 성인의 재질이 있는 사람에게 알리는 것은 또한 쉬운 것이오.

그래서 나는 오히려 신중을 기하면서 그를 가르친 지 삼일 만에 그는 천하를 도외시할 수가 있었소. 이미 천하를 도외시할 수 있을 때 나는 또한 신중을 기하면서 그에게 가르치니 칠일 후에 그는 사물(事物)을 도외시할 수가 있었소. 이미 사물을 도외시할 수 있을 때 나는 또 신중을 기하여 가르치니 구일 후에 그는 삶을 도외시할 수가 있었소. 이미 삶을 도외시한 후에는 조철(朝徹 : 아침 해가 새벽의 어둠을 꿰뚫는 것처럼 환하게 대오(大悟)한 경지)에 이를 수가 있었고, 조철에 이른 뒤에는 견독(見獨 : 유일 절대의 진리에 눈 뜬 경지)을 알 수가 있었으며, 견독을 한 뒤에는 고금을 잊고, 고금을 잊은 뒤에는 죽지도 않고 살지도 않는 경지에 들어갈 수가 있었소. 삶을 죽이는 자는 죽지 않고, 삶을 살리는 자는 살지 못하오. 이런 도는 보내지 않는 것이 없고 맞이하지 않는 것이 없으며, 파괴하지 않는 것이 없고 생성시키지 않는 것이 없어, 그것을 명명하여 영녕(攖寧)이라 하오. 영녕이란 어지럽힌 뒤에 이루어 놓는다는 뜻이오."

남백자규가 또 물었다.

"당신은 홀로 어디서 그런 도를 들었습니까?"

"이것을 부묵(副墨)의 아들(부(副)는 덧붙임, 곧 돕는다는 뜻, 묵(墨)은 한묵(翰墨)의 뜻으로 도를 전하는 수단이 되는 문자, 문헌을 말함. 도를 아버지로 보고 도를 기록하는 것은 문자, 문헌이므로 아들이라고 본 것)에게서 들었소. 부묵의 아들은 낙송(洛誦)의 손자(낙(洛)은 반복한다는 뜻, 곧 낙송은 반복하여 읽는다는 의미임. 문자를 아들이라고 보았으므로 그 문자를 읽는 것은 손자라고 했음)에게 들었고 낙송의 손자는 첨명(瞻明 : 보아 밝힌다는 뜻, 곧 밝게 이해한다는 의미)에게 들었으며, 첨명은 섭허(攝許 : 섭(攝)은 속삭인다는 뜻, 곧 밝게 이해한다는 의미)에게 들었고, 섭허는 수역(需役 : 수역은 행동을 기다린다는 뜻으로 실천

해서 경험한다는 의미)에게서 들었으며, 수역은 오구(於謳 : 영탄한다는 뜻)에게 들었고, 오구는 현명(玄冥 : 까마득하고 어둡다는 뜻, 진리 그 자체와 까마득하게 합친다는 의미)에게서 들었으며, 현명은 참료(參寥 : 조용하고 그윽하다는 뜻, 도를 형용한 말)에게 듣고, 참료는 의시(疑始 : 의는 견준다는 뜻, 곧 우주의 근원에 견주는 도와 자신과를 포용한다는 의미)에게서 들었소."

[남백자규는 도를 어떻게 얻는지에 대해 물었지만, 도를 깨칠 수 있는 방법이 특별히 있는 것은 아니다. 본문에서는 그 도를 들은 사람을 계속 나열하고 있지만 결론은 사실 특정한 사람이 없다는 것이다. 하지만 중요한 것은 도를 얻기 위해서는 자신의 욕망을 넘어서야 한다. 자연의 원리에 삶을 맡겨야 하기 때문이다. 욕심이 있으면 그러한 원리를 따르기 힘들기 마련이다.]

子祀、子輿、子犁、子來四人相與語曰 孰能以無爲首 以生爲脊 以死爲尻 孰知生死存亡之一體者 吾與之友矣。四人相視而笑 莫逆於心 遂相與爲友。

俄而子輿有病 子祀往問之。曰 偉哉 夫造物者 將以予爲此拘拘也 曲僂發背 上有五管 頤隱於齊 肩高於頂 句贅指天。
陰陽之氣有沴 其心閒而無事 跰足而鑑於井 曰 嗟乎 夫造物者 又將以予爲此拘拘也.

子祀曰 汝惡之乎?

曰 亡 予何惡? 浸假而化予之左臂以爲雞 予因以求時夜 浸假而化予之右臂以爲彈 予因以求鴞炙 浸假而化予之尻以爲輪 以神爲馬 予因以乘之 豈更駕哉 且夫得者時也 失者順也 安時而處順 哀樂不能入也。此古之所謂縣解也 而不能自解者 物有結之。且夫物不勝天久矣 吾又何惡焉?

자사(子祀), 자여(子與), 자려(子黎), 자래(子來), 네 사람이 모여 말했다.

"누가 무(無)를 머리로 삼고 생(生)을 등으로 삼으며 사(死)를 엉덩이로 삼을 수 있을까? 누가 사생(死生), 존망(存亡)이 일체가 됨을 알까? 나는 그와 더불어 벗이 되리라."

네 명이 서로 돌아보고 웃으며 마음에 아무 거슬림이 없어 도리어 서로 친구가 되었다.

이윽고 자여가 병이 들었다. 자사가 문병을 가니 자여는 말했다.

"위대하다. 저 조물주는. 나를 이런 꼽추로 만들어 버렸도다. 꼽사등이 나와 위에 오장이 있고, 턱이 배꼽에 숨어 있으며 어깨가 정수리보다 높고, 목덜미는 하늘을 가리키니 이는 음양 기운이 어지러워진 까닭이다."

그러나 그의 마음은 한가히 아무 일도 없는 듯이 절룩걸음으로 우물로 가서 비쳐보고 말했다.

"아, 저 조물주는 또 나를 이런 꼽추로 만들려 하네."

이에 자사가 말했다.

"자네는 그 병을 미워하나?"

"아닐세. 내가 어찌 미워하겠나? 점점 더 심해져 나의 왼팔이 변화하여 닭의 모양이 되면 나는 밤에 때를 알리라고 요구할 것이고, 점점 더 심해져 나의 오른팔이 변화하여 활 모양이 된다면 나는 새고기를 구할 것이며, 점점 더 심해져 나의 엉덩이가 변화해서 수레바퀴가 되고 정신이 말이 된다면 나는 그대로 타고 다닐 것이니 어찌 다시 멍에를 멜 필요가 있겠는가? 대서 얻는 것은 때요, 잃는 것은 순종이네. 때에 편안하고 순종에 처하면 슬픔과 즐거움이 들어올 수가 없네. 이것이 옛사람이 말하는 현해(縣解 : 인간 정신의 참다운 해방)란 것이네. 그런데 스스로 해방하지 못하는 자는 일(物)에 응결되어 있기 때문이네. 또한 저 물(物)은 하늘을 이기지 못한 지 오래니 내 또한 어째서 미워할 것인가?"

[과거와 현재 미래를 초월하는 사람 넷이 모여 친구가 된 장면이다. 이들은 도를 얻은 사람들이기에 모든 것에 연연해 하지 않는다. 그저 삶의 흐름에 따라 살아갈 뿐이다. 그러기에 살아가는 과정에서 어떠한 일이 자신에게 다가와도 이에 집착하지 않는다. 모든 것을 받아들이는 것은 삶을 그만큼 위대하게 만드는 것이다.]

俄而子來有病 喘喘然將死 其妻子環而泣之。子犁往問之曰 叱 避 無怛化

倚其戶 與之語曰 偉哉造物 又將奚以汝爲? 將奚以汝適? 以汝爲鼠肝乎? 以汝爲蟲臂乎?

子來曰 父母於子 東西南北 唯命之從。陰陽於人 不翅於父母 彼近吾死而我不聽 我則悍矣 彼何罪焉? 夫大塊載我以形 勞我以生 佚我以老 息我以死。故善吾生者 乃所以善吾死也。

今之大冶鑄金 金踊躍曰'我必且爲鏌鋣' 大冶必以爲不祥之金。今一犯人之形 而曰'人耳人耳' 夫造化者必以爲不祥之人。今一以天地爲大鑪 以造化爲大冶 惡乎往而不可哉?

이윽고 자래가 병이 들어 헐떡이며 장차 죽으려 하였다. 그의 처자들은 둘러앉아 울고 있었다. 자려가 문병을 가서 말했다.

"어이, 비키시오. 가는 이를 놀라게 하지 마시오."

그 문에 기대어 자래에게 이렇게 말했다.

"위대하도다. 천지의 조화여. 또한 자네를 무엇으로 만들려 하는가?

자네를 어디로 데려가는 것일까? 자네를 쥐의 간으로 만들려 하나? 아니면 벌레의 팔로 만들려 하나?"

이에 자래는 이렇게 대답했다.

"부모가 자식에게 명령만 해도 동서남북으로 명령대로 쫓아가거늘, 음양이 사람에게 명하는 바이니 부모에게 대하는 정도겠나? 그 음양이 나를 죽음으로 가까이 가라 하는데 내가 죽지 않는다면 나만 사나울 뿐이지 그에게 무슨 죄가 되겠는가? 대저 대괴(大塊-조물주)는 나의 형체를 만들어내고 살아서는 나를 수고롭게 하며 늙어서는 나를 편안하게 하고 죽어서는 나를 쉬게 하네. 그러므로 내 삶을 잘하는 것은 내 죽음을 잘하는 까닭이 되네. 지금 위대한 대장장이가 쇠를 녹이는데 그 쇠가 펄펄 뛰면서 '나는 반드시 막야(鏌鋣 : 옛날 오나라에서 만들었다는 유명한 칼의 이름)가 되겠다' 한다면, 대장장이는 반드시 상서롭지 못한 쇠로 여길 것이네. 그래서 나는 지금 한결같이 천지를 큰 용광로로 삼고 자연의 조화를 큰 대장장이로 여긴다면 어디를 간들 불가 하겠는가? 편안히 가다가 갑자기 깨달을 뿐이네."

[도를 아는 이는 삶과 죽음을 초월한다. 삶과 죽음은 자연의 일부라는 것을 잘 알기 때문이다. 이러한 자연의 원리에 저항하지 않는다. 그저 받아들일 뿐이다. 그러한 사람에게 죽음은 두려운 것이 아니다. 오히려 자연스러운 것이다.]

子桑戶、孟子反、子琴張三人相與友 曰 孰能相與於無相與 相爲於無相爲?

孰能登天游霧 撓挑無極 相忘以生 無所終窮? 三人相視而笑 莫逆於心 遂相與友。莫然有閒 而子桑戶死 未葬。孔子聞之 使子貢往侍事焉。或編曲 或鼓琴 相和而歌曰 嗟來桑戶乎! 嗟來桑戶乎! 而已反其眞 而我

猶爲人猗

子貢趨而進曰 敢問臨尸而歌 禮乎?

二人相視而笑 曰 是惡知禮意?

子貢反 以告孔子曰 彼何人者邪? 修行無有 而外其形骸 臨尸而歌 顏色不變 無以命之。彼何人者邪?

孔子曰 彼游方之外者也 而丘游方之內者也。外內不相及 而丘使女往弔之 丘則陋矣。彼方且與造物者爲人 而遊乎天地之一氣。彼以生爲附贅縣疣 以死爲決病潰癰。夫若然者 又惡知死生先後之所在 假於異物 託於同體 忘其肝膽 遺其耳目 反覆終始 不知端倪 芒然彷徨乎塵垢之外 逍遙乎無爲之業。彼又惡能憒憒然爲世俗之禮 以觀眾人之耳目哉?

자상호(子桑戶), 맹자반(孟子反), 자금장(子琴張) 세 사람이 서로 친구가 되고자 말했다.

"누가 능히 사귀지 않는 데서 서로 사귀고, 서로 위하지 않는 데서 서로 위할 것인가? 누가 능히 하늘에 올라 안개 속에 노닐고 무극(無極)에서 뛰놀면서 삶을 서로 잊고 끝나는 바가 없는 경지에 들어갈 것인가?"

세 사람은 서로 보고 웃고 마음에 거슬림이 없어져 드디어 서로 친구가 되었다. 그 뒤 아무 일 없이 한동안 지내다가 자상호가 죽었다. 아직 장사를 지내지 않았는데 공자가 그 소식을 듣고 자공(子貢)을 시켜 가서 일을 돌봐주게 하였다. 그랬더니 두 친구 중에 어떤 이는 악곡을 편집하고 어떤 이는 거문고를 뜯으며 서로 화합하여 다음과 같이 노래를 부르고 있었다.

아, 자상호여?

아, 자상호여?

그대는 이미 진(眞)으로 돌아갔는데

우리는 아직도 사람으로 남았구나.

자공이 이를 보고 앞으로 가서 물었다.

"감히 물어보건대 송장 앞에서 노래를 부르니 그것이 예의요?"

두 사람이 서로 보고 웃으며 말했다.

"이 사람이 예의의 본 뜻을 어떻게 알까?"

자공은 돌아와 공자에게 고했다.

"그들은 어떤 사람입니까? 아무런 수행도 없이 그 형해(形骸)를 도외시하고 시체 앞에서 노래를 부르면서 안색마저 변하지 않으니 무어라고 이름 붙일 수가 없습니다. 그들은 어떤 사람입니까?"

이 말에 공자는 이렇게 말했다.

"그들은 세상 밖에서 노는 사람들이고 나는 세상 안에서 노는 자니라. 밖과 안이 서로 미치지 못하거늘 내가 너를 시켜 가서 조상하라 하였으니 내가 고루하구나. 그들은 바야흐로 조물주와 벗이 되어 천지의 한 기운에서 놀고 있단다. 그들은 삶을 붙어 있는 사마귀나 달려 있는 혹으로 여기고, 죽음을 하나의 부스럼이나 터져 버린 종기로 여기고 있단다. 대저 그런 자들이라. 또한 어찌 사생(死生)의 선후(先後) 소재(所在)를 알 것인가. 그들은 원래 여러 가지 다른 물질을 빌어다가 같은 하나의 육체를 만들었다고 보므로 그 자신의 간과 쓸개도 잊고 그들의 귀와 눈도 잊어버린단다. 끝과 시작을 반복하면서 그 발단을 알지 못하고 그저 멍하니 아득히 속세 밖에서 방황하고 무위의 업(業)에 소요한단다. 그러니 그들이 또한 어찌 번잡스럽게 세속의 예를 행하여 여러 사람의 이목에 띄게 하겠느냐?"

[삶과 죽음을 초월한 세 친구에 대한 이야기이다. 세 명중 한 친구가 죽자 그 죽음을 자연스럽게 받아들인다. 그들은 이미 도를 알고 있기에 죽음도 자연히 받아들인다. 상사는 삶의 가장 중요한 것은 죽음도 자연스럽게 받아들일 수 있는 자연의 도를 따르는 것이라 강조하고 있다.]

子貢曰 然則夫子何方之依?

孔子曰 丘 天之戮民也。雖然 吾與汝共之。

子貢曰 敢問其方。

孔子曰 魚相造乎水 人相造乎道。相造乎水者 穿池而養給 相造乎道者 無事而生定。故曰 魚相忘乎江湖 人相忘乎道術。

子貢曰 敢問畸人。

曰 畸人者 畸於人而侔於天。故曰 天之小人 人之君子 人之君子 天之小人也。

"그렇다면 선생님께서는 어느 쪽에 의지하고 계십니까?"

"나는 하늘로부터 벌을 받은 백성이다. 그러나 나도 너와 함께 그런 경지로 나가고자 한다."

"그 방법을 알고 싶습니다."

"물고기는 서로서로 물로 나아가고 사람은 서로서로 도로 나아간다. 서로서로 물로 나아가는 것은 연못을 파서 영양이 공급되고, 서로서로 도로 나아가는 자는 일을 없애고 삶에 만족해야 한다. 그러므로 '물고기는 서로 강호(江湖)에서 잊고 사람은 도술에서 서로 잊는다'하는 것이다."

"기인(畸人 : 奇人, 보통사람과 다른 사람)이란 어떤 사람입니까?"

"기인이란 보통 사람과는 다르면서도 하늘에 합치하는 사람이다. 그러므로 '하늘의 소인이지만 인간의 군자요, 인간의 군자지만 하늘의 소인이라'하는 것이다."

[물고기가 물에 사는 것처럼 우리 인간도 도를 따라 살아가야 한다. 도를 따라 살아갈 때 삶에 만족을 느낀다. 살아가는 데 있어 어떤 일이 일

어나도 이에 좌우되지 않고 편안히 나아갈 수 있다. 나의 주위에서 일어나는 일에 연연해 하지 않는다. 내 주위의 사람에 의해 나의 삶이 영향을 받지 않는다. 그것이 바로 도를 따라 살아가는 이유이다.]

顔回問仲尼曰 孟孫才 其母死 哭泣無涕 中心不戚 居喪不哀。無是三者 以善處喪蓋魯國。固有無其實而得其名者乎 回壹怪之。

仲尼曰 夫孟孫氏盡之矣 進於知矣。唯簡之而不得 夫已有所簡矣。孟孫氏不知所以生 不知所以死 不知就先 不知就後 若化爲物 以待其所不知之化已乎 且方將化 惡知不化哉 方將不化 惡知已化哉 吾特與汝其夢未始覺者邪?

且彼有駭形而無損心 有旦宅而無情死。孟孫氏特覺 人哭亦哭 是自其所以乃。且也 相與吾之耳矣 庸詎知吾所謂吾之乎 且汝夢爲鳥而厲乎天 夢爲魚而沒於淵 不識今之言者 其覺者乎? 夢者乎 造適不及笑 獻笑不及排 安排而去化 乃入於寥天一。

안회가 중니(仲尼-孔子)에게 물었다.

"맹손재(孟孫才 : 노나라 삼환씨(三桓氏)의 후예로 이름을 재(才)라 함)는 그의 어머니가 죽었을 대곡하며 울되 눈물을 흘리지 않았고 마음속으로 슬퍼하지도 않았으며 거상(居喪) 중에도 슬퍼하지 않았습니다. 이 세 가지가 없으면서도 그는 상주 노릇을 잘했다는 소문이 노나라 전국을 뒤덮고 있으니 세상에 진실로 그 실질이 없으면서 그런 명예를 얻을 수가 있습니까? 저는 한결같이 이상하게 생각합니다."

"대저 맹손씨는 도리를 다했고 보통 사람들의 장례에 대한 지식보다 훨씬 더 잘 알고 있단다. 속세인은 장례법을 간소화하지 못하지만 그는 이미 간소화한 것이다. 맹손씨야말로 사는 까닭을 알려 하지도 않고 죽는 까닭을 알려 하지도 않는다. 그는 죽음과 삶 중에 어느 것이 먼저인지를 알지 못하고 어느 것이 뒤인지도 알지 못한다. 자연의 변화에 따라 물건이 되고 또 다음으로 오는 알 수 없는 변화를 기다릴 뿐이다. 또한 변화하려는 것이 어찌 변화하지 않는지를 알겠으며, 변화하지 않으려는 것이 어찌 이미 변화한 것인 줄은 알겠는가? 나는 특히 너와 더불어 꿈속에서 아직 깨지 못하고 있는 것이다. 또 그는 육체를 놀라게 하는 일은 있어도 마음을 손상시키는 일은 없으며, 몸을 놀라게 할 수는 있어도 정을 죽일 수는 없다. 맹손씨는 특히 홀로 깨달아 남이 곡하면 자기도 곡하니 이것이 그가 그렇게 하는 까닭이다. 세상 사람들이 서로 깨달았다고 하나 어찌 내가 깨달은 것을 안다고 하겠는가? 또한 네가 꿈에 새가 되어 하늘로 올라가고 꿈에 물고기가 되어 연못 속으로 들어가기도 하니, 지금 말하는 것도 깨어 있는 것인지 꿈속에 있는 것인지를 알지 못하겠다. 남의 약점을 폭로함은 웃음으로 대하는 것만 같지 못하고 웃을 수 있는 일이 있으면 이를 배척할 필요는 없다. 편한 일이나 배척할 일이 닥쳤을 때 변화를 따른다면 곧 하늘과 몸이 하나로 되는 경지로 들어간다."

[자연에 있어 변화는 당연한 것이다. 나도 변하고 내 주위에 있는 사람도 변하고 나를 둘러싸고 있는 모든 것이 변화한다. 이러한 변화를 기꺼이 받아들이는 것이 바로 도에 따라 살아가는 것이다. 이럴 경우 삶과 죽음이 하나가 된다.]

意而子見許由 許由曰 堯何以資汝?

意而子曰 堯謂我,'汝必躬服仁義 而明言是非.'

許由曰 而奚爲來軹 夫堯旣已黥汝以仁義 而劓汝以是非矣 汝將何以遊夫遙蕩、恣睢、轉徙之途乎?

意而子曰 雖然 吾願遊於其藩。許由曰 不然。夫盲者無以與乎眉目顔

色之好 瞽者無以與乎青黃黼黻之觀。
意而子曰 夫無莊之失其美 據梁之失其力 黃帝之亡其知 皆在鑪捶之間耳。庸詎知夫造物者之不息我黥而補我劓 使我乘成以隨先生邪?
許由曰 噫 未可知也。我爲汝言其大略。吾師乎 吾師乎 齏萬物而不爲義 澤及萬世而不爲仁 長於上古而不爲老 覆載天地、刻彫衆形而不爲巧。此所遊已。

의이자(意而子 : 옛날의 현인)가 허유를 만나니 허유는 이렇게 말했다.
"요(堯)가 자네에게 무엇을 가르쳐 주던가?"
"요는 나에게 '너는 반드시 몸소 인의에 복종하고 시비를 밝게 말한다'고 하였습니다."
"그렇다면 자네는 어째서 또 나에게로 왔는가? 대저 요가 이미 너의 얼굴에 인의로써 자자(刺字 : 얼굴이나 팔뚝의 살을 따고 틈을 내어 죄명을 적어 넣는 일. 옛날 중국의 형벌의 한 가지로 경형(黥刑)이라 했음)했고 시비로써 너의 코를 베었거늘(중국의 옛날 형벌의 한가지인 의형(劓刑)으로서 죄인의 코를 베었음), 너는 장차 어떻게 저 자유와 득의와 변화의 길을 거닐 수 있겠는가?"
"그러나 비록 저는 그 틈바구니에서라도 노닐고 싶습니다."
"안 된다. 대저 장님은 눈썹과 눈, 안색의 아름다움을 볼 수가 없고, 판수는 청(靑)과 황(黃), 보불(黼黻 : 수를 놓은 예복)의 구경을 할 수가 없다."
"대저 무장(無莊 : 옛날 미인의 이름)이 그의 아름다움을 잊고 거량(據梁 : 옛날 역사(力士)의 이름)이 자기의 힘을 잃어버렸으며, 황제(黃帝)가 그의 지혜를 잃어버림은 모두 도의 단련을 받았기 때문인데, 저 조물주가 나의 자자(刺字) 받은 흔적을 고쳐주고, 나의 베이진 코를 소생시켜 주어, 나로 하여금 완전한 형상을 갖추고 선생님을 따르게 하지 않을 줄을 어떻게 아십니까?"

"아, 아직 알지 못하였구나. 내 너를 위하여 대략을 말해 주마. 우리 스승님은 만물을 이루어 놓아도 의로 여기지 않고 혜택을 만물에게 베풀어도 인으로 여기지 않으며 상고(上古)보다 더 오래 살았어도 늙었다고 여기지 않고, 하늘을 덮고 땅을 실어 모든 모양을 조각해 내었어도 교묘하다고 여기지 않았다. 이것이 득도자가 노니는 바이다."

[살아가다 보면 많은 일들이 있기 마련이다. 좋은 일을 행하기도 하고 잘못을 하기도 한다. 삶에는 수많은 일들이 일어난다. 과거에 상관없이 더 나은 삶을 위해서는 도를 따라야 한다. 과거에 잘못을 했을지라도, 길을 잘못 들었더라도 이제부터라도 옳은 길을 가려 노력한다면 그도 또한 도를 얻을 수 있다. 과거는 중요하지 않다. 현재 자신을 자연의 원리에 따라 살아가려고 하는 의지가 중요한 것이다.]

顔回曰 回益矣。仲尼曰 何謂也? 曰 回忘仁義矣 曰 可矣 猶未也。他日復見 曰 回益矣。

曰 何謂也? 曰 回忘禮樂矣 曰 可矣 猶未也。

他日復見 曰 回益矣。曰 何謂也? 曰 回坐忘矣 仲尼蹴然曰 何謂坐忘? 顔回曰 墮肢體 黜聰明 離形去知 同於大通 此謂坐忘。

仲尼曰 同則無好也 化則無常也。而果其賢乎 丘也請從而後也。

안희가 말했다.

"저는 나아졌습니다."

중니가 대답했다.

"무슨 말인가?"

"저는 인의를 잊었습니다."

"좋다. 그러나 아직 멀었다."

다음날 가서 뵙고 안회는 말했다.

"저는 더 나아졌습니다."

"무슨 말인가?"

"저는 예악을 잊었습니다."

"좋다 그러나 아직 멀었다."

또 다음날 다시 뵙고 안회는 말했다.

"저는 좀 더 나아졌습니다."

"무슨 말인가?"

"저는 앉아서 고스란히 잊었습니다."

공자는 움칫하면서 말했다.

"앉아서 고스란히 잊었다 함은 무엇을 말함인가?"

"지체(肢體)를 버리고 총명을 쫓으며 형체를 떼어내 지혜를 버려 대도(大道)에 동화되는 것을 앉아서 고스란히 잊는 것을 좌망(坐忘)이라 합니다."

"동화되면 특별히 좋아하는 것이 없고 변화되면 고정된 것이 없나니, 너는 정말 어질구나. 내 너의 뒤를 따르고 싶다."

[좌망(坐忘)이란 앉아서 모든 것을 잊는다는 말이다. 이는 모든 차별을 잊고 높은 경지에 올라갔음을 말한다. 도를 완전히 깨우쳤음을 뜻한다. 이러한 경지에 이르면 삶이 자유로워진다. 어떠한 일이 다가와도 그 모든 것에서 자유함을 얻는다.]

子輿與子桑友 而霖雨十日。子輿曰 子桑殆病矣 裹飯而往食之。至子桑之門 則若歌若哭 鼓琴曰 父邪母邪 天乎人乎 有不任其聲 而趨舉其詩焉。

子輿入 曰 子之歌詩 何故若是?
曰 吾思乎使我至此極者而弗得也。父母豈欲吾貧哉 天無私覆 地無私載 天地豈私貧我哉 求其爲之者而不得也。然而至此極者 命也夫.

자여(子輿)는 자상(子桑)과 친구다. 장마비가 열흘을 내리자 자여가 혼자 말했다.
"자상이 굶어 병이 나서 누워 있겠지"하고 밥을 싸가지고 가서 먹이려 하였다. 자상의 문밖에 이르니 노래를 부르는 것인지 곡을 하는 것인지 거문고를 뜯으면서, "아버지 때문인가? 어머니 때문인가? 하늘 때문인가? 사람 때문인가?"하는 소리를 곡조에 맞지도 않게 계속 그렇게 부르고 있었다. 자여가 들어가면서 말했다.
"자네가 노래 부르는 시는 어째서 그런가?"
"나는 아무리 생각해 봐도 나를 이런 궁지로 몰아넣은 이가 누구인지를 모르겠어. 부모야 어찌 내가 가난하기를 원했겠는가? 하늘은 덮어주는데 사사로움이 없고 땅은 사사로움이 없거늘 천지가 아직 사사로이 나만을 가난하게 만들었겠는가? 그렇게 만든 자를 찾아도 찾을 수가 없네. 그러니 이 지경 이른 것은 운명인가 하네."

[운명은 어쩔 수 없는 것이다. 내가 할 수 있는 영역이 아니다. 최선은 이를 받아들이고 현재에 충실히 살아가는 것이다. 자신이 할 수 없는 것을 원망하고 탓해야 아무런 도움이 되지 않는다. 그러한 운명은 바뀌지 않는다. 삶은 내가 할 수 있는 것과 받아들여야만 하는 것을 구분할 줄 알아야 한다. 나의 영역이 아닌 것은 그저 묵묵히 따르는 것 외엔 방법이 없다. 내가 원하지 않는다고 해서 죽음이 나를 비켜가지 않는다. 우리가 삶을 살아가는 데 있어 위대한 스승은 이러한 자연의 이치를 깨닫고 이를 따르는 것이다.]

第七 應帝王

[응제왕이란 자연의 변화에 따르고 모든 것을 맡기면 제왕이 될 수 있다는 뜻이다. 인위를 버리고 순수하게 자연의 도를 따르는 것이 삶을 가장 현명하게 살아갈 수 있음을 뜻한다.]

齧缺問於王倪 四問而四不知。齧缺因躍而大喜 行以告蒲衣子。

蒲衣子曰 而乃今知之乎 有虞氏不及泰氏。有虞氏 其猶藏仁以要人 亦得人矣 而未始出於非人。泰氏 其臥徐徐 其覺于于 一以己爲馬 一以己爲牛 其知情信 其德甚眞 而未始入於非人。

설결이 왕예에게 도를 물었다. 네 번이나 물었으나 네 번 다 모른다고 말했다. 설결은 뛸 듯이 기뻐하며 달려가 포의자(蒲衣子 : 왕예의 스승)에게 고했다. 그러나 포의자는 이렇게 대답했다.

"너는 지금에야 알겠느냐? 유우씨(有虞氏-순舜)는 태씨(泰氏 : 옛날 제왕의 이름. 곧 태호씨(太昊氏), 곧 복희씨일 것이라 함)에게 미치지 못했었다. 유우씨는 그래도 인(仁)을 가지고 사람들에게 요구했으므로 또한 인심을 얻었다. 그러나 아직 시비를 가리는 사람 밖을 벗어나지 못했다. 그러나 태씨는 잠잘 때는 안온하고 깨어 있을 때에는 덤덤해서 남이 자기를 말이라고 부르면 말로 여기고 남이 자기를 소라고 여기면 소라고 대답했다. 그래서 그의 지혜는 진실로 밑이 없고, 그의 덕은 참으로 진실해서 당초부터 시비를 따지는 사람 곳에 들어가지를 않았었다.

[많이 안다고 해서 현인은 아니다. 깊이 있는 앎이 중요하다. 깊이 있는 앎이란 세상에 얽매이지 않는 지혜를 말함이다. 세상일에 일일이 간섭하다 보면 삶의 자유를 얻을 수 없다. 그 사람도 세상 사람과 똑같을 수밖에 없기 때문이다. 이를 초월해야 진정한 앎의 세계로 들어가게 된다. 모든 분별도 넘어서고 자신도 넘어서야 이러한 자유를 얻을 수 있다. 이것이 바로 제왕에 이르는 길이다.]

肩吾見狂接輿。狂接輿曰 日中始何以語女 肩吾曰 告我: 君人者 以己出經式義度 人孰敢不聽而化諸?
狂接輿曰 是欺德也。其於治天下也 猶涉海鑿河 而使蚉負山也。夫聖人之治也 治外乎? 正而後行 確乎能其事者而已矣。且鳥高飛以避矰弋之害 鼷鼠深穴乎神丘之下 以避熏鑿之患 而曾二蟲之無知

견오가 미치광이 접여를 찾아가니 접여는 말했다.
"일중시(日中始 : 가공적인 인물, 일설에는 일(日)은 전일(前日)로 보고 중시(中始)만 사람 이름이라고 보기도 함)는 자네에게 무슨 말을 하던가?"
"그는 나에게 말하기를 임금이 된 자는 자기로부터 법도를 내어서 다스리면 백성 중에 누가 감히 들어서 교화되지 않겠느냐고 하더군요."
"이는 기만하는 덕이다. 그렇게 천하를 다스리는 것은 마치 바다를 건너거나 강을 뚫거나 할 때 모기더러 산을 짊어지라는 것과 같다. 대저 성인의 정치가 법도로써 외면적으로 다스리겠는가? 먼저 자신을 도로써 바로잡은 뒤에 정치를 행하나니 확고하게 그 할 수 있는 일만 할 뿐이다. 또한 새는 높이 날아 그물이나 주살을 피하고, 생쥐는 신구(神丘 : 토지신에게 제사를 지내는 제단, 혹은 산의 이름이라고도 함) 밑에 깊이 굴을 파서 불을 피우거나 파내버리는 우환을 면한다. 그러니 사람이

이 두 미물보다 무지해서야 되겠는가?"

[세상은 누구 한 명에 의해서 어떤 조직에 의해서 인위적으로 만든 법이나 제도에 의해서 다스려지는 것이 아니다. 인간이 완벽할 수가 없고, 인간이 만든 것 또한 완벽하지 않기 때문이다. 사람의 본성에 따라 자연의 원리에 따라야 한다. 또한 다른 사람보다 자신이 먼저 바로 서야 한다. 자신이 제대로 서지 않고서 다른 사람에게 무엇을 한다는 그 자체가 도에 어긋나는 것이다.]

天根遊於殷陽 至蓼水之上 適遭無名人而問焉 曰 請問爲天下。

無名人曰 去 汝鄙人也 何問之不豫也 予方將與造物者爲人 厭則又乘夫莽眇之鳥 以出六極之外 而遊無何有之鄕 以處壙埌之野。汝又何帠以治天下感予之心爲?

又復問。無名人曰 汝遊心於淡 合氣於漠 順物自然 而無容私焉 而天下治矣。

천근(天根 : 가공적인 인물)이 은양(殷陽 : 지명, 은산의 남쪽이라고도 함)에 놀 때 요수(蓼水 : 물 이름. 지금의 산서성에 있다고 함)에 이르자 마침 무명인을 만나 물었다.

"천하를 다스리는 법을 묻겠습니다."

"물러가라! 너는 속물이다. 왜 그렇게 불유쾌한 질문을 하나? 나는 바야흐로 조물주와 벗이 되어 싫으면 또 저 끝없는 하늘을 나는 새를 타고 육극(六極)의 밖으로 나간다. 그리고 무하유지향(無何有之鄕)에 놀다가 끝없는 들판에서 산다. 그런데 너는 어째서 천하를 다스리는 일로써 나의 마음을 괴롭히는가?"

천근이 다시 묻자 무명인은 이렇게 대답했다.

"너는 마음을 담담한 경지에서 노닐게 하고 네 기운을 막막한 경지에 다 합치시켜 사물의 자연성에 따를 뿐 사사로움을 용납지 말라. 그러면 천하는 다스려지리라."

[자연의 길을 따르는 정치가 가장 훌륭한 정치이다. 백성들을 자신의 생각대로 간섭하거나 자신의 뜻대로 이끌려 하면 훌륭한 정치가 아니다. 백성들도 스스로 자연히 자신의 길을 가고자 한다. 이러한 백성의 뜻을 존중해 주는 것이 훌륭한 제왕이 되기 위한 첫걸음이다.]

陽子居見老聃曰 有人於此 嚮疾強梁 物徹疏明 學道不倦。如是者 可比明王乎?

老聃曰 是於聖人也 胥易技係 勞形怵心者也。且也虎豹之文來田 猿狙之便、執斄之狗來藉。如是者 可比明王乎?

陽子居蹴然曰 敢問明王之治。

老聃曰 明王之治 功蓋天下而似不自己 化貸萬物而民弗恃 有莫舉名 使物自喜 立乎不測 而遊於無有者也。

양자거(陽子居 : 춘추시대 말기 쾌락설을 주장한 양주(陽朱)라고도 하고, 융(戎)을 다스리는 사람이라고도 함)가 노담(老聃-老子)에게 물었다.

"여기 한 사람이 있는데 머리가 잘 돌아가는 것이 울림이 소리를 따르는 것같이 빠르고, 의지가 굳어 굽힘이 없으며, 사물을 꿰뚫어 보는 명철함에다 도를 배우는데 게으르지 않으니 이런 사람을 현명한 왕에다 비유할 수 있겠습니까?"

"그런 사람을 성인에 비하면, 종으로서 일을 하거나 기술에 얽매인 공인(工人)과 같아서 형체를 수고롭게 하고 마음을 두렵게 갖는 자이다.

또 호랑이나 표범의 무늬는 사냥꾼을 불러오게 하고, 원숭이의 재빠름과 들소를 잡는 개는 목줄을 가져오게 한다. 이런 자를 현명한 왕에다 비할 수 있느냐?"

"양자거는 놀라면서 다시 물었다.

"현명한 왕의 정치는 어떤 것이었습니까?"

"현명한 왕의 정치는 그 공로가 천하를 덮어도 자기 것이 아닌 것같이 하고, 그 교화가 만물에 베풀어져도 백성들은 그 공로를 입지 않는 것 같다. 그런 공로와 교화가 있긴 하나 이름 붙일 수가 없으며 만물로 하여금 스스로 기쁘게 한다. 그리고 그는 헤아릴 수 없는 경지에 서서 무위(無爲)의 경지에 노니는 자이다."

[아무리 똑똑하고 의지가 강하며 노력을 하는 사람이라 하더라도 도를 따르지 않는다면 큰 의미가 없다. 가장 중요한 것을 모르기 때문이다. 도를 배우려 노력하는 데 그치지 않고 이를 깨달아야 한다. 즉 도에 이르러야 한다는 것이다. 그렇게 된다면 훌륭한 제왕이 될 수 있다.]

鄭有神巫曰季咸 知人之生死存亡 禍福壽夭 期以歲月旬日 若神。鄭人見之 皆棄而走。

列子見之而心醉 歸以告壺子 曰 始吾以夫子之道爲至矣 則又有至焉者矣。

壺子曰 吾與汝既其文 未既其實 而固得道與? 衆雌而無雄 而又奚卵焉? 而以道與世亢必信 夫故使人得而相女。嘗試與來 以予示之

明日 列子與之見壺子。出而謂列子曰 嘻 子之先生死矣 弗活矣 不以旬數矣 吾見怪焉 見溼灰焉。

列子入 泣涕沾襟 以告壺子。壺子曰 鄉吾示之以地文 萌乎不震不正。是殆見吾杜德機也。嘗又與來。

明日 又與之見壺子。出而謂列子曰 幸矣 子之先生遇我也。有瘳矣 全然有生矣。吾見其杜權矣。

列子入 以告壺子。壺子曰 鄕吾示之以天壤 名實不入 而機發於踵。是殆見吾善者機也。嘗又與來。

明日 又與之見壺子。出而謂列子曰 子之先生不齊 吾無得而相焉。試齊 且復相之。

列子入 以告壺子。壺子曰 吾鄕示之以太沖莫勝。是殆見吾衡氣機也。鯢桓之審爲淵 止水之審爲淵 流水之審爲淵。淵有九名 此處三焉。嘗又與來。

明日 又與之見壺子。立未定 自失而走。壺子曰 追之 列子追之不及 反以報壺子 曰 已滅矣 已失矣 吾弗及也。

壺子曰 鄕吾示之以未始出吾宗。吾與之虛而委蛇 不知其誰何 因以爲弟靡 因以爲波流 故逃也。

然後列子自以爲未始學而歸 三年不出。爲其妻爨 食豕如食人。於事無與親 彫琢復朴 塊然獨以其形立。紛而封哉 一以是終。

정나라에 신령한 무당이 있어 이름을 계함(季咸)이라 하였다. 그는 사람의 사생존망(死生存亡)과 화복수요(禍福壽夭)를 잘 알아 해와 달과 날짜까지도 맞추는 것이 귀신 같았다. 그래서 정나라 사람들은 그를 보기만 하면 모두 피하여 달아나버렸다.

열자(列子)가 이를 보고 몹시 심취하여 돌아와 호자(壺子 : 열자의 스승, 호구자림(壺丘子林)을 말함)에게 아뢰었다.

"저는 지금까지 선생님의 도가 제일인 줄 알았더니 더 지극한 자 가 있습니다."

"나는 너에게 이미 도의 형식만 가르쳐 주었지 그 실질은 아직 가르쳐 주지 않았는데 너는 자신의 도를 깨달았다고 생각하느냐? 아무리 암탉이 많아도 수탉이 없으면 또한 어찌 알이 생기겠는가? 너는 너의 그 도로써 세상과 대항해서 반드시 신용을 얻으려 하는가? 그러므로 사람을 시켜 너의 관상을 보게 한 것이구나. 시험 삼아 그 계함을 데리고 와서 내 관상을 보게 하려무나."

이튿날 열자는 그 계함을 데리고 호자에게로 갔다. 계함은 관상을 보고 나와서 열자에게 말했다.

"허, 자네 선생은 죽지. 살지 못하네. 열흘도 견디지 못할 걸세. 내 괴상한 것을 보았네. 물에 젖은 재를 보았어."

열자는 들어가 눈물로 옷깃을 적시면서 호자에게 고하니 호자는 말했다.

"아까 나는 그에게 지문(地文 : 대지의 형상)을 보여주었다. 그것은 움직이지도 않고 멈추지도 않는 조용한 것이다. 그러므로 그는 나의 두덕기(杜德機 : 생의 기미를 막은 정적부동(靜寂不動)의 경지)를 좀 본 모양이다. 시험 삼아 가서 데리고 오너라."

이튿날 가서 데리고 와서 호자를 뵈었다. 계함이 나와서 열자에게 이렇게 말했다.

"다행이오. 당신의 선생은 나를 만났으므로 나았네. 완전히 살 수 있어. 나는 막힌 죽음 속에서 살아나는 기미를 보았네."

열자가 들어가 호자에게 고하니 호자는 이렇게 말했다.

"아까 나는 그에게 천양(天壤 : 천지음양의 기운이 나오는 모양)을 보여주었다. 그것은 명명(命名)할 수도 없고 실질을 파악할 수도 없는데 기미가 발꿈치에서 일어난다. 그러므로 그는 나의 선자기(善者機 : 죽음을 돌려 살리는 기틀)를 조금 본 모양이다. 시험 삼아 다시 데리고 오너라."

이튿날 다시 데리고 와서 호자를 뵈었다. 그는 나와서 열자에게 말했다.

"자네 선생의 관상은 일정하지가 않아 나는 도저히 그 관상을 볼 수가 없네. 좀 일정해지거든 다시 보아주겠다."

열자가 들어가서 호자에게 고하니 호자가 말했다.

"아까 내가 그에게 보여 준 것은 태충막승(太沖莫勝 : 태충은 태허(太虛), 곧 음양의 두 기운이 혼동된 상태, 막승은 잡을 수 없음. 음양이 혼동해서 잡을 수 없는 상태)이다. 그러므로 그는 나의 형기기(衡氣機 : 음양 두 기운이 형평을 이룬 상태. 음양이 조화를 이룬 기미)를 좀 본 모양이다. 물결이 둥글게 도는 여울도 못이라 하고 고여 있는 물의 여울도 못이라 하며 흐르는 물의 여울도 못이라 한다. 못에는 아홉 가지 명칭이 있는데 이번에 세 가지만 들었다. 어디 또 데리고 오너라."

이튿날 다시 데리고 와 호자를 뵈었다. 계함은 앉기도 전에 정신을 잃고 달아났다. 호자는 쫓아가라고 말했다. 열자가 쫓아갔으나 붙잡지를 못하고 돌아와 호자에게 고했다.

"벌써 달아났습니다. 어디론지 없어져 찾을 수가 없습니다."

이어 호자는 이렇게 대답했다.

"아까 내가 그에게 보여준 것은 미시출오종(未始出吾宗 : 종은 도(道), 음양이 아직 싹트기 이전이 태허, 혼돈된 상태보다도 더 이전, 곧 도까지도 나타나지 않았던 상태)이다. 나는 마음을 허하게 해서 자연에 순종하게 하여 누구인지를 알지 못하게 하였다. 마치 풀이 바람에 쓰러지듯, 물이 파도를 따르듯, 무심히 사물에 좇는 태도를 그에게 보였으므로 그는 도망간 모양이다."

그런 뒤에 열자는 그의 학문이 아직도 멀었다 생각하고 집에 돌아왔다. 그리고 삼년 동안 외출하지 않고 그 아내를 위하여 밥을 짓기도 하고 돼지도 사람을 기르듯 하였다. 그리하여 모든 일에 더 친함이 없고, 꾸밈을 버리고 소박으로 돌아가 우뚝 마른 나무처럼 서 있으면서 어지러이 혼돈된 상태 속에서 한결같이 이 도를 배우다가 일생을 마쳤다.

[계함은 무당이다. 장자는 점을 치거나 운명을 예언하는 무술이나 점술 같은 것을 삼가야 한다고 여기서 말하고 있다. 이는 자연의 순리를 따르기만 하면 될 뿐 다른 것은 소용없음을 말하고 있는 것이다. 도란 민간 신앙하고는 다른 것임을 분명히 하고 있다.]

無爲名尸 無爲謀府 無爲事任 無爲知主。體盡無窮 而遊無朕 盡其所受於天 而無見得 亦虛而已。

至人之用心若鏡 不將不迎 應而不藏 故能勝物而不傷。

명예의 주인이 되지 말고, 잔꾀의 창고가 되지 말며, 사업의 책임자가 되지 말고, 지혜의 주인이 되지 말라. 몸을 무궁(無窮)에서 다하고 조짐이 없는 데서 놀며, 하늘에게서 받은 바를 다하여, 얻으려 하지 말고, 마음을 비울 뿐이다.

지인(至人)이 마음을 쓰는 것은 거울과 같아서 보내지도 않고 맞이하지도 않으며 응하지도 않고 감추지도 않는다. 그러므로 그것은 물(物)을 능히 비추면서 자신을 다치지 않는다.

[모든 것을 비우고 모든 것을 받아들여야 한다. 이것이 자연의 원리인 도를 따르는 방법이다. 거울처럼 있는 모든 것을 그대로 비추어야 한다. 거울이 차별이 없이 보이는 대로 비추는 것처럼 우리도 삶을 그렇게 살아가야 한다.]

南海之帝爲儵 北海之帝爲忽 中央之帝爲渾沌。

儵與忽時相與遇於渾沌之地 渾沌待之甚善。儵與忽謀報渾沌之德 曰 人皆有七竅 以視聽食息 此獨無有 嘗試鑿之 日鑿一竅 七日而渾沌死。

남해의 임금을 숙(儵)이라 하고, 북해의 임금을 홀(忽)이라 하며, 중앙의 임금을 혼돈(混沌)이라 하였다. 숙과 홀이 어느 날 혼돈의 땅에서 만났을 때 혼돈이 그들을 위하여 잘 대접을 했다. 그래서 숙과 홀은 서로 상의하여 혼돈의 덕을 갚으려 했다.

"사람들은 모두 일곱 구멍이 있어 그것으로 보고 듣고 먹고 숨쉬는데 이 분만 홀로 없으니 시험 삼아 뚫어주자"하고 하루 한 구멍씩 뚫어 칠 일이 되니 혼돈은 그만 죽고 말았다.

[혼돈이란 자연 그 자체를 말함이다. 혼돈 즉 자연에 인위를 가하면 자연은 죽게 될 수 있음을 여기서 말하고 있다. 우리가 따라야 할 것은 인위가 아닌 자연이다. 그 자연을 따르는 것이 바로 제왕이 되는 길이다.]

〈外篇〉

第八 騈拇

[변무란 엄지 발가락과 둘째 발가락과 붙어 있는 것을 말한다. 세상에는 아름답고 흉한 것도 있지만 자연에는 아름답고 흉한 것, 그리고 옳고 그름 또한 없다. 자연에는 존재함 그 자체만 있는 것이다.]

騈拇枝指 出乎性哉 而侈於德。附贅縣疣 出乎形哉 而侈於性。多方乎仁義而用之者 列於五藏哉 而非道德之正也。

是故騈於足者 連無用之肉也 枝於手者 樹無用之指也 多方騈枝於五藏之情者 淫僻於仁義之行 而多方於聰明之用也。

是故 騈於明者 亂五色 淫文章 青黃黼黻之煌煌非乎! 而離朱是已。

多於聰者 亂五聲 淫六律 金石絲竹黃鐘大呂之聲 非乎! 而師曠是已。

枝於仁者 擢德塞性以收名聲 使天下簧鼓以奉不及之法非乎! 而曾、史是已。

騈於辯者 纍瓦結繩竄句 遊心於堅白同異之閒 而敝跬譽無用之言非乎! 而楊墨是已。

故此皆多騈旁枝之道 非天下之至正也。

엄지발가락과 둘째 발가락이 붙은 변무나 손가락이 여섯인 육손이는 천성으로 타고난 것인데, 보통 사람이 타고나는 것보다 쓸데없이 많은 것이다. 몸의 이곳저곳에 쓸데없이 붙어 있는 사마귀도 형체에서 나온 것이지만, 천성으로 타고나는 것보다 많은 것에 불과하다. 다방면으로 인의를 일삼아 쓰는 이들은 이것을 오장과 나란히 배열하기도 하는데,

이는 도덕의 올바름이 아니다.

그러니 발가락이 붙어 있는 사람은 쓸모없는 살을 더 달고 있는 것이고, 손에 곁가지가 붙어 있는 사람은 쓸모없는 손가락을 더 달고 있는 것이다. 다방면으로 오장의 천성에 잡다하게 붙이는 것은, 인의의 행위에 지나치도록 치우치게 하고 총명을 쓰는 데에 잡다하게 일삼는 것이 된다.

이런 까닭으로 눈이 밝은 데에 지나친 자는 오색을 어지럽히고 무늬의 화려함에 지나치니, 청색과 황색의 수를 놓은 예복의 휘황찬란함이 바로 그런 것 아니겠는가? 이주(離朱)같은 이가 그러했다.
귀가 밝은 데에 지나친 자는 오음을 어지럽히고 육률의 아름다움에 지나치니, 금석사죽의 악기와 황종, 대려의 소리가 바로 그런 것 아니겠는가? 사광(師曠)같은 이가 그러했다.

인(仁)에 지나친 자는 덕을 뽑아내고 천성을 막아가면서 명성을 추구하니, 천하 사람들에게 시끄럽게 떠들어대면서 미치지도 못할 법도를 떠받들게 하는 것 아니겠는가? 증사(曾史)같은 이들이 그러했다.

논변에 지나친 자는 쓸데없는 기교를 부려 노끈을 묶어 매듭을 꼬듯이 문구를 고치고 꾸며서 견백과 동이 따위에 빠지니, 하찮은 명예와 쓸모없는 말에 피곤해지는 것 아니겠는가? 양묵(楊墨)같은 이들이 그러했다.

그런 탓에 이런 것들은 모두 지나치고 곁가지인 도리로, 천하의 지극한 올바름이 아니다.

[모든 사물은 있는 그대로 바라보고 받아들이는 것이 자연의 길이다. 발가락이 하나 더 있고 손가락이 하나 더 있다고 하여 그것이 문제가 되는 것이 아니다. 또한 필요 없는 것을 너무 따르는 것은 자연의 도가 아니다. 너무 지나쳐도 안되고 너무 모자라도 안 된다. 그저 자연의 원리를

따라 있는 그대로 살아감이 삶의 자유함의 근본이다.]

彼正正者 不失其性命之情。故合者不爲駢 而枝者不爲跂 長者不爲有餘 短者不爲不足。是故鳧脛雖短 續之則憂 鶴脛雖長 斷之則悲。故性長非所斷 性短非所續 無所去憂也。
意仁義其非人情乎 彼仁人何其多憂也?
且夫駢於拇者 決之則泣 枝於手者 齕之則啼。二者 或有餘於數 或不足於數 其於憂一也。
今世之仁人 蒿目而憂世之患 不仁之人 決性命之情而饕貴富。故意仁義其非人情乎.

지극한 올바름이라는 것은 타고난 성(性)과 명(命)의 실정을 잃지 않는 것이다. 그러므로 발가락이 더 이어진 것을 붙은 발가락이라 여기지 않고, 손가락이 더 갈라진 것을 육손이라 여기지 않고, 긴 것을 남는다 여기지 않고, 짧은 것을 부족하다 여기지 않는다.
이런 까닭으로 오리의 다리가 짧다고 해서 이를 더 이어주면 근심하고, 학의 다리가 길다고 해서 그것을 잘라주면 슬퍼할 것이다. 그러므로 타고난 바가 긴 것은 잘라버려야 할 것이 아니고, 타고난 바가 짧은 것은 이어주어야 할 것이 아니니, 이에 대해 근심할 필요가 없는 것이다. 인의란 사람 본래의 성정이 아닌 것이니, 저 인을 실천한다는 자에게는 그토록 근심이 많은 것이다.
발가락이 붙어 있는 것을 갈라서 찢어버리면 아파서 눈물을 흘리고, 손에 난 여분의 손가락을 물어뜯어 떼어내면 아파서 소리 내어 운다. 이 두 가지는 어떤 것은 숫적으로 남고 어떤 것은 숫적으로 모자라지만 그것이 근심이 되는 데에서는 마찬가지이다.
지금 세상에 인자들은 눈을 먼 데까지 바라보면서 세상의 환난을 근심하고, 어질지 못한 사람들은 성명의 실정을 끊으면서 부귀를 탐한다. 이러니 아무래도 인의는 사람 본래의 성정이 아니다.

[황새의 다리가 다른 새의 다리에 비해 길다고 해서 잘라 짧게 만들면 무슨 일이 생기겠는가? 사람이 살아가는 데 있어서도 자연의 도리를 따르면 그만이지, 다른 인위적인 제도나 규범도 큰 의미가 없고 때로는 그러한 것이 인간의 삶을 더 고달프게 만들기도 한다. 우리가 만든 윤리나 평가 기준, 대부분 사람들이 생각하는 기대는 헛된 것에 불과할지도 모른다. 우리가 우리 자신의 삶보다 그러한 것을 더 중요하게 여긴다면 우리의 삶 자체가 자유롭지 못한 것이다.]

自三代以下者 天下何其囂囂也? 且夫待鉤繩規矩而正者 是削其性者也 待繩約膠漆而固者 是侵其德者也 屈折禮樂 呴俞仁義 以慰天下之心者 此失其常然也。

天下有常然。常然者 曲者不以鉤 直者不以繩 圓者不以規 方者不以矩 附離不以膠漆 約束不以纆索。故天下誘然皆生而不知其所以生 同焉皆得而不知其所以得。故古今不二 不可虧也。

則仁義又奚連連如膠漆纆索而遊乎道德之間爲哉? 使天下惑也 夫小惑易方 大惑易性。何以知其然邪? 自虞氏招仁義以撓天下也 天下莫不奔命於仁義 是非以仁義易其性與?

故嘗試論之 自三代以下者 天下莫不以物易其性矣。小人則以身殉利 士則以身殉名 大夫則以身殉家 聖人則以身殉天下。故此數子者 事業不同 名聲異號 其於傷性以身爲殉 一也。

臧與穀 二人相與牧羊而俱亡其羊。問臧奚事 則挾筴讀書 問穀奚事 則博塞以遊。二人者 事業不同 其於亡羊均也。伯夷死名於首陽之下 盜跖死利於東陵之上。二人者 所死不同 其於殘生傷性均也。奚必伯夷之是而盜跖之非乎?

天下盡殉也。彼其所殉仁義也 則俗謂之君子 其所殉貨財也 則俗謂之小人。其殉一也 則有君子焉 有小人焉。若其殘生損性 則盜跖亦伯夷已 又惡取君子小人於其間哉?

그러니 하, 은, 주 삼대 이후로는 천하가 참으로 시끄러워질 수밖에 없는 것이다.

갈고리와 먹줄, 그림쇠와 굽은 자로 바르게 하려는 것은 그 천성을 깎아내는 것이고, 노끈으로 묶고 아교를 칠하여 견고하게 붙이는 것은 그 타고난 덕을 해치는 것이다. 예악에 따라 굽히고 꺾으며 부드러운 얼굴로 인의를 실천하여 천하 사람들의 마음을 위로하려는 것은 그 자연스러움을 잃는 것이다.

천하에는 늘 그러한 자연스러움이 있으니, 그 자연스러움이란 것은 굽은 것이 갈고리를 써서 만든 것이 아니며, 곧은 것은 먹줄을 댄 것이 아니며, 둥근 것은 그림쇠로 만든 것이 아니며, 네모난 것은 곱자를 쓴 것이 아니고, 붙어 있는 것이 갖풀을 칠한 것이 아니며, 묶여진 것이 노끈으로 동여맨 것이 아니다.

그러므로 천하에는 자연스럽게 모든 것이 생겨나지만 그것이 생겨나는 이유를 모르고, 함께 모두가 각자의 것을 얻으면서 그것이 얻게 된 까닭을 알지 못한다. 예나 지금이나 다르지 않아 어그러질 수 없는 것인데, 인의를 어찌 갖풀을 칠하고 노끈으로 동여매듯 기워놓고서 도덕의 세계에 노닐겠는가! 천하 사람들을 미혹되게 할 뿐이다.

작은 미혹은 방향을 바꾸고 큰 미혹은 천성을 바꾼다. 어떻게 그것이 그러함을 알겠는가? 순임금인 유우씨가 인의를 내세워 천하를 어지럽히면서부터 천하 사람들은 인의에 목숨을 걸지 않은 이가 없으니 이것이 인의로 그 천성을 바꾸는 것이 아니겠는가?

이를 시험 삼아 논한다면, 유우씨로부터 하·은·주 삼대가 흐른 이후로 천하 사람들 중에서 외물에 의해 그 천성을 바꾸지 않은 이가 없었다. 소인은 자신을 이익에 바쳤고, 선비는 자신을 명예에 바쳤으며, 대부는 자신을 가문에 바쳤고, 성인은 자신을 천하에 바쳤다. 그런 탓에 이 몇 사례는 그 한 일에 있어 분명 차이가 있고 명성도 다르게 불리지만, 그들이 천성을 해치면서 자신을 희생시킨 점은 마찬가지이다.

장(臧)과 구(穀) 두 사람이 함께 양을 치다가 모두 양을 잃었다. 장에게 무슨 일을 하고 있었느냐고 묻자 서책을 끼고 글을 읽었다고 하고, 구에게 무슨 일을 하고 있었느냐고 물으니 주사위를 하면서 놀았다고 하였다. 이 두 사람은 하고 있던 일이 같지는 않지만, 죄다 양을 잃어버린 점에서는 마찬가지이다.

백이(伯夷)는 수양산 아래에서 명예를 위해 죽었고, 도척(盜跖)은 동릉산 위에서 이익을 위해서 죽었다. 이 두 사람이 죽은 이유는 같지 않지만 그들이 생명을 해치고 천성을 손상시킨 점에서는 마찬가지이니, 어찌 꼭 백이를 옳다고 하고 도척을 그르다고 하겠는가!

천하 사람들이 모두 자신을 바치는데, 그들이 목숨을 바친 것이 인의라면 세속에서 그들을 군자라 부르고, 그들이 목숨을 바친 것이 재물이라면 세속에서 그들을 소인이라 부른다. 그들이 목숨을 바친 것은 동일한데, 거기에는 군자가 있고 소인이 있다는 것이다. 그 생명을 해치고 천성을 손상시켰다는 점으로는 도척 역시 백이와 마찬가지이니, 또 어찌 그 사이에서 군자와 소인을 취하겠는가!

[사람은 타고난 본성을 따라야 한다. 이를 거슬러서 인위를 가할 때 우리의 삶은 힘들어 지게 된다. 거기에 구속되기 때문이다. 곧은 것은 곧은 대로 굽은 것는 굽은 내로 그 천성에 따라 내버려 두어야 한다. 우리가 타고난 본성에 따라 살아가는 것이 참된 사람으로 살아가는 길이다.

그러한 자연스러운 삶을 살아갈 때 우리는 편안한 삶을 유지할 수 있다. 자신의 의지를 관철시키고자 생명마저 위태롭게 한다면 이는 자연의 도를 따르는 것이 아니다. 분별 또한 자연의 길이 아니다. 있는 그대로 존재함 자체로 내버려 두는 것이 도이다.]

且夫屬其性乎仁義者 雖通如曾、史 非吾所謂臧也 屬其性於五味 雖通如俞兒 非吾所謂臧也 屬其性乎五聲 雖通如師曠 非吾所謂聰也 屬其性乎五色 雖通如離朱 非吾所謂明也。

吾所謂臧者 非仁義之謂也 臧於其德而已矣 吾所謂臧者 非所謂仁義之謂也 任其性命之情而已矣 吾所謂聰者 非謂其聞彼也 自聞而已矣 吾所謂明者 非謂其見彼也 自見而已矣。夫不自見而見彼 不自得而得彼者 是得人之得而不自得其得者也 適人之適而不自適其適者也。

夫適人之適而不自適其適 雖盜跖與伯夷是同爲淫僻也。余愧乎道德 是以上不敢爲仁義之操 而下不敢爲淫僻之行也。

무릇 그 천성을 인의에 귀속시키는 것은 비록 증삼이나 사추와 같이 인의에 통달했다 할지라도 내가 말하고자 하는 훌륭함이 아니다. 그 천성을 다섯 가지의 맛에 귀속시키는 것은 비록 유아와 같이 맛에 통달했다 할지라도 내가 말하고자 하는 훌륭함이 아니다. 그 천성을 다섯 가지 소리에 귀속시키는 것은 비록 사광과 같이 음률에 통달했다 할지라도 내가 말하는 귀를 밝음이 아니다. 그 천성을 다섯 가지 색에 귀속시키는 것은 비록 이주와 같이 색에 통달했다 할지라도 내가 말하는 눈 밝음이 아니다.

내가 말하는 훌륭함이란 인의를 일컫는 것이 아니고 타고난 덕을 훌륭하다고 하는 것이다. 내가 말하는 훌륭함이란 소위 인의를 일컫는 것이 아니고 성명의 실정에 맡기는 것이다. 내가 말하는 귀밝음은 남의 말을 듣는 것을 일컫는 것이 아니고 스스로를 듣는 것을 말함이며, 내가 말하는 눈 밝음은 남의 것을 보는 것을 일컫는 것이 아니고 스스로를 보는 것을 말함이다.

무릇 스스로를 보지 못하고 남의 것만 보며, 스스로 얻지 못하고 남의 것만 얻는다면 이는 남이 얻고자 하는 것을 얻을 뿐이며, 다른 사람들의 즐거움을 자기의 즐거움인 것처럼 여겨 스스로 즐거워할 것에는 만족해 하지 못한다.

무릇 남의 즐거움을 즐거워하고, 스스로의 즐거움은 즐거워하지 못한다면, 도척과 백이가 큰 차이가 나더라도 모두 지나친 행위일 뿐이다. 그래서 나는 이 점에 도덕에 부끄러움을 느끼니, 위로는 감히 인의의 지조를 지키려 하지 않고 아래로는 감히 미혹된 행동을 하지 않는다.

[자신의 삶의 자유함을 얻기 위해서는 스스로가 먼저 서야 한다. 다른 사람에게 간섭할 필요도 없고, 다른 사람의 간섭도 받을 필요도 없다. 나 자신의 내면의 소리를 들을 수 있어야 하고, 다른 사람을 보기 전에 나 자신을 먼저 볼 수 있어야 한다. 자신이 먼저 올바르게 선 다음 인위를 배제하고 자연의 원리를 따라 살아가야 진정한 삶의 자유함과 편안함을 얻을 수 있다.]

第九 馬蹄

[마제란 말발굽을 말한다. 인간이 말에게 말발굽을 하느라 말은 얼마나 고통스러운 것일까? 인간은 왜 그러한 짓을 하는 것인가? 자신의 이익을 위하여 왜 타자를 힘들게 하는 것일까? 만약 입장을 바꾸어 자신이 자신보다 힘이 센 타자에 의해 같은 상황이 된다면 어떻겠는가?]

馬蹄可以踐霜雪 毛可以禦風寒。齕草飮水 翹足而陸 此馬之眞性也。雖有義臺路寢 無所用之。

及至伯樂曰 我善治馬。燒之 剔之 刻之 雒之。連之以羈馽 編之以皁棧 馬之死者十二三矣

飢之 渴之 馳之 驟之 整之 齊之 前有橛飾之患 而後有鞭筴之威 而馬之死者已過半矣。

陶者曰 我善治埴 圓者中規 方者中矩。匠人曰 我善治木 曲者中鉤 直者應繩。夫埴木之性 豈欲中規矩鉤繩哉 然且世世稱之曰伯樂善治馬 而陶匠善治埴木 此亦治天下者之過也。

吾意善治天下者不然。彼民有常性 織而衣 耕而食 是謂同德 一而不黨 命曰天放。

말은 발굽으로써 서리와 눈을 밟을 수 있고, 털로써 바람과 추위를 막을 수 있으며, 풀을 뜯고 물을 마시며 발을 들어 뛰기도 하니, 이것이 말의 진성(眞性)이다. 그래서 의대(義臺 : 의례를 행하는 높은 대)나 노침(路寢 : 천자의 정전, 곧 훌륭한 궁전)이 있어도 그에게는 아무 소용이 없는 것이다.

그런데 백락(伯樂 : 말을 잘 몰고 잘 보던 사람. 춘추시대 진목공 때 벼슬했다고 함)이 나타나서 "나는 말을 잘 다룬다"하여 털을 태우고 깎으며 발톱을 깎고 낙인(烙印)을 찍으며 굴레와 고삐로 여러 놈을 묶어 마구간에 매어 놓으니 말 중에 죽는 놈이 열에 두셋은 되었다. 게다가 말을 훈련시킨다고 배를 주리게 하고 목마르게 하며 달리게 하고 뛰게 하며 정돈시키고 늘어세우며, 앞에서는 재갈과 끈의 귀찮은 걱정이 있고, 뒤에는 채찍과 회초리의 위엄이 있어 말 중에 죽는 놈이 이미 반이 넘게 되었다.

옹기장이는 "나는 진흙을 잘 다루니 둥글게 만들면 곧은 자에 맞추고, 모가 나게 만들면 굽은 자에 맞춘다"고 한다. 목수는 말하기를 "나는 나무를 잘 다루니 굽게 깎으면 갈고리에 맞추고 곧게 깎으면 먹줄에 맞춘다"고 한다. 그러나 진흙과 나무의 성질이 어찌 곧은 자, 굽은 자, 갈고리, 먹줄에 맞추어지길 바라겠는가? 그런데 사람들은 대체로 이르기를 "백락은 말을 잘 다스렸고, 옹기장이과 목수는 진흙과 나무를 잘 다루었다"하니 이건 또한 인의로써 천하를 다스리는 자가 현인, 성인이라고 칭찬받는 것과 같은 것이다. 내가 생각하는 천하를 잘 다스리는 자는 그렇지가 않고, 저 백성들에게 떳떳한 본성이 있는 것이다. 옷감을 짜서 입고 밭을 갈아먹으니 이를 동덕(同德 : 만민에게 공통된 덕, 자연의 도에 맞는 생활 방도)이라 하고 한결같아 치우치지 않으니 이를 명하여 천방(天放 : 무위자연의 자유, 곧 자연적 해방)이라 한다.

[말은 타고난 본성이 있다. 그 본성을 거슬러 억지로 말발굽을 맞추면 말은 얼마나 고통스러울 것인가? 모든 것은 태어난 본성대로 살아가는 것이 가장 자연스러운 것이며, 이로 인해 가장 자유롭고 편안한 삶을 살아갈 수 있는 것이다.]

故至德之世 其行塡塡 其視顚顚。當是時也 山無蹊隧 澤無舟梁 萬物羣生 連屬其鄕 禽獸成羣 草木遂長。是故禽獸可係羈而游 烏鵲之巢可攀援而闚。

夫至德之世 同與禽獸居 族與萬物並。惡乎知君子小人哉 同乎無知 其德不離 同乎無欲 是謂素樸。素樸而民性得矣。及至聖人 蹩躠爲仁 踶跂爲義 而天下始疑矣。澶漫爲樂 摘僻爲禮 而天下始分矣。

故純樸不殘 孰爲犧尊 白玉不毁 孰爲珪璋 道德不廢 安取仁義 性情不離 安用禮樂 五色不亂 孰爲文采 五聲不亂 孰應六律 夫殘樸以爲器 工匠之罪也 毁道德以爲仁義 聖人之過也。

그러므로 지덕(至德)의 세상에서는 백성들의 걸음걸이는 느릿느릿하고 그들이 볼 때에도 침착했다. 이런 시대에는 산에는 길이나 굴이 없었으며, 못에는 배나 다리가 없었다. 만물은 함께 생활하여 그 마을을 이었고 짐승들도 무리를 이루었으며 초목도 멋대로 자랐다. 그러므로 짐승들을 굴레에 매어 같이 놀 수가 있었으며, 새나 까치의 집도 끌어당겨 볼 수가 있었다.

대저 지덕의 세상에서는 짐승과 함께 같이 살았고 만물이 하나가 되어 함께 뭉쳤으니 어찌 군자니 소인이니 하는 구별을 알기나 했겠는가? 한가지로 무지하여 그 덕에서 떠나지 않고 한가지로 욕심이 없었으니 이를 일러 소박(素樸)이라 했다. 그렇게 소박하였으므로 백성들은 그 본성을 지킬 수 있었다.

그러다가 성인이 나타나자 무리하게 인을 만들고 허겁지겁 의를 만들어내어 천하는 비로소 의심하게 되었다. 음탕한 생각으로 음악을 만들고 자질구레하게 예의를 만들자 천하는 갈라지기 시작한 것이다.

그러므로 순수한 나무 밑동을 깎지 않고서 어떻게 희준(犧樽 : 아름답게 조각한 술잔. 봉황을 새긴 술잔이라고도 함)을 만들겠으며 백옥을 갈지 않고 누가 규장(珪璋 : 예의 의식에 쓰인 구슬)을 만들겠는가? 그와 같이 천연한 도덕을 폐하지 않고서 어떻게 인의를 내세우며, 원래의 성정(性情)을 떠나지 않고서야 어떻게 예악을 쓸 것인가? 또 오색을 어지럽히지 않고서 누가 문채(文采)를 만들며, 오성(五聲)을 어지럽히지 않고서 누가 육율(六律)을 연주할 수 있겠는가? 대저 나무 밑동을 깎아 그릇을 만든 것은 목공의 죄요, 도덕을 폐하고 인의를 만든 것은 성인의 허물이다.

[사람이 만든 윤리나 도덕도 주관적일 수밖에 없기에 완전할 수 없다. 모든 사람에게 적용되는 것을 사람의 힘으로 만드는 것은 불가능하다. 항상 예외가 있기 마련이다. 제도나 법률 그 어떤 것도 항상 문제가 있기 마련이다. 이러한 것에 얽매이기에 진정한 자유를 누리지 못한다. 모든 만물이 하나같이 지낼 수 있는 것은 자연의 원리에 따라 살아가는 것이다.]

夫馬 陸居則食草飮水 喜則交頸相靡 怒則分背相踶。馬知已此矣。夫加之以衡扼 齊之以月題 而馬知介倪闉扼鷙曼詭銜竊轡。故馬之知而態至盜者 伯樂之罪也。

夫赫胥氏之時 民居不知所爲 行不知所之 含哺而熙 鼓腹而遊 民能以此矣。及至聖人 屈折禮樂以匡天下之形 縣跂仁義以慰天下之心 而民乃始踶跂好知 爭歸於利 不可止也。此亦聖人之過也。

대저 말이 들에 있을 때는 풀을 뜯고 물을 마시면서 기쁘면 목을 맞대고 서로 비비며 성이 나면 등을 돌려 서로 친다. 말의 지혜는 이 정도에서 그친다. 그러다가 그 말에 수레의 가로막대나 멍에를 씌워 붙들어 매면 말의 지혜는 이를 부러뜨리고 멍에를 꺾으며 수레 장막을 찢고 재갈을 씹어 부숴버리며 고삐를 물어 끊어버린다. 그러므로 말의 지혜가 도둑과 같이 된 것은 백락의 죄다.

대저 혁서씨(赫胥氏 : 옛날의 전설적인 제왕) 때에는 백성들이 집에 있으면서 할 일을 알지 못했고, 나가도 갈 데를 몰랐다. 음식을 먹고 즐기며 배를 두드리며 놀았으니 백성들의 능함은 이럴 뿐이었다.

그러다가 성인이 나타나자 예악 때문에 굽히고 꺾게 하여 천하인의 몸을 바로잡았고 인의를 높이 내걸어 천하의 마음을 뒤로했으므로 백성들은 곧 분주히 지혜를 좋아하고 이익을 다툼이 그치지 않았으니, 이는 또한 성인의 허물이다.

[말에게 재갈을 물리고 멍에를 씌우니 말은 자유를 빼앗긴 것과 마찬가지이다. 인간에게 그것이 편리할지는 모르나 말에게는 있어서 삶이 유린당한 것이다. 말의 본성을 잃었기 때문이다. 인간도 인위적인 것으로 인해 멍에가 씌워졌다. 그러한 인위적인 제도에 맞추어 살아가야 하니 진정한 자유를 잃은 것과 같다. 이러한 것을 넘어서야 우리는 보다 나은 삶을 살아갈 수 있다.]

第十 胠篋

[거협이란 남의 물건을 도둑질 하는 것을 말한다. 도적이 생기는 이유는 무엇일까? 장자는 자연스러운 삶을 살아간다면 우리가 생각하는 사회악은 없어질 것이라고 말하고 있다.]

將爲胠篋探囊發匱之盜而爲守備 則必攝緘縢 固扃鐍 此世俗之所謂知也。然而巨盜至 則負匱揭篋擔囊而趨 唯恐緘縢扃鐍之不固也。然則鄉之所謂知者 不乃爲大盜積者也?

상자를 열고 주머니를 뒤지며 궤짝을 여는 좀도둑을 대비하기 위해서는 반드시 줄이나 끈으로 묶고 빗장이나 자물쇠를 단단히 채워 둔다. 이것이 세상의 속인이 말하는 지혜인 것이다. 그러나 큰 도둑이 오면 궤짝을 지고 상자를 들고 주머니를 메고 달아나면서 오직 줄과 끈이나 빗장과 자물쇠가 튼튼치 못할까 걱정한다. 그러니 세상에서 말하는 지혜로운 자는 곧 큰 도둑을 위하여 물건을 쌓아놓은 것이 아닌가?

[우리가 사는 세상에는 나쁜 일을 하는 소위 큰 도둑도 많이 존재한다. 이를 대비하는 여러 가지 방법을 만들지만 소용이 없다. 오히려 그들이 자신의 목적을 달성하는 데 도움을 줄 뿐이다. 제도는 그렇게 완벽하지가 못하다. 우리는 인간의 본성을 따라 살아갈 수 있는 방법을 서로 깨우쳐 주는 것이 훨씬 좋은 길이다.]

故嘗試論之 世俗之所謂知者 有不爲大盜積者乎 所謂聖者 有不爲大盜守者乎?

何以知其然邪? 昔者齊國鄰邑相望 雞犬之音相聞 罔罟之所布 耒耨之所刺 方二千餘里。闔四竟之內 所以立宗廟社稷 治邑屋州閭鄉曲者 曷嘗不法聖人哉? 然而田成子一旦殺齊君而盜其國 所盜者豈獨其國邪 並與其聖知之法而盜之.

故田成子有乎盜賊之名 而身處堯舜之安。小國不敢非 大國不敢誅 十二世有齊國。則是不乃竊齊國 並與其聖知之法以守其盜賊之身乎?

그러므로 시험 삼아 이를 말해 본다. 세속에서 말하는 지혜로운 자는 큰 도둑을 위하여 물건을 쌓아놓는 자가 아닌가? 이른바 성인은 큰 도둑을 위하여 이것을 지켜주는 자가 아닌가? 어째서 그런 줄을 아는가? 옛날 제나라는 이웃 고을이 서로 바라보며 닭소리, 개소리가 서로 들리고, 그물을 치고 경작하는 곳이 사방 이천여 리나 돼 온 나라 안에 뻗어 있었다. 그래서 종묘(宗廟)와 사직(社稷)을 세우고 읍옥(邑屋 : 12가구를 읍이라 하고), 주려(州閭 : 25여를 주라고 하고, 25가구를 여라고 함), 향곡(鄕曲 : 5주를 향이라 하고 궁벽한 마을을 곡이라 함)을 다스리는 것이 어찌 일찍이 성인을 본받지 않았겠는가? 그러나 전성자(田成子 : 춘추시대 제나라 대부)는 한나절에 제나라 임금을 죽이고 그 나라를 도둑질 해버렸다. 어찌 그 나라뿐이었겠는가? 아울러 그 성인의 지혜로 만들어진 법도 도둑질해 버렸다. 그러므로 전성자는 도둑의 이름을 지녔으면서도 그 몸은 요순과 같이 편안히 살았다. 작은 나라가 감히 비난하지 못하고 큰 나라도 감히 그를 죽이지 못하여 12대 동안 제나라를 소유했었으니 이는 곧 제나라와 그 성인의 지혜에서 나온 법을 아울러 도둑질하여 그 도둑의 몸을 보호한 것이 아닌가?

[제도를 악용하는 사람은 언제나 생기기 마련이다. 이러한 측면에서 본다면 오히려 제도가 악을 키우는 역효과를 만들어 낸 것에 불과하다. 만들어진 제도를 악용하니 다른 제도를 또 만들었다. 하지만 새로이 만들어진 제도도 악용될 수밖에 없다. 결국은 더 나쁜 사회악만 만들게 되는 것 뿐이다.]

嘗試論之 世俗之所謂至知者 有不爲大盜積者乎? 所謂至聖者 有不爲大盜守者乎? 何以知其然邪 昔者龍逢斬 比干剖 萇弘胣 子胥靡 故四子之賢而身不免乎戮。

故跖之徒問跖曰 盜亦有道乎? 跖曰 何適而無有道邪? 夫妄意室中之藏 聖也 入先 勇也 出后 義也 知可否 知也 分均 仁也。五者不備而能成大盜者 天下未之有也。由是觀之 善人不得聖人之道不立 跖不得聖人之道不行。天下之善人少而不善人多 則聖人之利天下也少而害天下也多。

故曰 脣竭則齒寒 魯酒薄而邯鄲圍 聖人生而大盜起。掊擊聖人 縱舍盜賊 而天下始治矣。夫川竭而谷虛 丘夷而淵實。聖人已死 則大盜不起 天下平而無故矣

聖人不死 大盜不止。雖重聖人而治天下 則是重利盜跖也。

또한 시험 삼아 말해보리라. 세속에서 말하는 지극히 지혜로운 자란 큰 도둑을 위하여 물건을 쌓아두는 자가 아닌가? 이른바 지극히 성스러운 자란 큰 도둑을 위하여 물건을 지켜주는 자가 아닌가? 어떻게 그런 줄을 아는가?

옛날 용봉(龍逢)은 몸이 베어지고 비간(比干)은 가슴이 쪼개졌으며, 장홍(萇弘 : 춘추시대 말기 주의 영왕을 섬긴 현신, 참언을 입어 죽임을 당했음)은 사지를 찢기고 자서(子胥 : 춘추시대 말기 오왕 부차를 섬긴

지략의 신하인데 참언을 입어 죽임을 당하고 시체는 강에 던져졌음)는 시체가 강에 던져졌다. 그러므로 이 네 사람의 어짊은 그 몸이 죽음을 면하지 못했다.

그러므로 도척(盜跖)의 무리들이 도척에게 물었다.

"도둑에도 도가 있습니까?"

"어디를 간다 해서 도가 없겠는가? 대저 방안에 감추어 둔 것을 미루어 아는 것은 성(聖)이고, 앞장서서 가는 것은 용(勇)이며, 맨 나중에 나오는 것은 의(義)고, 가부(可否)를 아는 것은 인(仁)이다. 이 다섯 가지를 감추지 못하고서 큰 도둑이 된 자는 천하에 없다."

이로 볼 때 착한 사람이 성인의 도를 얻지 못하면 세상에 살 수가 없고, 도둑도 성인의 도를 얻지 못하면 행할 수가 없는 것이다. 그러나 천하의 착한 사람은 적고, 착하지 않은 사람은 많으니, 성인이 천하에 이롭게 하는 일은 적고 해롭게 하는 일은 많은 것이다.

그러므로 "입술이 없어지면 이가 시리고, 노나라 술이 박하면 조나라 한단(邯鄲)이 포위당한다."는 것이다. 그래서 성인이 나타나므로 큰 도둑이 생겨난다. 그러므로 성인을 타도하고 도둑을 풀어놓아야 천하는 비로소 다스려진다. 대저 냇물이 마르면 골짜기가 비고 언덕이 무너지면 못이 메워지며 성인이 죽으면 큰 도둑이 일어나지 않아 천하는 태평해지고 사고도 없어질 것이다.

성인이 죽지 않으면 큰 도둑도 죽지 않을 것이니 비록 성인이 거듭 나타나서 천하를 다스린다면 이는 도척을 거듭 이롭게 하는 것이다.

[성인이 만든 법과 제도도 완벽할 수가 없다. 인간이기에 그렇다. 오히려 이를 더 악용하여 나라까지 훔치는 사람이 나오기 마련이다. 이러한 큰 도둑이 생긴 것은 바로 성인이 만들어 낸 제도 때문이다.]

爲之斗斛以量之 則並與斗斛而竊之 爲之權衡以稱之 則並與權衡而竊之 爲之符璽以信之 則並與符璽而竊之 爲之仁義以矯之 則並與仁義而竊之。

何以知其然邪 彼竊鉤者誅 竊國者爲諸侯 諸侯之門而仁義存焉 則是非竊仁義聖知邪 故逐於大盜 揭諸侯 竊仁義並斗斛權衡符璽之利者 雖有軒冕之賞弗能勸 斧鉞之威弗能禁。此重利盜跖而使不禁者 是乃聖人之過也。

말이나 섬을 만들어 물건을 되면 말이나 섬까지도 훔쳐가고, 저울추와 저울대를 만들어 물건을 달면 저울추와 저울대까지도 훔쳐가며, 부절(符節)이나 인장(印章)을 만들어 믿는 표로 만들면 그 부절이나 인장도 훔쳐갈 것이고, 인(仁)과 의(義)로써 바로잡으려 하면 그 인과 의도 아울러 훔쳐갈 것이다.

어째서 그런 줄을 알겠는가? 저 갈고리를 훔쳐간 자는 죽임을 당하고 나라를 도둑질한 자는 제후가 된다. 그리고 제후의 문에는 인의가 있으니 이는 인의와 성지(聖知)를 도둑질한 것이 아닌가? 그러므로 큰 도둑을 따라 제후를 내걸고 인(仁), 의(義)와 말, 섬, 저울추, 저울대, 부절, 인장의 이익을 빼앗을 수 있는 사람이면 비록 높은 벼슬의 상을 주어도 착한 일을 권할 수가 없고 형벌의 위엄을 가해도 악한 일을 금할 수가 없을 것이다. 이렇게 도척에게 거듭 이익을 주어 금할 수 없도록 까지 한 것은 곧 성인의 잘못이다.

[어떠한 제도를 만들어도 따르지 않는 사람이 있기 마련이다. 인간의 내면이 바뀌지 않는 한 제도나 법규는 아무런 의미가 없다. 이러한 문제를 해결하기 위해서는 인간이 자연의 원리나 본성을 따라서 살아야 하는 것 밖에는 방법이 없다.]

故曰魚不可脫於淵 國之利器不可以示人。彼聖人者 天下之利器也 非所以明天下也。故絕聖棄知 大盜乃止 擿玉毀珠 小盜不起 焚符破璽而民樸鄙 掊斗折衡 而民不爭 殫殘天下之聖法 而民始可與論議.

擢亂六律 鑠絕竽瑟 塞瞽曠之耳 而天下始人含其聰矣 滅文章 散五采 膠離朱之目 而天下始人含其明矣。毀絕鉤繩而棄規矩 攦工倕之指 而天下始人有其巧矣。故曰大巧若拙。削曾史之行 鉗楊墨之口 攘棄仁義而天下之德始玄同矣。

彼人含其明 則天下不鑠矣 人含其聰 則天下不累矣 人含其知 則天下不惑矣 人含其德 則天下不僻矣。彼曾、史、楊、墨、師曠、工倕、離朱皆外立其德而以爚亂天下者也 法之所無用也。

그러므로 "고기는 못에서 벗어나면 안 되고 사람의 이기(利器)는 남에게 보여서는 안 된다."고 했다. 저 성인은 천하의 이기로 천하에 보일 것이 아니다.

그러므로 성인을 말살하고 지혜를 포기하면 큰 도둑이 곧 없어지고, 옥을 버리고 진주를 깨뜨려버리면 좀도둑이 일어나지 않을 것이며, 부절을 태우고 인장을 파기해버리면 백성들이 순박해질 것이고, 말을 부숴버리고 저울대를 꺾어버리면 백성들이 다투지 않으며, 천하의 모든 성스러운 법을 없애버리면 백성들은 비로소 도를 말하게 될 것이다.

육률을 교란시키고 피리와 비파를 불사르며 사광의 귀를 막아버려야 천하인은 비로소 그 천진한 귀밝음을 지닐 것이다. 문장(文章-文采)를 없애버리고 오채(五采)를 흩어버리며 이주의 눈을 봉해버려야 천하인은 비로소 그 천진한 눈밝음을 지닐 것이다. 굽은 자와 먹줄을 부숴버리고 컴퍼스나 자를 버리며 공수(工倕 : 요 때의 유명한 목공)의 손가락을 꺾어버려야 천하에는 비로소 사람들이 교묘함을 지닐 것이다. 그러므로

"위대한 기교는 졸렬하게 보인다."하였다. 이와 같이 증삼(曾參)이나 사어(史魚)의 선행을 없애버리고 양주나 묵적의 구변을 봉해버리며 인의를 물리쳐버려야 천하의 덕은 비로소 무위자연의 도와 하나가 될 것이다.

저 사람들이 그 천진한 밝음을 지니면 천하는 외물(外物) 때문에 자신을 불사르는 일이 없을 것이고, 사람들이 그 천진한 귀밝음을 지니면 천하는 얽매이는 일이 없을 것이며, 사람들이 그 천진한 지혜를 지니면 천하는 현혹되지 않을 것이고, 사람들이 그 천진한 덕을 지니면 천하는 편벽되지 않을 것이다. 또 증자, 사어, 양주, 묵적, 사광, 공수, 이주 따위는 모두 밖으로 그의 덕을 내세워 천하를 어지럽히는 자들이니 진실로 법이 무용한 것이다.

[인간이 인위적으로 만든 것에 대한 문제를 계속 이야기하고 있다. 이러한 인위적인 것들이 없어지지 않고서는 문제가 해결될 수 없다고 말하고 있다.]

子獨不知至德之世乎? 昔者容成氏、大庭氏、伯皇氏、中央氏、栗陸氏、驪畜氏、軒轅氏、赫胥氏、尊盧氏、祝融氏、伏犧氏、神農氏 當是時也 民結繩而用之 甘其食 美其服 樂其俗 安其居 鄰國相望 雞狗之音相聞 民至老死而不相往來。若此之時 則至治已。

今遂至使民延頸擧踵曰 某所有賢者 贏糧而趣之 則內棄其親而外去其主之事 足跡接乎諸侯之境 車軌結乎千里之外。則是上好知之過也。上誠好知而無道 則天下大亂矣。

何以知其然邪? 夫弓弩畢弋機變之知多 則鳥亂於上矣 鉤餌罔罟罾笱之知多 則魚亂於水矣 削格羅落罝罘之知多 則獸亂於澤矣 知詐漸毒、頡滑堅白、解垢同異之變多 則俗惑於辯矣。故天下每每大亂 罪在於好知。

故天下皆知求其所不知而莫知求其所已知者 皆知非其所不善而莫知非其所已善者 是以大亂。故上悖日月之明 下爍山川之精 中墮四時之施 惴耎之蟲 肖翹之物 莫不失其性。甚矣 夫好知之亂天下也.
自三代以下者是已 舍夫種種之民而悅夫役役之佞 釋夫恬淡無爲而悅夫啍啍之意 啍啍已亂天下矣.

자네는 저 지덕(至德)의 세상을 모르는가? 옛날에 용성씨, 대정씨, 백황씨, 중앙씨, 율륙씨, 여축씨, 헌원씨, 혁서씨, 존로씨, 축융씨, 복희씨, 신농씨가 있었다. 이때는 백성들이 노끈을 붙잡아 매어 문자를 대용했고 그들의 식사를 달게 여겼으며 그들의 옷을 아름답게 여기고 그들의 풍속을 즐겼으며 그들의 거처를 편안히 여겼다. 이웃 나라는 서로 바라 보였고 닭소리 개소리가 서로 들렸으며 백성들은 늙어 죽을 때까지 서로 왕래하지 않았다. 이와 같은 때를 지치(至治)의 시대라 한다.

그러나 지금은 드디어 백성들로 하여금 목을 빼고 발꿈치를 들어 "아무 곳에 어진이가 있다."하여 양식을 짊어지고 찾아가게 하였으니 안으로 그 어버이를 버리고 밖으로는 그 임금의 일을 버리며 발자취가 제후의 나라에 이어졌고 수레바퀴는 천리 밖에 연결되었으니 이는 윗사람이 지혜를 좋아하는 허물이다. 이와 같이 윗사람이 진실로 지혜를 좋아할 줄만 알고 도가 없으면 천하는 크게 어지러워진다. 어째서 그런 줄을 아는가? 대저 활, 쇠뇌, 토끼, 그물, 주살 따위의 기구를 쓰는 지혜가 많아지자 새들은 상공으로 어지러이 날게 되었고, 낚시, 미끼, 작은 그물, 삼태그물, 통발 따위를 쓰는 지혜가 많아지자 물고기들은 물속으로 어지러이 숨었고, 짐승 잡는 그물을 펼치는 긴 막대기, 새 그물, 짐승 잡는 그물 따위를 사용하는 지혜가 많아지자 짐승들은 들에서 도망치게 되었다. 이와 같이 교묘한 속임수, 음험한 중상, 교활한 언사, 조롱이나 우롱, 더러운 욕설, 무익한 궤변 따위가 많아지자 세속은 변론에 현혹되었다.

그러므로 천하는 어둡고 크게 혼란해졌으니 그 죄는 지혜를 좋아한 데 있는 것이다. 그러므로 천하는 모두 그 알지 못하는 것을 구할 줄만 알고, 이미 알고 있는 것을 찾을 줄을 모르며, 모두가 다 그 착하지 못한 것을 비난할 줄만 알고, 그 이미 착한 바가 때로는 틀린 것인 줄을 모른다. 그러므로 천하는 크게 어지러워진 것이다.

그런 까닭으로 위로는 일월의 광명을 흐리게 하고 아래로는 산천의 정기를 녹이며 중간으로는 사시의 운행을 해치게 하여 꿈틀거리는 작은 벌레, 수풀을 나는 동물까지도 그 본성을 잃지 않음이 없다. 그러니 심하다. 지혜를 좋아함이, 천하를 어지럽히는 것이다.

[우리가 쫓고 있는 것은 허상일지도 모른다. 우리가 생각하기에 옳다고 하는 것은 주관에 불과하기 때문이다. 성인이나 현인들이 말하는 것도 그들의 주관에 따른 것이지 절대적인 것이 아니다. 본성을 잃은 채 어떻게 보면 그리 중요하지도 않은 것을 쫓고 있는 것인지도 모른다.]

十一 在宥第

[재유란 있는 그대로 내버려 둔다는 말이다. 흔히 무위와 같다고 할 수 있다. 있는 그대로 보고, 있는 그대로 받아들이는 것이 우리가 자유롭게 살아가는 데 있어서 중요한 것이라고 장자는 말하고 있다.]

聞在宥天下 不聞治天下也。在之也者 恐天下之淫其性也 宥之也者 恐天下之遷其德也。天下不淫其性 不遷其德 有治天下者哉?

昔堯之治天下也 使天下欣欣焉人樂其性 是不恬也 桀之治天下也 使天下瘁瘁焉人苦其性 是不愉也。夫不恬不愉。非德也。非德也而可長久者 天下無之。

人大喜邪 毗於陽 大怒邪 毗於陰。陰陽並毗 田時不至 寒暑之和不成 其反傷人之形乎 使人喜怒失位 居處無常 思慮不自得 中道不成章 於是乎天下始喬詰卓鷙 而後有盜跖曾史之行。故舉天下以賞其善者不足 舉天下以罰其惡者不給 故天下之大不足以賞罰。自三代以下者 匈匈焉終以賞罰爲事 彼何暇安其性命之情哉?

而且說明邪 是淫於色也 說聰邪 是淫於聲也 說仁邪 是亂於德也 說義邪 是悖於理也 說禮邪 是相於技也 說樂邪 是相於淫也 說聖邪 是相於藝也 說知邪 是相於疵也。

天下將安其性命之情 之八者 存可也 亡可也 天下將不安其性命之情 之八者 乃始臠卷獊囊而亂天下也。而天下乃始尊之惜之。甚矣天下之惑也 豈直過也而去之邪 乃齊戒以言之 跪坐以進之 鼓歌以儛之。吾若是何哉?

천하를 있는 그대로 방임해 둔다는 말은 들었어도 천하를 다스린다는 말은 듣지 못했다. 있는 그대로 두는 것은 천하인이 그 본성을 어지럽힐까 두려워하기 때문이다. 그것을 방임하는 것은 천하인이 그 덕을 변화시킬까 두려워하기 때문이다. 천하인이 그 본성을 잃으면 천하를 다스릴 필요가 있겠는가?

옛날 요(堯)가 천하를 다스릴 때 천하로 하여금 기쁘게 그 본성을 즐기게 하였으니 이는 진정한 즐거움이 아니었다. 걸(桀)이 천하를 다스릴 때에는 천하로 하여금 고달프게 그 본성을 괴롭게 했으니 이것도 진정한 기쁨이 아니었다. 대저 진정으로 즐겁지 않고 진정으로 기쁘지 않으면 덕이 아니니 덕이 아니면서 장구할 수 있는 것은 천하에 없다.

세상이 너무 기쁘면 양(陽)을 손상시키고 너무 노하면 음(陰)을 손상시킨다. 음양이 함께 손상되면 사시의 운행이 제대로 오지 않고 한서(寒暑)의 조화가 이루어지지 못한다. 도리어 사람의 몸을 다치게도 한다. 그래서 사람으로 하여금 기뻐하고 성냄에 차례를 잃게 하고 거처도 일정함이 없으며 생각도 자득함이 없고 하는 일도 중도에서 유종의 미를 거두지 못하게 한다. 여기에서 천하는 비로소 교활하고 거만하게 되어 후에 도척이나 증삼의 행동이 나타나게 된 것이다. 그러므로 온 천하를 들어 그 착한 이에게 상을 주려 해도 부족했고 온 천하를 들어 그 악한 자를 벌주려 해도 부족했다. 그러므로 천하의 크기로써도 상벌을 주기에 부족했다. 그런데 삼대(三代) 이후로는 떠들썩하게 상벌을 일삼았으니 그 들이 어느 겨를에 그들의 생명의 진정(眞情)을 평안히 할 겨를이 있었겠는가?

그래서 또한 눈밝음을 즐기면 색채에 빠지게 되고, 귀밝음을 즐기면 소리에 빠지게 되며, 인(仁)을 좋아하면 덕을 어지럽히고, 의(義)를 좋아하면 이(理)에 어긋나며, 예(禮)를 좋아하면 기(技)를 돕고, 악(樂)을 좋아하면 음탕함을 도우며, 성(聖)을 좋아하면 예(藝)를 돕고, 지(知)를 좋아하면 남의 흠을 찾는데 도움이 된다.
천하가 바야흐로 그 생명의 진정에 편안할 수 있다면 이 여덟 가지(총聰, 명明, 인仁, 의義, 예禮, 악樂, 성聖, 지知를 말함)는 있어도 좋고 없어도 좋을 것이나, 천하가 바야흐로 그 생명의 진정에 편안할 수 없다면 이 여덟 가지는 곧 엉키고 설켜 천하를 어지럽힌다. 그런데 천하인은 곧 이를 존중하고 이를 아낌이 심하다. 천하인의 미혹함이여, 다만 일시적 방편으로 이용하고 끝나버리면 그만일 것이나 이들은 곧 목욕재계하고 그것들을 말하며 꿇어앉아 그것을 바치며 북치고 노래하며 그것을 떠들어대니 내 이를 어찌하겠는가?

[자연의 원리에 따라 천하를 그냥 있는 그대로 두어야 하는데, 우리는 우리뿐만 아니라 자연마저 인위적으로 다스리려 한다. 이로 인해 세상은 더욱 혼란스러워지며, 우리의 삶은 더 힘들게 되는 것이다.]

故君子不得已而臨蒞天下 莫若無爲。無爲也而後安其性命之情。故貴以身於爲天下 則可以託天下 愛以身於爲天下 則可以寄天下。
故君子苟能無解其五藏 無擢其聰明 屍居而龍見 淵默而雷聲 神動而天隨 從容無爲而萬物炊累焉。吾又何暇治天下哉?

그러므로 군자가 부득이하여 천하에 군림하게 되면 무위만한 것이 없다. 무위한 연후에야 그 생명의 진정에 편안할 수가 있다. 그런고로 자기 몸을 천하보다도 더 귀하게 여기면 천하를 부탁할 수가 있고 자기 몸을 천하보다도 더 사랑하면 천하를 기탁할 수가 있다.
그러므로 군자는 진실로 그 오장(五臟 : 간, 폐, 심장, 신장, 비장을 말함. 오행설에 보면 仁은 간에, 義는 폐에, 禮는 심장에, 知는 신장에, 信

은 비장에 깃든다고 함. 따라서 이런 도덕적 규범을 지닌 생명력을 말함)을 풀어헤침이 없고 그 총명을 휘두름이 없으면 신주(神柱)처럼 앉아 있어도 용처럼 나타나고 심연처럼 묵묵해도 우레 소리가 나며 정신이 움직이면 자연의 도리에 맞고 조용히 앉아 아무 행위를 하지 않아도 만물이 바람에 따라 나는 먼지와 같이 자연대로 즐길 수가 있다. 그러니 내 또한 어느 겨를에 천하를 다스릴 것인가

[아무리 군자라도 천하를 인위적으로 다스리면 안 된다. 군자라 할지라도 자신의 주관에 의한 한계가 있기 때문이다. 무위가 생명을 편안하게 할 수 있으며, 모든 생명의 자유를 줄 수 있다.]

崔瞿問於老聃曰 不治天下 安藏人心?
老聃曰 女愼無攖人心。人心排下而進上 上下囚殺 淖約柔乎剛彊 廉劌彫琢 其熱焦火 其寒凝冰。其疾俛仰之間而再撫四海之外 其居也淵而靜 其動也縣而天。僨驕而不可係者 其唯人心乎!

최구(崔瞿 : 초나라의 현인)가 노담(老聃－老子)에게 물었다.
"천하를 다스리지 않고 어떻게 사람의 마음을 착하게 할 수가 있겠습니까?"
노담이 이렇게 대답했다.
"너는 사람의 마음을 어지럽히지 말라. 사람의 마음이란 누르면 비굴해지고 추켜세우면 우쭐해진다. 그리고 우쭐해지고 비굴해질 때 감옥에 갇힌 것 같고 죽임을 당하는 것 같다. 그것은 부드럽고 아름다우나 강한 것을 부드럽게 하고, 만물을 혹은 모가 나게도 하고 혹은 깎아내기도 하며 새기기도 하고 다듬기도 한다. 그 뜨거움은 불타는 것 같고 그 차기는 얼음이 어는 것 같다. 그 빠르기는 삼깐 사이에 해외를 두 번에 돌며,

그것이 가만히 있으면 연못의 물처럼 고요하고, 그것이 움직이면 하늘에 오른 것 같으며, 광분해서 잡아 맬 수 없는 것이 사람의 마음이다."

[인위는 항상 부작용을 동반한다. 자유를 잃게 하기 때문이다. 어떻게 하면 마음의 평안을 누릴 수 있을까? 마음에 아무런 제약이 없기 위해서는 물이 흐르는 대로 그냥 본성에 맡겨야 한다. 의지나 욕심이 오히려 마음의 더 어둡게 하는 부작용을 만들어 낸다.]

昔者黃帝始以仁義攖人之心 堯舜於是乎股無胈 脛無毛 以養天下之形 愁其五藏以爲仁義 矜其血氣以規法度。然猶有不勝也 堯於是放讙兜於崇山 投三苗於三峗 流共工於幽都 此不勝天下也。

夫施及三王而天下大駭矣。下有桀跖 上有曾史 而儒墨畢起。於是乎喜怒相疑 愚知相欺 善否相非 誕信相譏 而天下衰矣 大德不同 而性命爛漫矣 天下好知 而百姓求竭矣。於是乎釿鋸制焉 繩墨殺焉 椎鑿決焉。天下脊脊大亂 罪在攖人心。故賢者伏處大山嵁巖之下 而萬乘之君憂慄乎廟堂之上。

今世殊死者相枕也 桁楊者相推也 形戮者相望也 而儒墨乃始離跂攘臂乎桎梏之間。意 甚矣哉 其無愧而不知恥也甚矣 吾未知聖知之不爲桁�康槢也 仁義之不爲桎梏鑿枘也 焉知曾史之不爲桀跖嚆矢也 故曰絕聖棄知而天下大治。

옛날 황제가 인의로서 사람의 마음을 어지럽힌 뒤로 요와 순은 이어 다리에 살이 떨어지고 정강이에 털이 빠지도록 천하를 돌아다니면서 천하인의 외형만을 길렀고 또 그들의 오장을 괴롭혀 인의를 행하고 혈기를 자랑하면서 법도를 규정했다.

그러나 오히려 이길 수 없는 것이 있었다. 요는 환두(讙蔸 : 요임금 때

흉악한 신하 이름)를 숭산(崇山 : 남쪽 끝에 있는 산 이름)으로 쫓아내고 삼묘(三苗 : 종족의 이름, 또는 나라의 이름)를 삼위산으로 몰아넣고 공공(共工 : 요임금 때 관명이나 여기서는 그때 그런 벼슬에 있던 악당 이름)을 유도로 귀양 보냈으니 이는 천하를 이기지 못한 것이다.

대저 하, 은, 주 삼대에 오자 천하는 크게 어지러워졌다. 아래로는 걸이나 도척이 있고 위로는 증삼이나 사어가 나타나 유가와 묵자학파가 일제히 일어났다. 그래서 기쁘다거나 노엽다거나 하며 서로 의심하고, 어리석다느니 지혜롭다느니 하여 서로 속이며, 착하다느니 틀렸다느니 하며 서로 비난하고, 거짓이니 진실이니 하며 서로 기롱하여 천하는 쇠약해졌다. 따라서 무위자연의 큰 덕은 한결같지 못하고 자연의 본성은 산란해졌으며 천하는 지혜를 좋아하고 백성들은 어지러워졌다.

이에 도끼나 톱이 만들어지고 먹줄을 대고 깎게 되었으며 송곳이나 끌로 구멍을 뚫게 되었다. 그래서 천하는 어수선하여 크게 어지러워졌으니 그 죄는 사람의 마음을 인의로써 어지럽힌 데 있는 것이다. 그러므로 어진이는 큰 산속이나 험한 바위 밑에 은거하게 되고 만승(萬乘)의 천자도 묘당(廟堂) 위에서 죽음을 다할까 근심하며 떨게 되었다.

지금의 세상은 사형을 당한 자가 서로 베고 누웠고, 항쇄족쇄(項鎖足鎖)를 찬 자는 서로 밀며, 죽음을 당하는 자들은 서로 바라다본다. 그런데도 유학자나 묵자학파들은 그 질곡 사이에서 다리를 벌려 서로 팔을 휘두르니 아, 심하도다, 그 부끄러움이 없고 염치를 모름이 심함이여.

나는 성인의 지혜야말로 항쇄족쇄가 되고 인의가 질곡의 구멍과 쐐기가 되지 않는다는 것을 모르겠으니, 어찌 증삼이나 사어가 걸이나 도척의 효시가 되지 않는다고 알겠는가?

그러므로 성인을 추방하고 지혜를 포기해야 천하는 크게 다스려진다는 것이다.

[어짊이나 의로움도 우리 인간이 만들어 낸 것에 불과하다. 절대적인 가치가 있는 것이 아니다. 모든 사람에게 다 해당되는 것도 아니다. 오히려 우리는 이러한 것에 얽매여 자유를 잃고 살아가고 있는 것인지도 모른다. 사람이 만든 기준은 극히 주관적인 것이다. 이러한 기준에 맞추어 자신을 억압하는 것은 진정한 자유가 아니다.]

黃帝立爲天子十九年 令行天下 聞廣成子在於空同之(上)[山] 故往見之 曰 我聞吾子達於至道 敢問至道之精。吾欲取天地之精 以佐五穀 以養民人 吾又欲官陰陽 以遂羣生 爲之柰何?

廣成子曰 而所欲問者 物之質也 而所欲官者 物之殘也。自而治天下 雲氣不待族而雨 草木不待黃而落 日月之光益以荒矣。而佞人之心翦翦者 又奚足以語至道?

黃帝退 捐天下 築特室 席白茅 閒居三月 復往邀之。廣成子南首而臥 黃帝順下風膝行而進 再拜稽首而問曰 聞吾子達於至道 敢問 治身柰何而可以長久?

廣成子蹶然而起 曰 善哉問乎 來 吾語女至道。至道之精 窈窈冥冥 至道之極 昏昏默默。無視無聽 抱神以靜 形將自正。必靜必清 無勞女形 無搖女精 乃可以長生。目無所見 耳無所聞 心無所知 女神將守形 形乃長生。愼女內 閉女外 多知爲敗。我爲女遂於大明之上矣 至彼至陽之原也 爲女入於窈冥之門矣 至彼至陰之原也。天地有官 陰陽有藏。愼守女身 物將自壯。

我守其一以處其和。故我修身千二百歲矣 吾形未常衰。

黃帝再拜稽首曰 廣成子之謂天矣!

廣成子曰 來 余語女。彼其物無窮 而人皆以爲有終 彼其物無測 而人皆以爲有極。得吾道者 上爲皇而下爲王 失吾道者 上見光而下爲土。

今夫百昌皆生於土而反於土 故余將去女 入無窮之門 以遊無極之野。

吾與日月參光 吾與天地爲常。當我 緡乎 遠我 昏乎 人其盡死 而我獨存乎!

황제(黃帝)가 천자가 된 지 19년, 명령이 천하에 행해졌다. 그래서 그 광성자(廣成子 : 무위자연의 도를 체득했다고 전해지는 우화적인 인물)가 공동산(空同山 : 감숙성 양주지방에 있는 산)에 있다는 소문을 듣고 일부러 찾아가 보고 물었다.

"나는 당신이 지극한 도에 통달했다고 들었습니다. 감히 묻건대 지극한 도의 정수(精髓)란 어떤 것입니까? 나는 천지의 정수를 취하여 오곡(五穀)을 돕고 백성을 기르고자 하며, 내 또한 음양을 다스려 군생(群生)을 살리려 하는데 어떻게 하면 되겠습니까?"

이에 광성자는 이렇게 대답했다.

"자네가 묻고자 하는 것은 물(物)의 본질인데 자네가 다스리고자 하는 것은 물의 말단일세. 자네가 천하를 다스림으로부터는 구름 기운이 모이기 전에 비가 오며, 초목이 누렇게 되기 전에 낙엽이 지며, 일월의 빛도 더욱 거칠어졌네. 자네는 사람의 마음에 옹알옹알 잘 영합하고자 하는 자이니 또한 어찌 자네와 더불어 지극한 도를 말할 수 있겠는가?"

황제는 물러나와 천하를 버리고 별다른 집을 짓고 흰 자리를 깔고 석 달을 한가하게 살다가 다시 가서 물었다. 광성자는 남으로 머리를 두고 누워 있었다. 황제는 아랫목으로부터 무릎걸음으로 기어 나아가 두 번 절하고 머리를 조아리며 물었다.

"선생님께서는 지극한 도에 통달하였다고 들었사오니 몸을 어떻게 다스리며 어떻게 하면 오래 살 수 있는지를 감히 여쭤봅니다."

그러자 광성자는 벌떡 일어나 말했다.

"좋다. 자네의 물음은. 나가오라. 내 자네에게 지극한 도를 말해주리라. 지극한 도의 정수는 깊고 아득하여 지극한 도의 극치는 컴컴하고 잠잠하다. 그래서 보지도 말고 듣지도 말며 정신을 안고 고요히 있으면 형체가 바야흐로 스스로 바르게 될 것이다. 반드시 고요하고 반드시 밝아 자네의 형체를 수고롭게 하지 않고 자네의 정신을 움직이지 말아야 곧 오래 살 수 있게 되는 것이다. 눈으로 보는 바가 없고 귀로 듣는 바가 없으며 마음으로 아는 바가 없으면 자네의 정신은 바야흐로 자네의 형체를 잘 지켜 형체가 곧 오래 살 것이다. 자네의 내심(內心)을 삼가고 자네의 외물(外物)에 대한 욕망을 잘라 버리게. 지혜가 많으면 실패하리라. 나는 자네를 태양 위에 올라 저 지극한 양(陽)의 근원에 이르게 하리라. 또 자네를 까마득한 땅속의 입구로 들여보내어 저 지극한 음(陰)의 근원에 도달하게 하리라. 천지는 다스림이 있고 음양은 저장함이 있다. 삼가 자네의 몸을 지키면 만물은 바야흐로 스스로 생육할 것이다. 나는 그 하나의 도를 지켜 그 조화에 살기 때문에 내 몸을 닦기 시작한 지 일천 이백 년이 되었어도 내 몸은 일찍이 쇠하지 않았노라."

황제는 두 번 절하고 머리를 조아리며 물었다.

"광성자님은 하늘이라 일컬어도 되겠습니까?"

그러자 광성자는 다시 말했다.

"다가오라. 내 자네에게 말해 주리라. 저 그 물건 곧 지극한 도는 끝이 없건만 사람들은 모두 끝이 있다고 여기고, 그 도는 다함이 없건만 사람들은 모두 다함이 있다고 여긴다네. 내 도를 얻은 자는 위로 황제(신농씨 복희씨로 보기도 함)가 되고 아래로는 왕(은나라 탕왕 주나라 무왕으로 보기도 함)이 되며 나의 도를 잃은 자는 위로 살아서는 일월의 빛을 보고 죽을 뿐이고, 아래로는 죽어서 흙으로 돌아갈 뿐이다. 지금 저 온갖 만물은 모두 흙에서 나서 흙으로 돌아간다. 그러므로 나는 바야흐로 속세의 자네를 버리고 무궁한 지도(至道)의 문으로 들어가 무극(無極)의 들판에 놀게 하는 것이네. 나는 일월과 더불어 그 빛을 같이하고, 나는 천지와 더불어 영구불변하네. 그러니 만물이 나에게 다가와도 지극한 도와 일치가 되고 만물이 나로부터 멀어지면 암담해진다네. 그래서 사람들은 모두 죽지만 나만 홀로 남아 있네."

[있는 그대로 받아들이고, 내 맘이 따르는 대로 행하는 것이 진정한 삶의 자유이다. 그러한 삶을 살 때 우리는 편안하게 우리의 일상생활을 해 나갈 수 있다. 그렇지 않고 주위에 일어나는 모든 일에 인위를 더하고 욕심을 더하면 우리의 삶은 힘겹지 않을 수 없고 오래 살아내지 못하게 된다.]

雲將東遊 過扶搖之枝而適遭鴻蒙。鴻蒙方將拊脾雀躍而遊。雲將見之倘然止 贄然立 曰 叟何人邪? 叟何爲此? 鴻蒙拊脾雀躍不輟 對雲將曰遊 雲將曰 朕願有問也。

鴻蒙仰而視雲將曰 吁!

雲將曰 天氣不和 地氣鬱結 六氣不調 四時不節。今我願合六氣之精以育羣生 爲之柰何 鴻蒙拊脾雀躍掉頭曰 吾弗知 吾弗知 雲將不得問。

又三年 東遊 過有宋之野而適遭鴻蒙。雲將大喜 行趨而進曰 天忘朕邪? 天忘朕邪 再拜稽首 願聞於鴻蒙。

鴻蒙曰 浮遊 不知所求 猖狂 不知所往 遊者鞅掌 以觀無妄。朕又何知?

雲將曰 朕也自以爲猖狂 而民隨予所往 朕也不得已於民 今則民之放也 願聞一言。

鴻蒙曰 亂天之經 逆物之情 玄天弗成 解獸之羣 而鳥皆夜鳴 災及草木 禍及止蟲。意 治人之過也

雲將曰 然則吾柰何?

鴻蒙曰 意 毒哉 僊僊乎歸矣

雲將曰 吾遇天難 願聞一言。

鴻蒙曰 意 心養。汝徒處無爲 而物自化。墮爾形體 吐爾聰明 倫與物忘

大同乎涬溟 解心釋神 莫然無魂。萬物云云 各復其根 各復其根而不知渾渾沌沌 終身不離 若彼知之 乃是離之。無問其名 無窺其情 物固自生。
雲將曰 天降朕以德 示朕以默。躬身求之 乃今得也。再拜稽首 起辭而行。

운장(雲將 : 구름의 장수, 곧 구름을 의인화한 우화적 인물)이 동으로 유람하는 중에 부요(扶搖 : 나무의 신으로 동해에 있는데 해가 이 나무에서 나온다 함)가지를 지나다가 마침 홍몽(鴻蒙 : 혼돈이 뜻으로 지극한 도를 의인화한 우화적 인물)을 만났다. 홍몽은 바야흐로 다리를 두드리며 새 같이 깡충깡충 뛰면서 놀고 있었다. 운장이 그를 보고 놀라 멈추고 꼼짝도 하지 않고서 물었다.
"노인은 누구시며 노인은 어째서 이런 짓을 하십니까?"
홍몽은 다리를 두드리며 깡충깡충 뛰기를 그치지 않으면서 운장에게 대답했다.
"놀고 있단다."
운장이 다시 물었다.
"저는 물어보기 원합니다."
홍몽은 우러러 운장을 보면서 말했다.
"어허!"
운장이 다시 물었다.
"하늘의 기운이 조화를 이루지 못하고 땅의 기운은 뒤엉켜 있으며 여섯 가지 기후도 조화를 이루지 못하고 사시(四時)는 절도가 없습니다. 그래서 지금 저는 여섯 기후의 정수를 모아 여러 생물을 기르고자 하는데 어떻게 하면 되겠습니까?"
홍몽은 여전히 다리를 두드리며 깡충깡충 뛰면서 고개를 흔들며 말했다.

"나는 모른다. 난 몰라."

그래서 운장은 다시 물을 수가 없었다.

다시 삼년이 지나 운장이 동쪽으로 유람하다가 송나라의 들판을 지나면서 마침 홍몽을 만났다. 운장은 크게 기뻐 달려가 물었다. "선생님은 저를 잊으셨나요."하며 두 번 절하고 머리를 조아리며 홍몽에게 듣기를 원했다. 홍몽은 말했다.

"자유로이 놀아 구할 바를 모르고 멋대로 날뛰면서 멈출 바를 모른다네. 이렇게 노는 이는 외형을 잊고 진실만을 보는 것이니 내 또한 무엇을 알까?"

"저도 스스로 멋대로 논다고 생각합니다. 그러나 백성들이 제가 가는 곳을 따르므로 저도 백성들을 어찌 할 수가 없어 지금은 백성들의 의지가 되고 있습니다. 그러니 한 말씀 해주십시오."

이에 홍몽은 대답했다.

"하늘의 상도(常道)를 어지럽히고 만물의 진정을 거스르면 현묘한 천리는 이루어지지 않는다. 그래서 짐승의 떼를 헤쳐 놓고 새들은 모두 밤에 울며 재앙은 초목에까지 미치고 화는 곤충에게까지 미치니, 아, 이것이 모두 사람을 다스리는 허물 때문이다."

"그러면 저는 어찌하오리까?"

"아, 지독한 자로군. 선선히 돌아가라."

"저는 좀처럼 선생님을 만나 뵙기가 어렵습니다. 그러니 한 마디만 가르쳐 주십시오."

"아, 마음을 길러라. 네가 다만 무위에 처하면 만물은 스스로 양육될 것이다. 자네의 형체를 버리고 자네의 총명을 떨어버리며 자신을 만물과 함께 잊어버리면 잠된 실재와 근본적으로 크게 한 가지가 될 것이다. 마음을 풀어버리고 정신을 석방하여 아득히 혼나저 없게 되면 만물은 무성하다가 제각기 그 근본으로 돌아갈 것이다. 각기 그 근본으로 돌아가면서도 그것을 알지 못한다. 그래서 그들은 혼돈한 무분별의 경지에 있으면서 종신토록 그 도로부터 떠나지 않지만 만일 그들이 지혜를 쓰면 곧 도에서 떠나고야 만다. 그 이름도 묻지 말고 그 진정도 엿봄이 없어야 만물은 스스로 생육해 가는 것이다."

"선생님께서 저에게 참된 덕을 깨닫게 하셨고, 저에게 말로 표현할 수 없는 묵시(默示)를 가르쳐 주셨습니다. 몸소 이를 구하다가 이제야 얻었습니다."

하며 운장은 두 번 절하고 머리를 조아리고 일어나 하직을 하고 떠나갔다.

[자연의 원리에 따라 무위 속에서 살면 우리의 삶은 커다란 문제가 없을 것이다. 자신의 주관을 버리고 다른 사람의 관점에도 연연하지 않고 있는 그대로 본성을 따라 살아야 함을 예로 들고 있다.]

世俗之人 皆喜人之同乎己而惡人之異於己也。同於己而欲之 異於己而不欲者 以出乎衆爲心也。

夫以出乎衆爲心者 曷常出乎衆哉 因衆以寧所聞 不如衆技衆矣。而欲爲人之國者 此攬乎三王之利而不見其患者也。此以人之國僥倖也 幾何僥倖而不喪人之國乎 其存人之國也 無萬分之一 而喪人之國也 一不成而萬有餘喪矣。悲夫 有土者之不知也!

夫有土者 有大物也。有大物者 不可以物。物而不物 故能物物。明乎物物者之非物也 豈獨治天下百姓而已哉 出入六合 遊乎九州 獨往獨來 是謂獨有。獨有之人 是謂至貴。

세속 사람들은 남이 자기와 같아지기를 기뻐하고 남이 자기와 달라지는 것을 싫어한다. 자기와 같아지기를 바라고 자기와 달라지는 것을 바라지 않는 것은 여러 사람보다 뛰어나기를 마음먹기 때문이다. 대저 여러 사람 중에서 뛰어나기를 마음먹는다 해서 어찌 일찍이 여러 사람보다 뛰어날 수가 있겠는가? 여러 사람을 따라야 편안하다. 혼자 들은 바는 여러 사람의 재주의 총화만 같지 못하다. 그런데도 홀로 백성의 나라를 다스리고자 하는 자는 이들이 삼왕(三王 : 하나라의 우왕과 은나라의 탕왕과 주나라 문왕, 무왕을 말함)의 이로움만 잡고 그 폐단을 보지 못한다. 이들은 남의 나라로써 요행을 바라는 것이니 요행을 바라서 남의 나라를 망치지 않은 자가 얼마나 되는가? 나라를 유지 존속시킨 자는 만 분이 일도 안 된다. 그러나 남의 나라를 잃어버림에 있어 하나도 성공은 못하고 만이 넘게 잃어버리고 만다. 그러니 슬프다. 땅을 가진 제후들의 지혜롭지 못함이다.

대저 나라를 소유한 자는 큰 물건 곧 만물을 소유하게 된다. 만물을 소유한 자는 만물과 같은 차원(次元)원이 물(物)이어서는 안 된다. 물이면서 일반적인 물이 아닌 초월적 존재인 물이기 때문에 만물을 만물로서 지배할 수가 있다. 만물을 만물로서 지배하는데 밝은 자는 만물이 아니니 어찌 천하의 백성을 다스리는데 그치겠는가? 그는 육합(六合 : 천지와 사방, 곧 하늘, 땅, 동, 서, 남, 북)을 출입하고 구주(九州 : 중국 전토를 9개로 나눈 기주, 연주, 청주, 서주, 양주, 형주, 예주, 양주, 옹주)에 놀며 홀로 갔다 홀로 온다. 이런 경지를 독유(獨有 : 홀로 도를 차지함)라 하고 독유하는 사람을 일러 지극히 귀한 존재라 한다.

[남은 나와 같아질 수가 없다. 그런 것을 바라는 것 자체가 문제가 된다. 나는 나이고 남은 남일 뿐이다. 다른 사람이 나의 생각과 같아졌다고 해서 좋아할 것도 아니다. 언젠가는 또 다른 상황이 올 것이기 때문이다. 그저 있는 그대로 받아들임이 최선일 뿐이다.

大人之教 若形之於影 聲之於響。有問而應之 盡其所懷 爲天下配。處乎無響 行乎無方。挈汝適復之撓撓 以遊無端 出入無旁 與日無始 頌論形軀 合乎大同 大同而無己。無己 惡乎得有有 覩有者 昔之君子 覩無者 天地之友。

대인(大人-至人)의 가르침은 형체에 그림자가 따르듯, 소리에 울림이 따르듯, 질문만 있으면 대답하여 그 생각한 바를 다해 천하인의 짝이 된다. 그는 울림도 없는 고요한 곳에 살고 방향도 없는 곳을 다니면서 왕복이 어지러운 만물을 이끌고서 끝없는 세계에 놀며 행방이 없는 곳을 출입하면서 태양과 더불어 시종(始終)이 없다. 모습과 형체는 대동(大同 : 만물제동의 세계, 곧 도와 일치된 경지)에 합치된다. 대동의 경지에 놀기 때문에 자기에 대한 집착이 없고 자기에 대한 집착이 없으니 어찌 소유물이 있겠는가? 소유물을 보는 자는 옛날의 군자(하, 은, 주 삼대 이후의 위정자)요, 무를 보는 자는 천지의 벗 곧 독유의 자이다.

[위대한 사람은 자기 자신도 없고, 다른 사람도 없고, 사물도 없다. 일부러 무슨 일도 하지 않는다. 이로 인해 집착도 없다. 그는 삶과 죽음마저 초월할 수 있다.]

賤而不可不任者 物也 卑而不可不因者 民也 匿而不可不爲者 事也 麤而不可不陳者 法也 遠而不可不居者 義也 親而不可不廣者 仁也 節而不可不積者 禮也 中而不可不高者 德也 一而不可不易者 道也 神而不可不爲者 天也。

故聖人觀於天而不助 成於德而不累 出於道而不謀 會於仁而不恃 薄於義而不積 應於禮而不諱 接於事而不辭 齊於法而不亂 恃於民而不輕 因於物而不去。物者莫足爲也 而不可不爲。

不明於天者 不純於德 不通於道者 無自而可 不明於道者 悲夫
何謂道 有天道 有人道。無爲而尊者 天道也 有爲而累者 人道也。主者 天道也 臣者 人道也。天道之與人道也 相去遠矣 不可不察也。

천하면서도 그것에 의지하지 않을 수 없는 것이 물건이고, 비천하지만 그것에 따르지 않을 수 없는 것이 백성이며, 번잡하지만 하지 않을 수 없는 것이 일(事-政事)이고, 엉성하지만 베풀지 않을 수 없는 것이 의(義)이고, 친하면서도 넓히지 않을 수 없는 것이 인(仁)이며, 절도(節度)가 있으면서 익히지 않을 수 없는 것이 예(禮)이고, 얻어 높아지지 않을 수 없는 것이 덕(德)이며, 한결같으면서도 바뀌지 않을 수 없는 것이 도(道)이고, 신령하면서도 위하지 않을 수 없는 것이 하늘이다.

그러므로 성인은 하늘(天-자연의 이치)을 살피지만 인위(人爲)를 돕지 않고, 덕을 이루지만 인위적으로 늘리지를 않으며, 도로부터 출발하지만 이를 도모하지는 않고, 인에 합치지만 이를 자랑하지 않으며, 의로 다가가지만 이를 익히지는 않고, 예에 응하지만 이를 기피하지는 않으며, 일에 접하지만 이를 사양하지는 않고, 법에 맞추지만 어지럽히지 않으며, 백성들에 의지하지만 경멸하지 않고, 물건에 따르지만 버리지 않는다. 물건은 위하기에 족하지 않으나 그것을 위하지 않을 수 없다. 그래서 하늘에 밝지 못한 자는 가함이 없다. 따라서 도에 밝지 못한 자는 슬프다.

무엇을 도라 하는가? 천도(天道)가 있고 인도(人道)가 있다. 행위가 없으면서 존귀한 것은 천도요, 행위가 있으면서 구속당하지 않는 것이 인도다. 임금은 천도요 신하는 인도다. 천도와 인도와의 관계는 그 거리가 머니 잘 살펴야 한다.

[여기서는 장자의 사상이 장자가 숙은 뒤 후손에 의해 조금 변질 된 것

으로 보인다. 있는 그대로의 사상에서 인위가 조금 더해진 느낌인데 이는 후대에 의한 것을 생각된다.]

十二 天地第

[천지란 하늘과 땅의 도를 말함이다. 하늘과 땅이 같이 통하는 원리를 이야기함으로 자연의 가장 대표적인 본성을 이해하고자 함이다.]

天地雖大 其化均也 萬物雖多 其治一也 人卒雖衆 其主君也。君原於德而成於天。故曰 玄古之君天下 無爲也 天德而已矣。

以道觀言而天下之君正 以道觀分而君臣之義明 以道觀能而天下之官治 以道汎觀而萬物之應備。

故通於天地者 德也 行於萬物者 道也 上治人者 事也 能有所藝者 技也。技兼於事 事兼於義 義兼於德 德兼於道 道兼於天。故曰 古之畜天下者 無欲而天下足 無爲而萬物化 淵靜而百姓定。記曰 通於一而萬事畢 無心得而鬼神服。

천지가 비록 크나 그 조화는 균등하고, 만물이 비록 많으나 그 다스림은 한결같으며, 민중이 비록 많으나 그 주인은 임금이다. 임금은 무위의 덕을 근원으로 해서 하늘의 이법(理法)을 이룬다. 그러므로 "옛날에 천하에 임금이 된 사람들은 인위적인 통치가 없는 오직 하늘의 덕을 다했을 뿐이다."했다.

도로써 언론을 살피면 천하의 임금은 바르게 되고 도로써 분수를 살피면 군신의 의리는 분명해지며 도로써 재능을 살피면 천하의 관리는 다스려지고 도로써 두루 살피면 마음의 상응이 갖춰질 것이다.

그러므로 천지에 통하는 것은 도이며, 만물에 행해지는 것이 덕이고, 위에서 사람을 다스리는 것이 일(事)이요, 재능을 발휘하는 것이 기(技)다. 기는 일에 포섭되고 일은 의에 포섭되며 의는 덕에 포섭되고 덕은 도에 포섭되며 도는 하늘에 포섭된다. 그러므로 "옛날에 천하를 다스린 사람은 욕심이 없어서 천하가 풍족해졌고 인위가 없어서 만물이 조화되었으며 연못같이 고요하므로 백성들은 안정되었다"했고, 또 옛 기록에도 "하나에 통하면 만사가 이루어지고 무심한 상태가 되면 귀신도 복종한다." 고 했다.

[하늘과 땅은 너무나 큰 대자연이다. 이러한 대자연에도 공통적으로 적용되는 자연의 원리는 있기 마련이다. 자연은 그 커다란 운행을 어떻게 유지하고 있는 것일까? 그 운행은 오로지 원리에 의해서만 가능하다. 그러기에 우리는 그러한 원리를 잘 이해할 필요가 있다.]

夫子曰 夫道 覆載萬物者也 洋洋乎大哉 君子不可以不刳心焉。無爲爲之之謂天 無爲言之之謂德 愛人利物之謂仁 不同同之之謂大 行不崖異之謂寬 有萬不同之謂富。故執德之謂紀 德成之謂立 循於道之謂備 不以物挫志之謂完。君子明於此十者 則韜乎其事心之大也 沛乎其爲萬物逝也。若然者 藏金於山 藏珠於淵 不利貨財 不近貴富 不樂壽不哀夭 不榮通 不醜窮 不拘一世之利以爲己私分 不以王天下爲己處顯。顯則明 萬物一府 死生同狀。

부자(夫子 : 여기서는 장주를 지칭함)께서 말씀하셨다. "대저 도란 만물을 가리고 싣는 것이라 양양하고 크다. 군자도 이를 본받아 사심(私心)을 제거해야 한다."

무위인 채로 일을 하는 것을 하늘이라 하고, 무위인 채로 말하는 것을 덕이라 하며, 사람을 사랑하고 만물을 이롭게 하는 것을 인(仁)이라 하고, 같지 않은 것을 같게 하는 것이 대(大)고, 행동이 별다르지 않는 것을 관(寬)이라 하며, 만 가지 같지 않은 것을 그대로 받아들이는 것을 부(富)라 한다. 그러므로 덕을 잡는 것을 기(紀)라 하고, 덕이 이루어진 것을 입(立)이라 하며, 도에 따르는 것을 비(備)라 하고, 사물로써 그 뜻을 적을 수 없는 것을 완(完)이라 한다. 군자로서 이 열 가지에 밝으면 도도하게 그 마음 씀이 커지며 힘차게 만물과 더불어 걸음을 같이할 수가 있다.

이와 같은 자는 금을 산속에 저장해 두고 구슬을 연못 속에 저장해 두고서 재물을 이익으로 생각지도 않고 부귀를 가까이하지도 않으며 오래 삶을 즐기지도 않고 일찍 죽음을 애달파하지도 않으며, 통달함을 영광으로 여기지도 않고 궁색함을 추하게 여기지도 않으며 일세(一世)의 부를 취해도 자기의 소유물로 생각지 않고 천하의 제왕이 되어도 현귀한 자리에 있다고 생각지 않는 물은 한 곳에 있고 죽음이나 삶이 같은 모양이다.

[군자는 일부러 하는 일이 없고, 자신의 주장을 말하지도 않으며, 자신마저 넘어서는 이다. 군자는 바로 자연을 따르기 때문이다.]

夫子曰 夫道 淵乎其居也 漻乎其淸也。金石不得 無以鳴。故金石有聲不考不鳴。萬物孰能定之?

夫王德之人 素逝而恥通於事 立之本原而知通於神。故其德廣。其心之出 有物採之。故形非道不生 生非德不明。存形窮生 立德明道 非王德者邪 蕩蕩乎 忽然出 勃然動 而萬物從之乎 此謂王德之人。

視乎冥冥 聽乎無聲。冥冥之中 獨見曉焉 無聲之中 獨聞和焉。故深之又深而能物焉 神之又神而能精焉。故其與萬物接也 至無而供其求 時騁而要其宿 大小、長短、脩遠。

또 부자께서 말씀하셨다.

"도란 깊은 연못 같이 조용하고 연못 물같이 맑다. 금석(金石)도 도를 얻지 못하면 소리를 내지 못하고 그런 도에 맞게 두드리지 않으면 소리를 내지 못하니 만물 중에 누가 그런 도를 정해 놓았는가?"

대저 큰 덕을 지닌 사람은 소박한 도를 따라가며 속세 일에 통하는 것을 부끄러워하며 그 본원에 서서 그 지혜는 신령스러움에 통하기 때문에 그 덕이 넓다. 그런 마음이 나타나면 만물은 그것을 채용한다. 그러므로 형체는 도가 아니면 생각나지 않고 생겨난 것은 도가 아니면 분명하지 않다. 형체를 보존하고 생을 다하여 덕을 세우고 도를 밝히는 것은 큰 덕을 가진 이가 아닌가? 아득하게 갑자기 나타났다가 급히 움직여 만물이 따르는 것을 큰 덕을 가진 사람이라 한다.

이런 사람은 컴컴한 데서 보고 소리가 없는 데서 듣는다. 그는 컴컴한 가운데서 홀로 밝음을 보고 소리 없는 가운데서 홀로 조화를 듣는다. 그러므로 깊고도 또 깊어 만물을 만물로써 파악하고 신묘하고도 또 신묘하여 만물의 정수(精髓)를 잡을 수가 있다. 그래서 그는 만물에 접할 때는 무에 있으면서 모든 요구에 응해 주며 때를 따라 움직이면서도 그 묵을 곳을 찾는다. 그래서 그것은 크면서 작고 길면서 짧으며 가까우면서 먼 것이다.

[도를 따르는 사람은 그 삶이 달라질 수밖에 없다. 마음이 평안하며, 어떤 것에도 흔들리지 않는다. 세상 일에 연연해하지 않고 다른 사람으로 인해 그의 삶이 영향을 받지 않는다. 그는 그러한 속세를 초월한 사람이다.]

黃帝遊乎赤水之北 登乎崑崙之丘而南望 還歸 遺其玄珠。使知索之而

不得 使離朱索之而不得 使喫詬索之而不得也。乃使象罔 象罔得之。黃帝曰 異哉 象罔乃可以得之乎

황제(黃帝)가 적수(赤水 : 세상의 동남쪽으로부터 나와 남쪽 바다로 흘러 들어간다는 냇물 이름) 북쪽에 유람하다가 곤륜산으로 올라가 남쪽을 바라보고 돌아왔다. 그때 현주(玄珠 : 검은 구슬이란 뜻으로 도의 비유)를 잃어버렸다. 그래서 지(知 : 지혜, 곧 상식을 나타내는 것으로 지라는 신하로 의인화하여 썼음)를 시켜 찾아오게 했으나 찾아오지를 못했고, 이주(離朱)를 시켜 찾아오게 했으나 그도 찾지 못했으며, 끽구(喫詬 : 구변, 논쟁의 뜻으로 변론 잘하는 신하의 의인화)를 시켜 찾게 했으나 그도 찾지를 못했다. 그래서 곧 상망(象罔 : 형상이 없다는 듯으로 도는 형상이 없기 때문에 이런 신하의 이름으로 의인화한 것임)을 시켜 찾아오라 하였더니 상망이 찾아왔다. 그러므로 황제는 말했다.

"이상도 하다. 상망이 찾아오다니."

[일반적인 지혜나 지식으로는 도에 이해할 수 없다. 도에 이르기 위해서는 그러한 것을 넘어서야 한다. 나를 넘어서야 그것이 가능하다. 도에 찾기는 힘들지만, 도에 이르기는 어렵지만, 불가능한 것은 아니다. 누구나 자신을 넘어서면 가능한 일이다.]

堯之師曰許由 許由之師曰齧缺 齧缺之師曰王倪 王倪之師曰被衣。堯問於許由曰 齧缺可以配天乎 吾藉王倪以要之。

許由曰 殆哉圾乎天下 齧缺之爲人也 聰明睿知 給數以敏 其性過人 而又乃以人受天。彼審乎禁過 而不知過之所由生。與之配天乎 彼且乘人而無天 方且本身而異形 方且尊知而火馳 方且爲緖使 方且爲物絯 方且四顧而物應 方且應衆宜 方且與物化而未始有恆。夫何足以配天乎?

雖然 有族 有祖 可以爲衆父 而不可以爲衆父父。治亂之率也 北面之禍也 南面之賊也。

요의 스승은 허유요, 허유의 스승은 설결이며, 설결의 스승은 왕예요, 왕예의 스승은 피의(被衣)이다. 요가 허유에게 물었다.

"설결은 하늘과 짝할 수 있습니까? 제가 왕예의 힘을 입어 그를 맞이해 오고자 합니다."

"위태롭고 위험하도다. 천하는 설결의 사람됨이 총명하고 지혜로우며 재빠르고 민첩하며 그 본성이 남보다 뛰어나면서 또 인위로써 천리(千里)를 지배하려 한다. 그는 남의 잘못을 금하는 데는 밝지만 그 잘못이 생겨나는 이유를 알지 못한다. 그러니 그를 하늘과 짝이 되게 하겠는가? 그는 또한 인위를 편승하여 천리를 무시할 것이다. 바야흐로 자신을 근본으로 해서 형식상의 차별을 고집할 것이고, 지혜를 존중하여 천리와는 달리 달릴 것이며, 또한 일의 노예가 되고 물(物)의 속박을 받을 것이다. 여러 사람의 비위나 맞추며, 또 사물과 더불어 변화하여 처음부터 항심(恒心)이 없으니, 대저 어찌 하늘에 짝할 수가 있겠는가? 비록 그러나 한 집안에는 한 조상이 있으니 그는 여러 사람의 아버지는 될 수 있을지언정 그 여러 아버지의 아버지인 조상은 될 수가 없다. 다스림은 어지러워지는 시초요, 북면(北面)하는 신하의 화(禍)며, 남면(南面)하는 임금의 도적이다."

[우리는 살아가면서 누구나 잘못을 저지르게 된다. 완벽한 사람은 없다. 문제는 자신이 잘못을 하고 있는 것을 모르는 것이다. 자신이 완전하다고 생각하는 오만 때문이다. 자신의 잘못을 모르는 그 원인도 모르는 것이 당연하다. 또한 다른 사람의 잘못을 많이 비판한다. 하지만 그 원인도 모른채 비판만 하는 경우가 대부분이다. 이는 하늘과 땅의 이치를 모

르기 때문이다.]

堯觀乎華 華封人曰 嘻 聖人 請祝聖人。使聖人壽。

堯曰 辭。

使聖人富。

堯曰 辭。

使聖人多男子。

堯曰 辭。

封人曰 壽 富 多男子 人之所欲也。女獨不欲 何邪?

堯曰 多男子則多懼 富則多事 壽則多辱。是三者 非所以養德也 故辭。

封人曰 始也我以女爲聖人邪 今然君子也。天生萬民 必授之職。多男子而授之職 則何懼之有 富而使人分之 則何事之有?

夫聖人 鶉居而鷇食 鳥行而無彰 天下有道 則與物皆昌 天下無道 則脩德就閒 千歲厭世 去而上僊 乘彼白雲 至於帝鄕 三患莫至 身常無殃 則何辱之有?

封人去之 堯隨之 曰 請問。

封人曰 退已

요가 화(華 : 지명, 지금의 섬서성 화현이라고도 함)란 지방에 가보았을 때 화 지방의 봉인(封人 : 국경을 지키는 사람)이 말했다.

"아, 성인이시여, 성인에게 축복을 드려 성인으로 하여금 장수하게 비나이다."

"그만 두게."

"그러면 성인으로 하여금 부자가 되게 빕니다."

"그만 두게."

"그러면 성인으로 하여금 아들이 많이 두시게 빌겠습니다."

"그만 두게."

"수(壽)와 부(富)와 다남(多男)은 사람들이 누구나 바라는 바이온데 당신만이 바라지 않으니 어째서입니까?"

"아들이 많으면 두려움이 많고 부자가 되면 일이 많으며 오래 살면 욕심이 많네. 이 세 가지는 덕을 기르는 까닭이 못 되기 때문에 사양하네."

"처음에 나는 당신을 성인으로 여겼더니 지금에 보니 군자로군요. 하늘이 모든 백성을 낳아놓고는 반드시 직업을 줍니다. 아들이 많아도 모두 그들에게 직업을 주니 무슨 두려움이 있겠습니까? 부자가 되어도 사람들에게 나누어 주면 무슨 일이 있습니까? 대저 성인은 메추리처럼 자연적으로 살고 새끼 새처럼 되는 대로 먹으며 새가 날아 갈 때 자취를 남기지 않듯이 천하에 도가 있으면 만물과 더불어 함께 번창하고, 천하에 도가 없으면 덕을 닦으면서 한가이 사는 것입니다. 천년을 살다가 이 세상이 싫으면 떠나 올라서 신선이 되어 저 흰구름을 타고 제향(帝鄕-天國)에 이르는 법입니다. 그러면 당신의 그 세 가지 근심도 이르지 않아 몸에 항상 재앙이 없을 것인데 무슨 욕됨이 있겠습니까?"

봉인이 이렇게 말하고 떠나니 요는 뒤따르면서 "물어보기를 청하오." 하니 봉인은 "물러가시오."하고 가버렸다.

[일반 사람들이 모두 바라는 것이 정말 가장 좋은 것일까? 자신의 판단으로 다른 사람들의 생각을 깊이 생각하고 그러한 것을 좋다고 하는 것일까? 아니면 우리는 다를 사람들이 좋다고 하니까 그냥 그들을 따라서 살아가고 있는 것일까? 많은 사람들이 하는 것을 그저 따르기만 하면 나의 삶은 나 자신의 삶인 것일까, 아니면 다른 사람에 의한 삶인 것일까? 우리에게 주어진 삶은 오직 한 번 뿐이다. 다른 사람이 생각하는 것은 다만 참고만 할 뿐 우리 자신의 삶을 살아가는 것이 가장 중요하다.]

堯治天下 伯成子高立爲諸侯。堯授舜 舜授禹 伯成子高辭爲諸侯而耕。

禹往見之 則耕在野。禹趨就下風 立而問焉 曰 昔堯治天下 吾子立爲諸侯。堯授舜 舜授予 而吾子辭爲諸侯而耕。敢問 其故何也?

子高曰 昔堯治天下 不賞而民勸 不罰而民畏。今子賞罰而民且不仁 德自此衰 刑自此立 後世之亂自此始矣。夫子闔行邪 無落吾事 俋俋乎耕而不顧。

요가 천하를 다스릴 때 백성자고(伯成子高 : 요임금 때의 제후이며 은사)가 제후가 되었다. 요가 순에게 천하를 물려주고 순이 우에게 천하를 물려주자 백성자고는 제후를 사퇴하고 농사를 지었다. 우가 그를 찾아가 만나니 그는 들에서 밭을 갈고 있었다. 우는 달려가 그 아래쪽에 서서 물었다.

"옛날 요가 천하를 다스릴 때에는 당신은 벼슬하여 제후가 되더니 요가 순에게 천하를 물려주고 순이 나에게 천하를 물려주자 당신은 제후를 사퇴하고 농사일을 시작하셨습니다. 그 까닭이 무엇인지요?"

"옛날 요가 천하를 다스릴 때에는 상을 주지 않아도 백성들은 착한 일에 힘썼고 벌을 주지 않아도 백성들은 두려워했었소. 지금 당신은 상을 주고 벌을 주어도 백성들이 인자해지지 않으니 덕은 이로부터 쇠해가고 형벌은 이로부터 확립되며 후세의 어지러움이 이로부터 시작되오. 그대는 어째서 하지 않는가? 내 일을 방해하지 말라." 하고, 백성자고는 급히 밭을 갈면서 돌아보지도 않았다.

[백성자고가 재야로 숨은 것은 자신의 뜻과 우임금의 뜻이 다르기 때문이다. 우는 요나 순임금과 달랐다. 그는 자신이 백성들에게 많은 영향을 가하려 했다. 이는 장자의 도에 따르는 정치가 아니었다. 인위적인 제도

나 규범을 만들어 백성을 통치하는 것은 자연의 원리를 따르는 정치가 아니기 때문이다.]

泰初有無 無有無名。一之所起 有一而未形。物得以生 謂之德 未形者有分 且然無閒 謂之命 留動而生物 物成生理 謂之形 形體保神 各有儀則 謂之性

性脩反德 德至同於初。同乃虛 虛乃大。合喙鳴。喙鳴合 與天地爲合。其合緡緡 若愚若昏 是謂玄德 同乎大順。

태초에는 무(無: 道)만 있었고 유(有)가 없었기 때문에 이름도 없었다. 이 무에서 일(一: 氣)이 생겨났다. 이 일이 나타나 있지만 아직 형태는 나타나 있지 않았고 만물은 그 하나(一)를 얻어 생겨났으니 이를 덕이라 한다. 아직 형태도 없는 일은 분화(分化)하나 어수선하게 간격이 없으므로 이를 명(命)이라 한다. 그것이 만물을 만들어내니 만물이 생겨나 살아가는 이치를 형(形)이라 한다. 그 형체가 정신을 보유하고 각기 그 법칙을 따르는 것을 성(性)이라 한다.

성(性)을 닦으면 덕으로 돌아오고 덕이 지극하면 태초와 같아진다. 태초와 같아지면 곧 허(虛)하게 되고 허하게 되면 곧 대(大)가 된다. 이렇게 무심에 합하고 새가 지저귀는 것같이 무심에 합해지면 천지와 더불어 합일하게 된다. 그래서 그 합일됨은 우두커니 바보도 같고 숙맥도 같으니 이를 일러 현덕(玄德 : 까마득한 곳, 곧 현묘한 도를 얻음)이라 한다. 그래서 멍하니 도에 크게 순종할 따름이다.

[자연의 가장 근본적인 원리는 바로 도이다. 도는 태초부터 존재하였다. 그 도가 모든 자연의 운행을 담당하였기 때문이다. 그러한 도를 따르는 사람이 덕이 있는 사람이다. 따라서 덕이 있는 사람은 삶이 편안하고 자

유로울 뿐이다.]

夫子問於老聃曰 有人治道若相放 可不可 然不然。辯者有言曰 離堅白 若縣寓。若是則可謂聖人乎?
老聃曰 是胥易技係勞形怵心者也。執留之狗成思 猿狙之便自山林來。丘 予告若 而所不能聞與而所不能言。凡有首有趾無心無耳者衆 有形者與無形無狀而皆存者盡無。其動 止也 其死 生也 其廢 起也。此又非其所以也。有治在人 忘乎物 忘乎天 其名爲忘己。忘己之人 是之謂入於天。

부자(夫子: 孔子)가 노담(老聃: 老子)에게 물었다.
"여기 한 사람이 있어 도를 다스림이 남을 비방하는 것과 같아 불가한 것을 가하다고 하고 그렇지 않은 것을 그렇다고 합니다. 그래서 변론가의 말에 〈단단하면서 흰 돌은 하나가 아니고 둘이라는 궤변을 분석해서 마루에 걸어 놓은 것같이 분명하게 된다〉고 했는데 이 사람이 바로 그러하니 이런 사람을 성인이라 할 수 있나요?"
이에 노자는 대답했다.
"이는 미관말직으로 기술에나 얽매어 형체를 수고롭게 하고 마음을 괴롭히는 자이다. 쥐를 잡는 개는 끈에 매어지고 원숭이의 날쌤은 산으로부터 잡혀오게 된다. 구(丘-孔子)여, 나는 자네에게 자네가 들어보지도 못했고 보지도 못했던 것(道)을 알려주리라. 대체로 머리가 있고 발이 있으면서 마음이 없고 귀가 없는 자가 많으며 모양이 없으면서 저 형상이 없는 것(道)과 더불어 함께 존재하는 자는 전혀 없네. 그의 동정(動靜), 사생(死生), 흥망(興亡)은 이런 것이 모두 인위적으로 되는 것이 아니네. 그런데 자네의 다스림은 인위적인데 있네. 사물을 잊고 하늘도 잊으면 그런 것을 이름 지어 망기(忘己: 자기를 잊음)라 하고 자기를 잊은 사람이라야 하늘에 들어간다고 할 수 있네."

[많은 사람들이 이야기하는 지혜는 그 사람들의 주관일 뿐이고 만들어진 것일 뿐이다. 말만 많이 하는 자들 또한 마찬가지이다. 진정한 지혜는 조용하며 자신도 잊고 사물도 잊는 것이다.]

將閭葂見季徹曰 魯君謂葂也曰 請受教。辭不獲命。既已告矣 未知中否。請嘗薦之。吾謂魯君曰 必服恭儉 拔出公忠之屬而無阿私 民孰敢不輯?
季徹局局然笑曰 若夫子之言 於帝王之德 猶螳蜋之怒臂以當車軼 則必不勝任矣 且若是 則其自爲處危 其觀臺多 物將往 投跡者衆。
蔣閭葂覤覤然驚曰 葂也汒若於夫子之所言矣。雖然 願先生之言其風也。
季徹曰 大聖之治天下也 搖蕩民心 使之成教易俗 擧滅其賊心而皆進其獨志。若性之自爲 而民不知其所由然。若然者 豈兄堯舜之教民 溟涬然弟之哉 欲同乎德而心居矣.

장려면(將閭葂 : 노나라의 어진 사람)이 계철(季徹 : 노나라의 어진 사람)을 만나서 말했다.
"노나라 임금이 내게 가르침을 받겠다고 청하여 나는 사양했으나 들어주지 않으므로 이미 말씀드렸습니다. 그런데 그것이 맞는지 안 맞는지 알 수 없어 당신에게 말해 보겠습니다. 내가 노나라 임금에게 말하기를 〈반드시 공손하고 검소하며 공정하고 충성스러운 사람들을 발탁하시되 아부나 사사로움이 없으면 백성들이 누가 감히 화목하지 않겠습니까?〉 라고 했습니다."
그러자 계철은 껄껄 웃으면서 말했다.

"당신의 말 같은 것은 제왕의 덕이 마치 사마귀가 화를 내면서 팔을 걷어 올리고 수레바퀴에 항거하는 것과 같은 것인즉 반드시 그 책임을 이겨내지 못할 것이네. 또 그렇다면 스스로 위험한데 처하게 되어 그것은 관대(觀臺 : 지붕을 한 조망대)에 명색(名色)을 많이 늘어놓아 그리로 발길을 옮기는 자가 많아지는 것과 같은 것이네."

장려면은 깜짝 놀라면서 말했다.

"저는 선생님의 말씀에 망연자실했습니다. 비록 그러나 선생님께서는 그 도를 더 말씀해 주십시오."

이에 계철이 대답했다.

"위대한 성인이 천하를 다스릴 때는 백성들의 마음을 자유로이 풀어놓아 백성들로 하여금 스스로 교화를 이루게 하고 풍속을 바꾸게 하여 그들의 도둑심보를 모두 없어지게 하고 모두가 그들의 독특한 지향(志向)으로 나아가 인간의 본성이 스스로 행하는 대로 맡기되 백성들은 왜 그렇게 되는지 이유도 모르게 된다네. 만일 그렇게 된다면 어찌 저 요순의 백성 교화를 형으로 삼거나 또 망연한 태고로 그것을 아우로 생각하겠는가? 그는 다만 백성들이 덕으로 동화되어 마음이 편하기를 바랄 뿐이네."

[성인이 백성을 다스릴때는 항시 백성들의 본성에 따라 있는 그대로 내버려 두는 쪽을 택한다. 그들을 존중하기 때문이다. 백성을 존중하지 않는 사람이 권력을 잡게 되면 백성보다 자신을 먼저 생각한다. 본인의 꿈을 펼치고자 하며 자신의 생각을 실현시키고자 할 뿐이다. 이로 인해 백성은 고달플 수 밖에 없다. 이것이 덕없는 정치가의 한계이다.]

子貢南遊於楚 反於晉 過漢陰 見一 丈人方將爲圃畦 鑿隧而入井 抱甕而出灌 搰搰然用力甚多而見功寡。

子貢曰 有械於此 一日浸百畦 用力甚寡而見功多 夫子不欲乎?

爲圃者卬而視之曰 柰何 曰 鑿木爲機 後重前輕 挈水若抽 數如泆湯 其名爲槔。爲圃者忿然作色而笑曰 吾聞之吾師 有機械者必有機事 有機事者必有機心。機心存於胸中則純白不備 純白不備 則神生不定 神生不定者 道之所不載也。吾非不知 羞而不爲也。

子貢瞞然慙 俯而不對。

有閒 爲圃者曰 子奚爲者邪?

曰 孔丘之徒也。

爲圃者曰 子非夫博學以擬聖 於於以蓋衆 獨弦哀歌以賣名聲於天下者乎? 汝方將忘汝神氣 墮汝形骸 而庶幾乎 而身之不能治 而何暇治天下乎? 子往矣 無乏吾事。

子貢卑陬失色 頊頊然不自得 行三十里而後愈。

其弟子曰 向之人何爲者邪 夫子何故見之變容失色 終日不自反邪

曰 始吾以爲天下一人耳 不知復有夫人也。吾聞之夫子 事求可 功求成 用力少 見功多者 聖人之道。今徒不然。

執道者德全 德全者形全 形全者神全。神全者 聖人之道也。

托生與民並行而不知其所之 汒乎淳備哉 功利機巧必忘夫人之心。若夫人者 非其志不之 非其心不爲。雖以天下譽之 得其所謂 謷然不顧 以天下非之 失其所謂 儻然不受。天下之非譽 無益損焉 是謂全德之人哉 我之謂風波之民。

反於魯 以告孔子。孔子曰 彼假脩渾沌氏之術者也。識其一 不知其二 治其內 而不治其外。夫明白入素 無爲復朴 體性抱神 以遊世俗之間者 汝將固驚邪 且渾沌之術 予與汝何足以識之哉?

자공(子貢)이 초나라를 유람하다가 진나라로 돌아갈 때 한수(漢水)의 남쪽을 지나가게 되었다. 그때 한 노인을 만나니 그 노인은 바야흐로 밭이랑을 일구려고 굴을 파서 우물로 들어가 물동이를 안고 물을 퍼다 붓는다. 그런데 애써 힘들임이 심히 많으나 효과는 매우 적었다. 그래서 자공이 물었다.

"여기 기계가 있는데 하루에 백 이랑에 물을 댈 수 있습니다. 그러면 힘들임이 매우 적어도 효과는 큽니다. 당신은 그것을 바라지 않습니까?"

그 밭이랑을 일구던 노인이 자공을 쳐다보고 물었다.

"어떻게 하는 것인가?"

"그것은 나무를 파서 기계를 만든 것인데 뒤쪽은 무겁고 앞쪽은 가벼워 물을 끌어당기는 것이 물이 흐르는 듯 하고 빠르기가 넘치는 홍수 같습니다. 그 이름을 용두레라 합니다."

밭이랑을 일구던 노인이 버럭 성을 내다가 곧 웃으면서 말했다.

"내 우리 선생님께서 들으니 기계란 것이 있으면 반드시 꾀를 부리는 일이 있게 되고, 꾀를 부리는 일이 있으면 반드시 꾀를 내는 마음이 생기며, 꾀를 내는 마음이 가슴 속에 있으면 순백한 마음이 갖추어지지 않고, 순백한 마음이 갖추어지지 않으면 신묘한 천성이 안정되지 않으며, 신묘한 천성이 안정되지 않으면 도가 깃들지 않는다 하시네. 내 그것을 알지 못하는 것이 아니라 부끄러워 그것을 사용하지 않는 것이네."

자공이 벌겋게 부끄러워져 고개를 숙이고 대답을 못했다. 이윽고 그 밭이랑을 일구는 노인이 물었다.

"자네는 어떤 자인가?"

"공자님의 제자입니다."

"자네는 대저 박학을 내세워 성인인 척하고 허황된 일로 민중을 겁먹게 하여 홀로 거문고나 타며 애달픈 노래나 부르면서 명성을 천하에 파는 자로군. 자네는 바야흐로 자네의 신기(神氣)를 잊고 자네의 형체마저 잊는다면 아마도 도에 가까워질 것일세. 자네는 아직 자네 한 몸도 다스리지 못하면서 어느 겨를에 천하를 다스리겠나? 자네는 빨리 가게. 내 일을 방해하지 말게."

자공은 부끄러워 얼굴빛을 변하고 멍하니 자신을 찾지 못하고 30리를 가서야 겨우 제 정신이 들었다. 그의 제자가 물었다.

"아까 그 사람은 무엇 하는 사람입니까? 선생님께서는 어째서 그를 보시고 안색을 잃으시고 종일 스스로 기분을 돌리시지 못하십니까?"

"처음에 나는 천하에 한 사람(孔子)만 알았지 다시 저런 사람이 있는 것을 알지 못했다. 내가 선생님께 들으니 '일에는 가능성을 생각하고 공이 이루어지기를 바라며, 힘씀은 적고 효과가 많이 나타나는 것이 성인의 도이다' 라고 하셨다. 그러나 지금은 그렇지가 않고, 도를 지닌 사람은 덕이 온전하고 덕이 온전한 자는 형체가 온전하며 형체가 온전한 자는 정신이 온전하며 정신이 온전한 것이 성인의 도다. 성인은 세상에 생명을 위탁받아 백성과 더불어 살아 가지만 그 가는 곳을 알지 못하며 멍하니 삶을 순박하게 구비하고 있구나. 그래서 공리(功利)나 기교(機巧) 따위가 반드시 그의 마음에 없구나. 그런 사람은 그 뜻이 아니면 가지 않고 그 마음이 아니면 행하지 않으며 비록 천하인이 그를 칭찬하면서 그가 말한 바를 따라도 거만한 모습으로 돌아보지도 않고 천하인이 그를 비난하면서 그의 말한 바를 어겨도 유연히 받아들이지 않는다. 천하인의 칭찬과 비난이 그에게도 아무런 이익과 손해가 없으니 이런 이를 덕이 온전한 사람이라 이른다. 나는 바람 앞의 물결 같은 백성이라 하겠다."

자공은 노나라로 돌아와 공자에게 그 이야기를 했다. 이어 공자는 이렇게 대답했다.

"그는 혼돈씨(渾沌氏 : 〈응제왕편〉에 나오는 칠규를 파다가 숨지게 한 혼돈으로 여기서는 도를 가리킴)의 술(術)을 거짓으로 닦은 자이다. 그 하나는 알고 그 둘을 모르며, 그 안만 다스리고 그 밖을 다스리지 못한다. 대저 참된 도인은 지혜가 명백하면서도 소박한 도로 들어가고, 인위를 버리고 질박함으로 돌아가며, 천성을 체득하고 영민한 정신을 지니면서 세속지간에 노니는 자다. 그런 사람을 만났더라면 이는 진실로 놀랐을 것이다. 또 혼돈씨의 술은 나나 너가 어찌 족히 그것을 인식할 수 있겠는가?"

[여기서 나오는 기계는 인위적인 것을 상징한다. 우리가 만든 인위적인 제도나 규범이 우리을 오히려 구속하는 경우가 너무나 많다. 편의를 위하여 돈이라는 것을 만들었는데 많은 사람이 돈의 노예가 되어 삶을 잃어버리고 평생 돈만 쫓다가 일생을 다 보내버리게 된다. 뿐만 아니라 돈을 더 많이 벌기 위하여 수단과 방법을 가리지 않으며 다른 사람의 삶도 무참히 짓밟는다. 많은 돈을 벌었어도 죽은 후에 그 많은 것을 가져갈 수 조차도 없다. 우리가 살아가면서 가장 중요한 것은 무엇일까? 우리가 만들어 낸 인위적인 것에 우리의 모든 것을 바치며 살아가야 하는 것일까?]

諄芒將東之大壑 適遇苑風於東海之濱。苑風曰 子將奚之?

曰 將之大壑。

曰 奚爲焉?

曰 夫大壑之爲物也 注焉而不滿 酌焉而不竭 吾將遊焉。

苑風曰 夫子無意於橫目之民乎? 願聞聖治。

諄芒曰 聖治乎 官施而不失其宜 拔擧而不失其能 畢見其情事而行其所爲 行言自爲而天下化。手撓顧指 四方之民莫不俱至 此之謂聖治。

願聞德人。

曰 德人者 居無思 行無慮 不藏是非美惡。四海之內共利之之謂悅 共給之之謂安 怊乎若嬰兒之失其母也 儻乎若行而失其道也。財用有餘

而不知其所自來 飮食取足而不知其所從 此謂德人之容。
願聞神人。
曰 上神乘光 與形滅亡 是謂照曠。致命盡情 天地樂而萬事銷亡 萬物復情 此之謂混冥。

순망(諄芒 : 소박한 말더듬이라는 말로 지혜를 잃은 자란 뜻, 또는 안개가 자욱한 모양, 즉 안개를 의인화한 것이라고도 함)이 동쪽의 큰 골짜기, 곧 동해로 가다가 마침 동해 물가에서 원풍(苑風 : 산들바람, 곧 초월자의 철학에 대해 관심이 적은 자란 뜻)을 만났다. 원풍이 물었다.

"당신은 어디로 가십니까?"

"동해로 가는 길이네."

"무엇하러 가십니까?"

"대저 동해의 생김이 물을 부어도 차지 않고 퍼내도 마르지 않아 나는 거기 가서 놀려고 하네."

"당신은 횡목(橫目 : 눈을 가로 했다는 뜻, 오행 안에서 사람의 눈만이 가로로 찢어졌다고 하여 사람을 가리킴, 일반 백성을 말한다)의 백성에 관하여는 뜻이 없습니까? 원컨대 성인의 정치에 대하여 듣고 싶습니다."

"성인의 정치에 대하여 말인가? 관직 임용에 있어서 그 마땅함을 잃지 않고, 인재를 발탁하되 그 유능한 자를 잃지 않으며, 모든 일을 잘 알아 그 행할 바를 행하고, 행동과 언어가 저절로 행해지면서 천하는 교화되어 손으로 부르고 턱으로 가르쳐도 사방의 백성들이 모두 이르지 않음이 없으니 이것을 성인의 정치라 하네."

"원컨대 덕인(德人)에 대하여 들려주십시오."

"덕인이란 가만히 있어도 생각이 없고, 행동을 해도 사려가 없으며, 옳거니 그르거니 좋거니 나쁘거니 하는 따위는 마음속에 간직하지 않는다. 온 천하와 이익을 같이하는 것을 자기의 기쁨이라 하고 다같이 풍족한 것을 자기의 편안이라 이른다. 쓸쓸하기는 어린애가 어머니를 잃은 것 같고, 멍청하기는 길을 가다가 그 길을 잃은 것 같으며, 재물의 쓰임에 이유가 있어도 그것을 어디서 얻는지를 알지 못하고, 음식을 배부르게 먹어도 그것이 어디서 오는지를 의식하지 않는다. 이런 것을 덕인의 모습이라 하네."

"원컨대 신인(神人)에 대하여 듣고 싶습니다."

"신의 경지에 올라 광명을 타고 있으면서 형체마저 잊나니 이를 희광(熙曠 : 끝없이 넓게 비치는 신지(神知)란 뜻)이라 하네. 자기 생명의 근원을 캐고 자연의 본성을 다해서 천지와 더불어 즐기면서 만사를 잊고 만물을 그 본성으로 돌아가게 하니 이를 혼명(混冥 : 혼돈하고 아득함. 곧 도의 작용을 말함)이라 하네."

[여기서는 성인과 덕인 그리고 신인에 대한 이야기를 하고 있다. 세 사람간에는 분명 차이가 있다. 이들이 하는 정치 또한 많은 차이가 있다.]

門無鬼與赤張滿稽觀於武王之師

赤張滿稽曰 不及有虞氏乎 故離此患也。

門無鬼曰 天下均治而有虞氏治之邪 其亂而後治之與?

赤張滿稽曰 天下均治之爲願 而何計以有虞氏爲 有虞氏之藥瘍也 禿而施髢 病而求醫。孝子操藥以脩慈父 其色燋然 聖人羞之。

至德之世 不尙賢 不使能 上如標枝 民如野鹿。端正而不知以爲義 相愛而不知以爲仁 實而不知以爲忠 當而不知以爲信 蠢動而相使 不以爲賜。是故行而(爲)[無]跡 事而無傳。

문무귀(門無鬼 : 문에 귀신이 붙지 못한다는 뜻으로 수문장을 말함)와

적장만계(赤張滿稽 : 〈한비자〉에 나오는 춘추시대 구유국의 현인 적장만지를 우화화했을 것이라 함)가 은나라 주왕을 치러 가는 주나라 무왕의 군대를 구경했다.

적장만계가 말했다.

"유우씨(有虞氏-舜)에게는 미치지 못하기 때문에 이런 환난을 만나는군."

이어 문무귀가 말했다.

"천하가 고르게 다스려지는데, 다시 유우씨가 그것을 다스린 것일까? 세상이 어지러워지자 유우씨가 다스린 것인가?"

적장만계가 대답했다.

"천하가 잘 다스려지는 것은 모든 사람들의 소원일세. 그렇다면 어째서 유우씨로 하여금 천하를 다스리게 했겠는가? 유우씨의 정치는 머리 위 부스럼에 약을 바르는 격이고 대머리에 가발을 씌우는 격이며, 병이 나자 의사를 부르는 격이며, 환자가 약사발을 들고 그 아버지에게 드릴 때 그 얼굴빛이 타는 듯한데 성인은 그것을 부끄러이 여긴다. 지덕(至德)의 세상에서는 어진 이를 숭상하지 않았고, 능한 자를 부리지 않았으며, 윗사람은 나뭇가지처럼 높이 서 있으면서도 백성들은 들의 사슴과 같이 뛰놀았다. 백성들은 단정해도 그것이 의(義)라고 생각지 않았고, 서로 사랑하면서도 그것을 인(仁)으로 여길 줄 몰랐으며, 진실해도 충(忠)이라 여길 줄 모르고, 언행이 일치해도 그것이 신(信)이라 여길 줄 몰랐으며, 부지런히 서로 도와주어도 그것이 은혜라고 여기지 않았다. 그러므로 행하되 자취가 없었고, 일이 있었어도 전해지지 않았다."

[순임금이 세상을 잘 다르렸다고는 하나 자연의 원리에 따라 모든 백성이 자신이 원하는 대로 자유롭게 살아가는 세상보다는 못하다는 것을 말하고 있다. 즉 인위의 정치는 한계가 있음을 이야기하고 있는 것이다.]

孝子不諛其親 忠臣不諂其君 臣子之盛也。親之所言而然 所行而善 則世俗謂之不肖子 君之所言而然 所行而善 則世俗謂之不肖臣。而未知此其必然邪

世俗之所謂然而然之 所謂善而善之 則不謂之道諛之人也 然則俗故嚴於親而尊於君邪 謂己道人 則勃然作色 謂己諛人 則怫然作色。而終身道人也 終身諛人也 合譬飾辭聚衆也是終始本末不相坐。垂衣裳 設采色 動容貌 以媚一世 而不自謂道諛 與夫人之爲徒 通是非 而不自謂衆人 愚之至也。

知其愚者 非大愚也 知其惑者 非大惑也。大惑者 終身不解 大愚者 終身不靈。三人行而一人惑 所適者猶可致也 惑者少也 二人惑則勞而不至 惑者勝也。而今也以天下惑 予雖有祈嚮 不可得也。不亦悲乎?

大聲不入於里耳 折楊皇荂 則嗑然而笑。是故高言不止於衆人之心 至言不出 俗言勝也。以二缶鐘惑 而所適不得矣。而今也以天下惑 予雖有祈嚮 其庸可得邪 知其不可得也而強之 又一惑也 故莫若釋之而不推。不推 誰其比憂 厲之人夜半生其子 遽取火而視之 汲汲然唯恐其似己也。

효자는 그 어버이에게 아첨하지 아니하고, 충신은 그 임금에게 아첨하지 않으니 이는 신하나 자식의 훌륭함이다. 어버이의 말은 모두 긍정하고 어버이의 행동은 모두 착하다고 하면 세상에서는 그를 일러 불초한 자식이라 한다. 임금의 말은 모두 긍정하고 임금의 행동은 모두 착하다고 하면 세상에서는 그를 불초한 신하라 한다. 그러나 그런 평가가 반드시 옳은가는 알지 못하겠다. 세속에서 그렇다 하는 것을 그렇다고 하고, 세속에서 착하다고 하는 것을 착하다고 하면, 그런 이를 아첨하는 이라고 하지 않는다. 그렇다면 세속이 부모보다도 엄하고 임금보다도 존귀한가? 그러나 남이 자기를 영합하는 사람이라고 하면 발끈 성을 내고,

남이 자기를 아첨하는 사람이라고 하면 불끈 낯빛을 고치지만, 그러나 그런 사람은 종신토록 영합하는 사람이고, 종신토록 아첨하는 사람이다. 교묘한 비유나 미사여구를 끌어다가 뭇사람을 모으나 그 말은 끝과 처음, 근본과 말단이 안전하지 못하다. 그들은 옷을 드리우고 아름답게 꾸미며 용모를 움직여 한 세상에 아부하면서도 자기로서는 영합이나 아첨하는 것이라고 말하지 않는다. 남들과 도당을 만들어 옳거니 그르거니 떠들면서도 자기로서는 그들과 한 떼거리라고 말하지 않으니 이는 어리석음이 지극한 것이다.

자기의 어리석음을 아는 자는 큰 어리석음이 아니고 자기의 혹함을 아는 자는 크게 혹함이 아니다. 크게 혹한 자는 종신토록 그 혹함을 풀지 못하고 크게 어리석은 자는 종신토록 그 어리석음을 깨닫지 못한다.

세 사람이 길을 갈 때 한 사람이 길에 홀려도 목적지에 도착할 수가 있다. 홀린 자가 적기 때문이다. 그러나 두 사람이 홀리면 헛수고만 하고 도착할 수가 없으니 홀린 자가 많기 때문이다. 그러나 지금은 천하인이 모두 홀려 있으니 나 홀로 비록 방향을 찾아도 목적지에 도달할 가망성은 없다. 그러니 또한 슬프지 아니한가?

위대한 음악은 속인의 귀에 들어오지 않는다. 그러나 절양(折楊 : 옛날 속악의 이름)이나 황과(皇荂 : 옛날 속악의 이름)을 들으면 와 하고 웃어댄다. 그러므로 고상한 말은 속인의 마음에 들어가지 않는 법이니 진리의 말이 나타나지 않는 것은 상식론이 세상에 깔려 있기 때문이다. 두 길을 가려다가 홀리면 목적지에 도달할 수가 없다. 그러나 지금은 천하가 홀려 있으니 내가 비록 안내자가 된들 어찌 도달할 수가 있겠는가? 불가능한 것을 알면서 억지로 강행하는 것은 또한 하나의 미혹이다. 그런고로 포기하고 추구하지 않는 것만 같지 못하다. 추구하지 않는다면 무슨 근심이 있겠는가? 문둥이가 밤중에 아이를 낳고 급히 불을 끌어다가 살펴보는 것은 자기를 닮았을까 걱정했기 때문이다.

[일반 세상 사람들은 많은 여러 가지 일에 미혹되어 있다. 돈이나 명예, 권력 사람들이 인위적으로 만든 이러한 것에 홀려 있어서 진정한 삶이나 자신에 대해서는 관심이 없다. 올바르고 진실된 것에는 관심이 없고 허상에 몰입하고 있을 뿐이다. 삶은 한번 밖에 주어지지 않는데도 그러한 것에 빠져 헤어나오지를 못하고 있다.]

百年之木 破爲犧尊 青黃而文之 其斷在溝中。比犧尊於溝中之斷 則美惡有間矣 其於失性一也。跖與曾史 行義有間矣 然其失性均也。

且夫失性有五：一曰五色亂目 使目不明 二曰五聲亂耳 使耳不聰 三曰五臭薰鼻 困惾中顙 四曰五味濁口 使口厲爽 五曰趣舍滑心 使性飛揚。此五者 皆生之害也。而楊墨乃始離跂自以爲得 非吾所謂得也。

夫得者困 可以爲得乎 則鳩鴞之在於籠也 亦可以爲得矣。且夫趣舍聲色以柴其內 皮弁鷸冠搢笏紳修以約其外。內支盈於柴柵 外重纆繳 睆睆然在纆繳之中而自以爲得 則是罪人交臂歷指而虎豹在於囊檻 亦可以爲得矣。

백년 묵은 나무를 잘라 제사에 쓰는 술통을 만들어 푸른빛, 누른빛의 칠을 하고 그 잘라버린 것은 도랑 속에다 내버린다. 후에 그 술통을 도랑 속에다 버리면 술통과 그 잘라버린 것을 비교해 보면, 아름답고 미운 것에는 차이가 있으나 그 나무의 본성을 잃은 것은 매한가지이다. 도척과 증삼 사어의 행위에는 차이가 있으나 그 본성을 잃음에는 매한가지이다. 또한 본성을 잃음에는 다섯 가지가 있다. 첫째는 오색이 눈을 어지럽혀 눈을 밝지 못하게 하는 것이고, 둘째는 오성이 귀를 어지럽혀 귀를 밝지 못하게 하는 것이며, 셋째는 오취가 코를 찔러 코가 아프고 머리를 아프게 하는 것이고, 넷째는 오미가 입을 혼탁하게 하여 입을 다치게 하는 것이며, 다섯째는 취하고 버림이 마음을 어지럽혀 본성을 들뜨게 하는 것이다. 이 다섯 가지는 모두 생명의 해가 되는 것이다. 그런데 양주(楊朱)와 묵적(墨翟)은 비로소 이것들을 악착같이 찾아 스스로 진실을 얻었다고 하나 그것은 내가 이른바 얻은 것이 아니다. 대저 저들이 얻은 것이 고생하여 얻은 것이라면 비둘기나 올빼미가 새장 안에 갇히어 있으면서도 스스로 얻었다고 할 수 있다. 또한 대저 취하거나 버리고, 소리나 빛깔로써 자기 마음을 막아 놓고, 가죽갓이나 털갓을 쓰고, 홀(笏)을 허리에 꽂고 띠를 길게 하여 자기의 몸을 묶은 자가 있다. 이렇게 마음을 울타리로 막아 놓고 몸은 몇 겹의 끈으로 묶어 놓고서 그 겹겹이 묶인 가운데서 스스로 얻었다 한다면, 이는 죄인이 수갑을 차고 손가락을 묶이거나, 호랑이와 표범이 철창 안에 있으면서 스스로 진실을 얻었다고 하는 경우나 매한가지이다.

[우리가 살아가면서 가장 중요한 것은 인간이라는 본성을 잃지 않는 것이다. 이것이 바로 우리의 삶을 진정으로 자유롭게 살아갈 수 있는 길이 된다. 본성은 우리의 생명과도 같은 것이다. 사람이 사람으로서 살아갈 수 있는 가장 근본적인 길이다. 그 본성은 바로 자연의 길을 따라 살아가는 것이라 할 수 있다.]

十三 天道第

[천도란 하늘의 도를 말한다. 하늘의 도는 바로 자연의 원리라 할 것이다.]

天道運而無所積 故萬物成 帝道運而無所積 故天下歸 聖道運而無所積 故海內服。明於天 通於聖 六通四辟於帝王之德者 其自爲也 昧然無不靜者矣.

聖人之靜也 非曰靜也善 故靜也。萬物無足以鐃心者 故靜也。水靜則明燭鬚眉 平中準 大匠取法焉。水靜猶明 而況精神 聖人之心靜乎 天地之鑑也 萬物之鏡也。

하늘의 도는 운행하여 막히는 바가 없으므로 만물이 이루어지고, 제왕의 도는 운행하여 막히는 바가 없으므로 천하가 귀의하며, 성인의 도는 운행하여 막히지 않으므로 멈춤이 없어야 한다. 하늘의 도에 밝고 성인의 도에 밝으며 제왕의 도에 널리 통하는 자는 그 스스로 행위함에 혼명(混冥)하여 고요하지 않은 것이 없다. 성인의 고요함은 조용함이 좋은 것이라고 하여 고요함이 아니요, 만물이 그의 마음을 어지럽힐 수가 없기 때문에 고요한 것이다. 물이 고요하면 수염과 눈썹도 밝게 비칠 수가 있고 그 편평함은 수준기(水準器)에 해당하므로 위대한 장인(匠人)이 법으로 삼았다. 물도 고요하면 오히려 밝거늘 하물며 정신인 성인의 마음이 고요함이야 말할 필요가 있겠는가? 그야말로 천지의 거울이요, 만물의 거울이다.

[자연의 운행이 고요함 같이 마음의 고요함이 우리 삶을 자유롭게 한다. 자연은 소리를 내거나 다투지 않는 상태로 조용히 그 운행이 계속된다. 원리를 따르기 때문이다. 우리 삶도 그러한 원리를 따를 때 마음이 편안하고 안락할 수 있다.]

夫虛靜恬淡寂漠無爲者 天地之平而道德之至。故帝王聖人休焉。休則虛 虛則實 實則倫矣。虛則靜 靜則動 動則得矣。靜則無爲 無爲也則任事者責矣。無爲則俞俞 俞俞者憂患不能處 年壽長矣。

夫虛靜恬淡寂漠無爲者 萬物之本也。明此以南鄕 堯之爲君也 明此以北面 舜之爲臣也。以此處上 帝王天子之德也 以此處下 玄聖素王之道也。以此退居而閒游江海 山林之士服 以此進爲而撫世 則功大名顯而天下一也。靜而聖 動而王 無爲也而尊 樸素而天下莫能與之爭美。

대저 허정(虛靜 : 텅 비고 고요한 것), 염담(恬淡 : 거리낌이 없는 것), 적막(寂寞), 무위(無爲)는 천지의 평준이요, 도덕의 본질이다. 그러므로 제왕과 성인은 여기에 머문다. 거기에 쉬면 마음이 허하고 마음이 허하면 진실해지고 진실해지면 도리에 맞는다. 또 마음이 비면 고요해지고 고요하면 움직이며 움직이면 정도(正道)를 걷는다. 또 마음이 고요하면 행위함이 없고 행위함이 없으면 일을 맡기매 책임을 질 수 있다. 또 행위함이 없으면 스스로 즐겁고 스스로 즐거우니 근심 걱정이 그 마음에 깃들 수 없어서 오래 살 수 있다.

대저 허정, 염담, 적막, 무위는 만물의 근본이다. 이것을 밝혀 요가 임금이 되었고, 이것을 밝혀 순이 신하가 되었다. 이것으로 위에 처해 있으면 제왕이나 천자의 덕이 되고, 이것으로 아래에 처해 있으면 현성(玄聖), 소왕(素王 : 현성은 현덕을 가진 성인, 소왕은 제왕이 될만한 덕을 가지고 있으면서 그 직위가 없는 사람)의 도가 된다. 이로써 물러나 살면서 한가히 놀면 강해(江海), 산림 속의 은사들이 복종하고, 이로써 나아가 세상을 다스리면 공적이 크고 이름이 드러나 천하를 통일하게 된다. 고요하면 성인이 되고 움직이면 왕이 되며 행위함이 없어도 높고 소박하면서도 천하에 아무도 그와 더불어 아름다움을 다툴 수가 없다.

[마음을 비우면 마음이 편안해지고 고요해진다. 무엇에 집착하지 않을 수 있고 연연해하지 않을 수 있다. 거기에 삶의 자유가 있다. 마음이 자유롭기에 우리 주위에 많은 일들이 일어나지만 별 차이가 없음을 안다.

夫明白於天地之德者 此之謂大本大宗 與天和者也。所以均調天下 與人和者也。與人和者 謂之人樂 與天和者 謂之天樂。

莊子曰 吾師乎 吾師乎 萬物而不爲戾 澤及萬世而不爲仁 長於上古而不爲壽 覆載天地、刻彫衆形而不爲巧 此之謂天樂。

故曰 知天樂者 其生也天行 其死也物化。靜而與陰同德 動而與陽同波。故知天樂者 無天怨 無人非 無物累 無鬼責。故曰 其動也天 其靜也地 一心定而王天下 其鬼不祟 其魂不疲 一心定而萬物服。言以虛靜推於天地 通於萬物 此之謂天樂。天樂者 聖人之心 以畜天下也。

대저 천지의 덕에 밝게 통한 자를 만물의 대본(大本), 천하의 대종(大宗)이라 하여 하늘과 조화를 이루고 천하를 고르게 조화시키며 사람들과도 화합할 수 있는 자다. 사람과 더불어 화합하는 것을 인락(人樂)이라 하고, 하늘과 더불어 조화를 이루는 것을 천락(天樂)이라 한다. 장자는 이렇게 말했다.

"나의 스승(道)이여, 만물을 분별 있게 구별해 만들어내도 의(義)라고 생각지 않고, 혜택이 만세에 미쳐도 인(仁)이라고 생각지 않으며, 상고

보다 더 오래부터 있어도 수(壽)한다고 여기지 않고, 하늘을 가리고 땅을 실어 일체의 만물을 조각해 내면서도 교(巧)라고 여기지 않는다."

이를 일러 천락이라 한다. 따라서 옛 사람도 이런 말을 했다.

"천락을 아는 자는 살아 있을 때는 천리(天理)를 따라 행동하고 죽을 때는 만물을 따라 변화한다. 고요해서는 음과 더불어 덕을 같이하고, 움직여서는 양과 더불어 흐름을 같이한다."

그러므로 천락을 아는 자는 하늘의 원망을 받지 않고 사람들의 비난을 받지 않으며 사물에 얽매이지 않고 귀신의 질책을 받지 않는다. 그러므로 이런 말을 했다.

"그의 움직임은 하늘과 같고, 그의 고요함은 땅과 같으며 한결같은 마음이 안정되어 천하의 왕이 된다. 귀신도 빌미를 부리지 못하고 혼은 지치지 않으며 한결같은 마음이 안정되어 만물이 복종한다."

이는 허정을 천지로 밀고 나아가 만물에 통하는 것으로서 이를 천락이라 한다. 곧 천락이란 성인의 마음으로써 천하를 기르는 것이다.

[자연과 더불어 살고 사람과 더불어 살아야 한다. 모든 것의 근원은 하나이기 때문이다. 세상의 모든 존재가 따로인 것 같지만 그렇지 않다. 세상의 모든 존재가 조화를 이루어 가면 함께 살아가야 한다. 그래야 모든 것이 편안하다.]

夫帝王之德 以天地爲宗 以道德爲主 以無爲爲常。

無爲也 則用天下而有餘 有爲也 則爲天下用而不足。故古之人貴夫無爲也。上無爲也 下亦無爲也 是下與上同德。下與上同德則不臣。下有爲也 上亦有爲也 是上與下同道。上與下同道則不主。上必無爲而用天下 下必有爲爲天下用。此不易之道也。

대저 제왕의 덕은 천지로써 근본을 삼고 도덕으로써 주장을 삼으며 무위로써 상도(常道)를 삼는다. 무위하면 천하를 다스려도 여유가 있고, 유위하면 천하의 부림을 당해 넉넉함이 없다. 그러므로 옛 사람들도 저 무위를 귀히 여겼다.

그러나 위에서도 무위요, 아래에서도 무위면 이는 아래가 위와 더불어 덕을 같이하는 것이니, 아래가 위와 더불어 덕을 같이 한다면 신하가 될 수 없다. 아래가 유위하고 위에서도 역시 유위하면 이는 위가 아래와 더불어 도를 같이하는 것이니 위가 아래와 더불어 도를 같이 한다면 임금이 될 수 없다. 위는 반드시 무위로써 천하를 부려야 하고 아래는 반드시 유위로써 천하의 쓰임이 되어야 하나니 이는 바꿀 수 없는 도이다.

[이 문단은 순수한 도가의 사상은 아닌 듯하다. 장자는 원래 위나 아래 모두 무위해야 한다고 했는데 여기서는 위로는 무위하고 아래로는 유의해야 말하고 있다.]

故古之王天下者 知雖落天地 不自慮也 辯雖彫萬物 不自說也 能雖窮海內 不自爲也。天不產而萬物化 地不長而萬物育 帝王無爲而天下功。故曰 莫神於天 莫富於地 莫大於帝王。故曰 帝王之德配天地。此乘天地 馳萬物 而用人羣之道也。

本在於上 末在於下 要在於主 詳在於臣。三軍五兵之運 德在末也 賞罰利害 五刑之辟 教之末也 禮法度數 形名比詳 治之末也 鐘鼓之音 羽旄之容 樂之末也 哭泣衰絰 隆殺之服 哀之末也。此五末者 須精神之運 心術之動 然後從之者也。

末學者 古人有之 而非所以先也。

그러므로 옛날 천하의 왕이 된 자는, 그 지혜가 비록 천지를 포괄할 수 있어도 자기 스스로 생각하지 않았고, 변론이 비록 만물을 두루 논할 만할지라도 스스로 말하지 않았으며, 능력이 비록 천하를 다스릴 만하여도 스스로 행위하지 않았다. 하늘은 생산하려 하지 않아도 만물은 길러지며, 제왕은 행위함이 없지만 천하에 공을 이룬다. 그러므로 옛말에도 "하늘보다 더 신묘한 것은 없고 땅보다 더 풍부한 것은 없으며 제왕보다 더 큰 것은 없다"하였다.

그러므로 또 말하기를 "제왕의 덕은 천지의 백필이 된다"고 하였다. 이 무위는 천지를 따라 만물을 부리며 만민을 부리는 도인 것이다. 근본은 위에 있고 말단은 아래에 있어야 한다. 요체는 임금에게 있고 자상한 것은 신하에게 있어야 한다. 삼군(三軍 : 대군(大軍)의 뜻, 주나라 때는 천자는 육군(六軍), 제후는 삼군을 소유했는데, 일군은 일만 이천 오백 명임)과 오병(五兵 : 다섯 가지 무기, 곧 끝이 뭉뚝한 창, 모가 졌으며 날이 없는 창, 갈래가 진 창, 이십 척 길이의 긴 창, 이십 사 척 길이의 긴 창, 일설에는 모(矛), 극(戟), 월(鉞), 순(楯), 궁시(弓矢)를 말하기도 함)을 운용하는 것은 덕의 끝이요, 상벌, 이해(利害), 오형(五刑 : 다섯 가지 형벌, 코를 베는 형벌, 먹글씨를 새기는 형벌, 고환을 거세하는 형벌, 발뒤꿈치를 자르는 형벌, 죽이는 형벌)의 법은 교육의 끝이며, 예의, 범절, 형명(刑名), 비교는 정치의 끝이고, 종고(鐘鼓)의 소리와 우모(羽旄 : 새털이나 짐승털로 꾸민 깃발)의 꾸밈은 무악(舞樂)의 끝이며, 곡읍(哭泣), 최질(최질 : 최는 상복, 질은 상복을 입고 머리나 허리에 두르는 삼으로 만든 띠), 융쇄(隆殺 : 융성하게 하거나 덜어 줄이거나 한다는 뜻으로 오복(五服)의 등급을 매긴다는 뜻)의 복식은 애달픔의 끝이다. 이 다섯 가지 끝(末端)은 정신의 운용과 심술(心術)의 움직임을 기다린 연후에야 종속되는 것이다. 이런 말단을 배움은 옛사람 중에도 있었으나 이것들을 맨 먼저 내세우지는 않았다.

[제왕의 가장 큰 덕은 무위이다. 자연의 원리를 따르고 하늘과 땅에 화합하여야 한다. 조그마한 것에 신경을 쓰다 보면 가장 중요한 것을 놓칠 수가 있다. 사소한 것들에 마음을 빼앗기지 말고 가장 커다란 덕인 도를 따라야 한다.]

君先而臣從 父先而子從 兄先而弟從 長先而少從 男先而女從 夫先而婦從。夫尊卑先後 天地之行也 故聖人取象焉。天尊 地卑 神明之位也 春夏先 秋冬后 四時之序也。萬物化作 萌區有狀 盛衰之殺 變化之流也。

夫天地至神 而有尊卑先後之序 而況人道乎 宗廟尚親 朝廷尚尊 鄉黨尚齒 行事尚賢 大道之序也。語道而非其序者 非其道也 語道而非其道者 安取道?

是故古之明大道者 先明天而道德次之 道德已明而仁義次之 仁義已明而分守次之 分守已明而形名次之 形名已明而因任次之 因任已明而原省次之 原省已明而是非次之 是非已明而賞罰次之。賞罰已明而愚知處宜 貴賤履位 仁賢不肖襲情 必分其能 必由其名。以此事上 以此畜下 以此治物 以此修身 知謀不用 必歸其天。此之謂大平 治之至也。

임금이 앞서고 신하가 따르며 어버이가 앞서고 자식이 따르며 형이 앞서고 아우가 따르며 어른이 앞서고 젊은이가 따르며 남자가 앞서고 여자가 따르며 남편이 앞서고 아내가 따르니 대저 존귀한 이가 앞서고 비천한 자가 따르는 것은 천지의 운행이다. 그러므로 성인(聖人)은 이 형상을 본떴다.

하늘이 높고 땅이 낮은 것은 신명(神明)이 위치요, 봄과 여름이 앞서고 가을과 겨울이 뒤서는 것은 사시(四時)의 차례다. 만물이 변화, 생성할 때 싹이 위로 나오거나 싹이 땅 속에 숨어 있고 무성하거나 쇠약해짐의 차등이 있는 것은 변화의 흐름이다. 대저 천지는 지극히 신묘하여 높고 낮으며 앞서고 뒤서는 차례가 있거늘 하물며 사람의 도에 있어서랴? 종묘(宗廟)에서는 친척을 존중하고 조정에서는 지위를 존중하며 향당(鄕黨)에서는 나이를 존중하고 행사에서는 어진 이를 존중하는 것이 대도(大道)의 차례이다.

도를 말하면서 그 차례를 세우지 않으면 그것은 도가 아니요, 도를 말하면서 그것이 도가 아니면 어떻게 그 도를 취할 것인가? 그러므로 예부터 커다란 도에 밝은 자는 먼저 하늘을 밝힌 뒤에 도덕을 그 다음으로 했고, 도덕이 이미 밝혀지면 분수(分守)를 그 다음으로 했고, 도덕이 이미 밝혀지면 인의(仁義)를 그 다음으로 했으며, 인의가 이미 밝혀지면 형명(刑名)을 그 다음으로 했으며, 형명이 이미 밝혀지면 인임(因任 : 능력에 따라 직책을 임명하는 일)을 그 다음으로 했고, 인임이 이미 밝혀지면 원성(原省 : 사찰(査察)의 뜻)을 그 다음으로 했으며, 원성이 이미 밝혀지면 시비(是非)를 그 다음으로 했고, 시비가 밝혀진 다음에 상벌을 그 다음으로 했다. 상벌이 이미 밝혀져서야 어리석은 자와 지혜로운 자가 그 마땅한 자리에 처할 수 있고 귀한 자와 천한 자가 제 위치에 있을 수 있으며, 인현(仁賢)과 불초(不肖)가 제 실정에 따를 것이다. 그래서 제각기 반드시 능력에 따라 행동하고 반드시 직분의 명칭에 알맞게 되는 것이다. 이런 사실로써 윗사람을 섬기고 이런 사실로써 아랫 사람을 기르며 이로써 사물을 다스리고 이로써 몸을 닦으며 지혜와 꾀를 쓰지 않고서도 반드시 하늘에 돌아가니 이를 일러 태평(太平)이라 하고, 정치의 극치라 한다.

[여기서는 도를 말하면서 차례를 세운다는 말을 하고 있는데 이는 유가

나 법가의 사상의 혼재된 느낌이다.]

故書曰 有形有名。形名者 古人有之 而非所以先也。古之語大道者 五變而形名可舉 九變而賞罰可言也。驟而語形名 不知其本也 驟而語賞罰 不知其始也。倒道而言 迕道而說者 人之所治也 安能治人? 驟而語形名賞罰 此有知治之具 非知治之道。可用於天下 不足以用天下 此之謂辯士 一曲之人也。禮法數度 形名比詳 古人有之。此下之所以事上 非上之所以畜下也。

그러므로 옛 책에서도 말했다. "모양이 있으면 이름이 있다." 형체와 명칭은 옛 사람도 존중했지만 먼저 내세우지는 않았다. 옛날에 대도를 말한 사람들은 다섯 번째 가서야 형명을 말했고 아홉 번째 가서야 상벌을 말했다. 따라서 갑자기 형명을 말하는 것은 그 근본을 모르는 것이며 갑자기 상벌을 말하는 것은 그 시초를 모르는 것이다. 이렇게 도를 거꾸로 말하거나 도를 거슬러 말하는 자는 남의 지배나 받으니 어찌 남을 다스릴 수가 있는가? 갑자기 형명이나 상벌을 말하는 것은, 정치의 도구는 안다 하겠으나 정치의 도리는 알지 못하는 것이요, 천하에게 부림을 당할지언정 천하를 부릴 수는 없다. 이런 이를 "말뿐이고 한 가지 잔재주만 가진 사람"이라 한다. 예법, 법률, 형명, 사찰(査察)은 옛 사람에게도 있었으나 이는 아랫사람으로서 윗사람을 섬기는 도리이니 윗사람이 아랫사람을 기르는 도리는 아니었다.

[형체와 명칭은 어떤 것의 내용과 형식을 뜻한다. 하지만 도가에서는 어떤 것의 내용과 형식을 하나로 생각해야 한다고 말하고 있다. 사물을 굳이 나눌 필요가 없다는 말이다.]

昔者舜問於堯曰 天王之用心何如堯曰 吾不敖無告 不廢窮民 苦死者 嘉孺子而哀婦人 此吾所以用心已。舜曰 美則美矣 而未大也。堯曰 然則何如 舜曰 天德而出寧 日月照而四時行 若晝夜之有經 雲行而雨施矣 堯曰 膠膠擾擾乎 子 天之合也 我人之合也。夫天地者 古之所大也 而黃帝堯舜之所共美也。故古之王天下者 奚爲哉 天地而已矣。

옛날 순이 요에게 물었다.
"임금님께서 마음을 쓰시는 일은 어떤 것입니까?"
요가 대답했다.
"호소할 데 없는 백성을 무시하지 않고 궁한 백성들을 버리지 않으며 죽은 자를 슬퍼하고 어린이를 귀여워하며 부인을 가엾게 여기는 것이네. 이것이 내가 마음을 쓰는 바이네."
순이 말했다.
"좋긴 좋습니다만 아직 위대하지는 못합니다."
요가 물었다.
"그러면 어떻게 하는 것이뇨?"
순이 대답했다.
"하늘은 높고 땅은 편안하며 일월은 비치고 사시는 운행하며 밤낮은 차례가 있고 구름이 일어 비가 내리는 것 같습니다."
요가 말했다.
"공연히 시끄럽게 굴었군. 자네는 하늘과 합한 사람이고 나는 사람과 합한 사람이었군."
대저 천지는 예부터 위대한 것이라, 황제와 요순도 다같이 찬미한 바다. 그러므로 옛날의 임금이 된 이는 어떻게 했는가? 천지의 도를 따랐을 뿐이다.

[사소한 것에 힘쓰는 사람은 진정한 자유로운 삶을 누리지 못한다. 하늘과 땅의 원리인 도에 힘쓰는 사람이야 말로 자유로운 삶을 살아갈 수 있다. 하늘과 땅에 합한 사람이란 이렇게 자연의 원리를 따르는 사람을 말함이다.]

孔子西藏書於周室 子路謀曰 由聞周之徵藏史有老聃者 免而歸居 夫子欲藏書 則試往因焉。

孔子曰 善。往見老聃 而老聃不許 於是繙十二經以說。老聃中其說 曰 大謾 願聞其要。

孔子曰 要在仁義。

老聃曰 請問: 仁義 人之性邪?

孔子曰 然 君子不仁則不成 不義則不生。仁義 真人之性也 又將奚爲矣.

老聃曰 請問: 何謂仁義?

孔子曰 中心物愷 兼愛無私 此仁義之情也。

老聃曰 意 幾乎後言 夫兼愛 不亦迂乎 無私焉 乃私也。夫子若欲使天下無失其牧乎 則天地固有常矣 日月固有明矣 星辰固有列矣 禽獸固有羣矣 樹木固有立矣。夫子亦放德而行 遁道而趨 已至矣 又何偈偈乎揭仁義 若擊鼓而求亡子焉 意 夫子亂人之性也。

공자가 서쪽 주나라로 가서 그곳 서고에다 책을 보관시키려 했다. 이때 자로(子路)가 건의했다.

"제가 듣자니, 주나라의 도서관에 직원으로 노담(老聃-老子)이 있다가 그만두고 돌아갔다고 합니다. 선생님께서 책들을 보관시키려면 시험 삼아 그를 믿지 찾아가 보시지요."

그래서 공자는 말했다. "그것이 좋겠다"하고, 공자는 노담을 찾아가 만났더니 노담은 허락하지 않았다. 이에 공자는 십이경(十二經 : 유가의 열 가지 경서. 곧 주역, 상서, 모시, 예기, 의례, 춘추좌씨전, 공양전, 곡량전, 논어, 효경을 통칭한 것)을 되풀이하여 설명했다.   노담은 그 설명의 중간에서 이렇게 말했다.

"너무 지루하오. 그 요점만 들려주오."

공자는 이렇게 대답했다.

"요점은 인의에 있소이다."

노담은 물었다.

"묻건대, 인의는 사람의 본성인가요?"

공자가 대답했다.

"군자는 인이 아니면 이루지 못하고 의가 아니면 할 수가 없소. 따라서 인의는 진정 사람의 본성이오. 그것을 두고 또 무엇을 하겠소이까?"

노담이 다시 물었다.

"묻건대, 무엇을 인의라 하는 거요?"

공자가 대답했다.

"진심으로 사물과 더불어 즐기고 널리 사랑해서 사심이 없는 것, 이것이 인의의 내용이지요."

이어 노담은 말했다.

"아, 그럴듯하오. 그러나 또 널리 사랑한다고 말하는 것은 또한 우원(迂遠)하지 않소? 사(私)가 없다는 것이 곧 사인 것이오. 선생이 만약 천하로 하여금 그 천성을 기르는 법을 잃지 않게 하고자 하면 이렇게 하시오. 천지는 본래부터 떳떳함이 있고, 일월은 본래부터 밝음이 있으며, 별들은 본래부터 버려져 있고, 금수는 본래부터 떼를 이루어 있으며, 나무는 본래부터 서 있는 법이오. 선생도 또한 덕을 따라 행하고 도를 좇아 나아가면 이미 포괄할 것이요. 그런데 또 어째서 헐레벌떡 인의를 끌어내어 마치 북을 치면서 도망간 사람을 찾듯 하시오. 아, 선생은 사람들의 천성을 어지럽히고 있소."

[하늘과 땅의 원리인 도를 따르면 되는 것이지 인간이 인위적으로 만든 인이나 의 같은 것은 굳이 필요가 없는 것이라고 말하고 있다. 사람이 만든 인위적인 것이 오히려 사람을 구속할 수 있다는 뜻이다.]

士成綺見老子而問曰 吾聞夫子聖人也 吾固不辭遠道而來願見 百舍重趼而不敢息。今吾觀子 非聖人也 鼠壤有餘蔬 而棄妹之者 不仁也 生熟不盡於前 而積斂無崖。老子漠然不應。

士成綺明日復見 曰 昔者吾有刺於子 今吾心正卻矣 何故也

老子曰 夫巧知神聖之人 吾自以爲脫焉。昔者子呼我牛也而謂之牛 呼我馬也而謂之馬。苟有其實 人與之名而弗受 再受其殃。吾服也恆服 吾非以服有服。

士成綺鴈行避影 履行遂進而問: 修身若何。

老子曰 而容崖然 而目衝然 而顙頯然 而口闞然 而狀義然 似繫馬而止也。動而持 發也機 察而審 知巧而覩於泰 凡以爲不信。邊竟有人焉 其名爲竊。

사성기(士成綺 : 춘추시대 진나라 대부일 것이라 함)는 노자를 만나 물었다.

"나는 선생이 성인이라는 소문을 듣고 먼 길을 굳이 마다하지 않고 와서 만나기를 원하는 것입니다. 삼천리나 먼 길을 걷노라면 발이 부르터도 감히 쉬지 않고 이제 와서 당신을 보니 성인이 아니군요. 쥐구멍에 밥찌꺼기가 흩어져 있는데도 누이를 돌보지 않으니 인자하지 않고, 날 음식과 익은 음식이 앞에 무신히 쌓여 있는데도 재산 모으기를 그치지 않는구려."

노자는 멍하니 대답이 없었다. 사성기는 이튿날 다시 와서 보고 말했다.

"어제 저는 당신을 매우 비난했으나 오늘은 내 마음에 그런 생각이 아주 없어졌으니 어째서인가요?"

노자가 대답했다.

"대저 교묘하고 지혜 있고 신성한 사람들로부터 나는 스스로 벗어났다고 생각하네. 어제 자네가 나를 소라고 불렀다면 나는 소라고 했을 것이고, 나를 말이라고 불렀다면 나는 말이라고 했을 것이네. 진실로 그러한 일이 있어 남이 나에게 그런 명칭을 붙여 주었는데도 받아들이지 않으면 다시 재앙을 받게 되네. 나의 복종은 변함없는 복종으로서 나는 복종한다고 의식하고서 복종하는 것은 아니네."

사성기는 떠나가는 노자의 뒤를 따라가며 그림자를 피하며 잔걸음으로 쫓아가 물었다.

"수신(修身)은 어떻게 하는 것입니까?"

노자가 말했다.

"네 얼굴은 특이하고 네 눈은 튀어 나왔으며 네 이마는 넓고 네 입은 크며 네 태도는 우뚝하여 마치 달리는 말을 매어놓은 것 같구나. 움직이는 것을 억지로 참고 있다가 움직이기만 하면 화살이 활을 떠나듯, 살피면 너무 밝아 재주와 꾀로써 너무 교만하다. 무릇 이런 것들은 믿을 것이 못되어 변경에 너 같은 자가 있으면, 그를 도둑이라고 부르리라."

[모든 것을 있는 그대로 받아들이는 것이 도의 길이다. 다른 사람에 의한 평가가 기준은 아무런 의미가 없다. 타인이 나을 칭찬하거나 비난하는 것도 전혀 의미가 없다. 그러한 기준은 지극히 주관적인 것이며 자연의 길이 아니기 때문이다.]

老子曰 夫道 於大不終 於小不遺 故萬物備。廣廣乎其無不容也 淵乎其不可測也。形德仁義 神之末也 非至人孰能定之?
夫至人有世 不亦大乎 而不足以爲之累。天下奮棅而不與之偕 審乎無假而不與利遷 極物之真 能守其本 故外天地 遺萬物 而神未嘗有所困也。通乎道 合乎德 通仁義 賓禮樂 至人之心有所定矣。

다시 노자가 말했다.
"대저 도는 커도 다하지 않고 작아도 버리지 않는다. 그러므로 만물이 갖추어진다. 넓고 넓어 그것이 포용하지 않음이 없고 깊고 깊어서 헤아릴 수가 없다. 형덕(刑德-賞罰)이나 인의는 신명(神明)의 발달이니 지인(至人)이 아니면 누가 능히 그것을 판단할 수 있으랴? 대저 지인이 천하를 소유했으니 또한 위대하지 않은가? 그러나 그것에 얽매이지 않는다. 천하가 권세를 다투어도 그들과 함께 하지 않고 진실을 살펴 이익을 따라 움직이지 않으며, 사물의 진실을 규명하여 그 근본을 지킬 수 있다. 그러므로 천지를 버리고 만물을 잊어서 그 정신이 일찍이 고통을 받는 바가 없다. 도와 통하고 덕에 합해서 인의를 물리치고 예악을 물리친다. 따라서 지인의 마음은 안정된 바가 있다."

[하늘과 땅의 운행의 원리에 따르는 사람이 즉, 도를 따르는 사람이 위대한 사람이다. 인간이 인위적으로 만들어 낸 규범을 따르는 것은 자연의 본성과 어긋난다. 따라서 이러한 인위적을 것을 물리쳐야 지극한 사람이 될 수 있다.

世之所貴道者 書也。書不過語 語有貴也。語之所貴者 意也 意有所隨。意之所隨者 不可以言傳也 而世因貴言傳書。世雖貴之 我猶不足貴也 爲其貴非其貴也。

故視而可見者 形與色也 聽而可聞者 名與聲也。悲夫 世人以形色名聲爲足以得彼之情 夫形色名聲果不足以得彼之情 則知者不言 言者不知 而世豈識之哉?

桓公讀書於堂上 輪扁斲輪於堂下 釋椎鑿而上 問桓公曰 敢問: 公之所讀者何言邪?

公曰 聖人之言也。

曰 聖人在乎 公曰 已死矣。

曰 然則君之所讀者 古人之糟魄已夫

桓公曰 寡人讀書 輪人安得議乎 有說則可 無說則死

輪扁曰 臣也以臣之事觀之。斲輪 徐則甘而不固 疾則苦而不入。不徐不疾 得之於手而應於心 口不能言 有數存焉於其間。臣不能以喩臣之子 臣之子亦不能受之於臣 是以行年七十而老斲輪。古之人與其不可傳也死矣 然則君之所讀者 古人之糟魄已夫!

세상에 도를 귀히 여겨 찾는 데는 책이 있어야 한다. 그러나 책은 말을 기록해 놓은 데 불과하고 말이 귀히 여기는 것은 뜻이다. 그런데 그 뜻은 추구하는 바가 있는데 그 뜻이 추구하는 바는 말로써는 전할 수가 없다. 그러나 세상 사람들은 말을 귀히 여겨 책을 전한다. 세상 사람들이 비록 그것을 귀히 여기나 오히려 귀하게 여길 것이 못된다. 그들이 기하게 여기나 그것이 귀한 것은 아니다. 그러므로 보아서 볼 수 있는 것은 모양과 빛이요, 들어서 들을 수 있는 것은 이름과 소리이다. 슬프다. 세상 사람들은 모양과 빛, 이름과 소리로써 저 도의 진실을 알 수가 없다. 대저 모양과 빛, 이름과 소리로써 저 도의 진실을 알 수가 있다면 아는 자는 말하지 않고 말하는 자는 알지 못한 사람이니 세상 사람들이 어찌 그것을 알까?

제환공이 대청 위에서 책을 읽고 있을 때 윤편(輪扁 : 수레바퀴를 깎는 것을 직업으로 하던 사람)은 대청 아래서 수레바퀴를 깎고 있었다. 망치와 끌을 놓고서 제환공에게 물었다.

"대왕께서 읽으시는 것은 무슨 책입니까?"

"성인의 말씀이시니라."

"그 성인은 지금 살아 계십니까?"

"이미 돌아가셨느니라."

"그렇다면 대왕께서 읽으시는 것은 옛 사람의 찌꺼기입니다."

"과인이 책을 읽는데 수레바퀴나 깎는 네놈이 무슨 참견이냐? 네 변명할 구실이 있으면 좋거니와 변명을 못하면 죽이리라."

"저는 제가 하는 일의 경험에서 말씀드리겠습니다. 수레바퀴를 깎을 때 느리면 헐렁해서 꼭 끼이지 못하고 빨리 깎으면 빡빡해서 들어가지 않습니다. 느리지도 않고 빠르지도 않는 것은 손에 익숙하여 마음에 응하는 것이라, 입으로는 표현할 수가 없습니다. 그 사이에는 익숙한 기술이 있는 것이나 저는 그것을 제 자식에게 가르칠 수가 없고 제 자식도 그것을 저에게서 배워갈 수가 없어서 이렇게 제 나이 칠십이 되도록 늙게까지 수레바퀴를 깎고 있습니다. 옛날의 성인도 마찬가지로 깨달은 바를 전하지 못하고 죽었을 것입니다. 그러니 대왕께서 읽으시는 것도 옛 사람의 찌꺼기일 뿐입니다."

[사람에 의한 말이나 글은 자연의 원리인 도를 표현하는 데 있어 한계가 있다. 자연의 원리는 그것을 넘어서기 때문이다. 더우기 옛사람이 말한 것이나 글은 절대적인 것이 아니다. 하지만 많은 사람들은 그러한 지식을 절대적이라고 생각하고 있다.]

十四 天運第

[천운이란 하늘의 운행을 말함이다. 자연의 원리에 대한 이해가 우리들의 삶의 원리가 되어야 한다. 인간도 자연의 일부이기 때문이다.]

天其運乎? 地其處乎? 日月其爭於所乎? 孰主張是? 孰維綱是? 孰居無事推而行是? 意者其有機緘而不得已邪? 意者其運轉而不能自止邪?
雲者爲雨乎? 雨者爲雲乎? 孰隆施是? 孰居無事淫樂而勸是?
風起北方 一西一東 有上彷徨。孰噓吸是? 孰居無事而披拂是? 敢問何故

巫咸袑曰 來 吾語女。天有六極五常 帝王順之則治 逆之則凶。九洛之事 治成德備 監照下土 天下戴之 此謂上皇。

하늘은 움직이는가? 땅은 가만히 그대로 있는가? 해와 달이 그 장소를 다투는가? 누가 이를 주재하고 누가 이를 유지케 하며 누가 일 없이 거처하면서 이를 운행시켜 나가는가? 혹은 무슨 조화 속이 있어 부득이 해서 그런가? 혹은 스스로 움직여 스스로도 멈출 수가 없음인가?
구름이 비가 되는가? 비가 구름이 되는가? 누가 이것을 베풀며, 누가 일 없이 거처하면서 장난삼아 이를 만들어내는가? 바람이 북쪽에서 일어나 서쪽으로 가기도 하고, 동쪽으로 가기도 하며 위로 올라가 방황하기도 한다. 누가 이를 뿜어내고 빨아들이며 누가 일 없이 거처하면서 이를 선동하는가? 감히 그 까닭을 묻는다.
무함(巫咸 : 무당을 직업으로 하는 함이라는 남자)이 손짓을 하면서 이렇게 말했다.

"오라, 내 너에게 말하리라. 하늘에는 육극(六極: 동서남북과 상하)과 오상(五常 : 금, 목, 수, 화, 토)이 있어 제왕이 이것들을 따르면 천하가 다스려지고 이것들을 거스르면 천하는 어지러워진다. 구락(九洛 : 천제가 하나라의 시조 우에게 내려 주었다는 홍범구주(洪範九疇), 이 홍범구주가 낙수(洛水)에서 거북 등에 기록되어 전해졌다고 하여 낙서구주라고도 하고, 이를 줄여 구락이라고도 함. 홍범은 큰 규범이란 뜻이고 구주란 아홉 가지 법칙으로서 1. 오행 2. 오사 3. 팔정 4. 오기 5. 황극 6. 삼덕 7. 계의 8. 서징 9. 육극을 말함)에 기록된 것을 보면 정치가 완성되고 덕이 갖추어지면 이는 천하를 두루 비추고 천하인은 그를 떠받들 것이니 이를 일러 상황(上皇)이라 한다."

[하늘의 운행의 원리를 따라 덕을 쌓아 정치를 할 필요가 있다고 말하고 있다.]

商大宰蕩問仁於莊子。莊子曰 虎狼 仁也。

曰 何謂也?

莊子曰 父子相親 何爲不仁?

曰 請問至仁。

莊子曰 至仁無親。

大宰曰 蕩聞之 無親則不愛 不愛則不孝。謂至仁不孝 可乎?

莊子曰 不然 夫至仁尚矣 孝固不足以言之。此非過孝之言也 不及孝之言也。夫南行者至於郢 北面而不見冥山 是何也 則去之遠也。故曰 以敬孝易 以愛孝難 以愛孝易 以忘親難 忘親易 使親忘我難 使親忘我易 兼忘天下難 兼忘天下易 使天下兼忘我難。夫德遺堯舜而不爲也 利澤施於萬世 天下莫知也 豈直大息而言仁孝乎哉?

夫孝悌仁義 忠信貞廉 此皆自勉以役其德者也 不足多也。故曰 至貴 國爵並焉 至富 國財並焉 至願 名譽並焉。是以道不渝。

상(商-宋)나라 재상 탕(蕩)이 장자에게 인(仁)에 대하여 묻자, 장자는 이렇게 대답했다.

"호랑이가 인이요."

"그게 무슨 뜻이오?"

"부자간에 서로 친하니 어찌 인이라 아니 하겠소?"

"지극한 인에 대하여 묻고자 하오."

"지극한 인은 친함이 없는 것이오."

"내가 들으니, 친함이 없으면 사랑하지 않고, 사랑하지 않으면 효도가 아니라고 하였소. 지극한 인이 효를 하지 않아서야 되겠소?"

"그렇지 않소. 대저 지극한 인은 높은 것이라 효는 본디 말할 것이 못 되오. 당신이 말하는 이 효는 효를 넘어선 말도 아니고 효에 미치지도 못하는 말이오. 대저 남쪽으로 여행하는 자가 영(郢 : 초나라의 서울)에까지 가서 북쪽을 바라보면 명산(冥山 : 북해에 있다는 산 이름)이 보이지 않소. 이는 어째서일까? 너무 멀리 왔기 때문이오. 그러므로 이런 말이 있소. '공경으로써 효도하기는 쉬워도 사랑으로써 효도하기는 어렵다. 사랑으로서 효도하기는 쉬워도 어버이를 잊는 것은 어렵다. 어버이를 잊는 것은 쉬워도 어버이로 하여금 나를 잊게 하는 것은 어렵다. 어버이로 하여금 나를 잊게 하는 것은 쉬워도 천하를 널리 잊는 것은 어렵다. 천하를 널리 잊는 것은 쉬워도 천하로 하여금 널리 나를 잊게 하는 것은 어려운 것이다.' 대저 덕은 요순도 잊어 행하지 않으며 윤택이 만세에 베풀어졌으나 천하는 그것을 알지 못하오. 그러니 어찌 곧장 크게 한숨을 쉬면서 인이나 효를 말할 수 있겠소? 대저 효제(孝悌), 인의(仁義), 충신(忠信), 정렴(貞廉) 등 이것들은 모두 스스로 힘써 그 덕을 부리는 것으로서 숭상할 것이 못되오. 그러므로 이런 말이 있소. '지극히 귀함은 나라의 벼슬도 버리고, 자극한 부(富)는 나라의 재물도 버리며, 지극한 소원은 명예도 버린다.' 이러므로 도는 벌하지 않는 것이오."

[지극한 효는 부모의 존재도 잊고 부모로 하여금 자신의 존재도 잊게 하는 것이고, 지극한 인이란 천하도 잊고 천하로 하여금 자신도 잊게 하는 것이라 말하고 있다. 이러한 것이 바로 자연의 원리인 도를 따르면 나타나는 현상이다.]

北門成問於黃帝曰 帝張咸池之樂於洞庭之野 吾始聞之懼 復聞之怠 卒聞之而惑 蕩蕩默默 乃不自得。

帝曰 汝殆其然哉 吾奏之以人 徵之以天 行之以禮義 建之以大清。夫至樂者 先應之以人事 順之以天理 行之以五德 應之以自然 然後調理四時 太和萬物。四時迭起 萬物循生 一盛一衰 文武倫經 一清一濁 陰陽調和.

流光其聲 蟄蟲始作 吾驚之以雷霆 其卒無尾 其始無首 一死一生 一僨一起 所常無窮 而一不可待。汝故懼也。

吾又奏之以陰陽之和 燭之以日月之明 其聲能短能長 能柔能剛 變化齊一 不主故常 在谷滿谷 在阬滿阬 塗卻守神 以物爲量。其聲揮綽 其名高明。是故鬼神守其幽 日月星辰行其紀。吾止之於有窮 流之於無止。予欲慮之而不能知也 望之而不能見也 逐之而不能及也 儻然立於四虛之道 倚於槁梧而吟。目知窮乎所欲見 力屈乎所欲逐 吾既不及已夫 形充空虛 乃至委蛇。汝委蛇 故怠。

吾又奏之以無怠之聲 調之以自然之命 故若混逐叢生 林樂而無形 布揮而不曳 幽昏而無聲。動於無方 居於窈冥 或謂之死 或謂之生 或謂之實 或謂之榮 行流散徙 不主常聲。世疑之 稽於聖人。聖也者 達於情而遂於命也。天機不張而五官皆備。此之謂天樂 無言而心說。故有焱氏爲之頌曰 聽之不聞其聲 視之不見其形 充滿天地 苞裹六極。汝欲聽之而無接焉 而故惑也。樂也者 始於懼 懼故祟 吾又次之以怠 怠故遁卒之於惑 惑故愚 愚故道 道可載而與之俱也。

북문성(北門成 : 성문 북쪽에 사는 성이라는 남자)이 황제(黃帝)에게 물었다.

"폐하께서 함지(咸池 : 황제가 만들었다는 음악 이름)의 음악을 동정(洞庭)의 벌에서 연주하셨을 때, 저는 처음 듣고선 두려워했고, 다시 듣고선 나른해졌으며 끝까지 듣고서는 멍해져서 어쩔 줄을 몰랐습니다."

이에 황제가 말했다.

"자네는 아마 그랬을 것이네. 나는 사람의 일을 따라 연주하다가 하늘의 이치를 따라 골랐었다. 곧 예의를 따라 연주하다가 태청(太淸-天)을 따라 근본을 확립한 것이다. 대저 지극한 음악은 먼저 사람의 일에 응하고 하늘의 이치를 좇으며 오덕(五德 : 仁 義 禮 智 信을 말함)을 행하다가 자연에 응하는 것이다. 그런 뒤에 사시(四時)를 고르게 다스리고 만물을 크게 조화시킨다. 따라서 사시는 서로 바꾸어 일어나고 만물이 순환하여 생겨난다. 한번 성했다가 한번 쇠약해져서 문과 무가 차례를 얻고, 한번 맑았다가 한번 흐려져 음과 양이 조화를 이룬다. 그 소리를 우렁차게 흘려보내어 칩거해 있던 벌레들이 움직이기 시작하며 나는 우뢰로써 그것들을 놀라게 하였다. 그것이 끝나도 꼬리가 없고 그것이 시작되어도 머리가 없으며 한 소리가 죽으면 한 소리가 생겨나고 한 소리가 엎디면 한 소리가 일어나 항상 끝이 없어 하나도 예측할 수가 없다. 그러므로 자네가 두려워한 것이네. 네가 또 음양의 조화로써 연주하고 일월의 밝음으로써 비추어, 그 소리가 짧을 수도 있고 길 수도 있으며 부드러울 수도 있고 굳셀 수도 있었다. 이렇게 변화가 가지런하고 한결같아 예스럽고 고정됨을 주로 하지 않았기 때문이다. 그래서 골짜기를 만나면 골짜기에 가득 차고 구멍을 만나면 구멍에 가득 찼다. 그때는 모든 간극(間隙)을 막고 정신을 지켜 물(物)에 따라 양(量)을 삼았으므로 그 소리는 밝게 빛나고 그 가락은 높게 밝았다. 그러므로 귀신도 그 유명(幽冥)을 지키고 일월성신도 그 궤도대로 운행했다. 이는 내가 그 끝날 데에서 그치고 그치지 않을 곳에서는 이어갔기 때문이다. 그래서 자네는 생각을 보려 하나 알 수가 없고 바라보아도 볼 수가 없었으며 쫓아가도 미치지 못하였다. 그래서 자네는 멍하니 사방의 빈 길에서 서서 혹은 책상에 기대어 신음했던 것이다. 따라서 눈은 보고자 하는 앞에서 끝나고 힘은 쫓아가고자 하는 앞에서 맥이 빠졌다. 이런 음악에 대해서는 나도 이미 미치지 못하였었다. 그래서 형체가 허공에 충만하거나 내지는 무심히 순종하였으니 자네의 순종도 그래서 나태해진 것이네. 그리고 나는 또한 나태함이 없는 소리로써 연주하고 자연의 생명의 구름으로써 골랐었다. 그러므로 그 소리는 홀연히 무더기로 나오는 것 같고 숲의 음악이 형체가 없는 것 같으며 널리 퍼져 한가락에 끌리지 않고 그윽하고 아득하여 소리가 없는 듯하다. 그리하여 방향이 없이 움직이고 아득하고 그윽한데서 멈춘다. 따라서 어떤 이는 그것을 죽었다 하고, 어떤 이는 그것을 살았다 하고 어떤 이는 그것을 실하다 하고 어떤 이는 그것을 허하다고 한다. 그리고 흐르며 흩어지고 옮겨 일정한 가락에 얽매이지 않는다. 그래서 세상 사람들은 그것을 의심하여 성인에게 물으려 한다. 성인이란 사물의 정에 통하고 하늘의 명에 순종하는 자다. 정신을 쓰지 않아도 오관(五官)이 모두 제 구실 하는 것이다. 이것을 일러 천락(天樂)이라 하고 말이 없이 마음은 기쁘다. 그러므로 유염씨(有焱氏 : 옛날 제왕의 이름. 신농씨라는 설도 있음)는 이를 찬송하여 말하기를, '들어도 그 소리를 들을 수 없고, 보아도 그 모양을 볼 수 없으며 천지에 가득 차 있고 육극을 싸고 있다.' 하였다. 따라서 자네는 들으려 했으나 들을 수가 없었으므로 홀렸던 것이네. 나는 음악을 두려움에서 시작했으나 두렵기 때문에 재난인가 느낀다. 나는 또 다음을 게으름으로써 연주하니 게으름을 느끼기 때문에 달아나며, 혹하는 데서 마치니 현혹하기 때문에 어리석어지며 어리석어져야 도를 깨닫는 것이다. 그래야 도와 한 몸이 될 수 있는 것이네."

[지극한 도란 무엇일까? 여기서는 지극한 음악이 무엇인지를 설명하면서 지극한 도에 대한 간접적인 설명을 하고 있다. 지극한 음악이란 소리가 다르지만 조화가 되어 하나로 들리는 것을 말한다. 마찬가지로 도란 만물이 다르지만 하나의 원리로 통일되어 운행되는 것을 말함이다. 이러한 도를 따를 때 우리는 진정 자유롭고 평안한 삶을 살아갈 수 있다는 뜻이다.]

孔子西遊於衛 顔淵問師金曰 以夫子之行爲奚如?

師金曰 惜乎 而夫子其窮哉!

顔淵曰 何也?

師金曰 夫芻狗之未陳也 盛以篋衍 巾以文繡 尸祝齊戒以將之。及其已陳也 行者踐其首脊 蘇者取而爨之而已 將復取而盛以篋衍 巾以文繡 遊居寢臥其下 彼不得夢 必且數眯焉。

今而夫子 亦取先王已陳芻狗 聚弟子游居寢臥其下。故伐樹於宋 削跡於衛 窮於商周 是非其夢邪 圍於陳蔡之間 七日不火食 死生相與鄰 是非其眯邪?

夫水行莫如用舟 而陸行莫如用車。以舟之可行於水也而求推之於陸 則沒世不行尋常。古今非水陸與? 周魯非舟車與? 今蘄行周於魯 是猶推舟於陸也 勞而無功 身必有殃。

彼未知夫無方之傳 應物而不窮者也。且子獨不見夫桔槔者乎 引之則

俯 舍之則仰。彼 人之所引 非引人也。故俯仰而不得罪於人。
故夫三皇五帝之禮義法度 不矜於同而矜於治。故譬三皇五帝之禮義法度 其猶柤梨橘柚邪 其味相反而皆可於口。故禮義法度者 應時而變者也。今取猨狙而衣以周公之服 彼必齕齧挽裂 盡去而後慊。觀古今之異 猶猨狙之異乎周公也。
故西施病心而矉其里 其里之醜人見之而美之 歸亦捧心而矉其里。其里之富人見之 堅閉門而不出 貧人見之 挈妻子而去走。彼知矉美而不知矉之所以美。惜乎 而夫子其窮哉.

공자가 서쪽으로 위나라에 유세를 떠났을 때 일이다. 안연(顔淵) 이 사금(師金 : 노나라의 악사 이름은 금)에게 물었다.
"우리 선생님의 이번 여행은 어떻겠습니까?"
사금이 대답했다.
"애석하오. 당신의 선생은 궁지에 빠질 것이오."
안연이 물었다.
"어째서요?"
이에 사금은 이렇게 대답했다.
"대저 추구(芻狗 : 짚으로 만든 개로써, 옛날 중국에서 제사 때 쓰고 나면 버렸으므로 아무 가치 없이 되어버린 물건에 비유한다)가 제단에 진설되기 전에는 대나무 상자에 담기고 아름다운 비단으로 덮어씌워져 시축(尸祝－祭主)은 재계하고 그것을 보내나 제사가 끝나버리면 길 가는 사람들이 그 머리나 등을 밟고 풀 베는 이들은 그것을 모아 태워버릴 뿐이다. 그리고 다시 그것을 주워다 대나무 상자에 넣고 아름다운 비단으로 싸서 그 밑에서 놀며, 거처하거나 누우면 그는 좋은 꿈을 꾸지 못하고 반드시 자주 가위에 눌릴 것이다. 그런데 지금 자네의 선생도 선왕(先王)들이 이미 베풀어 놓았던 추구를 주워다가 제자들을 모아 그 아래에서 놀고 거처하며 누워있다. 그러므로 송나라에서는 나무 밑에 앉았다가 나무를 잘리었고(공자가 제자들을 데리고 송나라에 갔다가 나무 밑에 쉬면서 강의를 할 때 환희란 자가 그 나무를 베어버려 깔려 죽을 뻔한 일이 있었음), 위나라에서는 종적을 감추어야 했으며, 상(商-宋), 주(周)의 지역에서는 매우 궁한 처지를 당했으니 이것이 그런 꿈이 아닌가? 진(陳), 채(蔡)의 국경 사이에서는 7일 동안이나 끼니를 굶어 사생(死生)을 서로 이웃했으니 이는 그런 가위에 눌림이 아닌가? 대저 물로 가는 데는 배를 이용함만 같지 못하고, 뭍으로 가는 데는 수레를 이용함만 같지 못하다. 따라서 배는 물로만 갈 수 있는데 그것을 뭍으로 가게 하면 평생에 심상(尋常 : 1심은 8척, 1상은 2심, 곧 짧은 거리를 말함)을 가지 못한다. 그러니 옛날과 지금은 물과 뭍과의 차이가 아닌가? 노(魯)는 배와 수레의 격이 아닌가? 지금 주나라의 모든 제도를 노나라에서 행하려 하니 이는 배를 뭍으로 밀고 가는 것과 같아 수고롭지만 공이 없고 몸엔 반드시 재앙이 있으리라. 그는 저 방향이 없는 변전(變轉), 곧 사물에 응하여 막힘이 없는 것을 알지 못하는도다. 또 그대만이 용두레를 못 보았는가? 잡아 당기면 올라가고 내버려 두면 내려가 사람의 당김을 받을 뿐 사람을 끌어당기지는 못한다. 그러므로 내려갔다 올라갔다하며 사람에게 꾸짖음을 받지 않는다. 그런고로 저 삼황오제의 예의와 법도는 꼭 같은 점에서 숭상된 것이 아니고 잘 다스려진 점에서 숭상을 받았다. 따라서 삼황오제의 예의 법도는 비유컨대 아가위, 배, 귤, 유자와 같다고 할까? 그 맛은 제각기 다르지만 모두가 입에 맞는다. 그러므로 예의 법도란 때를 따라 변하는 것이다. 지금 원숭이를 잡아다가 주공(周公)의 옷을 입힌다면 그놈은 반드시 물어뜯고 찢어버려 완전히 벗어버린 뒤에야 흡족해 할 것이다. 옛날과 지금의 차이를 볼 때 원숭이와 주공이 다른 것과 같다. 그런 까닭으로 서시(西施)가 심장을 앓아 그 마을에서 눈살을 찌푸렸고, 그 동네의 추녀들이 이것을 보고 매우 아름답게 여겨 집에 돌아가서는 모두 가슴을 움켜쥐고 그 마을에서 눈살을 찌푸렸다. 그래서 그 동네의 부자들이 문을 단단히 닫고 나오지 않고 가난한 사람들은 이를 보고 처자를 데리고 떠나가 버렸다. 그들 추녀들은 눈살을 찌푸리는 것을 찬미할 줄만 알았지, 눈살 찌푸리는 것이 찬미 받아야 할 까닭을 알지 못했다. 아깝다! 자네 선생은 곤경을 당할 것이네."

[옛것만을 따르는 것은 문제가 있다. 그것이 완벽하지도 않을뿐더러 시간이 지나면서 변화가 생기기 때문이다. 옛날에 아무리 똑똑한 현인이 말한 것이나 만들어낸 것이라 할지라도 그것에는 항상 한계가 있기 마련이다. 이러한 것을 넘어설 수 있는 진리가 필요하다.]

孔子行年五十有一而不聞道 乃南之沛見老聃。老聃曰 子來乎 吾聞子 北方之賢者也 子亦得道乎?

孔子曰 未得也。

老子曰 子惡乎求之哉?

曰 吾求之於度數 五年而未得也。

老子曰 子又惡乎求之哉?

曰 吾求之於陰陽 十有二年而未得也。

老子曰 然 使道而可獻 則人莫不獻之於其君 使道而可進 則人莫不進之於其親 使道而可以告人 則人莫不告其兄弟 使道而可以與人 則人莫不與其子孫。然而不可者 無佗也 中無主而不止 外無正而不行。由中出者 不受於外聖人不出 由外入者 無主於中 聖人不隱。名公器也 不可多取。仁義 先王之蘧廬也 止可以一宿而不可久處 覯而多責。古之至人 假道於仁 託宿於義 以遊逍遙之虛 食於苟簡之田 立於不貸之圃。逍遙 無爲也 苟簡 易養也 不貸 無出也。古者謂是采真之遊。

以富爲是者 不能讓祿 以顯爲是者 不能讓名。親權者 不能與人柄 操

之則慄 舍之則悲 而一無所鑒 以闚其所不休者 是天之戮民也。怨恩取與諫教生殺 八者 正之器也 唯循大變無所湮者爲能用之。故曰 正者 正也。其心以爲不然者 天門弗開矣。

공자가 나이 51세가 되었어도 아직 도를 깨닫지 못하여 남쪽의 패(沛) 땅으로 가서 노담을 만났다. 이에 노담이 말했다.

"당신 오셨구료. 나는 당신이 북방의 어진이라고 듣고 있는데 당신은 그래 도를 깨달았소?"

공자가 대답했다.

"아직 깨닫지 못했소이다."

노자가 다시 물었다.

"당신은 어디에서 도를 찾는 것이오?"

"나는 제도(制度), 산수(算數)에서 도를 찾은 지 5년이나 되었으나 아직도 찾지 못했습니다."

노자는 또 물었다.

"당신은 또 어디에서 도를 찾았소?"

"나는 다시 음양에서 찾은 지 12년이 되었어도 아직 얻지 못했습니다."

이에 노자는 말했다.

"그럴 것이오. 도를 바칠 수 있다면 사람으로서 자기 임금에게 그것을 바치지 않을 사람이 없고, 도를 진상할 수 있다면 사람으로서 그 어버이에게 진상하지 않을 사람이 없을 것이며, 도를 사람들에게 알릴 수 있다면 사람으로서 그 형이나 아우에게 알리지 않을 자가 없을 것이오. 도를 사람들에게 줄 수만 있다면 사람으로서 그의 자손들에게 넘겨주지 않을 자가 없을 것이오. 그런데도 그렇게 못하는 것은 다름이 아니라, 도란 중심에 줏대가 없으면 그것이 와 멈추지 않고, 겉에 올바름이 없으면 그것을 행할 수가 없으며, 중심으로부터 나오는 것을 밖에서 받지 않으면 성인(聖人)이 내보내지를 않고, 겉으로부터 들어가는 것이 중심에 줏대가 없으면 성인은 그를 의지하지 않소. 명예는 천하의 공기(公器)라, 많이 차지해서는 안 되고, 인의(仁義)는 선왕(先王)들의 여관이라 하룻밤쯤 묵는 것은 괜찮으나 오래 묵어서는 안 되오. 여러 사람의 눈에 띄어 많은 비난을 받기 때문이오. 그러므로 옛날의 지인(知人)은 인(仁)을 한때의 방편으로 빌고 의(義)를 하룻밤의 여관으로 여겨 소요(逍遙)하는 경지에 노닐며 간소함을 정신의 양식으로 삼는 생활을 하면서 남에게 베풀어줌을 의식하지 않는 경지에 섰던 것이오. 얽매임이 없이 소요하므로 작위가 없고 간소한 생활을 하므로 살기가 쉬웠으며 남에게 베풀어줌이 없으므로 자기 것을 내어놓음이 없었소. 옛날에는 이런 것을 진실한 도를 취득한 놀이라고 하였소. 부를 옳다고 여기는 자는 자기의 소득을 남에게 양보함이 없고, 영달을 옳다고 여기는 자는 명성을 남에게 주는 것이 없으며, 현세를 사랑하는 자는 권력을 남에게 넘겨줄 수가 없소. 이런 것들을 쥐면 잃을까 두려워하고, 이런 것들을 잃으면 슬퍼하오. 그러면서 한 번의 반성도 없이 그 멈추지 않는 정욕의 세계를 엿보는 자는 하늘의 벌을 받는 사람이오. 원한과 은혜, 가짐과 줌, 간(諫)함과 가르침, 살리는 것과 죽이는 것, 이 여덟 가지는 정치의 공기(公器)요, 오직 큰 변화를 따라 막히는 바가 없는 자라야 이런 것을 부릴 수 있소. 그러므로 '정치는 바로 잡는 것이다'라고 했소. 그 마음이 그런 것을 용납하지 못하는 자에게 하늘의 문은 열려 있지 않는 법이오."

[다른 사람들이 만든 인위적인 것을 따르게 되면 항상 문제가 생길 수 있다. 완벽한 것은 없기 때문이다. 아무리 뛰어난 사람이 만들어낸 것이라 할지라도 완벽할 수는 없다. 그러한 것을 따라 행할 때 문제가 생기기 마련이다. 중요한 것은 가장 커다란 원리인 도를 따라야 한다.]

孔子見老聃而語仁義。老聃曰 夫播穅眯目 則天地四方易位矣 蚊虻噆膚 則通昔不寐矣。夫仁義憯然乃憤吾心 亂莫大焉。吾子使天下無失其朴 吾子亦放風而動 總德而立矣 又奚傑然若負建鼓而求亡子者邪? 夫鵠不日浴而白 烏不日黔而黑。黑白之朴 不足以爲辯 名譽之觀 不足以爲廣。泉涸 魚相與處於陸 相呴以溼 相濡以沫 不若相忘於江湖.

공자가 노자를 만나 인의를 물으니 노자는 이렇게 대답했다.
"대저 겨를 뿌려 눈에 넣으면 천지사방의 방위를 잃게 되고, 모기나 등에가 살을 쏘면 밤새도록 잠을 자지 못하네. 대저 인의가 두렵게 우리의 마음을 어지럽히니 어지러움이 이보다 더 큰 것이 없네. 그러니 자네는 천하로 하여금 그 소박함을 잃게 하지 말고 자네는 또한 무위의 바람을 따라 생동하고 무위자연의 덕을 지켜 나가게. 또한 거만하게 북을 지고서 도망간 자식을 찾듯이 어째서 어리석게 구는가? 대저 백조는 날마다 목욕을 하지 않아도 희고, 까마귀는 날마다 염색을 하지 않아도 검네. 그 검거나 흰 본성은 변명할 수가 없고 명예의 관점도 넓힐 수는 없는 것이네. 샘물이 마르면 고기들이 서로 물에 있으면서 습기로 서로 문질러주고 거품으로 서로 녹이어 주지마는 강호에서 서로 자신을 잊는 것만 같지 못하네."

[인위적인 것은 노력만 하게 할 뿐 좋은 결과를 얻지 못한다. 인이나 의도 인위적인 것이다. 사람이 만들어 낸 것일 뿐이다. 이러한 것만을 추구하다 보면 삶이 더 힘들어 진다. 다른 사람을 의식할 필요도 없고 주위의 일들을 생각할 필요도 없다. 그저 도에 따라 살아가면 편안한 마음으로 살아갈 수 있다.]

孔子見老聃歸 三日不談。弟子問曰 夫子見老聃 亦將何規哉?

孔子曰 吾乃今於是乎見龍 龍 合而成體 散而成章 乘雲氣而養乎陰陽。予口張而不能嗋。予又何規老聃哉?

子貢曰 然則人固有屍居而龍見 雷聲而淵默 發動如天地者乎 賜亦可得而觀乎?

遂以孔子聲見老聃。老聃方將倨堂而應 微曰 予年運而往矣 子將何以戒我乎?

子貢曰 夫三王五帝之治天下不同 其係聲名一也。而先生獨以爲非聖人 如何哉?

老聃曰 小子少進 子何以謂不同?

對曰 堯授舜 舜授禹 禹用力而湯用兵 文王順紂而不敢逆 武王逆紂而不肯順 故曰不同。

老聃曰 小子少進 余語汝三皇五帝之治天下。黃帝之治天下 使民心一 民有其親死不哭而民不非也。堯之治天下 使民心親。民有爲其親殺其殺而民不非也。舜之治天下 使民心競 民孕婦十月生子 子生五月而能言 不至乎孩而始誰 則人始有夭矣。禹之治天下 使民心變 人有心而兵有順 殺盜非殺 人自爲種而天下耳 是以天下大駭 儒墨皆起。其作始有倫 而今乎婦 女何言哉?

余語汝 三皇五帝之治天下 名曰治之 而亂莫甚焉。三皇之知 上悖日月之明 下睽山川之精 中墮四時之施。其知憯於蠆之尾 鮮規之獸 莫得安其性命之情者 而猶自以爲聖人 不可恥乎 其無恥也.

子貢蹴蹴然立不安。

공자가 노담을 만난 뒤 사흘이 되어도 말이 없었다. 그래서 제자가 물었다.

"선생님께서 노담을 만나셨는데 또한 무엇을 그에게서 보았습니까?

이에 공자는 이렇게 대답했다.

"나는 이번에야 용을 보았네. 용은 기운을 합치면 그 몸을 이루고 기운을 흩트리면 무늬를 이루며, 구름 기운을 타고 음양을 따라 난다. 나는 입이 벌어진 채 다물어지지 않았으니 내가 또한 어찌 노담을 엿볼 수가 있겠는가?"

자공이 물었다.

"그렇다면 사람은 진실로 시체마냥 거처하고 있으면서 용처럼 나타나고, 우뢰처럼 소리치면서도 깊은 연못마냥 잠잠하며 천지처럼 발동하는 것도 있는가요? 저도 그런 이를 만날 수 있습니까?"

하고 마침내 공자의 소개로 노담을 만나보았다. 노담은 마침 방안에 걸터앉아 있다가 웅대하고 나직이 말했다.

"나는 나이가 많이 늙었네. 자네는 나에게 무엇을 가르칠 생각인가?"

자공이 말했다.

"대저 삼왕(三王 : 삼황(三皇)과 같음. 곧 중국고대 전설에 나오는 천황씨(天皇氏), 지황씨(地皇氏), 인황씨(人皇氏), 또는 수인씨 복희씨, 신농씨, 또는 복희씨, 신농씨, 황제 등의 여러 설이 있음) 오제(五帝)의 정치가 천하에 똑같지 않았지만, 그 명성에 있어서는 한결 같습니다. 그런데 선생님은 홀로 그들이 성인이 아니라 하니, 어째서입니까?"

노담은 이렇게 대답했다.

"젊은이, 좀 더 가까이 오게. 자네는 어째서 그것이 똑같지 않다고 하는가?"

자공이 대답했다.

"요임금은 순임금에게 천하를 주었고, 순인금은 천하를 우임금에게 주었으나 우임금은 힘을 써서 통치를 했고, 은나라 탕왕은 군사를 써서 천하를 다스렸으며, 주나라 문왕은 주왕에게 순종하면서 감히 거역하지 않았으나, 무왕은 주왕에게 거역하여 즐겨 복종하지 않았습니다. 그러므로 같지 않다고 하는 것입니다."

노담이 다시 말했다.

"젊은이여, 좀 더 가까이 오라. 내가 자네에게 삼황과 오제가 천하를 다스린 방법을 말해 주리라. 황제가 천하를 다스렸을 때에는 백성들의 마음을 순일하게 해서 백성 중에 그의 어버이가 죽어 곡을 하지 않는 자가 있더라도 다른 백성들이 그를 비난하지 않았었네. 요임금이 천하를 다스렸을 때에는 백성들의 마음을 친하게 해서 백성 중에 그 어버이의 상복을 차등이 있게 입었어도 다른 백성들이 그를 비난하지 않았었네. 순임금이 천하를 다스렸을 때에는 백성들의 마음을 서로 다투게 하여 백성들 중에서 잉태한 부인은 10개월 만에 어린애를 낳고 자식으로 태어난 지 5개월 만에 말을 할 수 있었으며 그 애가 웃을 단계에 이르지도 못하면서 누구인지 사람을 구별하게 되었으니, 사람은 비로소 일찍 죽는 일이 있게 되었네. 우임금이 천하를 다스렸을 때에는 백성들의 마음을 변케 하여 백성들은 이기심이 생겨 무기의 사용을 순리로 알고 도적을 죽이는 것은 살인이 아니라고 하고, 스스로 파당을 이루고 천하도 그랬을 뿐이네. 이리하여 천하는 크게 시끄러워져서 유가와 묵가가 모두 일어나게 되었네. 따라서 그 처음에는 윤리가 있었으나 지금은 귀추가 이러하니 자네가 무슨 말을 할 것인가? 내가 다시 자네에게 삼황오제가 천하를 다스린 것을 말해 주리라. 명목상으로는 다스렸다 하지만 어지러움이 이보다 더 심한 것이 없었네. 삼황의 지혜는 위로 일월의 밝음을 어지럽히고 아래로는 산천의 정기를 없앴으며 중간으로는 사시의 차례를 파괴하여 그 지혜가 별의 꼬리보다도 더 해독이 있었네. 그리하여 드물게 볼 수 있는 짐승까지도 그 성명(性命)의 정을 편안히 갖지 못하게 한 것인데도 오히려 스스로 성인이라 하니, 부끄럽지 아니한가? 그 부끄러움이 없는가?"

이에 자공은 어찔 줄 몰라 서 있으면서도 편안치 못했었다.

[자연의 원리를 따르는 도의 위대함을 노자는 이야기하고 있다. 어떤 인위적인 것도 이러한 원리를 넘어설 수 없다고 말하고 있다. 이러한 원리에 따라 백성을 다스리지 않고 인위를 기반으로 백성을 다스리는 데 있어서는 한계가 있을 수 밖에 없다.]

孔子謂老聃曰 丘治《詩》、《書》、《禮》、《樂》、《易》、《春秋》六經 自以爲久矣 孰知其故矣 以奸者七十二君 論先王之道而明周召之跡 一君無所鉤用。甚矣夫 人之難說也 道之難明邪.

老子曰 幸矣子之不遇治世之君也 夫六經 先王之陳跡也 豈其所以跡哉 今子之所言 猶跡也。夫跡 履之所出 而跡豈履哉?

夫白鶂之相視 眸子不運而風化 蟲 雄鳴於上風 雌應於下風而風化 類自爲雌雄 故風化。性不可易 命不可變 時不可止 道不可壅。苟得於道 無自而不可 失焉者 無自而可。

孔子不出三月 復見 曰 丘得之矣。烏鵲孺 魚傅沫 細要者化 有弟而兄啼。久矣夫丘不與化爲人 不與化爲人 安能化人

老子曰 可 丘得之矣.

공자가 노자에게 물었다.

"저는 시(詩), 서(書), 예(禮), 악(樂), 역(易), 춘추(春秋)의 육경을 공부한 지가 매우 오래되어 제 나름대로 그 내용을 매우 익숙하게 안다고 생각됩니다. 그리하여 저는 72명의 군주(72란 수는 실제 숫자가 아니고, 많다는 뜻)에게 임용되기를 요구하여, 선왕들의 도를 논하고, 주공과 소공(召公)의 업적을 밝혔으나 한 임금도 채용하는 분이 없었습니다. 그러니 너무 심합니다. 남을 설득시키기가 어렵고, 도를 밝히기가 어려운 것이 말입니다."

이에 노자는 이렇게 대답했다.

"다행이네. 자네가 세상을 다스리는 군주들과 만나지 못한 것이, 대저 육경은 선왕들의 진부한 자취요, 그러니 어찌 그 진부한 자취의 본원(本源)이라 하겠소? 지금 자네가 말하는 바는 오히려 진부한 자취를 말하는 것이오. 대저 진부한 자취는 신발이 만들어내는 것이니 어찌 자취가 신발이 될 수 있소? 대저 백예(白鷁)란 새는 암수가 서로 바라보면서 눈동자를 움직이지 아니하면 암놈이 새끼를 갖게 되오. 벌레는 수놈이 바람 위에서 울고, 암놈은 바람 아래서 응하여 새끼를 갖게 되오. 또 유(類)란 짐승은 한 몸에 암수를 가졌기 때문에 새끼를 낳게 되는 것이오. 그래서 본성은 바꿀 수 없는 것이고, 천명은 변화시킬 수 없는 것이며 때는 멈추게 할 수 없는 것이고 도는 막을 수가 없는 것이오. 그래서 진실로 도를 얻었다면 스스로 불가함이 없고 도를 잃었다면 스스로 가함이 없소."

공자는 3개월 동안 외출을 하지 않다가 다시 노자를 만나 말했다.

"저는 도를 깨달았습니다. 까막까치는 알로부터 생겨나고 물고기는 물거품에서 길러지며 나나니벌은 뽕나무벌레에서 새끼를 까는데 아우가 생기면 형은 젖이 끊기기 때문에 웁니다. 참 오랫동안이었습니다. 제가 조화(造化)와 일치되지 못했던 동안이, 조화와 일치되지 못하고 어찌 남을 조화시키겠습니까?"

이 말에 노자는,

"옳소. 그대는 도를 깨달았소" 라고 했다.

[아무리 좋은 책이라 하더라도 한계가 있을 뿐이다. 이러한 것을 넘어서야 한다. 그것은 바로 자연의 본성을 따르는 것이라고 거듭 강조하고 있다.]

十五 刻意第

[각의란 뜻을 곧게 가짐을 말한다. 자신의 정신을 높이고 의지를 곧게 하여 더 나은 모습으로 나가야 함을 말하고 있다.]

刻意尙行 離世異俗 高論怨誹 爲亢而已矣 此山谷之士 非世之人 枯槁赴淵者之所好也。語仁義忠信 恭儉推讓 爲修而已矣 此平世之士 敎誨之人 遊居學者之所好也。語大功 立大名 禮君臣 正上下 爲治而已矣 此朝廷之士 尊主強國之人 致功倂兼者之所好也。就藪澤 處閒曠 釣魚閒處 無爲而已矣 此江海之士 避世之人 閒暇者之所好也。吹呴呼吸 吐故納新 熊經鳥申 爲壽而已矣 此道引之士 養形之人 彭祖壽考者之所好也。

若夫不刻意而高 無仁義而修 無功名而治 無江海而閒 不道引而壽 無不忘也 無不有也 澹然無極而衆美從之。此天地之道 聖人之德也。

故曰 夫恬淡寂漠虛無無爲 此天地之平而道德之質也。故曰 聖人休休焉則平易矣 平易則恬淡矣。平易恬淡 則憂患不能入 邪氣不能襲 故其德全而神不虧。

마음을 날카롭게 갖고, 행동을 고상하게 가지며 세속을 떠나 모가 난 다른 행동을 하고, 고상한 이론으로 세상을 비방하며 자신을 높이는 자가 있다. 이런 사람은 산골짜기에 파묻혀 사는 사람이나 세속을 위해서 비난하는 사람이나 바짝 마른 몸으로 자신의 결백을 위해서 강에 투신 자살하는 사람들이 좋아하는 것과 같다. 또 인의(仁義)나 충신(忠信)을 말하고 공검(恭儉)이나 추양(推讓)을 말하며 자신을 수양하는 자가 있다. 이런 사람은 세계 평화를 원하는 선비나 남을 가르치는 사람이나 초야에서 은거하는 학자들이 좋아하는 바다. 큰 공로를 말하고, 위대한 이름을 내세우며 군신간의 예의를 밝히고 상하의 명분을 바로잡으며 정치를 힘쓰는 자가 있다. 이런 사람은 조정에 있는 사람이나 임금을 존경하고 나라를 강하게 하려는 사람이나 공을 세워 적국을 병합하려는 자가 좋아하는 바다. 인적이 드문 산림 속으로 들어가 넓은 들에 살면서 한가한 곳에서 고기나 낚으며 무위하여 지내는 자가 있다. 이런 사람은 강해(江海)에 묻혀 사는 사람이나 세상을 피하여 사는 사람이나 한가한 사람들이 좋아하는 바다. 찬 기운을 들이쉬고 탁한 공기를 내쉬며 더운 기운을 토하고 신선한 공기를 마시며 곰이 나무로 올라가 가지에 매달리거나 새가 공중을 날 때 두 다리를 뻗듯이 그런 운동을 하여 수명을 위하는 자가 있다. 이런 사람은 도인(道引 : 도, 즉 영기(靈氣)를 끌어들인다는 뜻)하는 선비나 몸을 기르는 사람이나 팽조와 같이 장수를 바라는 자들이 좋아하는 바다.

그런데 만약 마음을 날카롭게 가짐이 없이 행동이 고상해지고, 인의가 없이 몸이 수양되며, 공명(功名)이 없이 다스려지고, 강해(江海)에서 노는 것이 없이 한가해지며, 도인(道引)이 없이 수(壽)를 누린다면 모든 것을 알지 못함이 없고 모든 것을 가지지 못함이 없다. 그래서 마음은 담담하여 극이 없고 모든 아름다움은 자기 몸에 감추어진다. 이런 것이야말로 천지의 도요, 성인의 것이다. 그러므로 옛말에도 "대저 염담적막(恬淡寂寞)과 허무무위(虛無無爲)는 천지의 정리(定理)요, 도덕의 본질이다."라고 했다. 그리고 또 "성인은 마음을 쓰지 않는다"고 했다. 마음을 쓰지 않으면 평정(平靜)해지고 마음이 평정해지면 담담해진다. 평정해지고 담담해지면 우환이 들어오지 못하고 사기(邪氣)가 엄습할 수가 없다. 그런고로 그런 덕이 온전하면 정신이 이지러지지 않는다.

[올바른 삶이란 어떤 것일까? 일단 여러 가지로 인해 마음이 불편하면 그 삶은 고통스러울 뿐이다. 마음이 평안하고 고뇌 없이 살아가기 위해서는 우리 마음부터 무위의 세계가 되어야 한다. 아무리 많은 것을 얻었어도, 커다란 것을 성취하였어도 마음이 편안하지 않는 이상 그 삶은 올바른 삶이라 하기에는 어려울 것이다.]

故曰 聖人之生也天行 其死也物化 靜而與陰同德 動而與陽同波 不爲福先 不爲禍始 感而後應 迫而後動 不得已而後起。去知與故 遁天之理。故無天災 無物累 無人非 無鬼責。其生若浮 其死若休。不思慮 不豫謀。光矣而不耀 信矣而不期。其寢不夢 其覺無憂。其神純粹 其魂不罷。虛無恬惔 乃合天德。

그러므로 옛말에도 "성인은 살아 있을 때에는 천지자연의 운행에 몸을 맡기고, 죽을 때는 사물의 변화에 몸을 맡기며, 조용히 있을 때는 음과 더불어 덕을 같이하고, 움직일 때는 양과 더불어 흐름을 같이 한다. 또 복의 시초인 선을 행하지도 않고 화의 시초인 악을 행하지도 않는다. 사물에 감동되어야 상응하고 사물이 몸에 부딪쳐 와야 움직이며 부득이해서야 일어나고 지혜와 인위를 함께 버리며 하늘의 이치를 따라 행동할 뿐이다."라고 했다.

그런고로 성인은 하늘의 재앙을 받지 않고 사물의 구속을 받지 않으며 남의 비난을 받지도 않고 귀신의 책망도 받지 않는다. 그래서 그가 살아 있을 때에는 물 위에 떠 있는 것 같고, 그가 죽었을 때에는 쉬고 있는 것 같다. 그는 생각하지도 않고 미리 꾀하지도 않고 깨어 있을 때에도 근심하지 않으며 그의 정신은 순수하고 그의 혼은 피로하지 않으며 허무염담(虛無恬淡)해서 곧 하늘의 덕에 합친다.

[성인은 주위의 다른 것에 구속을 받으며 사는 사람이 아니다. 다른 사람이나 다른 일로부터 완전히 자유로운 사람이 성인이다. 생각으로 힘들지 않고 미래의 일로 근심하지 않는다. 그는 마음이 피곤하지 않으며 항상 마음의 평안을 유지하는 사람이다.]

故曰 悲樂者 德之邪 喜怒者 道之過 好惡者 德之失。故心不憂樂 德之至也 一而不變 靜之至也 無所於忤 虛之至也 不與物交 惔之至也 無所於逆 粹之至也。

故曰 形勞而不休則弊 精用而不已則勞 勞則竭。水之性 不雜則清 莫動則平 鬱閉而不流 亦不能清 天德之象也。故曰 純粹而不雜 靜一而不變 惔而無爲 動而以天行 此養神之道也。

그러므로 옛말에도 "슬퍼하거나 즐거워하는 것은 덕의 방해요, 기뻐하거나 노여워하는 것은 도의 허물이요, 좋아하고 미워하는 것은 덕의 잃음이다."라고 했다. 그런고로 마음이 근심하거나 즐거워하지 않는 것은 덕의 지극함이요, 한결같이 변하지 않는 것은 고요함의 극치이며, 거슬리는 바가 없는 것은 허(虛)의 지극함이요, 사물과 교접하지 않는 것은 염담(恬淡)의 지극함이며, 거역하는 바가 없는 것은 순수의 극치이다.

그러므로 옛말에도 "육체를 수고롭게 하여 쉬지 않으면 피로하고, 정신을 쓰면서 멈추지 않으면 지친다. 또 몸과 마음이 모두 피로하면 자지러진다."고 했다. 물의 성질은 다른 물건이 뒤섞이지 않으면 맑고, 바람에 움직이지 않으면 수평을 이루며 꽉 막히면 흐르지 않고 또한 맑을 수도 없다. 이것은 천지 자연의 작용의 현상이다. 그런고로 옛말에도 "순수하여 뒤섞이지 아니하고 고요하고 한결같아 변함이 없으며 염담해서 작위함이 없고 움직여 천지자연의 운행에 따른다."고 했는데 이것이 정신을 기르는 방법이다.

[우리의 육체와 정신, 마음 그리고 영혼까지 건강할 필요가 있다. 이를 위해서는 마음을 비우고 자연의 원리에 따라 많은 것을 있는 그대로 받아들여야 한다. 한결같이 변함없는 마음의 고요함이 우리 삶의 진정한 자유를 보장한다.]

夫有干越之劍者 柙而藏之 不敢用也 寶之至也 精神四達並流 無所不極 上際於天 下蟠於地 化育萬物 不可爲象 其名爲同帝。

純素之道 唯神是守。守而勿失 與神爲一 一之精通 合於天倫。野語有之曰 衆人重利 廉士重名 賢人尙志 聖人貴精。故素也者 謂其無所與雜也 純也者 謂其不虧其神也。能體純素 謂之真人。

대저 오(吳)와 월(越)에서 생산된 칼을 가진 자는 그것을 칼집 속에 넣어 잘 간직해 두고 감히 사용하지 않는 것은 지극히 보배롭기 때문이다. 그전에 우리의 정신은 사방으로 통하고 팔방을 흘러가 이르지 않는 데가 없어 위로는 하늘에 이르고 아래로는 땅 속에까지 서리어 만물을 화육시키지만 그 형상을 볼 수가 없다. 그래서 그 이름을 동제(同帝 : 그 작용이 천제와 같다는 의미에서 동제라고 했음)라 한다. 순수하고 소박한 도는 오직 이런 정신을 지키는 것이다. 그 정신을 지켜 잃지 않으면 육체는 정신과 합일된다. 그리고 합일된 정신은 천지자연의 이치에 합치는 것이다. 그래서 속담에서도 "속인들은 이익을 중요시하고, 청렴한 선비는 명예를 중요시하며 어진 선비는 뜻을 존중하고 성인은 정신을 귀히 여긴다."고 하였다. 그러므로 소박하다는 것은 다른 것과 뒤섞이지 아니한 것을 말함이요, 순수하다는 것은 그 정신이 이지러지지 않은 것을 말함이니, 순수하고 소박함을 체득한 자를 진인(眞人)이라 부를 수 있다.

[마음의 순수함이 우리 삶을 건강하게 만든다. 마음이 다른 많은 것으로 피로를 느낄 때 우리의 일상의 균형은 깨어지기 마련이다. 소박한 마음을 품고 욕심을 버려야 한다. 우리 인생에 있어 가장 중요한 것은 우리의 마음이다.]

十六 繕性第

[선성이란 본성을 닦는 것을 말한다. 일반 사람들이 생각하는 것을 넘어 자신의 마음을 잘 간수해야 하는 것에 대해 말하고 있다.]

繕性於俗 俗學以求復其初 滑欲於俗 思以求致其明 謂之蔽蒙之民。

古之治道者 以恬養知 生而無以知爲也 謂之以知養恬。知與恬交相養 而和理出其性。

夫德 和也 道 理也。德無不容 仁也 道無不理 義也 義明而物親 忠也 中純實而反乎情 樂也 信行容體而順乎文 禮也。禮樂偏行 則天下亂矣。彼正而蒙己德 德則不冒。冒則物必失其性也。

속된 학문(유가나 묵가의 학문을 가리킴)으로써 성(性)을 다스려 처음의 본성(本性)으로 돌아가기를 요구하고, 속된 생각으로써 심지(心地)를 다스려 명지(明智)를 얻고자 하는 자를 본성을 가려 도리에 어두운 백성이라고 이른다. 옛날 도를 배운 자는 염담(恬淡)으로써 지력을 길렀다. 태어나면서부터 지혜로써 행위함이 없었다. 이것을 일러 지혜로써 염담을 기른다고 한다. 지혜와 염담이 섞이어 서로 길러서 화리(和理 : 도덕의 근본)가 그 본성에서 나오는 것이다.

대저 덕(德)은 화(和)요, 도(道)는 이(理)다. 덕으로써 포용하는 것이 (仁)이요, 도로써 다스리는 것을 의(義)라 하며, 의에 밝아서 사물이 친해오는 것을 충(忠)이라 하고, 중심이 순수하고 참되어 정(情)으로 돌아가는 것을 악(樂)이라 하며, 표정과 동작을 마음이 행하는 대로 맡기되

절도(節度)에 맞는 것을 예(禮)로 한다. 그런데 예악(禮樂)만 일방적으로 행하면 천하는 산란해진다. 그래서 남을 바르게 하려는 자는 도리어 자기의 덕을 가리는 자다. 덕이란 사물을 가리는 것이 아니다. 덕이 사물을 가리려 하면 그 물(物)은 반드시 그 본성을 잃게 된다.

[자연의 원리를 깨닫고, 마음의 덕을 쌓으면 우리의 삶은 자유롭고 평안할 수밖에 없다. 하지만 많은 사람들은 오히려 그 반대의 길을 걷는다. 이로 인해 매일의 삶이 고달퍼지기만 한다. 마음이 우리의 삶의 가장 중요한 것이다. 우리 마음을 자연의 원리에 따를 수 있도록 해야 한다.]

古之人 在混芒之中 與一世而得澹漠焉。當是時也 陰陽和靜 鬼神不擾 四時得節 萬物不傷 羣生不夭 人雖有知 無所用之 此之謂至一。當是時也 莫之爲而常自然。

逮德下衰 及燧人伏羲始爲天下 是故順而不一。德又下衰 及神農黃帝始爲天下 是故安而不順。德又下衰 及唐虞始爲天下 興治化之流 淳散朴 離道以善 險德以行 然後去性而從於心。心與心識知而不足以定天下 然後附之以文 益之以博。文滅質 博溺心 然後民始惑亂 無以反其性情而復其初。

연나라 인군(人君)은 혼망(混芒 : 원기(元氣)가 나누어지기 이전의 혼돈의 상태) 가운데 살면서 한 세대의 백성과 더불어 염담적막한 무위의 도를 얻었다. 그 당시에는 음양이 조화를 이루어 고요하고, 귀신이 날뛰지 않으며, 네 계절이 순조로워 만물이 상하지 않았고, 모든 생물이 요사(夭死)하지 않았다. 그래서 사람도 비록 지혜가 있었으나 쓸 곳이 없었다. 이것을 일러 지일(至一 : 무위연단해서 물아(物我)가 일치된 경지. 절대평등의 상태)이라 한다. 그 당시에는 인위적인 행동이 없었고 만물은 항상 스스로 살아갔었다.

그러다가 인군의 덕이 차차 쇠해져 수인씨나 복희씨 때에 이르러 비로소 인위로써 천하를 다스리게 되었다. 그러므로 백성들은 자연에 순응하면서도 자연과 하나가 되지는 못하였다. 덕이 다시 쇠약해져 신농씨나 황제의 세상이 되어서는 더욱 인위로써 천하를 다스리게 되었으므로 백성들은 편안히 살면서도 자연에 순종하지 않았다. 그러다가 덕이 또 다시 쇠약해져서 요나 순의 시대에 이르러서는 더욱 더 인위로써 천하를 다스렸다. 그래서 정치나 교화의 유폐(流弊)를 일으켜 순박함이 흐려지고 소박함이 흩어졌다. 그리고 선(善)을 위해서 도를 떠나고 행위를 위하여 덕을 잃었다. 그런 뒤로는 백성들이 본성을 버리고 인심을 따라 행동했으므로 서로 마음과 마음을 엿보아 천하를 평정할 수가 없었다. 그런 뒤에 문화(文華 : 문식(文飾)하여 화려함. 곧 아름답게 꾸미어 매우 화려함)를 붙이고 박학을 더하여 문화는 질박함을 없애고 박학은 마음을 어지럽혔다. 그런 뒤에 백성들은 비로소 혹란(惑亂)하게 되어 본연의 성정으로 돌아가서 태초의 지일(至一)의 상태로 있을 수가 없게 되었다.

[본성은 모든 것의 근본이 되는 본질이다. 이러한 본성을 능가하는 것은 하나도 없다. 인간이 아무리 똑똑하더라도 자연의 순리를 넘어서지는 못한다. 따라서 인위가 더해질수록 우리의 삶은 더욱 힘들어지기만 할 뿐이다.]

由是觀之 世喪道矣 道喪世矣 世與道交相喪也 道之人何由興乎世 世亦何由興乎道哉 道無以興乎世 世無以興乎道 雖聖人不在山林之中 其德隱矣。隱故不自隱。

古之所謂隱士者 非伏其身而弗見也 非閉其言而不出也 非藏其知而

不發也 時命大謬也。當時命而大行乎天下 則反一無跡 不當時命而大窮乎天下 則深根寧極而待 此存身之道也。

이로 볼 때 세상은 도를 잃고 도는 세상을 잃어 세상과 도가 서로 분리되어 버렸으니 도를 행하는 사람인들 무슨 수로 세상을 부흥시키며 세상 또한 무슨 수로 도를 부흥시킬 것인가? 도가 세상을 부흥시킬 수가 없고 세상이 도를 부흥시킬 수 없는 상태에서는 비록 성인이 산림 속에 파묻혀 있지 않더라도 그의 적은 숨겨지는 것이다. 덕이 숨겨졌다는 것은 성인이 스스로 도를 숨긴 것은 아니다. 옛날의 이른바 은사(隱士)란 그 몸을 숨기어 나타나지 않는 것이 아니었다. 또 그 입을 닫고 말을 하지 않는 것도 아니며 그 지혜를 감추어 두고 드러내지 않는 것도 아니었다. 시세의 운명이 크게 글렀기 때문이다. 시세의 운명이 맞아 그 생각을 천하에 크게 실천할 수 있다면 세상을 지일의 세상으로 돌이켜 인위의 자취를 남기지 않았을 것이다. 그러나 시세의 운명을 만나지 못해서 천하에서 크게 궁하게 된다면 다만 본연의 성명(性命)을 깊고 편안하게 갖기를 힘쓰며 새로운 때를 기다려야 한다. 이것이 몸을 편안하게 유지하는 방법이다.

[세상이 도를 잃고 도가 세상을 잃게 되어 도와 세상이 분리된다면 그 세상에서 살아가야 할 우리 인간은 삶 자체가 힘들어질 수밖에 없다. 이런 경우에는 도와 세상이 하나가 되기를 기다리는 수밖에 없다. 세상에 나서지 말고 숨어서 몸을 편안하게 유지하는 것이 제일 좋은 방법이다.]

古之行身者 不以辯飾知 不以知窮天下 不以知窮德 危然處其所而反其性已 又何爲哉?
道固不小行 德固不小識。小識傷德 小行傷道。故曰 正己而已矣。樂全之謂得志。

古之所謂得志者 非軒冕之謂也 謂其無以益其樂而已矣。今之所謂得志者 軒冕之謂也。軒冕在身 非性命也 物之儻來 寄者也。寄之 其來不可圉 其去不可止。故不爲軒冕肆志 不爲窮約趨俗 其樂彼與此同 故無憂而已矣。今寄去則不樂 由(之)[是]觀之 雖樂 未嘗不荒也。故曰 喪己於物 失性於俗者 謂之倒置之民。

옛날에 몸을 편안히 유지한 자는 변론으로써 자기의 지혜를 수식하지 않고 지혜로써 천하 만물의 이치를 규명하려 하지 않으며 또 지혜로써 덕을 규명하려 하지 않고 홀로 자연적인 처소에 거처하면서 그 본성으로 돌아갈 뿐이었다. 그러면서 또한 어떤 인위적인 행동도 하지 않았다. 도란 본래 인의 같은 작은 덕행이 아니며, 덕이란 본래 시비나 변론하는 작은 지식이 아니다. 작은 지식은 도리어 덕을 상하게 하고, 작은 덕행은 도리어 도를 상하게 한다. 그러므로 "자기를 바로잡을 뿐이다."라고 했다. 그래야 완전함을 즐기는 것이니 이를 일러 뜻을 얻었다고 하는 것이다.

옛날의 이른바 뜻을 얻었다는 것은 높은 벼슬을 가지고 말하는 것이 아니다. 그 이상으로 즐거움을 더하지 않는 경지를 말하는 것이다. 그러나 오늘날에 뜻을 얻었다는 것은 벼슬을 가지고 말한다. 벼슬이 우리 몸에 있어서 그것은 본래부터의 우리의 성명(性命)이 아니요, 외물(外物)이 우연히 우리 몸에 일시적으로 와서 붙어 있는 것이다. 이렇게 일시적으로 우리의 몸에 와서 붙어 있는 것은 그것을 막을 수도 없고 또 떠나가도 말릴 수가 없는 것이다. 그런고로 벼슬을 한다고 해서 그 뜻을 교만하게 갖지 않고, 곤궁에 빠진다 해서 세속에 따르지 않는다. 그 마음의 즐거움은 벼슬이나 곤궁에서도 한결같기 때문에 근심이 없을 뿐이다. 그러나 지금은 자기 몸에 붙어 있던 벼슬 등이 떠나가 버리면 즐거워하지 않는다. 이로 볼 때 비록 벼슬을 하여 즐거울 때에도 마음은 본성을 떠나 거칠었던 것이다. 그러므로 "외물 때문에 자신을 잃고 속세 때문에 본성을 잃는 것은 본말전도(本末顚倒)의 어리석은 백성이라."고 하는 것이다.

[우리가 삶을 살아가는 데 있어서 가장 좋은 것은 우리의 본성에 맞게 살아가는 것이다. 우리 인간도 자연의 일부에 불과하기에 자연의 원리에 따라 살아가는 것이 우리의 본성을 지키는 일이다. 이러한 삶이 우리의 궁극 목표가 되어야 할 것이다.]

十七 秋水第

[추수란 가을의 물이란 뜻이다. 가을이 되면 불어난 물이 황하로 흘러든다는 데서 가져온 말이다. 물의 흐름이 자연의 원리를 따르듯 우리의 삶도 물의 흐름처럼 되어야 한다는 뜻을 품고 있다.]

秋水時至 百川灌河 涇流之大 兩涘渚崖之間 不辯牛馬。於是焉河伯欣然自喜 以天下之美爲盡在已。順流而東行 至於北海 東面而視 不見水端。

於是焉河伯始旋其面目 望洋向若而歎曰 野語有之曰 聞道百以爲莫己若者 我之謂也。且夫我嘗聞少仲尼之聞而輕伯夷之義者 始吾弗信 今我睹子之難窮也 吾非至於子之門則殆矣 吾長見笑於大方之家。

가을 물이 때로는 불어 흘러내릴 때 온 냇물이 황하로 몰려 흐른다. 그때 그 본류(本流)는 매우 넓어 양쪽 둑과 모래톱에 있는 소와 말을 구분할 수 없을 정도이다. 이때 황하의 수신(水神)인 하백(河伯)은 스스로 기뻐하며 천하의 미관(美觀)은 모두 자기에게 달려 있는 줄 알고 물줄기를 따라 동으로 가다가 북해로 가서 멈춘다. 거기에서 동쪽을 바라보니 물의 끝이 보이지 않는다. 이에 하백은 낯빛을 고치고 멍하니 북해의 신(神) 약(若)을 향해서 탄식하기를,

"속담에, '백 가지의 진리를 깨달은 자가 천하에 자기만한 자가 없다고 생각한다'는 말이 있으나, 이는 곧 나를 두고 하는 말이로군요. 또한 나는 전에 공자의 학문을 적다고 하고, 백이의 절개를 가벼이 여기는 사람

이 있다는 소문을 듣고 처음에 나는 그것을 믿지 않았었소. 그런데 지금 나는 당신의 그 끝이 없음을 보니, 만일 내가 당신의 문하로 오지 않았더라면 위험할 뻔하였소. 내가 길이 대도를 깨달은 사람들의 웃음거리가 될 뻔하였소."라고 하였다.

[물은 작은 곳에서 흘러 큰 곳으로 간다. 황하도 큰 물줄기이지만 이 황하가 흘러 북해로 갈 수밖에 없다. 우리의 삶도 물의 흐름처럼 가다보면 커다란 곳에 이를수 있을 것이다.]

北海若曰 井鼃不可以語於海者 拘於虛也 夏蟲不可以語於冰者 篤於時也 曲士不可以語於道者 束於教也。今爾出於崖涘 觀於大海 乃知爾醜 爾將可與語大理矣。

天下之水 莫大於海 萬川歸之 不知何時止而不盈 尾閭泄之 不知何時已而不虛 春秋不變 水旱不知。此其過江河之流 不可爲量數。而吾未嘗以此自多者 自以比形於天地 而受氣於陰陽 吾在[於]天地之間 猶小石小木之在大山也 方存乎見小 又奚以自多?

計四海之在天地之間也 不似礨空之在大澤乎 計中國之在海內 不似稊米之在大倉乎 號物之數謂之萬 人處一焉 人卒九州 穀食之所生 舟車之所通 人處一焉 此其比萬物也 不似豪末之在於馬體乎? 五帝之所連 三王之所爭 仁人之所憂 任士之所勞 盡此矣。伯夷辭之以爲名 仲尼語之以爲博 此其自多也 不似爾向之自多於水乎?

이에 북해의 신 약이 말하기를,

"우물 안의 개구리는 바다를 말할 수 없으니 우물에 구속되어 있기 때문이오. 여름에만 사는 벌레가 얼음에 대하여 말할 수 없는 것은 자기가 사는 여름만 시절인 줄 굳게 믿기 때문이며, 촌스런 선비가 도를 말할 수 없는 것은 속된 가르침에 속박되어 있기 때문이네. 그런데 지금 자네는 냇물에서 나와 곧 바다를 보고서 곧 자네의 잘못을 아니, 자네와는 큰 이치를 말할 만하네. 천하의 물 중에 바다보다 더 큰 것이 없고 모든 냇물이 그리로 흘러 들어가 영원히 정지하는 일이 없고 그렇다고 또 물이 가득하지도 않네. 미려(尾閭 : 바닷물이 바다 밖으로 새어나가는 구멍이라 하며, 일설에는 바다 동쪽에 있는 냇물이라고도 함)로 물이 새어 나가 어느 때에 그 새어나감이 그칠 줄은 모르지만 그렇다고 아주 말라 버리는 일이 없네. 봄이나 가을에도 변함이 없고 장마 때나 가뭄에도 아랑곳하지 않네. 이것은 바다가 양자강이나 황하의 흐름에 비해서 얼마나 큰지를 수량으로 헤아릴 수 없기 때문이네. 그러나 나는 이것을 스스로 많다고 여기지 않았으니 이 형체는 천지로부터 받은 것이고, 이 기운은 음양으로부터 받았기 때문에 내가 천지간에 있는 것이 마치 작은 돌이나 작은 나무가 큰 산에 있는 것과 같다고 여겼기 때문이었네. 이렇게 나는 항상 자신을 적은 것으로 생각하였으니 또한 어찌 스스로 자신을 많은 것으로 여기겠는가? 사해(四海)가 천지 사이에 있는 것을 헤아려 보면 개미구멍이 큰 못 속에 있는 것과 같지 않은가? 중국이 사해 안에 있는 것을 헤아려보면 싸라기가 큰 창고 안에 있는 것과 같지 않은가? 모든 물건의 수효를 부르기를 만물이라고 하는데 사람은 그중의 하나로 살고 있네. 그러나 사람도 구주(九州-중국 천하) 안의 곡식이나 나는 곳이나 배나 수레가 다니는 곳에는 어디서나 있지만 각 개인은 그중의 하나일세. 이것을 만물에 비하면 가는 털끝이 알몸뚱이에 붙어 있는 것과 같지 않는가? 오제가 서로 황제의 지위를 계승한 것이나, 하, 은, 주 삼대의 왕들이 천하를 다툰 것이나, 어진 사람들이 걱정한 바나, 일을 맡은 사람들이 백성들을 위하여 수고한 것들이 모두 이런 것들이네. 백이가 왕위를 양보했기 때문에 청렴한 명예를 얻었고, 공자가 육경을 논술하면서 박학이 되었네. 이들이 스스로 황하의 수량(水量)을 다른 것보다 많다고 여긴 것과 같지 않은가"라고 하였다.

[우리가 알고 있는 인식의 차원은 우물안 개구리일지 모른다. 세상이 얼마나 넓고 큰지 알수가 없다. 정신세계는 더욱 그렇다. 현재의 앎의 세계에서 더 큰 앎의 세계로 나아갈 필요가 있다. 현재 나의 모습에서 더 나은 나의 모습으로 발전해야 할 필요가 있는 것이다.]

河伯曰 然則吾大天地而小豪末 可乎?

北海若曰 否。夫物 量無窮 時無止 分無常 終始無故。是故大知觀於遠近 故小而不寡 大而不多 知量無窮。證曏今故 故遙而不悶 掇而不跂 知時無止 察乎盈虛 故得而不喜 失而不憂 知分之無常也 明乎坦塗 故生而不說 死而不禍 知終始之不可故也。

計人之所知 不若其所不知 其生之時 不若未生之時 以其至小求窮其至大之域 是故迷亂而不能自得也。由此觀之 又何以知(毫)[豪]末之足以定至細之倪 又何以知天地之足以窮至大之域

이때 황하의 신이 또 말하기를,

"그렇다면 우리가 천지를 크다고 하고, 털끝이 작다고 하면 옳겠소?" 하자,

북해의 신 약은 또 이렇게 대답했다.

"아니네. 대저 물(物)의 양은 끝이 없고, 때는 멈춤이 없으며, 물의 분한(分限)은 일정불변함이 없고, 끝과 처음은 본래 옛것이 없네. 그러므로 큰 지혜를 가진 사람은 멀고 가까운 것을 볼 수 있으므로 작다고 하찮게 여기지 않고, 크다고 훌륭하다고 생각지 않네. 물에는 양이 없음을 알기 때문이네. 또 큰 지혜를 가진 사람은 과거와 현재를 밝게 알기 때문에 생명이 길다고 번민하지 아니하고 단명 한다고 걱정하지 않네. 시

간이 멈춤이 없음을 알기 때문이네. 또 큰 지혜를 가진 사람은 물(物)이 달처럼 가득했다가 기울어졌다가 하는 것을 알기 때문에 물을 얻었다고 기뻐하지 아니하고 잃었다고 해서 근심하지 않으니 물의 분한이 영구불변이 아님을 알기 때문이네. 또 큰 지혜를 가진 사람은 생사가 한결같이 같은 길이라는 것을 알기 때문에 살아 있다고 기뻐하지 않고 죽는다고 슬퍼하지 않네. 사람이 안다는 범위를 헤아려보면 그 모르는 범위에 비교할 것이 못되고, 사람이 살아 있을 때의 시한은 그 살아나기 이전의 때에 비할 것이 못되네. 그런데도 사람들은 지극히 작은 것으로써 지극히 큰 영역을 알려고 하기 때문에 마음이 홀려 스스로 편안하지 못한 것이네. 이로 볼 때 또한 어떻게 털끝이 지극히 작은 것의 끝인 줄을 알며, 또한 어떻게 천지가 지극히 큰 구역이 되기에 족하다고 하겠는가?"

[일반 사람들의 평가는 지극히 주관적인 것에 불과하다. 작고 크다는 것의 기준은 무엇인가? 누가 그 기준을 만든 것인가? 좋고 나쁜 것, 선하고 악한 것, 이러한 기준이 정말 옳은 것일까? 사람에 의해 만들어진 기준은 상대적일 뿐이다. 그러한 기준으로 모든 것을 평가하는 세상은 지극히 작은 세상에 불과하다.]

河伯曰 世之議者皆曰 至精無形 至大不可圍。是信情乎?

北海若曰 夫自細視大者不盡 自大視細者不明。夫精 小之微也 垺大之殷也 故異便。此勢之有也。夫精粗者 期於有形者也 無形者 數之所不能分也 不可圍者 數之所不能窮也。可以言論者 物之粗也 可以意致者 物之精也 言之所不能論 意之所不能察致者 不期精粗焉。

황하의 신이 다시 묻기를,

"세상 사람들이 모두 말하되, '지극히 작은 물건은 형체가 없고 지극히

큰 것은 둘러쌀 수가 없다'고 했는데, 이는 사실입니까?"라고 하자,

북해의 신 약이 또 이렇게 대답했다.

"대체로 작은 것의 입장에서 큰 것을 보면 그 전체를 볼 수가 없고 또 큰 것의 입장에서 작은 것을 보면 그것을 분명하게 볼 수가 없네. 대체로 정(精 : 아주 작은 것)은 작은 것 중의 극히 작은 것이고, 부(垺 : 최고로 큰 것)는 큰 것 중의 제일 큰 것이네. 그러므로 그것들은 그것들의 입장에 따라서 잘 보이거나 잘 보이지 않는 편(便), 불편(不便)이 있는 것으로, 이것들은 자연적인 추세로 그런 것이네. 대저 정(精)하다거나 조(粗)하다고 하는 것은 형상이 있는 것에서만 기대되는 것이지, 형상이 없는 것은 수자로써 분별할 수가 없는 것이네. 그리고 둘러쌀 수가 없는 것도 수자로써는 다룰 수가 없는 것이네. 말로써 논할 수가 있는 것은 물(物) 중의 조(粗)한 것이고, 생각으로써 헤아릴 수 있는 것은 물 중의 정(精)한 것이고, 생각으로써나 말로써도 논할 수가 없고, 생각으로써도 헤아릴 수 없는 절대의 도는 그런 정(精)하다든지 조(粗)하다는 개념으로써는 한정할 수가 없는 것이네.

[우리가 생각하는 작고 큰 것은 우리가 보기에 그럴 뿐이다. 우리의 인식은 그만큼 편협할 수밖에 없다. 그러한 인식을 바탕으로 우리의 삶을 살아가야 한다면 실로 진실된 삶에서 벗어날 수밖에 없는 것이다. 진정한 삶은 이러한 것을 넘어서야 한다.]

是故大人之行 不出乎害人 不多仁恩 動不爲利 不賤門隸 貨財之爭 不多辭讓 事焉不借人 不多食乎力 不賤貪污 行殊乎俗 不多辟異 爲在從衆 不賤佞諂 世之爵祿不足以爲勸 戮恥不足以爲辱 知是非之不可爲分 細大之不可爲倪。聞曰 道人不聞 至德不得 大人無己。約分之至也。

그러므로 도를 깨달은 대인의 행동은 남을 해치는 짓을 하지 아니하나, 그렇다고 은혜를 남에게 베풂을 자랑하지도 않네. 또 행동하여도 이익을 목적으로 삼지는 않지만 그렇다고 문지기나 종을 천시하지도 않네. 또 재물을 다투지 않지만, 그렇다고 사양함을 자랑하지도 않네. 일이 있을 때 남의 힘을 빌리지도 않지만 그렇다고 자력으로 사는 것을 자랑하지도 않고 탐욕이 많고 더러운 사람을 천시하지도 않네. 행동이 속인과 다르지만 그렇다고 기이한 행위를 훌륭한 것으로 여기지도 않네. 또 그 행위가 대중을 따르기도 하지만 그렇다고 아첨하는 무리를 천시하지도 않는다. 세상의 높은 벼슬과 많은 녹봉으로도 그 사람의 행위를 권유할 수가 없고 형벌이나 치욕이란 수단으로써도 그를 욕되게 할 수가 없네. 이는 시비란 분간할 수 없는 것이고 다소는 구분할 수 없는 것이라 함을 알기 때문이네. 듣자니, '도인은 이름이 드러나지 않고 지극한 덕을 가진 사람은 덕이 있다고 알려지지 않으며 대인은 무아이다.'라고 했으니, 이것이야말로 자기의 몫을 한정해서 그 안에만 사는 최고의 경지이네."

[일반적인 사람들이 생각하는 가치를 넘어서야 한다. 그러한 사람이 진정한 도를 따르는 사람이며 삶의 자유와 평안을 누릴 수 있는 사람이다.]

河伯曰 若物之外 若物之內 惡至而倪貴賤 惡至而倪小大?

北海若曰 以道觀之 物無貴賤 以物觀之 自貴而相賤 以俗觀之 貴賤不在己。以差觀之 因其所大而大之 則萬物莫不大 因其所小而小之 則萬物莫不小 知天地之爲稊米也 知(毫)[豪]末之爲丘山也 則差數覩矣。以功觀之 因其所有而有之 則萬物莫不有 因其所無而無之 則萬物莫不無 知東西之相反而不可以相無 則功分定矣。以趣觀之 因其所然而

然之 則萬物莫不然 因其所非而非之 則萬物莫不非 知堯､桀之自然而相非 則趣操覩矣｡

황하의 귀신이 다시 말하기를,

“물(物)의 바깥과 물의 안 중에 어디에다 귀천의 한계를 둘 것입니까? 어디에다 대소의 구분을 둘 것입니까?”하자,

북해의 신 약은 또 이렇게 대답했다.

“도의 입장에서 보면 물(物)에는 귀천의 구별이 없는 것이네. 그러나 물 자체의 입장에서 본다면 스스로를 귀하게 여기고, 서로 남을 천하게 여기네. 그러나 또 세속의 입장에서 보면 귀천의 평가는 자신에게 달려 있는 것이 아니네. 또 차별적인 견지에서 볼때 작은 것에다 견주어 그것보다 크다고 한다면 만물은 크지 않음이 없고, 큰 것에 견주어 작다고 하면 만물은 작지 않은 것이 없네. 그래서 천지가 싸라기만 하다는 것을 알고, 털끝이 산(山)만 하다는 것을 안다면 대소의 차가 상대적이라는 것을 알 것이네. 또 물의 공용(功用)의 입장에서 볼 때, 그 공용이 있다고 보는 견지에서 공용이 있다고 하면 만물로서 있지 아니함이 없고, 있다고 하는 견지에서 없다고 보면 만물로서 없지 아니한 것이 없네. 동과 서가 상반되지만 한쪽이라도 없어서는 안 된다는 것을 알면 공용의 분한(分限)이 상대적이란 걸 알 것이네. 또 취향의 입장에서 볼 때, 물을 옳다고 하는 견지에서 옳다고 본다면 만물 중에 옳지 않은 것이 없고, 그르다고 하는 견지에서 그르다고 보면 만물 중에 그르지 않은 것이 없네. 요와 걸이 자기는 옳고 상대방이 그르다고 서로 비난하는 것을 알면 취향의 주장이 상대적이라는 것을 알 것이네.

[작고 큰 것, 귀한 것과 천한 것 뿐만 아니라 쓰임에 있어서나 선호에 있어서도 모든 것이 상대적일 뿐이다. 이러한 일반적인 판단은 지극히 주

관적이기에 우리들의 절대적인 가치가 될 수 없다.]

昔者 堯舜讓而帝 之噲讓而絶 湯武爭而王 白公爭而滅。由此觀之 爭讓之禮 堯桀之行 貴賤有時 未可以爲常也。梁麗可以衝城 而不可以窒穴 言殊器也 騏驥驊騮 一日而馳千里 捕鼠不如狸狌 言殊技也 鴟鵂夜撮蚤 察毫末 晝出瞋目而不見丘山 言殊性也。

故曰 蓋師是而無非 師治而無亂乎 是未明天地之理 萬物之情者也。是猶師天而無地 師陰而無陽 其不可行明矣。然且語而不舍 非愚則誣也。

帝王殊禪 三代殊繼。差其時 逆其俗者 謂之簒夫 當其時 順其俗者 謂之義之徒。默默乎河伯 女惡知貴賤之門 小大之家

옛날에 요와 순은 황제의 자리를 선양해서 이어 제업을 이루었고, 연왕(燕王) 쾌(噲 : 옛날 연나라 임금의 이름)도 똑같이 재상 자지(子之)에게 왕위를 양보했으나 왕통이 끊어졌네. 탕왕과 무왕은 방벌(放伐)에 의하여 왕이 되었고, 백공(白公 : 초나라 평왕의 손자)도 똑같이 혁명을 일으켰지만 실패하여 자살을 하고 말았네. 이로 볼 때, 다투고 사양하는 예절(禮)과 요와 걸의 행위에는 귀천이 때가 있었으니 귀천의 가치는 일정불변의 표준이 없는 것이네. 대들보로 쓰는 나무는 성벽을 뚫어 파괴할 수는 있지만 그것으로 구멍을 막을 수는 없으니 그것은 그 도구의 용도가 다르기 때문이네. 기기(騏驥)와 화류(驊騮)라는 명마(名馬)는 하루에 천 리를 달릴 수 있지만 쥐를 잡는 데는 삵괭이만 못하니, 그 기능이 다르기 때문이네. 수리부엉이가 밤에는 벼룩도 잡고 티끌도 살필 수 있지만 낮에는 아무리 눈을 부릅떠도 앞산을 보지 못하니 그 성질이 다르기 때문이네. 그러므로 '시(是)를 최상의 것으로 여겨 비(非)를 인정하지 않거나 치(治)를 최상의 것으로 여겨 난(亂)을 인정하지 않는다면 이는 천지의 이치와 만물의 실정에 밝지 못한 것이다'라고 할 수 있네. 그것은 마치 하늘만 존중하고 땅을 인정하지 않으며 음(陰)은 존중하며 양(陽)은 무시하는 것과 같아, 그런 이론이 성립될 수 없는 것은 뻔하네. 그런데도 그런 것을 주장하며 버티지 않는다면, 이는 어리석거나 속이는 것이네. 삼황, 오제는 그 선위(禪位)의 방법을 달리했고, 하, 은, 주 삼대는 그 계승의 방법을 달리했네. 그러나 만일 그 때를 어기고 민심을 거스르면 찬탈자라 부르고, 그 때에 맞추고 민심에 따르면 정의의 사도라고 부르네. 잠잠하게, 황하의 신아, 자네가 어찌 귀천의 구별과 대소의 차이를 알겠는가?"

[물의 흐름같이 모든 것이 자연스럽게 이루어져야 한다. 이러한 자연스러운 흐름을 벗어날 때 커다란 문제가 생기게 된다. 자신의 뜻을 관철시키고자 억지로 무엇을 하다보면 다른 부작용이 있기 마련이며 삶이 고달파지는 것이다.]

河伯曰 然則我何爲乎 何不爲乎 吾辭受趣舍 吾終奈何

北海若曰 以道觀之 何貴何賤 是謂反衍 無拘而志 與道大蹇。何少何多 是謂謝施 無一而行 與道參差。嚴乎若國之有君 其無私德 繇繇乎若祭之有社 其無私福 泛泛乎其若四方之無窮 其無所畛域。兼懷萬物 其孰承翼 是謂無方。萬物一齊 孰短孰長?

道無終始 物有死生 不恃其成 一虛一滿 不位乎其形。年不可擧 時不可止 消息盈虛 終則有始。是所以語大義之方 論萬物之理也。物之生也 若驟若馳 無動而不變 無時而不移。何爲乎? 何不爲乎? 夫固將自化。

이 말을 듣고 황하의 신은 또 묻기를,

"그렇다면 저는 무엇을 해야 하며, 무엇을 하지 말아야 합니까? 제가

취사진퇴(取捨進退)를 결국 어떻게 해야 되겠습니까?"하자,

북해의 신 약은 또 이렇게 말했다.

"도의 입장에서 본다면 어느 것이 귀하고 어느 것이 천한가? 귀천의 구별은 없으니 이를 일러 반연(反衍 : 반(反)은 범(汎)과 같음, 귀천 같은 차별을 초월한 입장. 곧 무차별 행동의 상태, 〈제물론편〉의 만연(曼衍)과 같음)이라 하네. 귀천의 차별로써 자네의 뜻을 구속하지 말게. 그러면 도에 크게 어그러질 것일세. 또 도의 입장에서 본다면 어느 것이 적고 어느 것이 많은가? 다소의 구별이 없으니 이를 일러 사시(謝施 : 다소의 차별을 초월한 상태)라 하네. 다소의 차이로써 자네의 행동을 한쪽으로 치우치게 하지 말게. 그렇지 않으면 도와 어긋나네. 또 엄연히 나라에 임금이 있어 사사로운 덕을 베풂이 없고, 유유히 제사를 받아먹는 사신(社神–토지신)이 사사로운 복을 내리지 아니하며, 아득히 사방에 막힘이 없어 어디가 경계인지를 알지 못하고, 천지의 만물을 한결같이 포용해서 어느 것을 더 사랑하고 돕는 일이 없네. 이런 것을 무방(無方 : 일정한 방향이 없는 일, 곧 보편적으로 평등하여 치우침이 없는 상태)이라고 하네. 이런 입장에서 본다면 만물은 한결같아 어느 것이 짧고 어느 것이 길 것인가? 도에는 시종(始終)이 없지만 물(物)에는 사생(死生)이 있네. 그러므로 물의 성취는 도에 있어서는 한 변화에 불과하니 믿을 것이 못되네. 한때는 가득 차고 한때는 비므로 그 행상이 일정할 수가 없네. 오는 해를 돌려보낼 수가 없고, 가는 때를 붙잡아 둘 수가 없네. 영고성쇠(榮枯盛衰)와 만불만(滿不滿)은 한쪽이 끝이고 한쪽이 시작하는 것이네. 이것이야말로 큰 도의 본뜻을 말하고, 만물의 진리를 논하는 까닭이네. 물이 생겨나 변화하는 것은 말이 달리듯이 빨라서 움직여 변화하지 않는 것이 없고, 일순간이라도 옮겨가지 않는 것이 없네. 그러니 무엇을 하고 무엇을 하지 않겠는가? 본디 자연에 맞게 변화해 갈 뿐이네."

[귀하고 천한 것도 사람의 주관적인 인위에 의한 것이다. 원래 귀천도 의미가 없다. 어떤 것이 귀한 것이고 어떤 것이 천한 것인지는 사람마다 다를 수 있기 때문이다. 우리는 어느 쪽에도 치우지지 않고 항상 원리에 따라 살아가야 한다. 그러기에 그 원리를 정확히 알아야 할 필요가 있다.]

河伯曰 然則何貴於道邪?

北海若曰 知道者必達於理 達於理者必明於權 明於權者不以物害己。至德者 火弗能熱 水弗能溺 寒暑弗能害 禽獸弗能賊。非謂其薄之也 言察乎安危 寧於禍福 謹於去就 莫之能害也。故曰 天在內 人在外 德在乎天。知天人之行 本乎天 位乎得 蹢躅而屈伸 反要而語極。

曰 何謂天 何謂人?

北海若曰 牛馬四足 是謂天 落馬首 穿牛鼻 是謂人。故曰 無以人滅天 無以故滅命 無以得殉名。謹守而勿失 是謂反其真。

이에 황하의 신이 또 묻기를,

"그렇다면 어째서 도를 귀하다고 하나요?"하였다.

이에 북해의 신 약은 또 이렇게 대답했다.

"도를 아는 사람은 반드시 천지의 이치에 통달하고, 천지의 이치에 통달한 사람은 반드시 임기응변의 행동에 밝으며, 임기응변의 행동에 밝은 사람은 외물(外物)이 자기를 해치지 못하네. 지극한 덕을 가진 사람은 불로도 뜨겁게 할 수가 없고 물에도 빠뜨릴 수가 없으며 추위나 더위(寒暑)도 해치지 못하고, 금수(禽獸)도 그를 침해하지 못하네. 그렇다고 그것을 경시하는 것은 아니네. 편안하고, 위태로움을 분명히 알고, 화와 복에 편안해하며, 나아가고 물러감을 삼가기 때문에 그를 해칠 수가 없는 것이네. 그러므로 '자연의 대도(大道)는 내심(內心)에 있고 인위(人

爲)는 이를 밖으로 행한다.'고 하는 것이네. 내심이 자연의 대도를 간직하면 자연과 인위의 작용을 잘 알게 되네. 자연에 근본해서 자연의 덕에 위치하면, 물(物)의 변화에 따라 진퇴도 거기에 순응해서 자유로와져 도(要道)에 귀일해서 도의 극치를 말할 수 있게 되네."

이어 황하의 신은 다시 묻기를,

"무엇이 자연이라 하고, 무엇을 인위라고 합니까?"하자,

북해의 신 약은 이렇게 대답했다.

"소나 말에 네 발이 있는 것을 자연이라 하고, 말 목에 굴레를 씌우거나 쇠코를 뚫는 것을 인위라 하네. 그러므로, '인위로써 자연을 멸하지 말고, 고의(故意)로써 천성을 멸하지 말며, 명리를 위해서 천성의 덕을 잃지 말라.'고 하는 것이네. 삼가 지켜 잃지 않는 것을 일러 천진(天眞)으로 돌아가는 것이라 하네."

[자연은 인위로 잘못될 수 있다. 우리는 자연의 일부에 불과하다. 따라서 자연을 따라야 한다. 우리의 천성도 또한 마찬가지이다. 억지로 나의 천성에 어긋나는 것을 추구하다 보면 삶 자체가 망가질수가 있는 것이다.]

夔憐蚿 蚿憐蛇 蛇憐風 風憐目 目憐心。

夔謂蚿曰 吾以一足趻踔而行 予無如矣。今子之使萬足 獨柰何？

蚿曰 不然。子不見夫唾者乎 噴則大者如珠 小者如霧 雜而下者不可勝數也。今予動吾天機 而不知其所以然。

蚿謂蛇曰 吾以衆足行 而不及子之無足 何也?

蛇曰 夫天機之所動 何可易邪 吾安用足哉?

蛇謂風曰 予動吾脊脅而行 則有似也。今子蓬蓬然起於北海 蓬蓬然入於南海 而似無有 何也?

風曰 然 予蓬蓬然起於北海而入於南海也 然而指我則勝我 鰌我亦勝我。雖然 夫折大木 蜚大屋者 唯我能也。故以衆小不勝爲大勝也。爲大勝者 唯聖人能之。

기(夔 : 한 개의 발을 가진 괴상한 짐승, 〈산해경〉에 동해 가운데 유파(流波)라는 산이 있고, 그 산에 짐승이 있는데, 모양이 소와 같고, 푸른 빛이며 뿔이 없고 한 발로써 걸어 다닌다. 이 짐승을 기라고 한다)는 발이 많은 지네를 부러워하고, 지네는 뱀을 부러워하며, 뱀은 바람을 부러워하고, 바람은 눈(目)을 부러워하며, 눈은 마음을 부러워했다. 이는 빠른 것을 서로 부러워한 것이다. 기가 지네에게 말하기를,

"나는 한 개의 발로써 앙감질하며 가지만 자네마냥 빨리 갈 수가 없네. 그러나 지금 자네는 여러 발을 움직여 걸으니 홀로 어떻게 하는 것인가?"하자,

지네는 말하기를,

"그렇지 않네. 자네는 저 침 뱉는 것을 보지 못했는가? 침을 뱉었을 때 그 침이 큰 것은 구슬만 하고 작은 것은 안개와 같아서 그것들이 뒤섞여 내릴 때는 그 수효를 헤아릴 수가 없네. 지금 나는 내 천연적인 기능을 움직일 뿐이며 그렇게 되는 까닭을 모르네." 하였다.

그리고 또 지네가 뱀에게 말하기를,

"나는 여러 개의 발을 움직여 가지만 발 없는 자네를 따라가지 못하니 이는 어째서인가?"하자,

뱀이 말하기를,

"천연적인 기능으로 움직이는 것이니 어찌 그것을 고칠 수가 있겠는가? 나는 선천적인 기능으로 걸어갈 따름이라 어찌 발을 쓸 필요가 있겠는가?"라고 했다.

또 뱀이 바람에게 말하기를,

"나는 내 등이나 갈빗대를 움직여 가지만 형상이 있네. 그러나 지금 자네는 휘휘하고 북해에서 일어나 휘휘하면서 남해로 들어가는데 모양이 없으니 어째서인가?" 하자,

바람은 이렇게 대답했다.

"그러네. 나는 휘휘하고 북해에서 일어나 휘휘하면서 남해로 들어가네. 그러나 사람이 손가락으로 찌르면 나는 그 손가락을 분지르지 못하고, 발로 나를 밟으면 나는 그 발을 불어서 날아가게 할 수가 없네. 비록 그렇지만 나는 큰 나무를 꺾고 큰 집을 날리니 이것은 오직 나만이 할 수 있는 것이네. 그러므로 많은 작은 것을 이기지 못하는 것이 도리어 큰 것을 이기는 것이 되네. 그런데 이런 큰 이김은 오직 성인이라야 할 수 있네."

[타고난 것을 거부하고 다른 것에 욕심을 부리면 삶이 올바르게 살아질 수 없다. 자신에게 주어진 것이 최선이다. 다른 것을 부러워해 봤자 끝도 없을 뿐이다. 우리에게 주어진 것을 받아들이고 그에 맞게 살아가야 한다.]

孔子遊於匡 宋人圍之數帀 而絃歌不惙。

子路入見 曰 何夫子之娛也?

孔子曰 來 吾語女。我諱窮久矣 而不免 命也 求通久矣 而不得 時也。當堯舜而天下無窮人 非知得也 當桀紂而天下無通人 非知失也 時勢適然。

夫水行不避蛟龍者 漁父之勇也 陸行不避兕虎者 獵夫之勇也 白刃交於前 視死若生者 烈士之勇也 知窮之有命 知通之有時 臨大難而不懼者 聖人之勇也。由處矣 吾命有所制矣。

無幾何 將甲者進 辭曰 以爲陽虎也 故圍之。今非也 請辭而退。

공자가 광(匡) 지방에서 노닐 때 송나라 사람들이 공자를 몇 겹으로 포위하였다. 그러나 공자는 두려운 모습도 없이 거문고를 뜯으며 노래 부르기를 그치지 않았다. 그때 자로가 공자 앞으로 들어가 말하기를,

"선생님께서는 무엇을 그리 즐거워하십니까?" 하니,

공자는 이렇게 대답했다.

"가까이 다가오라. 내 너에게 말해 주리라. 내가 곤궁한 것을 꺼린 지 오래되었으나, 면할 수 없는 것은 천명이니라. 또 생각해도 통하기를 오래도록 바랐으나 아직도 때를 얻지 못하였다. 요나 순 때에 천하에 궁한 사람이 없었으나, 세상 사람들이 모두 지(知)를 가졌기 때문이 아니었다. 걸(桀)과 주(紂) 때에 천하에 뜻대로 통한 사람이 하나도 없었으나 모두 지(知) 때문에 잃은 것이 아니었다. 대체로 물길을 갈 때 교룡(蛟龍)을 피하지 않는 것은 어부의 용기이고, 뭍으로 갈 때 코뿔소나 호랑이를 피하지 않는 것은 사냥꾼의 용기이다. 그리고 앞에서 서슬이 날카로운 칼날이 부딪치는 데도 죽음을 삶과 같이 보는 것은 열사(烈士)의 용기이다. 곤궁에도 천명이 있는 줄 알고, 통달에도 때가 있는 줄 알아, 큰 어려움이 있더라도 두려워하지 않는 것은 성인의 용기이다. 유(由-子路)야, 네 자리로 돌아가라. 내 천명은 정해져 있느니라."

이윽고 군사를 거느린 무장이 와서 사과하면서 말하기를,

"양호(陽虎 : 노나라의 신하, 전에 그는 광이란 데서 난폭한 짓을 했기 때문에 그곳 사람들이 원망하고 있었다. 그의 모습이 공자와 닮았고, 또 전에 양호의 마부였던 안극이 공자가 타고 다니는 수레의 마부가 되었기 때문에 그곳 사람들과 병사들이 공자를 양호로 잘못 보고서 호위한 것임)인 줄 알고 포위하였습니다. 이제 보니 아닙니다. 물러가겠습니다." 하였다.

[공자를 다른 사람으로 오해하여 포위한 것을 공자는 어떻게 할 수 있는 방법이 없었다. 그는 일이 순리대로 풀릴 것이라 생각하고 여유를 가지고 기다리기만 하였다. 시간이 지나자 결국 그 오해가 풀려 일이 잘 해결되었다. 세상이 일은 억지로 해서 되는 것이 아니다. 다 때가 있는 것이다. 이러한 순리에 따라 살아갈 때 마음이 편하게 된다.]

公孫龍問於魏牟曰 龍少學先王之道 長而明仁義之行 合同異 離堅白 然不然 可不可 困百家之知 窮衆口之辯 吾自以爲至達已。今吾聞莊子之言 汒焉異之。不知論之不及與 知之弗若與 今吾無所開吾喙 敢問其方。

公子牟隱機大息 仰天而笑曰 子獨不聞夫埳井之鼃乎 謂東海之鱉曰 吾樂與 出跳梁乎井幹之上 入休乎缺甃之崖 赴水則接腋持頤 蹶泥則沒足滅跗 還虷蟹與科斗 莫吾能若也。且夫擅一壑之水 而跨跱埳井之樂 此亦至矣 夫子奚不時來入觀乎?

東海之鱉左足未入 而右膝已縶矣。於是逡巡而卻 告之海曰 夫千里之遠 不足以舉其大 千仞之高 不足以極其深。禹之時十年九潦 而水弗爲加益 湯之時八年七旱 而崖不爲加損。夫不爲頃久推移 不以多少進退者 此亦東海之大樂也。

於是埳井之鼃聞之 適適然驚 規規然自失也。

공손룡(公孫龍)이 위(魏)나라 공자(公子) 모(牟)에게 물었다.

"저는 어려서부터 선생님의 도를 배웠고, 장성하여서는 인의(仁義)의 도에 밝아, 같음과 다름을 일치시켜 논하고, 견백(堅白)을 분리시켰으며, 그렇지 않은 것을 그렇다 하고, 옳지 않은 것을 옳다고 하여 많은 사람의 지혜를 괴롭히고, 여러 사람의 변론을 굴복시켰습니다. 그래서 저는 스스로 지극히 통달했다고 여겨 왔습니다. 그런데 지금 저는 장자의 말을 듣고 망연자실(茫然自失)하며 이상하다고 생각합니다. 이는 저의 이론이 그를 따르지 못하는 것인지, 제 지혜가 그만 못한지 알 수가 없습니다. 저는 지금 입을 열 수가 없습니다. 장자의 도에 대하여 여쭙는 바입니다."

공자 모는 책상에 기대어 크게 탄식하고 하늘을 우러러 웃으면서 말하기를,

"너는 우물 안 개구리란 소리를 듣지 못했느냐? 어느 날 이 개구리가 동해에 있는 자라에게 '나는 즐겁다. 나는 우물의 난간 위에까지 뛰어오르기도 하고 우물 안으로 들어가서는 깨진 벽돌 가에서 쉬기도 하며 물 속에서는 양 겨드랑이로 수면에 떠서 턱을 물 위로 내밀기도 하고, 진흙을 차면 발이 파묻혀 발등까지 흙이 파묻히네. 저 장구벌레나 게나 올챙이 따위가 나를 따를 수 있겠는가? 더욱이 나는 한 우물의 물을 독차지해서 멋대로 노는 즐거움이 지극한데, 당신은 어째서 때때로 와서 구경하지 않소.' 라고 했단다. 그래서 동해의 자라가 이 말을 듣고 그 우물로 와서 들어가려 하는데 왼쪽 다리가 채 들어가기도 전에 오른쪽 무릎이 걸려버렸단다. 그래서 엉금엉금 물러 나와 개구리에게 이렇게 말했단다. '대저 천리라는 먼 거리로도 바다의 깊이를 다 나타낼 수가 없다. 우(禹)임금 때는 10년 동안에 9회나 홍수가 났지만 그렇다고 수량이 조금이라도 더 늘지 않았고, 탕(湯)임금 때는 8년 동안 7회나 가물었으나, 그 때문에 수량이 조금도 줄진 않았다. 대개 시간의 장단에 따라 변화하지 않고 물의 다소에 따라 증감하지 않는 것, 이것이 또한 동해의 즐거움이다.'라고 하였단다. 그랬더니 우물 안 개구리는 그 소리를 듣고 깜짝 놀라 정신을 잃었다고 하더라.

[우리는 모두 우물안 개구리의 시야를 가지고 있는지도 모른다. 자신을 항상 옳게 생각하는 한 그러한 수준을 벗어나지 못한다. 우리 모두는 누

구나 한계가 있기 마련이다. 중요한 것은 그러한 한계를 인정하고 이를 넘어서려고 해야 한다.]

且夫知不知是非之竟 而猶欲觀於莊子之言 是猶使蚊負山 商蚷馳河也 必不勝任矣。且夫知不知論極妙之言 而自適一時之利者 是非埳井之鼃與? 且彼方跐黃泉而登大皇 無南無北 奭然四解 淪於不測 無東無西 始於玄冥 反於大通。子乃規規然而求之以察 索之以辯 是直用管闚天 用錐指地也 不亦小乎? 子往矣.

且子獨不聞夫壽陵餘子之學於邯鄲與 未得國能 又失其故行矣 直匍匐而歸耳。今子不去 將忘子之故 失子之業。

公孫龍口呿而不合 舌擧而不下 乃逸而走。

또한 대체로 지혜가 시비(是非)의 한계도 알지 못하면서 장자의 말을 알려고 한다면 이는 모기에게 산을 짊어지라는 것 같고, 지네에게 황하를 건너가라는 것 같아, 반드시 그 책임을 감당할 수 없을 것이다. 또한 대체로 그 지혜가 지극히 묘한 말을 논할 줄 모르면서 궤변으로 한때의 명리에 만족하고 있는 자는 저 우물 안 개구리와 같지 않느냐. 또 저 장자의 말은 아래는 황천에 이르고 위로는 하늘에까지 이르러 남쪽도 없고 북쪽도 없이 환히 사방으로 통달해 있어 헤아릴 수 없는 깊이에까지 잠기어 있으며, 또 거기에는 동쪽도 없고 서쪽도 없이 아득히 우주의 근본에서 시작하여 자연의 대도에 귀일하고 있단다. 그런데 너는 길러진 태도와 하찮은 관찰로서 그것을 구하고 엉터리 변론으로써 그것을 찾고 있다. 이는 곧 가느다란 대통으로 하늘을 바라보고 송곳으로 땅을 찔러 보는 격이다. 또한 좁은 소견이 아닌가? 너는 돌아가거라. 너만이 수릉(壽陵) 땅의 젊은이가 조나라 서울 한단에 가서 걸음걸이를 배운 이야기를 듣지 못했는가? 그 젊은이는 한단에서 걸음걸이를 제대로 배우지도 못하고 옛 걸음걸이마저 잊어버려 엉금엉금 기어서 돌아갔단다. 지금 네가 빨리 가지 않으면 네 옛 걸음걸이도 잊어버릴 것이고 너의 본업도 잃어버리고 말 것이다."

[우리는 우리 자신을 객관화시킬 수 있어야 한다. 자신의 분수를 알아야 한다는 뜻이다. 자신의 분수를 모를 때 우리의 삶이 힘들어 진다.]

莊子釣於濮水 楚王使大夫二人往先焉 曰 願以境內累矣.

莊子持竿不顧 曰 吾聞楚有神龜 死已三千歲矣 王巾笥而藏之廟堂之上。此龜者 寧其死爲留骨而貴乎 寧其生而曳尾於塗中乎?

二大夫曰 寧生而曳尾塗中。

莊子曰 往矣 吾將曳尾於塗中。

장자가 복수(濮水)에서 낚시질을 하고 있을 때 초나라 임금이 대부(大夫) 두 사람으로 하여금 먼저 가서 임금의 뜻을 전하게 했는데,

"국내의 정치를 맡아 수고해주시오."라고 했다.

이에 장자는 낚싯대를 쥔 채로 돌아보지도 않고 말하기를,

"내 듣자니, 초나라에는 신귀(神龜 : 점을 칠 때 쓰는 신령스런 거북, 평상시에는 종묘에 안치해 두었다가 나라에 큰 일이 있을 때는 꺼내어 불에 지져 길흉을 점쳤음)가 있어 죽은 지가 삼 천년이나 되었는데, 초나라 임금은 천에다 싸서 상자에다 넣어두어 묘당에다 보관하고 있다고 들었소. 그런데 그 거북이 차라리 죽어 뼈를 남기기를 귀히 여겼겠소? 또는 차라리 살아서 진흙 속에서 꼬리를 흔들기를 바라겠소?" 하니,

그 대부는,

"차라리 살아서 진흙 속에서 꼬리를 끌기를 바랐겠지요." 하자,

장자는,

"그러면 돌아가시오. 나는 앞으로 진흙 속에서 꼬리를 끌면서 살겠소."
라고 하였다.

[장자는 정치에는 전혀 관심이 없었다. 그는 오로지 자연에 묻혀 무위의 삶을 살고자 했을 뿐이다. 높은 지위와 사회적인 명망도 그는 전혀 필요로 하지 않았다. 오히려 이러한 것이 그의 삶을 구속하는 것이라 생각했다.]

惠子相梁 莊子往見之。或謂惠子曰 莊子來 欲代子相。於是惠子恐 搜於國中三日三夜。

莊子往見之 曰 南方有鳥 其名爲鵷鶵 子知之乎? 夫鵷鶵 發於南海而飛於北海 非梧桐不止 非練實不食 非醴泉不飮。於是鴟得腐鼠 鵷鶵過之 仰而視之曰『嚇』今子欲以子之梁國而嚇我邪?

혜자(惠子)가 양(梁)나라의 재상으로 있을 때 장자는 그를 찾아가 만나고자 했다. 그때 어느 사람이 혜자에게 말하기를,
"장자가 와서 당신 대신 재상이 되려 한다"라고 했다.
이에 혜자는 두려워하여 전국에 3일 동안 밤낮으로 장자를 찾아내도록 했다. 그러자 장자가 혜자를 찾아가서 만나보고 하는 말이,
"남쪽에 새가 있는데 그 이름을 원추(鵷鶵 : 봉황의 일종, 또는 봉황의 새끼라고 함)라고 하오. 당신은 그 새를 아오? 그 원추는 남쪽 바다에서 출발하여 북쪽 바다로 날아가는데, 오동나무가 아니면 쉬지 않고 대나무의 열매가 아니면 먹지 않으며 단물이 나오는 샘이 아니면 마시지도 않소. 때마침 소리개가 썩은 쥐를 얻어 가지고 있는데 원추가 그 위를 날아갔소. 그랬더니 소리개는 썩은 쥐를 빼앗길까봐 꿱 하고 소리를 질렀소. 그와 마찬가지로 지금 당신은 당신의 양나라 재상 자리 때문에 나

를 겁내게 하는 것이지요."라고 했다.

[장자는 명예와 권력에 전혀 관심도 없을뿐더러 그러한 것으로부터 초월했다. 그는 인위적인 어떠한 것에도 흥미가 없었다. 오로지 자유로운 삶을 원했다.]

莊子與惠子游於濠梁之上。
莊子曰 儵魚出遊從容 是魚之樂也。
惠子曰 子非魚 安知魚之樂?
莊子曰 子非我 安知我不知魚之樂?
惠子曰我非子 固不知子矣 子固非魚也 子之不知魚之樂 全矣
莊子曰 請循其本。子曰『汝安知魚樂』雲者 既已知吾知之而問我 我知之濠上也。

장자가 혜자와 함께 호수(濠水 : 호를 성 둘레의 호수로 보기도 함)에 있는 다리 위에서 놀고 있었다. 이때 장자가 말하기를,
"피라미가 나와 조용히 노네. 이것이야말로 저 고기의 즐거움이네."하자,
혜자가 말하기를,
"자네가 물고기가 아닌데 어떻게 물고기의 즐거움을 아는가?" 하였다.
이에 장자는 다시 말하기를,
"그렇다면 자네는 내가 아닌데, 어떻게 내가 물고기의 즐거움을 모르는 것으로 아는가?" 하자,
혜자가 말하기를,
"본래 나는 자네를 모르네. 마찬가지로 자네도 본래 물고기가 아니네. 그러니 자네가 물고기의 즐거움을 모르는 것은 확실하네." 하였다.

이에 장자는 이렇게 대답했다.

"그러면 그 근본으로 올라가 보세. 자네가 내게 '자네가 어찌 물고기의 즐거움을 알겠는가?'라고 말한 것은 이미 내가 그것을 안다고 여겨 물은 것이네. 나는 지금 이 호수의 다리 위에서 저 호수 밑의 물고기와 일체가 되어 마음속으로 통해서 그 즐거움을 알고 있는 것이 되네."

[혜자는 내가 물고기가 되어 보지 않고서는 물고기의 즐거움을 알 수 없다고 한다. 하지만 장자는 자연의 원리란 모든 것에 통하게 되어 있어 물아일체가 가능하다고 말하고 있다.]

十八 至樂第

[지락이란 인생의 지극한 즐거움을 말한다. 어떻게 사는 것이 인생을 재미있게 사는 것일까? 똑같은 조건에서도 어떤 사람은 인생을 즐겁게 사는 사람이 있는가 하면, 그렇지 못하는 사람이 있다. 그런 차이는 어디서 오는 것일까? 지극한 즐거움이란 무엇일까? 그것은 슬픔과 즐거움을 초월하는 것이 아닐까?]

天下有至樂無有哉? 有可以活身者無有哉? 今奚爲奚據? 奚避奚處? 奚就奚去 奚樂奚惡?

夫天下之所尊者 富貴壽善也 所樂者 身安厚味美服好色音聲也 所下者 貧賤夭惡也 所苦者 身不得安逸 口不得厚味 形不得美服 目不得好色 耳不得音聲。若不得者 則大憂以懼 其爲形也亦愚哉

夫富者 苦身疾作 多積財而不得盡用 其爲形也亦外矣。夫貴者 夜以繼日 思慮善否 其爲形也亦疏矣。人之生也 與憂俱生 壽者惛惛 久憂不死 何苦也 其爲形也亦遠矣。烈士爲天下見善矣 未足以活身。吾未知善之誠善邪 誠不善邪 若以爲善矣 不足活身 以爲不善矣 足以活人。故曰 忠諫不聽 蹲循勿爭。故夫子胥爭之以殘其形 不爭 名亦不成。誠有善無有哉?

천하에 지극한 즐거움이 있는가, 없는가? 몸을 살릴 수 있는 즐거움이 있는가? 지금 무엇을 하고, 무엇에 의지하며, 무엇을 피하고, 무엇에 편안하며, 무엇을 따르고, 무엇을 버리며, 무엇을 즐기고 무엇을 미워할 것인가? 대체로 천하가 존중하는 것은 부(富)함과 귀(貴)함, 장수(長壽)와 명예이다. 또 즐거워하는 것은 몸의 안락, 맛 좋은 음식, 멋있는 옷, 아름다운 여자, 좋은 음악이다. 그러나 싫어하는 것은 가난과 천함과 요절(夭折)과 악명이다. 그리고 괴로워하는 것은 몸이 안일하지 못한 것과 입에 맛진 음식을 먹지 못하는 것과 몸에 좋은 옷을 입지 못하는 것과 눈으로 아름다운 여인을 보지 못하는 것과 귀로 좋은 음악을 듣지 못하는 것이다. 혹 이것들을 얻지 못하면 크게 근심하고 두려워하니, 그 몸뚱이를 위함이 또한 어리석도다.

대체로 부자는 자신을 괴롭혀 애써 일하여 재산을 많이 모아 쌓아두고도 다 쓰지 못한다. 이것은 재물이라는 외물(外物) 때문에 허덕이는 것으로 지극한 즐거움과는 아주 거리가 먼 것이다. 또 귀한 사람은 밤을 낮에다 이어 직무를 위하여 잘잘못에 대한 생각만 하고 있으니, 이것도 자기 지위라는 외물 때문에 허덕이는 것이라 지극한 즐거움과는 거리가 먼 것이다. 사람은 태어날 때 근심과 더불어 태어난다. 그래서 장수하는 자는 멍하니 오래도록 걱정을 하면서도 죽지 않으니 얼마나 괴로울 것인가? 이것도 장수라는 외물 때문에 허덕이는 것이니 지극한 즐거움과는 거리가 먼 것이다. 열사(烈士)는 세상에서 칭찬을 받으나 그의 몸을 살릴 수는 없다. 그래서 나는 착함이 진실한 착함인지, 착함이 아닌지를 진실로 모르겠다. 만약에 착함이 된다면 자신을 살릴 수가 없고, 착함이 아니라면 남을 살릴 수가 없다. 그러므로 "충성되게 간해도 들어주지 않거든 순종하고 다투지 말라."고 한 것이다. 그런고로 저 자서(子胥 : 춘추시대 오나라 충신, 오왕 부차의 황음무도(荒淫無道)함을 간하다가 죽음을 당했음)는 다투다가 그 몸을 죽였다. 만약 다투지 않았더라면 명예는 이루어지지 않았을 것이다. 진실로 착함이 있는가 없는가?

[세상 사람들이 생각하는 즐거움은 마음과 정신을 생각하지 않는 것들

이 대부분이다. 진정한 즐거움이 무엇인지도 잘 모르고 일반적으로 생각되는 것만 좇아가다가는 삶의 고통만 더해질 뿐이다.]

今俗之所爲與其所樂 吾又未知樂之果樂邪 果不樂邪 吾觀夫俗之所樂 擧羣趣者 誙誙然如將不得已 而皆曰樂者 吾未之樂也 亦未之不樂也。果有樂無有哉 吾以無爲誠樂矣 又俗之所大苦也。故曰 至樂無樂至譽無譽。

天下是非果未可定也。雖然 無爲可以定是非。至樂活身 唯無爲幾存。請嘗試言之。天無爲以之淸 地無爲以之寧。故兩無爲相合 萬物皆化生。芒乎芴乎 而無從出乎 芴乎芒乎 而無有象乎 萬物職職 皆從無爲殖。故曰 天地無爲也而無不爲也 人也孰能得無爲哉

지금 속인들이 하는 바와 즐기는 바에 대해, 나는 그 즐거움이 과연 즐거운 것인지 어떤지를 아직 모르겠다. 내가 저 속인들이 즐거워하는 바를 볼 때 그들은 떼를 지어 죽어도 그만두지 못할 듯이 몰려가면서 모두를 즐거워 하나, 나는 아직도 그것이 즐거운 것인지를 알지 못하겠고, 그렇다고 그것을 즐거워하지 않는 것도 아니다. 그러니 과연 즐거움이 있는 것인가 없는 것인가? 나는 무위로써 참다운 즐거움을 삼는다. 그러나 이것은 속인들이 크게 괴로워하는 바다. 그러므로 "지극한 즐거움은 세속의 즐거움을 초월하는 것이요, 지극한 명예는 세속의 명예를 초월하는 것이다."라고 한다.

천하의 시비는 과연 결정할 수가 없는 것이다. 무위로써 가름하면 시비를 결정할 수가 있다. 지극한 즐거움과 몸을 살리는 방법은, 오직 무위로써 그것들이 존재하는 것이다. 시험 삼아 말해 보리라. 하늘은 무위 때문에 맑고, 땅은 무위 때문에 편안하다. 그러므로 이 두 무위가 서로 합하여 만물이 모두 생성 변화하는 것이다. 이런 창조 근원은 아득하여 그 생겨나는 바를 모르고, 까마득하여 그 모양도 알 수가 없다. 그러나 만물은 무진장으로 이 무위 때문에 번식한다. 그러므로 "천지는 작위(作爲)함이 없지만, 만들어내지 않음이 없다."고 하는 것이다. 그러나 속인 중에 누가 이 무위의 경지에 들어갈 수가 있는가?

[진정한 즐거움이란 세속의 즐거움을 초월한 자연의 원리를 따르는 무위의 즐거움이다. 어떤 인위도 없을 때 진실된 즐거움이 존재한다.]

莊子妻死 惠子弔之 莊子則方箕踞鼓盆而歌。

惠子曰 與人居 長子老身 死不哭亦足矣 又鼓盆而歌 不亦甚乎?

莊子曰 不然。是其始死也 我獨何能無概然 察其始而本無生 非徒無生也 而本無形 非徒無形也而本無氣。雜乎芒芴之間 變而有氣 氣變而有形 形變而有生。今又變而之死。是相與爲春秋冬夏四時行也。人且偃然寢於巨室 而我噭噭然隨而哭之 自以爲不通乎命 故止也。

장자의 아내가 죽자 혜자는 조상을 간다. 그때 장자는 바야흐로 두 다리를 뻗고서 동이(盆)를 두드리면서 노래를 부르고 있었다. 그 래서 혜자는 말하기를,

"자네는 부인과 함께 살면서 자식도 기르고 몸이 함께 늙어가다 죽었는데, 곡을 하지 않는 것은 혹 그럴 수도 있겠으나 동이를 두드리면서 노래까지 부르는 것은 너무 심하지 않은가?" 하니,

장자는 이렇게 대답했다.

"그렇지가 않네. 그가 처음 죽었을 때 내가 어찌 슬퍼하지 않았겠는가? 그러나 그가 태어나기 이전의 처음을 살펴볼 때 원래 생명이 없었네. 생명이 없었을 뿐 아니라, 본래 형체도 없었네. 형체가 없었을 뿐 아니라 본디 기(氣)도 없었네. 흐릿하고 아늑한 사이에 섞여 있다가 변해

서 기가 생기고 기가 변하여 형체가 생기고 형체가 변하여 생명이 갖추어졌네. 그것이 지금 또 바뀌어 죽음으로 간 것이네. 이것은 춘하추동 네 계절이 번갈아 운행하는 것과 같네. 그 사람은 바야흐로 천지 사이의 큰 방에서 편안히 자고 있네. 그런데 내가 큰 소리로 따라서 운다면 내 스스로 천명에 통하지 못하는 것 같으므로 울기를 그쳤네." 라고 했다.

[인간의 삶과 죽음은 너무나 당연한 것이다. 자연의 일부이기 때문이다. 죽음과 같은 우리가 전혀 어찌지 못하는 그러한 것에 연연하다 보면 삶 자체가 힘들어질 수밖에 없다. 그러한 것으로부터 자유함을 얻어야 진정한 즐거움의 삶을 살아갈 수 있다.]

支離叔與滑介叔觀於冥伯之丘 崑崙之虛 黃帝之所休。俄而柳生其左肘 其意蹶蹶然惡之。

支離叔曰 子惡之乎?

滑介叔曰 亡 予何惡? 生者 假借也。假之而生生者 塵垢也。死生爲晝夜。且吾與子觀化而化及我 我又何惡焉

대저 지리숙(支離叔 : 지리는 몸이 분해되어 몸뚱이를 잃은 사람)과 골개숙(滑介叔 : 골개는 익살꾼, 분별의 지혜를 잃은 사람)이 명백(冥伯 : 명은 어둡다는 뜻, 속이 깊고 어둔 곳을 비유함, 따라서 저승을 의미)의 언덕과 곤륜(崑崙)의 높은 곳(虛 : 허는 빈터), 곧 황제(黃帝)가 쉬던 곳에서 놀고 있었다. 그때 갑자기 혹이 골개숙의 왼쪽 팔에 생겨났다. 골개숙은 깜작 놀라 언짢아했다. 지리숙이 말하기를,

"자네는 그 혹을 미워하는가?" 하자,

골개숙은 이렇게 대답했다.

"아니네. 내가 어째서 미워하겠는가? 일체 생명은 천지의 기운을 빌어

만들어진 것이네. 따라서 이 혹도 그 기운을 빌어 만들어진 것이네. 그래서 이 혹의 발생은 먼지나 때가 만물에 붙어 있는 것과 같네. 또 삶과 죽음은 낮이나 밤과 같네. 지금 나는 자네와 같이 만물의 변화를 보았고, 그 변화가 내게 미친 것이네. 그러니 내 또한 무엇을 미워하겠는가?"

[내 몸에 일어나는 모든 현상은 자연에 따라 나타나는 것에 불과하다. 몸에 생기는 혹같은 것은 몸이라는 자연에 의해 나타나는 것이다. 삶과 죽음도 이와 같이 변화의 일부로서 나타나는 것이다. 이것으로부터 초월해야 우리는 즐거운 삶을 살아나갈 수 있다.]

莊子之楚 見空髑髏 髐然有形 撽以馬捶 因而問之 曰 夫子貪生失理而爲此乎? 將子有亡國之事 斧鉞之誅 而爲此乎? 將子有不善之行 愧遺父母妻子之醜 而爲此乎 將子有凍餒之患 而爲此乎? 將子之春秋故及此乎? 於是語卒 援髑髏 枕而臥。

夜半 髑髏見夢曰 子之談者似辯士 視子所言 皆生人之累也 死則無此矣。子欲聞死之說乎?

莊子曰 然。

髑髏曰 死 無君於上 無臣於下 亦無四時之事 從然以天地爲春秋 雖南面王樂 不能過也。

莊子不信 曰 吾使司命復生子形 爲子骨肉肌膚 反子父母妻子閭里知識 子欲之乎?

髑髏深矉蹙頞曰 吾安能棄南面王樂而復爲人間之勞乎?

장자가 초나라로 가다가 도중에서 텅 빈 해골을 만났다. 바짝 마른 형태로 남아 있었다. 장자는 말채찍으로 해골을 때리면서 말했다.

"자네는 삶을 탐내어 도리를 잃어 이렇게 되었는가? 혹은 자네는 나라를 망친 일 때문에 사형을 당하여 이렇게 되었는가? 혹은 자네는 나쁜 일을 하여 부모, 처자에게 오명을 남긴 것을 부끄러워하여 자살이라도 하여 이렇게 되었는가? 혹은 자네는 천수를 다 살았기 때문에 이렇게 되었는가?"

이렇게 말하고 장자는 그 해골을 끌어다가 메고 누어서 잠이 들었다. 밤중에 해골은 장자의 꿈에 나타나,

"자네의 많은 변사(辯士)와 같았네. 그러나 자네가 말한 여러 가지는 살아 있는 사람들의 허물이고, 나처럼 죽은 사람은 그런 걱정이 없네. 자네 죽음에 대한 이야기를 듣고 싶은가?" 하므로, 장자는,

"그러세" 라고 하자, 이어 해골은 말하기를,

"죽음의 세계에서는 위로 임금도 없고, 아래로 신하도 없으며, 또한 네 계절의 변화도 없네. 조용히 천지의 수명을 같이 할 뿐이네. 거기에서는 임금의 즐거움도 그 즐거움을 넘어서지 못하네."라고 하였다. 장자는 그 말을 믿으려 하지 않으면서,

"내가 생명을 맡은 신으로 하여금 자네의 형체를 재생시켜 자네의 골육과 피부를 되살리게 하여 자네의 부모, 처자나 마을 사람들에게 알리고자 하는데, 자네는 그것을 바라는가?" 하자, 해골은 눈썹을 깊이 찡그리고 콧마루를 찡그리면서,

"내가 어찌 임금님의 즐거움과 같은 여기에서의 즐거움을 버리고 다시 인간 세상으로 나가 고생을 하겠는가" 하였다.

[삶과 죽음은 같은 것이다. 삶이 있었기에 죽음이 있기 마련이다. 이러한 것은 모두 자연의 원리를 따라 너무나 당연한 것이다. 받아들이고 받아들이지 못함에 문제가 있을 뿐이다.]

顔淵東之齊 孔子有憂色。子貢下席而問曰 小子敢問 回東之齊 夫子

有憂色 何邪?

孔子曰 善哉汝問 昔者管子有言 丘甚善之 曰『褚小者不可以懷大 綆短者不可以汲深。』夫若是者 以爲命有所成而形有所適也 夫不可損益。吾恐回與齊侯言堯舜黃帝之道 而重以燧人神農之言。彼將內求於己而不得 不得則惑 人惑則死。

且女獨不聞邪 昔者海鳥止於魯郊 魯侯御而觴之於廟 奏九韶以爲樂 具太牢以爲膳。鳥乃眩視憂悲 不敢食一臠 不敢飮一杯 三日而死。此以己養養鳥也 非以鳥養養鳥也。夫以鳥養養鳥者 宜棲之深林 遊之壇陸 浮之江湖 食之鰌鰷 隨行列而止 委虵而處。彼唯人言之惡聞 奚以夫譊譊爲乎?

咸池九韶之樂 張之洞庭之野 鳥聞之而飛 獸聞之而走 魚聞之而下入 人卒聞之 相與還而觀之。魚處水而生 人處水而死 彼必相與異 其好惡故異也。故先聖不一其能 不同其事。名止於實 義設於適 是之謂條達而福持。

공자의 제자 안연이 제나라로 가게 되자, 공자는 근심하는 안색을 했다. 그래서 같은 공자의 제자인 자공이 자리에서 내려와 공자에게 묻기를,

"제가 감히 여쭈워봅니다. 안회가 동쪽 제나라로 가는데 선생님께서 근심하시는 안색을 하시니 어째서입니까?" 하자, 공자는 이렇게 대답했다.

"좋다. 너의 물음이. 옛날 관자(管子)가 말을 했는데 내가 그것을 잘 기억하고 있다. 곧 '부대 중에 작은 것으로는 큰 것을 담을 수가 없고, 두레박줄 중의 짧은 것으로는 깊은 우물물을 퍼마시지 못한다.'고 하였다. 대체로 이러한 말은 천명에는 정해진 바가 없고, 형체에는 적절한 바가 있어, 마음대로 가감(加減)할 수 없다는 뜻이리라. 내가 걱정하는 것은 안회가 제나라 임금에게 요, 순, 황제의 도를 말하고, 더욱이 수인씨, 신

농씨의 말을 거듭한다면, 제나라의 임금은 자기 마음속에서 그런 것을 찾을 것이나, 그것을 이해할 수가 없을 것이다. 이해할 수가 없으면 안희에게 의혹을 둘 것이고, 의혹을 두면 안희가 잘못을 당할까 하는 점이다. 또한 너만이 듣지 못했느냐? 옛날에 바다새가 노나라 교외로 날아와 앉자, 노나라 임금은 그 새를 모셔다가 종묘(宗廟)에서 환영연을 열고, 순임금의 음악인 구소(九韶)의 음악을 연주하고, 소, 양, 돼지고기 등의 일등요리로 대접하니 그 새는 눈이 부시고 근심과 슬픔이 앞서 한 점의 고기도 먹지 못하고, 한 잔의 술도 마시지 못한 채로 3일 뒤에 죽었단다. 이는 노나라 임금이 인간인 자신을 기르는 방법으로 새를 기르고, 새를 기르는 방법으로 새를 기르지 않았기 때문이다. 대체로 새를 기르는 방법으로 새를 기르는 사람은 먼저 깊은 숲에다 길들이고, 편평한 땅에 놀게 하며, 강이나 호수에 뜨게 하여 미꾸라지나 피라미를 잡아먹게 하고, 동무 새의 대열 속에 끼어 함께 있게 하고, 자유로이 날게 하여 살아가게 한단다. 따라서 그런 새들은 사람의 소리도 싫어하는데 어찌 그런 시끄러운 음악을 연주해서야 되겠는가? 요임금의 음악인 함지나 순임금의 음악인 구소의 음악을 동정호의 들판에서 연주한다면, 새는 그 소리를 듣고 날아갈 것이고, 짐승은 그 소리를 듣고 달아날 것이며, 물고기는 그 소리를 듣고 물속으로 들어갈 것이다. 사람들만이 그 소리를 듣고 몰려와 구경할 것이다. 물고기는 물속에 있어야 살고, 사람이 물속에 있으면 죽는다. 이와 같이 사람과 물고기는 서로 달라 그들이 좋아하는 것과 싫어하는 것이 다르기 때문이다. 그러므로 옛날 성인은 사람의 능력을 일률적으로 생각하지 않고 하는 일로 동등하게 생각지 않았다. 이름이 실제에 부합하고, 뜻이 적성에 맞게 했던 것이다. 이것을 일러 이치에 통달하고 복을 유지하는 방도라는 것이다."

[새는 새의 본성에 맞게 길러야 한다. 우리도 우리의 본성에 맞게 살아

가야 한다. 그러한 본성을 무시하고 살아갈 때 우리에게 삶은 짐에 불과할 뿐이다. 타고난 본성을 잘 보존하는 것이 중요하다. 본성은 모두에게 다 다르다. 이러한 본성을 따르지 못할 때 아픔이 오기 마련이다.]

列子行食於道從 見百歲髑髏 攓蓬而指之曰 唯予與汝知而未嘗死未嘗生也。若果養乎? 予果歡乎?

種有幾 得水則爲㡭 得水土之際則爲鼃蠙之衣 生於陵屯則爲陵舄 陵舄得鬱棲則爲烏足 烏足之根爲蠐螬 其葉爲胡蝶。胡蝶胥也化而爲蟲 生於竈下 其狀若脫 其名爲鴝掇。鴝掇千日爲鳥 其名爲乾餘骨。乾餘骨之沫爲斯彌 斯彌爲食醯。頤輅生乎食醯 黃軦生乎九猷 瞀芮生乎腐蠸 羊奚比乎不箰 久竹生青寧 青寧生程 程生馬 馬生人 人又反入於機。萬物皆出於機 皆入於機。

열자(列子)가 여행하다가 길가에서 밥을 먹는데 백년이나 묵은 해골을 보고 쑥대를 뽑아, 그것을 가리키면서 말했다.

"오직 나와 너만이 일찍이 죽음도 없고 일찍이 삶도 없어 한결같이 자연의 변화에 따른다는 근원적인 진리를 안다. 너는 죽어서 과연 슬퍼하고 있는가? 나는 살아서 과연 기뻐하고 있는가? 대체 변화하여 생기는 종류는 얼마나 되는가? 물이 있는 곳에는 자연히 물의 때가 있어 그것이 물과 흙의 접합점(接合點)에 있으면 맹꽁이와 진주의 옷이라는 푸른 이끼가 되고, 그것이 언덕에 생기면 질경이가 되며, 그것이 섞은 흙을 만나면 오족이 된다. 이 오족의 뿌리가 굼벵이가 되고 그 잎은 나비가 된다. 그 나비를 또 서(胥)라고도 한다. 또 인간이 변하여 벌레가 되어 부뚜막 밑에서 생겨나는데, 그 모양은 허물을 씻은 듯하다. 그 이름을 구철(鴝掇)이라 하는데 이 구철이 천 날이 되면 새가 된다. 이 새의 이름을 건여골(乾餘骨)이라 한다. 이 건여골의 침이 변화해서 사미(斯彌)

라는 벌레가 되고, 사미는 다시 식혜라는 벌레가 된다. 이로라는 벌레는 식혜에서 생겨나고 황황이라는 벌레는 늙은 유충에서 생겨나며, 구유라는 벌레는 개똥벌레에서 생겨난다. 한편 양해라는 풀은 죽순이 나오지 않는 대나무와 교합해서 청녕이란 벌레가 생기게 하고, 청녕은 정이라는 벌레를 낳고 정은 말(馬)을 낳으며, 말이 사람을 낳는다. 사람은 또 만물을 발동시키는 근원인 기(機)로 들어간다. 그래서 만물은 모두 이 기에서 나왔다가 다시 모두 기로 들어가는 것이다.(이상의 고유명사는 대체로 풀, 새, 벌레의 이름들인데 사전에도 풀이가 없는 이름일 뿐만 아니라 주석가들도 명확한 설명을 하지 못하고 있는 것들이다.)

[만물은 하나의 기본에서 시작되며 변화할 뿐이다. 우리는 그러한 변화를 자연스럽게 받아들여야 한다. 이러한 변화에 연연하는 한 우리의 삶은 즐거울 수가 없다.]

十九 達生第

[달생이란 삶의 진실에 통달한다는 뜻이다. 삶의 진실이란 무엇일까? 우리는 삶의 진실을 잘 알고 이를 내면화하면 우리의 삶이 보다 자유로워질 수 있을 것이다.]

達生之情者 不務生之所無以爲 達命之情者 不務知之所無柰何。養形必先之以物 物有餘而形不養者有之矣。有生必先無離形 形不離而生亡者有之矣。生之來不能卻 其去不能止。悲夫 世之人以爲養形足以存生 而養形果不足以存生 則世奚足爲哉 雖不足爲而不可不爲者 其爲不免矣。

夫欲免爲形者 莫如棄世。棄世則無累 無累則正平 正平則與彼更生 更生則幾矣。事奚足棄而生奚足遺 棄事則形不勞 遺生則精不虧。

夫形全精復 與天爲一。天地者 萬物之父母也。合則成體 散則成始。形精不虧 是謂能移。精而又精 反以相天。

생명의 진상에 통달한 자는 생명이 어떻게 할 수 없는 것을 힘쓰지 않고, 천명의 진상에 달통한 자는 지혜가 어떻게 할 수 없는 것을 힘쓰지 않는다. 육체를 기르는 데는 반드시 의식(衣食)을 제일로 친다. 그러나 그런 의식이 남을 정도로 있어도 육체를 기르지 못하는 경우가 있다. 또 생명이 있는 이상에는 반드시 육체를 유지하는 것을 제일로 한다. 그러나 육체는 존재하면서 생명을 잃는 경우가 있다. 생명이 생겨나는 것을 물리칠 수도 없고, 또 생명이 가버리는 것을 멈추게 할 수도 없다. 그러니 슬프도다. 지금 세상 사람들은 형체만 기르면 생명을 보존할 수 있다고 여긴다. 그러나 형체만 길러서는 결국 생명을 보존할 수 없다면 세속의 일이 무슨 만족할 가치가 있겠는가? 행하기를 족하지 않을 수 없는 것은 육체를 기르는 속념으로부터 떠날 수가 있기 때문이다. 대체로 육체를 위하여 허덕이는 것을 면하고자 하면 세속의 행위를 버리는 것만 같지 못하다. 세속의 일을 버리면 마음의 구속이 없게 된다. 마음의 구속이 없으면 마음이 바르고 편해진다. 마음이 바르고 편해지면 저 자연의 조화와 더불어 날로 새로이 무한한 생명을 얻게 된다. 날로 새로이 무한한 생명을 얻게 되면 지극한 도에 가까워진다. 속된 일을 어째서 버려야 하고, 속된 생명은 어째서 버려야 하는가? 속된 일을 버리면 형체가 수고롭지 않고 속된 생명을 버리면 정신이 이지러지지 않는다. 대체로 형체가 온전하고 정신이 회복되면 천지의 조화로 일체가 된다. 천지는 만물의 부모이다. 그 두 기운이 서로 합하면 만물의 형체를 이루고 그 두 기운이 흩어지면 원시로 돌아간다. 형태와 정신이 이지러지지 않는 것을 자연과 함께 추이(推移)한다고 하는 것이다. 그래서 정(精에 정(精)을 거듭하면 돌아가 천지의 화육을 도울 수가 있다.

[세상일에 연연해하지 않는 것이 삶의 진실이라 할 수 있다. 자연의 원리를 따르는 길이기 때문이다. 세상일은 온갖 인위로 되어 있을 뿐이다. 그것으로부터 진정한 삶의 자유를 얻기 힘들다.]

子列子問關尹曰 至人潛行不窒 蹈火不熱 行乎萬物之上而不慄。請問何以至於此?

關尹曰 是純氣之守也 非知巧果敢之列.

居 予語女 凡有貌象聲色者 皆物也 物與物何以相遠 夫奚足以至乎先

是色而已。則物之造乎不形而止乎無所化 夫得是而窮之者 物焉得而止焉 彼將處乎不淫之度 而藏乎無端之紀 遊乎萬物之所終始。壹其性養其氣 合其德 以通乎物之所造。夫若是者 其天守全 其神無郤 物奚自入焉?

夫醉者之墜車 雖疾不死。骨節與人同而犯害與人異 其神全也 乘亦不知也 墜亦不知也 死生驚懼不入乎其胷中 是故物而不慴。彼得全於酒而猶若是 而況得全於天乎?

聖人藏於天 故莫之能傷也。復讎者不折鏌干 雖有忮心者不怨飄瓦 是以天下平均。故無攻戰之亂 無殺戮之刑者 由此道也。不開人之天 而開天之天 開天者德生 開人者賊生。不厭其天 不忽於人 民幾乎以其真

자열자(子列子 : 중국 전국시대의 철학자)가 관윤(關尹 : 노자의 제자라고 함)에게 묻기를,

"지극한 덕을 가진 사람은 쇠나 돌 같은 단단한 물건 속으로 들어가도 막히지 않고, 불을 밟아도 뜨겁지 않으며, 만물의 제일 꼭대기를 걸어 다녀도 두려워하지 않으니, 여쭙건대 어떻게 이런 경지에까지 이르렀을까?" 하니,

관윤이 이렇게 대답했다.

"이는 순진한 기운을 지키고 있기 때문이다. 지혜나 기교가 과감으로써는 행해지는 것이 아니다. 앉아라. 내가 너에게 말해 주마. 대체로 모양이나 형상, 음성이나 색채가 있는 것은 모두가 물(物)이다. 그 물건들이 본질적인 면에서 볼 때는 어찌 서로 다를 수가 있겠는가? 그러니 물건들이 어찌 다른 물건에 앞서 그것들을 통제할 수가 있겠는가? 이것들이 물건이기 때문이다. 그러나 물건 중에는 형체를 갖지 않는 원초의 경지에 이르는 것이 있다. 대체로 이런 경지를 얻어 이런 경지에 통달한 자는 어떤 물건이 그를 방해하겠는가? 이런 지덕에 도달한 사람은 지나

치지 않는 한도 안에서 살면서 무한히 순환하는 운행에 몸을 맡기고 만물의 변화 속에서 자연의 상태대로 움직여 그 천성을 순일하게 하고, 정기(精氣)를 길러 자연의 덕에 합일시킴으로써 만물을 생성하는 조화의 근원에 통달하는 것이다. 대체로 이러한 사람은 그 천진한 덕을 완전히 지키어 정신에 틈이 없기 때문에 외물(外物)이 어찌 그를 침입할 수가 있겠는가? 대체로 술에 취한 사람이 수레에서 떨어졌을 때, 비록 앓기는 하지만 죽지는 않는다. 그의 골절은 다른 사람과 같지만, 그가 입은 해가 다른 사람과 틀리는 것은 그 취한 상태에서의 정신이 완전한 무아무심(無我無心)의 상태이기 때문이다. 수레를 타는 것도 의식하지 못하고 떨어지는 것도 알지 못한다. 따라서 사생과 경악의 생각이 그의 마음 속에 들어가지 않았기 때문에 어떤 물건이 부딪쳐도 두려워하지 않는다. 그는 술에 취해서 정신의 완전한 상태를 얻었는데도 이러하니, 하물며 자연의 천도와 합일함으로써 정신의 완전한 상태를 얻은 자야 말해 무엇 하겠는가? 성인(聖人)은 자연의 천진에 몸을 맡기기 때문에 아무것도 그를 다칠 수 없는 것이다. 복수를 하는 자라도 상대방이 쥐고 있는 막간(鏌干 : 옛날 유명한 칼 이름, 춘추시대 오왕 합려가 간장 부부에게 만들게 한 칼임)이라는 칼을 미워하여 없애지는 않고 아무리 사나운 마음을 가진 자라도 지붕에서 저절로 떨어지는 기왓장은 미워하지 않는다. 곧 칼과 기왓장은 무심하므로 사람을 해치지 않기 때문이다. 그러므로 사람들이 모두 무심한 상태에 이르면 천하는 태평해진다. 따라서 서로 공격하고 싸우는 전란이 없고, 살육하는 형벌이 없는 것은 이런 도로 말미암기 때문이다. 인위적인 지혜, 기교, 과감의 마음을 발동하지 말고, 무위자연의 천진한 덕을 발휘하라. 천진을 발휘하는 자는 적의 마음이 생기고, 인위를 발동하는 자는 해치는 마음이 생긴다. 무위자연의 천진을 억누르지 않고 인위적인 마음을 발동하지 않으면 백성들은 모두 감화되어 거의 천진으로 돌아갈 수가 있을 것이다."

[몸과 정신이 완전한 사람이 삶의 진실에 가까운 사람이다. 완전함이란 작은 인위도 없음을 말한다. 완전히 자연의 원리에 따르는 사람이다. 이러한 사람은 주위에 어떤 일이 일어나도 주위의 사람이 그에게 무슨 일을 하더라도 그의 삶은 흔들리지 않는다.]

仲尼適楚 出於林中 見佝僂者承蜩 猶掇之也。

仲尼曰 子巧乎 有道邪?

曰 我有道也。五六月累丸二而不墜 則失者錙銖 累三而不墜 則失者十一 累五而不墜 猶掇之也。吾處身也 若厥株拘 吾執臂也 若槁木之枝 雖天地之大 萬物之多 而唯蜩翼之知。吾不反不側 不以萬物易蜩之翼 何爲而不得?

孔子顧謂弟子曰 用志不分 乃凝於神 其痀僂丈人之謂乎

공자가 초나라로 가는 도중 숲 속을 지나가는데 꼽추 한 사람이 매미를 잡고 있었다. 그런데 그는 마치 손으로 물건을 주워 넣듯이 잘도 잡았다. 그래서 공자는 묻기를,

"당신은 참 능숙하오. 무슨 도(道)가 있소?" 하니,

그 꼽추는 이렇게 대답했다.

"저에게는 도가 있지요. 오뉴월에 거미줄을 뭉쳐서 만든 둥그런 것을 장대 끝에다 두 개만 포개어 달고 떨어지지 않게 하면 실수하는 일이 매우 적고, 그런 것을 세 개만 포개어 떨어지지 않게 하면 실수할 확률은 십 분의 일이며, 다섯 개만 겹쳐 떨어지지 않게 하면 오히려 물건을 줍듯이 잡아내지요. 그때 나의 몸가짐은 나무의 그루터기마냥 움직이지 않고 팔을 벌리는 것은 마른 나뭇가지처럼 고정시켜 움직이지 않습니다. 그때 나는 비록 천지가 크고 만물이 많지만 오직 매미의 날개만 압

니다. 그때 나는 몸을 뒤집지도 않고 몸을 기울이지도 않으면서 만물 때문에 매미의 날개만 보는 나의 마음이 바뀌어지지 않습니다. 그러니 어째서 그렇게 되지 않겠습니까?"

이에 공자가 제자들을 돌아다보고 말하기를,

"마음을 쓰되 헛갈리지 않으면 정신이 통일되어 흩어지지 않는다 하더니 이는 바로 저 꼽추 노인을 두고 하는 말이다."

[정신과 마음 그리고 몸이 일치했을 때 어느 경지에 도달하게 된다. 삶 또한 마찬가지이다. 즉 살아가는 데 있어서 도에 이를 수 있다는 뜻이다.]

顔淵問仲尼曰 吾嘗濟乎觴深之淵 津人操舟若神。吾問焉 曰 操舟可學邪 曰 可。善游者數能。若乃夫沒人 則未嘗見舟而便操之也。吾問焉而不吾告 敢問何謂也?

仲尼曰 善游者數能 忘水也 若乃夫沒人之未嘗見舟而便操之也 彼視淵若陵 視舟之履猶其車卻也。覆卻萬方陳乎前而不得入其舍 惡往而不暇 以瓦注者巧 以鉤注者憚 以黃金注者殙。其巧一也 而有所矜 則重外也。凡外重者內拙。

안연이 공자에게 묻기를,

"제가 일찍이 상심(觴深)이란 못을 건널 때 거기 나루터의 뱃사공이 배를 젓는데 그 신묘함을 제가 묻기를, '배 젓는 기술을 배울 수 있소?' 하였더니, 그가 대답하기를, '배울 수 있지요. 수영을 잘하는 사람은 몇 번만 저어보면 가능하고, 잠수를 잘하는 자는 처음부터 배 같은 것은 보지도 않고 곧 노를 저을 수가 있습니다.'라고만 했습니다. 그래서 저는 좀 더 자세히 물었으나 그는 제게 대답을 아니 해 주었습니다. 그가 무엇을

말하는 것인지를 선생님께 여쭈어 봅니다." 하므로,

공자는 이렇게 대답했다.

"수영을 잘하는 사람은 몇 번만 해보면 가능하다는 말은 물에 익숙하여 물을 의식치 않는다는 뜻이고, 또 잠수를 잘하는 사람은 배 같은 것은 안중에도 없고 곧 저을 수 있다는 것은, 그러한 사람은 못을 보기를 언덕과 같이 여기고, 배가 엎어지는 것을 보아도 마치 수레가 뒤로 물러나는 것같이 여긴다는 뜻이다. 엎어지는지 뒤로 물러나든지 온갖 위험이 눈앞에 닥쳐도 그것들이 그의 마음속을 어지럽힐 수 없는 것이다. 그러니 그런 사람이 어디를 간들 마음의 여유가 없겠느냐? 기왓장을 내기의 상품으로 걸고 활을 쏘면 교묘하게 맞고, 허리띠의 고리를 내기의 상품으로 걸고 활을 쏘면 마음이 어지러워 맞지를 않는다. 그 기량은 동일하지만 내기 상품에 마음이 쏠리는 것은 외물(外物)을 중히 여기지 않기 때문이다. 대체로 외물을 중요시하면 내심(內心)은 졸렬해진다."

[외부의 조건이 어떻든 간에 우리는 어떤 거리낌 없이 자유롭게 우리가 하고자 하는 삶을 살아가야 한다. 외부의 어떤 것에 영향을 받는다면 진정한 삶의 자유를 누리기 힘들게 될 수밖에 없다.]

田開之見周威公 威公曰 吾聞祝腎學生 吾子與祝腎游 亦何聞焉?

田開之曰 開之操拔篲以侍門庭 亦何聞於夫子?

威公曰 田子無讓 寡人願聞之。

開之曰 聞之夫子曰『善養生者 若牧羊然 視其後者而鞭之。

威公曰 何謂也?

田開之曰 魯有單豹者 巖居而水飮 不與民共利 行年七十而猶有嬰兒之色 不幸遇餓虎 餓虎殺而食之。有張毅者 高門縣薄 無不走也 行年四十而有內熱之病以死。豹養其內而虎食其外 毅養其外而病攻其內

此二子者 皆不鞭其後者也。
仲尼曰 無入而藏 無出而陽 柴立其中央。三者若得 其名必極。
夫畏塗者 十殺一人 則父子兄弟相戒也 必盛卒徒而後敢出焉 不亦知乎 人之所取畏者 衽席之上 飮食之閒 而不知爲之戒者 過也

전개지(田開之)란 자가 주나라 위공을 뵈오니, 위공이 묻기를,
"내 듣자니, 축신(祝腎 : 도를 터득한 주나라의 현인)은 양생(養生)의 도를 배운다고 하였소. 그대가 축신과 친하게 지낸다니 또한 무엇을 들었는가?" 하자, 전개지는 대답하기를,
"저는 다만 빗자루를 들고 문간과 뜰을 청소하였을 뿐이라, 또한 선생님께 무엇을 들을 수가 있었겠습니까?" 하였다.
위공은 다시,
"전선생, 겸손해 하지 마오. 과인이 듣고 싶소." 하므로, 전개지가 말하기를,
"제가 선생님께 들으니, 양생을 잘하는 자는 양을 치는 것과 같아 뒤떨어진 자를 보면 채찍질을 한다고 하더이다." 하였다. 위공이 다시 묻기를,
"그것은 무엇을 말함인가?" 하자, 전개지는 이렇게 대답했다.
"노나라에 단표(單豹)라는 자가 있었는데 바위굴에 은거하면서 물만 마시고 속세의 백성들과 영리를 다투는 일이 없었습니다. 그는 나이가 70이 되어도 어린아이의 얼굴빛과 같았는데 불행히도 굶주린 호랑이를 만나자 굶주린 호랑이는 그를 잡아 먹어버렸습니다. 또 장의(張毅)란 자가 있었는데, 부잣집이나 가난한 집을 가리지 않고 널리 통하여 다녔는데 나이 40세에 내열병(內熱病)이 들어 죽었습니다. 그래서 단표는 그 안의 정신을 길렀는데 호랑이가 그 밖의 몸뚱이를 잡아먹었고, 장의는 그 밖의 몸뚱이를 길렀는데 내열병이 그 안을 침범한 것입니다. 이 두

사람은 모두 그 뒤떨어진 것을 채찍질하지 않았던 것입니다. 그래서 공자도 말하기를, '안(정신)을 기르는데 전적으로 힘쓰지도 말고, 밖(몸)을 너무 드러내지도 말고, 마른 나무와 같이 무심히 그 중간에 서라, 이 안과 밖의 중간, 이 세 가지가 잘 조화되면 그는 지인(至人)의 이름을 얻을 것이다.'라고 했습니다. 대체로 위험한 길을 갈 때 열 명 중에 한 명이라도 죽게 되면, 부자(父子)나 형제들은 서로 경계하여 반드시 많은 사람을 거느리고 서야 떠나갈 것입니다. 이것 또한 지혜롭지 않습니까? 그러나 사람들이 두려워해야 할 것은 침실 안과 식사 시간 등 정욕이 움직일 때인데, 그것을 경계할 줄 모르니 양생의 도에 있어서는 너무나 큰 잘못입니다."

[양생을 위해서는 몸 안의 것과 몸 밖의 것을 잘 조화롭게 해야 한다. 너무 안으로만 치우쳐도 안 되고, 너무 밖으로만 치우쳐도 되지 않는다. 그래야 우리의 삶을 어느 정도 터득할 수 있게 된다.]

祝宗人玄端以臨牢筴 說彘曰 汝奚惡死 吾將三月豢汝 十日戒 三日齊 藉白茅 加汝肩尻乎彫俎之上 則汝爲之乎?
爲彘謀 曰不如食以糠糟而錯之牢筴之中。
自爲謀 則苟生有軒冕之尊 死得於腞楯之上、聚僂之中則爲之。爲彘謀則去之 自爲謀則取之 所異彘者何也?

어떤 제사의 축관(祝官)이 예복을 입고 돼지우리로 가서 돼지에게 말하기를,
"너는 어째서 죽기를 싫어하느냐? 나는 삼 개월 동안이나 너를 길러 열흘 동안 몸을 깨끗이 하고, 삼 일 동안 부정을 피하고, 띠를 깔고 너를 요리해서 네 어깨와 엉덩이 살을 잘 조각한 제기 위에 받혀놓고 신에게

바치려 한다. 너는 어떻게 생각하는가?" 하자,

돼지를 생각하는 사람은,

"겨나 지게미를 먹더라도 돼지우리 안에다 놓아두는 것만 가지 못할 것이라 할 것이다. 그러나 그 사람도 자기 자신을 생각할 때는 진실로 살아서 높은 관직을 갖게 된다면 잘 꾸민 관 속으로 들어가 장례용 수레에 실리는 한이 있더라도 입신출세를 희망할 것이다. 그래서 돼지의 신세를 생각해 줄 때에는 높은 관직을 물리치고, 자기 자신을 생각할 때는 높은 관직을 취하니, 돼지의 신세를 생각할 때와 자신을 생각할 때가 다름은 어째서인가?"

[돼지나 사람이나 본성대로 살기를 바랄 것이다. 이러한 것에 차이가 있을 수 없다. 다만 본성에 있어 차이가 있을 뿐이다. 이러한 차이를 잘 알아야 양생을 할 수 있다.]

桓公田於澤 管仲御 見鬼焉。公撫管仲之手曰 仲父何見?

對曰 臣無所見。

公反 誒詒爲病 數日不出。

齊士有皇子告敖者曰 公則自傷 鬼惡能傷公 夫忿滀之氣 散而不反 則爲不足 上而不下 則使人善怒 下而不上 則使人善忘 不上不下 中身當心 則爲病。

桓公曰 然則有鬼乎?

曰 有。沈有履。竈有髻。戶內之煩壤 雷霆處之 東北方之下者 倍阿鮭蠪躍之 西北方之下者 則泆陽處之。水有(罔)[罔]象 丘有峷 山有夔 野有彷徨 澤有委蛇。

公曰 請問委蛇之狀何如?

皇子曰 委蛇 其大如轂 其長如轅 紫衣而朱冠。其爲物也 惡聞雷車之聲則捧其首而立。見之者殆乎霸。

桓公囅然而笑曰 此寡人之所見者也。於是正衣冠與之坐 不終日而不知病之去也。

제나라 환공이 늪에서 사냥을 할 때 관중(管仲)이 모시고 있었다. 제나라 환공은 귀신을 보자 놀라 관중의 손을 어루만지면서,

"중부(管仲)여, 무엇을 보지 못했는가?" 하므로, 관중은,

"저는 아무것도 본 것이 없습니다." 하였다. 그 뒤 환공은 돌아와 헛소리를 하고 앓으면서 며칠 동안 바깥으로 나가지를 못했다. 그때 제나라 선비 황자고오(皇子告敖)라는 자가 병중의 환공을 찾아와 이렇게 말했다.

"임금님의 병환은 임금님께서 스스로 생기게 한 것이지 귀신이 어찌 임금님께 병이 나게 했겠습니까? 대체로 마음속에 답답하게 맺힌 기운이 흩어져서 돌아오지 않으면 정신력이 부족하게 되고, 그 기운이 올라갔다가 내려오지 않으면 사람으로 하여금 성을 잘 내게 하며, 내려갔다가 올라오지 않으면 사람으로 하여금 잊어버리기를 잘하게 하며, 올라가지도 내려가지도 않고 몸 중간에 있으면서 가슴에 맺혀 있으면 병이 됩니다."

환공은 이 소리를 듣고,

"그러면 귀신이 있는가?" 하자, 황자고오는 이렇게 대답했다.

"있습니다. 진흙 속에는 이(履)라는 귀신이 있고, 부뚜막에는 결이라는 귀신이 있으며, 집안의 쓰레기통에는 뇌정이라는 귀신이 살고, 집안의 동북쪽 밑에는 배아와 해롱이라는 귀신이 살며, 서북쪽 밑에는 일양이란 귀신이 살고, 물에는 망상이라는 귀신이 살며, 언덕에는 신이라는 귀신이 살고, 산에는 기라는 귀신이 살며, 들에는 방황이라는 귀신이 살고, 늪에는 위사라는 귀신이 살고 있습니다."

이에 환공이 다시 묻기를,
"그렇다면 늪의 귀신인 위사의 모양은 어떻게 생겼는가?" 하자, 황자고오는 또 이렇게 대답했다.
"위사는 크기가 수레 바퀴통만 하고, 그 길이는 수레의 멍에만 하며, 붉은 옷을 입고 붉은 갓을 썼으며, 그 성질은 우뢰나 수레의 소리를 싫어하여 그런 소리만 들으면 머리를 들고 일어섭니다. 이것을 본 사람은 패자(覇者)가 된다 하옵니다."
이에 환공은 크게 기뻐 빙그레 웃으면서,
"그것이야말로 과인이 본 것이네." 하였다. 그러고 나서 의관을 바로 잡고 황자고오와 앉아 하루가 채 되기도 전에 병이 나은 것도 알지 못하였다.

[사람의 병은 스스로에 의한 것인지도 모른다. 자신이 올바른 양생을 할 줄 안다면 그러한 병에 걸리기가 쉽지 않기 때문이다.]

紀渻子爲王養鬭雞。十日而問: 雞已乎 曰 未也 方虛憍而恃氣。
十日又問 曰 未也 猶應嚮景。
十日又問 曰 未也 猶疾視而盛氣。
十日又問 曰 幾矣 雞雖有鳴者 已無變矣 望之似木雞矣 其德全矣。異雞無敢應者 反走矣。

기성자(紀渻子)라는 자가 임금을 위하여 싸움닭을 기르는데, 열흘 만에 임금이 묻기를,
"싸울만한 닭이 되었는가?" 하므로, 기성자는 대답하기를,
"아직 멀었습니다. 지금 건성으로 사나운 척하며 제 기운만 믿고 있습니다." 하였다. 열흘이 또 지나자 물으므로,

"아직도 멀었습니다. 다른 닭의 소리만 듣거나 모양만 보아도 덤비려고 합니다." 하였다. 열흘 만에 또 물으니,
"아직도 안 되었습니다. 다른 닭을 보면 눈을 흘기고 기운을 뽐내고 있습니다." 하였다. 열흘이 지나자 물으니,
"이제는 거의 다 되었습니다. 다른 닭이 울며 덤벼도 조금도 태도를 변치 않습니다. 바라보며 마치 나무로 깎아 만든 닭과 같습니다. 그래서 그 닭의 덕이 온전해져서 다른 닭이 감히 덤비지 못하고 반대로 달아나 버립니다." 하였다.

[싸움닭을 비유하여 양생을 설명하는 대목이다. 싸움닭도 단계적으로 훈련시키듯이 사람의 양생도 단계에 맞에 해나가야 한다.]

孔子觀於呂梁 縣水三十仞 流沫四十里 黿鼉魚鼈之所不能游也。見一丈夫游之 以爲有苦而欲死也 使弟子並流而拯之。數百步而出 被髮行歌而游於塘下。
孔子從而問焉 曰 吾以子爲鬼 察子則人也。請問 蹈水有道乎
曰 亡 吾無道。吾始乎故 長乎性 成乎命。與齊俱入 與汩偕出 從水之道而不爲私焉。此吾所以蹈之也。
孔子曰 何謂始乎故 長乎性 成乎命
曰 吾生於陵而安於陵 故也 長於水而安於水 性也 不知吾所以然而然 命也。

공자가 여량(呂梁)이라는 곳으로 놀러 나갔다. 거기에는 폭포가 있어 삼십 길이나 되고, 흐르는 물결이 사십 리나 되며, 물고기와 자라 등도 헤엄을 칠 수가 없다. 그런 곳에서 어느 한 사람이 헤엄을 치는 것을 보고 공자는, 그 헤엄치는 자가 무슨 괴로움이 있어 자살하려는 것으로 여

겼다. 그래서 제자로 하여금 물줄기를 따라 내려가 그를 구하게 했다. 그래서 수백 보를 가자 그 사나이는 물속에서 나와 머리를 풀어헤치고 노래를 부르며 물가에서 놀고 있었다. 그래서 공자는 따라가서 묻기를,

"나는 처음에 당신이 귀신인 줄 알았다가 당신을 자세히 보니 사람이더군. 물어보건대, 헤엄을 치는 데도 도가 있는가?" 하니, 그 사나이가 대답하기를,

"없습니다. 제게는 별다른 도가 없습니다. 저는 다만 태어날 때부터 시작했고, 제 선천적인 기질에서 성장했으며, 천명에서 완성되었을 뿐입니다. 저는 헤엄을 칠 때 소용돌이로 들어갔다가 여울을 따라 나와 물길만 따르면 일체 제 사사로운 힘을 쓰지 않습니다. 이것이 제가 헤엄치는 방법입니다." 하였다. 이에 공자는 다시 묻기를,

"태어날 때부터 시작했고, 선천적인 기질에서 성장했으며, 천명에서 완성했다는 말은 무엇을 말함인가?" 하자 그 사나이는 대답하기를,

"저는 구릉지대에서 태어나 그 구릉지대에서 편안히 살았으니 그것이 태어날 때부터이고, 물속에서 자라면서 물속에서 편안했으니 이것이 천성이요, 나도 그렇게 헤엄을 잘 치는 줄 모르면서 그렇게 헤엄을 잘 치니 이것이 천명입니다." 라고 했다.

[사사로운 것을 버리고 자연의 원리를 따르다 보면 자신이 어느새 천명에 도달하게 된다. 이런 경우 우리는 진정한 삶의 자유를 얻을 수 있다.]

梓慶削木爲鐻 鐻成 見者驚猶鬼神。魯侯見而問焉 曰 子何術以爲焉? 對曰 臣 工人 何術之有 雖然 有一焉。臣將爲鐻 未嘗敢以耗氣也 必齊以靜心。齊三日 而不敢懷慶賞爵祿 齊五日 不敢懷非譽巧拙 齊七日 輒然忘吾有四枝形體也。當是時也 無公朝 其巧專而外骨消 然後入

山林 觀天性 形軀至矣 然後成見鐻 然後加手焉 不然則已。則以天合天 器之所以疑神者 其是與

자경이라는 노나라 목공이 나무를 깎아 악기를 매다는 도구를 만들었다. 그 도구가 이루어지자 보는 사람들이 모두 신기(神技)의 솜씨에 놀랐다. 그래서 노나라 임금이 그것을 보고 묻기를,

"자네는 어떠한 비술(秘術)이 있어 이렇게 만들었는가?" 하자, 자경은 이렇게 말했다.

"저는 목수인데 무슨 비술이 있겠습니까? 그러나 한 가지는 있습니다. 제가 장차 악기를 올려놓는 도구를 만들 때는 일찍이 기운을 소모함이 없이 반드시 재계(齋戒)하여 마음을 평온하게 갖습니다. 이렇게 삼일을 재계하면 포상(褒賞)과 작록(爵祿)에 대한 생각이 없어지고, 오일 동안 재계하면 비방이나 명예나 교묘하고 졸렬함을 생각지 않게 되며, 칠일 동안 재계하면 문득 재계 사지(四肢)가 있고 형체가 있는 것도 잊게 됩니다. 이런 때가 되면 조정의 권세에 대한 생각도 없어지고, 교묘한 기술에만 전일(專一)해져 마음을 어지럽히는 외물의 유혹도 완전히 사라집니다. 그런 뒤에야 산림 속으로 들어가 나무의 천성을 살펴 형태가 최고인 것을 찾아낸 뒤 마음속으로 만들어낼 악기의 받침대를 구상합니다. 그런 뒤에 손을 대기 시작합니다. 그렇지 못할 경우에는 그만둡니다. 이렇게 만들면 나무의 천성과 저의 천성이 일치되어 집니다. 그래서 제가 만든 기구가 신기로 이루어졌다고 의심하는 것은 이런 까닭입니다."

[유능한 목수가 어떻게 악기를 만드는 것인지에 대한 설명이다. 그 또한 자연의 이치를 따라 마음을 비웠기에 그러한 신기에 가까운 기술을 가질 수 있었다.]

東野稷以御見莊公 進退中繩 左右旋中規。莊公以爲文弗過也 使之鉤百而反。

顔闔遇之 入見曰 稷之馬將敗。

公密而不應。少焉 果敗而反。

公曰 子何以知之?

曰 其馬力竭矣 而猶求焉 故曰敗。

동야직(東野稷 : 옛날 말을 잘 몰던 사람)이라는 자가 말을 잘 모는 기술을 가지고 노나라 장공을 뵈었다. 그는 말을 모는데 앞으로 가건 뒤로 가건 밧줄을 친 듯이 일직선으로 갈 수가 있었고, 좌우로 도는 것도 자로 그린 듯했다. 장공은 마음속으로 그것은 옷감의 무늬라도 그보다 더 교묘하지 못하리라 여기고, 그로 하여금 길거리를 한바퀴 돌고 오게 했다. 안합(顔闔)이 이 광경을 보고 들어와 장공에게 말하기를,

"동야직의 말은 쓰러질 것입니다." 하였다. 그러나 장공은 입을 다물고 대답하지 않았다. 이윽고 과연 그의 말은 쓰러지고 동야직만 돌아왔다. 그래서 장공이 안합에게,

"자네는 어찌 그렇게 될 줄 알았는가?" 하니, 안합이 대답하기를,

"그 말의 힘이 지쳤는데도 자꾸 부렸기 때문에 쓰러질 것이라고 했습니다." 하였다.

[말의 본성을 무시한 결과로 말은 쓰러지고 말았다. 이와 마찬가지로 모든 것에 있어서 본성에 따라 살아가야 삶의 평안함과 자유를 느낄 수 있다.]

工倕旋而蓋規矩 指與物化而不以心稽 故其靈臺一而不桎。忘足 履

之適也 忘要 帶之適也 知忘是非 心之適也 不內變 不外從 事會之適也。始乎適而未嘗不適者 忘適之適也。

요임금 때 목수 공수(工倕)는 손을 움직여 물건을 재는데 그림쇠와 자보다도 더 정확했다. 그의 손가락은 그 만드는 물건과 조화를 부려 마음으로 생각해 볼 필요조차 없었다. 그러므로 그 마음이 하나로 되어 외물에 구속을 받지 않았다. 발을 잊는 것은 신발이 꼭 맞기 때문이요, 허리를 잊는 것은 허리띠가 꼭 맞기 때문이며, 지혜가 시비를 잊는 것은 마음이 자연생태에 맞기 때문이고, 마음이 변하지 않고 외물에 끌리지 않는 것은 자기의 경우에 편안히 여겨 거기에 꼭 맞게 하기 때문이다. 그리하여 자적(自適)의 경지에서 시작하여 어떤 경우에라도 이러한 자적을 잃지 않는 최상의 경지에 이른 자야말로, 대상과 일체가 되어 쾌적(快適)이라는 의식조차 하지 않는 유유자적(悠悠自適)하는 지인(至人)에 이를 것이다.

[마음과 외부환경이 하나가 되면 가장 조화를 잘 이루게 되어 그것의 존재조차 잊어버리게 된다. 우리의 삶도 이와 같아야 할 것이다.]

有孫休者 踵門而詑子扁慶子曰 休居鄕不見謂不脩 臨難不見謂不勇 然而田原不遇歲 事君不遇世 賓於鄕里 逐於州部 則胡罪乎? 天哉? 休惡遇此命也?

扁子曰 子獨不聞夫至人之自行邪 忘其肝膽 遺其耳目 芒然彷徨乎塵垢之外 逍遙乎無事之業 是謂爲而不恃 長而不宰。今汝飾知以驚愚 脩身以明汙 昭昭乎若揭日月而行也。汝得全而形軀 具而九竅 無中道夭於聾盲跛蹇而比於人數 亦幸矣 又何暇乎天之怨哉? 子往矣!

孫子出 扁子入。坐有閒 仰天而歎。弟子問曰 先生何爲歎乎?

扁子曰 向者休來 吾告之以至人之德 吾恐其驚而遂至於惑也。

弟子曰 不然。孫子之所言是邪 先生之所言非邪 非固不能惑是 孫子所言非邪 先生所言是邪 彼固惑而來矣 又奚罪焉?

扁子曰 不然。昔者有鳥止於魯郊 魯君說之 爲具太牢以饗之 奏九韶以樂之。鳥乃始憂悲眩視 不敢飮食。此之謂以己養養鳥也。若夫以鳥養養鳥者 宜棲之深林 浮之江湖 食之以委蛇 則平陸而已矣。今休 款啟寡聞之民也 吾告以至人之德 譬之若載鼷以車馬 樂鴳以鐘鼓也 彼又惡能無驚乎哉?

노나라 손휴(孫休)라는 자가 자편경자(子扁慶子 : 노나라의 현인, 손휴의 스승)네 집에 가서 고하기를,

"저는 고향에서 살 때 몸가짐이 나쁘다는 말을 듣지 않았고, 어려움을 당해서도 용기가 없다는 소리를 듣지 않았었습니다. 그런데 들에서 농사를 지으면 풍년을 만나지 못하고, 임금을 섬길 때는 때를 만나지 못하며, 마을에서는 배척을 당하고, 고을에서는 쫓겨남을 당했으니, 하늘에 무슨 죄를 지어 이런 운명을 만나야 합니까?" 하였다. 그래서 자편경자는 이렇게 말했다.

"자네는 저 지인의 행동을 듣지 못했는가? 지인은 자신의 간과 쓸개까지도 잊고 귀와 눈도 잊어버리고 아득히 속세 밖에서 놀며, 인위적인 일이 없는 경지에서 소요하였다는 것을. 이런 행동이야말로 '일을 하고서도 그 능력을 믿지 않고, 이루어 놓고서도 자기의 공로로 생각지 않는다.'라는 것이다. 그런데 자네는 지혜를 꾸며 어리석은 이를 놀라게 하고, 몸을 닦아 남의 잘못을 밝혀 그 분명함이 해와 달을 매달아 놓고 행동하듯 한다. 그러면서도 너의 몸뚱이를 보전하고 너의 아홉 구멍을 구비하고서도 중도에 귀머거리, 민수, 쩍발이, 절뚝발이의 화를 당함이 없이 사람 축에 끼이 있으니 그것만도 다행이다. 그런데 또한 어느 겨를에

하늘을 원망하는가? 자네는 돌아가게."

그래서 손휴는 물러가고 자편경자는 방으로 들어가 앉아 있다가 한참 만에 하늘을 우러러 탄식했다. 이때 그의 제자가 묻기를,

"선생님께서는 어째서 한숨을 쉬십니까?" 하므로 자편경자는 대답하기를,

"아까 손휴가 왔을 때 내가 지인의 덕을 일러주었더니, 나는 그가 두려워한 나머지 현혹에 빠질까 걱정이 되는구나." 하였다. 그러자 제자가 말하기를,

"그렇지 않습니다. 손휴의 말이 옳고, 선생님의 말씀이 틀렸다면, 틀린 말로는 바른 말을 현혹시킬 수가 없기 때문입니다. 또 손휴의 말이 틀리고 선생님의 말씀이 옳다면 그는 본디부터 현혹되어 왔으므로, 선생님께 무슨 죄가 있습니까?" 하였다. 그러나 자편경자는 이렇게 말했다.

"그렇지가 않다. 옛날 어떤 새가 노나라 교외에 날아와 앉으니, 노나라 임금은 그것을 기뻐하여 소, 양, 돼지 등의 좋은 요리를 장만하여 새에게 먹이고 순임금의 음악인 구소를 연주하여 새를 기쁘게 하려 했었다. 그러나 그 새는 근심에 잠기고 눈이 휘둥그래져서 음식도 먹지 않았다. 이것을 일러 인간 자신을 기르는 양생법으로 새를 기른다는 것이다. 대저 새를 기르는 법으로 새를 기르려면, 깊은 숲 속에 살게 해야 하고 강과 호수에 뜨게 하며 미꾸라지 등을 먹이면서 새를 편안하게 살게 해주어야 한다. 그런데 지금 손휴는 견문이 좁은 사람인데 내가 지인의 덕을 알려 주었으니, 비유컨대 그것은 마치 생쥐를 태우기 위해 수레나 말을 사용하고, 종달새를 즐겁게 하기 위해 쇠북이나 북을 치는 격이다. 그것들이 어찌 놀라지 않겠는가?"

[우리는 수양을 해서 자신을 자랑하지 말고 남에게 보이려 하지 말아야

한다. 오직 무위로 해야 할 필요가 있다. 다만 본성에 따라 수행을 하고 양생을 해야 한다.]

二十 山木第

[산목이란 산속의 나무란 뜻이다. 산의 나무도 자연에 따를 때 제대로 살아갈 수 있다.]

莊子行於山中 見大木 枝葉盛茂。伐木者止其旁而不取也。問其故 曰 無所可用。

莊子曰 此木以不材得終其天年。

夫子出於山 舍於故人之家。故人喜 命豎子殺雁而烹之。豎子請曰 其一能鳴 其一不能鳴 請奚殺

主人曰 殺不能鳴者。

明日 弟子問於莊子曰 昨日山中之木 以不材得終其天年 今主人之雁 以不材死 先生將何處

莊子笑曰 周將處乎材與不材之間。材與不材之間 似之而非也 故未免乎累。若夫乘道德而浮遊則不然。無譽無訾 一龍一蛇 與時俱化 而無肯專爲 一上一下 以和爲量 浮遊乎萬物之祖 物物而不物於物 則胡可得而累邪 此神農黃帝之法則也。

若夫萬物之情人倫之傳 則不然。合則離 成則毀 廉則挫 尊則議 有爲則虧 賢則謀 不肖則欺。胡可得而必乎哉 悲夫 弟子志之 其唯道德之鄉乎!

장자가 산속을 가다가 가지와 잎이 무성한 큰 나무를 보았다. 나무꾼이 그 옆에 있으면서도 나무를 베지 않는 것을 보고 그 까닭을 물으니 대답하였다.
"쓸모가 없습니다."
장자가 말했다.
"이 나무는 재목감이 되지 못하므로 천수를 다하는 것이다."
장자가 산에서 내려와 옛 친구의 집에 머물게 되었다. 그 친구는 기뻐서 종놈에게 일러 거위를 잡아 요리하라고 했다. 종놈이 물었다.
"그 중 한 놈은 잘 울고, 한 놈은 울 줄을 모르는데, 어느 놈을 잡을까요?"
주인이 대답하였다.
"울 줄 모르는 놈으로 잡아라."
이튿날, 제자가 장자에게 물었다.
"어제 산 속의 나무는 재목감이 되지 못해 천수를 다하는데, 지금 주인의 거위는 쓸모가 없어 죽었습니다. 선생님께서는 어떻게 처신하시려는지요?"
그러자 장자가 웃으며 말했다.
"나는 재목이 되고 재목이 되지 않는 것 사이에 처신하겠다. 그러나 재목이 되고 재목이 되지 않는 것 사이에 머무는 것은 한편으로는 그럴듯하지만 도는 아니므로, 아직 얽매임에서 벗어나지는 못 할 것이니라. 자연의 도와 덕을 타고 유유히 떠다니는 자라면 그렇지 않을 것이다. 칭찬도 없고 비방도 없으며, 한번은 용이 되었다가 한번은 뱀이 되었다가 때와 더불어 변화하면서 한 가지만을 집착하지 않고, 오르락내리락하면서 조화로움을 한량으로 삼을 것이다. 만물의 근원에서 노닐며, 만물을 만물로서 있게 하되 외물에 의해 사물로서의 부림을 받지 않을 것이니, 어찌 얽매임이 있겠느냐? 이것이 바로 신농씨와 황제의 법칙인 것이다. 그러나 만물의 실정이나 인륜의 전승은 그렇지 않구나. 모이면 흩어지고, 쌓으면 무너지고, 모나면 깎이고, 높아지면 책잡히고, 해놓으면 이지러지고, 어질면 모함을 받고, 어리석으면 기만을 당하니 어떻게 면할 수 있다고 장담하겠느냐? 슬프도다! 제자들은 이 뜻을 알도록 하거라. '자연의 도와 덕이 행하여지는 고향'에서만이 면할 수 있을 것이니라."

[나무에 있어서도 쓰일 곳이 있는 것과 쓰일 곳이 없는 것을 넘어서 자연스러워야 아무런 문제가 없게 된다.]

市南宜僚見魯侯 魯侯有憂色。市南子曰 君有憂色 何也?

魯侯曰 吾學先王之道 脩先君之業 吾敬鬼尊賢 親而行之 無須臾離居 然不免於患 吾是以憂。

市南子曰 君之除患之術淺矣 夫豐狐文豹 棲於山林 伏於巖穴 靜也 夜行晝居 戒也 雖飢渴隱約 猶且胥疏於江湖之上而求食焉 定也 然且不免於罔羅機辟之患。是何罪之有哉 其皮爲之災也。今魯國獨非君之皮邪 吾願君刳形去皮 灑心去欲 而遊於無人之野。

南越有邑焉 名爲建德之國。其民愚而朴 少私而寡慾 知作而不知藏 與而不求其報 不知義之所適 不知禮之所將。猖狂妄行 乃蹈乎大方。其生可樂 其死可葬。吾願君去國捐俗 與道相輔而行。

君曰 彼其道遠而險 又有江山 我無舟車 奈何

市南子曰 君無形倨 無留居 以爲君車。

君曰 彼其道幽遠而無人 吾誰與爲鄰 吾無糧 我無食 安得而至焉

市南子曰 少君之費 寡君之欲 雖無糧而乃足。君其涉於江而浮於海 望之而不見其崖 愈往而不知其所窮。送君者皆自崖而反。君自此遠矣 故有人者累 見有於人者憂。故堯非有人 非見有於人也。吾願去君之累 除君之憂 而獨與道遊於大莫之國。

方舟而濟於河 有虛船來觸舟 雖有惼心之人不怒 有一人在其上 則呼

張歙之 一呼而不聞 再呼而不聞 於是三呼邪 則必以惡聲隨之。向也不怒而今也怒 向也虛而今也實。人能虛己以遊世 其孰能害之?

초나라의 시남의료가 노나라 제후를 만났는데, 노나라 제후에게 근심스런 안색이 있었다. 시남자가 여쭈었다.

"군주께서 근심스런 안색이 있으시니, 무슨 까닭입니까?"

노나라 제후가 말했다.

"나는 선왕들의 도를 배웠고, 선대 군주께서 이룩하신 유업을 닦았소. 나는 귀신을 공경하고 현인을 존경하여 가까이 두어 행함에 잠시도 벗어나 있지 않았다오. 그런데도 환난을 면하지 못하고 있으니 나는 이 때문에 근심하고 있는 것이오."

시남자가 말했다.

"군주께서 환난을 없애려는 방법이 천박하십니다. 저 풍성한 털을 가진 여우와 아름다운 무늬의 표범이 산림 속에 머물고 바위굴에 엎드려 있음은 고요하게 있음이고, 밤에 다니고 낮에 가만히 있음은 삼가는 것입니다. 비록 주리고 목마르며 곤궁하더라도 오히려 강호에서 멀리 떨어져서 먹을 구하는 것은 편안한 것입니다. 그런데도 또 그물이나 덫에 걸릴 근심을 면하지 못하니, 이는 무슨 죄가 있어서이겠습니까? 그들의 가죽이 그들의 재앙입니다. 지금 노나라가 어찌 군주님의 가죽이 아니겠습니까?

저는 군주께서 외형을 도려내시어 가죽을 버리고, 마음을 씻고 욕심을 버린 채, 사람이 없는 들판에서 노니시기를 바랄 따름입니다. 남월에 고을이 있는데, 이름을 '덕을 세운 나라'라고 합니다. 그곳의 백성들은 어리석고 순박하여 사사로움이 적고 욕심이 적습니다. 경작할 줄은 알지만 감출 줄을 모르고, 남에게 주고서 그 보답을 구하지 않으니, 의에 맞출 줄도 모르고, 예를 받들 줄도 모릅니다. 구애되지 않고 제멋대로 행동하지만, 대도를 따르니, 그들이 살아서는 즐겁고, 그들이 죽어서는 장사를 지냅니다. 저는 군주께서 나라를 떠나 속세를 버리시어, 도와 함께 서로 도우면서 가시기를 바랍니다."

군주가 말했다.

"그곳은 길이 멀고 험난하며 또 강과 산이 있소. 나에게 배와 수레가 없으니 어찌하면 좋겠습니까?"

시남자가 대답했다.

"군주께서 외형의 거만함을 없애고, 머물러 안주하려는 마음을 없애서, 그것을 군주님의 수레로 삼으십시오."

군주가 말했다.

"그곳은 길이 깊고 아득하며 사람도 없는데, 나는 누구와 이웃하겠습니까? 나에게 양식이 없어 먹을 것이 없으니, 어찌 그곳에 이를 수가 있겠소?"

시남자가 대답했다.

"군주님의 비용을 줄이시고, 군주님의 욕심을 적게 한다면, 비록 식량이 없더라도 족할 것입니다. 군주께서 강을 지나 바다 위를 떠서 가게 되면, 멀리서 바라보니 그 언덕을 볼 수 없고, 더 갈수록 그 끝닿는 곳을 알 수 없을 것입니다. 군주를 배웅하는 이들이 모두 언덕으로부터 돌아가면, 군주께서는 더욱 더 멀리 나아가실 것입니다. 그 때문에 사람을 소유하는 자는 얽매게 되고, 남에게 소유당하는 자는 근심하게 됩니다. 그러니 요임금은 사람을 소유하지도 않았고, 남에게 소유를 당하지도 않았습니다.

저는 군주께서 얽매임을 풀고, 군주께서 근심하는 것을 제거하여, 홀로 도와 더불어 대막의 나라에서 노니시기를 바랍니다. 나란히 묶은 배로 강을 건널 때, 빈 배가 와서 부딪치면 비록 속이 좁은 사람이라 하더라도 화를 내지 않지만, 그 위에 사람이 타고 있다면 배를 당기든가 거두라고 소리 지를 것입니다. 한 번 소리치는데 듣지 못하고 두 번 소리치도 듣지 못하면, 이제 세 번째 소리칠 때에는 반드시 나쁜 소리가 이어질 것입니다. 아까는 화내지 않았는데 지금은 화를 내는 것은 아까는 빈 배였지만 지금은 사람이 있기 때문입니다. 사람이 자기를 비우고 세상을 노닐 수 있다면, 누가 그를 해칠 수 있겠습니까?"

[지위가 높거나 커다란 부를 가지고 있는 사람에게는 항상 재난의 위험이 있기 마련이다. 욕심을 내려놓고 자신을 비우고 마음을 편안히 가져야 근심 없이 삶의 즐거움을 얻을 수 있다.]

北宮奢爲衛靈公賦斂以爲鐘 爲壇乎郭門之外。三月而成上下之縣。王子慶忌見而問焉 曰 子何術之設?

奢曰 一之閒 無敢設也。奢聞之『既彫既琢 復歸於朴。』侗乎其無識 儻乎其怠疑 萃乎芒乎 其送往而迎來 來者勿禁 往者勿止 從其強梁 隨其曲傅 因其自窮。故朝夕賦斂而毫毛不挫 而況有大塗者乎?

북궁사가 위나라 영공을 위해 세금을 걷어 종을 만들었다. 그 종을 만들기 위해 성곽문 밖에 토단을 쌓고, 석 달 만에 위아래의 두 단에 종을 걸어놓자 오나라의 왕자인 경기가 보고서 그에게 물었다.

"그대는 어떤 기술을 썼소?"

북궁사가 대답했다.

"순일하게 하였을 뿐, 감히 기술을 쓴 바가 없습니다. 제가 듣건대, 새기고 다듬은 후에 다시 순박함으로 돌아간다고 했습니다. 아는 게 아무것도 없는 듯이 미련하게, 의심 없이 어리석은 듯이, 한 덩이로 구분함이 없는 체, 가는 것을 보내고 오는 것을 맞이하며, 오는 자들을 막지 않고, 가는 자들을 붙잡지 않습니다. 강하고 센 이들을 놔두고, 굽히고 따르는 이들을 내맡겨두어, 각기 이르는 것을 따랐습니다. 그러므로 아침 저녁으로 세금을 거둬들여도 털끝만치도 손상시키지 않는데, 하물며 대도를 지닌 사람이겠습니까?"

[모든 것을 자연에 따라 하면 아무런 문제가 없다. 여기서도 이러한 예를 들고 있는 것이다.]

孔子圍於陳蔡之間 七日不火食。大公任往弔之 曰 子幾死乎

曰 然。

子惡死乎?

曰 然。

任曰 予嘗言不死之道。東海有鳥焉 其名曰意怠。其爲鳥也 翂翂翐翐 而似無能 引援而飛 迫脅而棲 進不敢爲前 退不敢爲後 食不敢先嘗 必取其緒。是故其行列不斥 而外人卒不得害 是以免於患。直木先伐 甘井先竭。子其意者飾知以驚愚 修身以明汙 昭昭乎如揭日月而行 故不免也。

昔吾聞之大成之人曰 自伐者無功 功成者墮 名成者虧。孰能去功與名 而還與衆人 道流而不明 居得行而不名處 純純常常 乃比於狂 削跡捐勢 不爲功名。是故無責於人 人亦無責焉。至人不聞 子何喜哉?

孔子曰 善哉 辭其交遊 去其弟子 逃於大澤 衣裘褐 食杼栗 入獸不亂羣 入鳥不亂行。鳥獸不惡 而況人乎?

공자가 진나라와 채나라 사이에서 포위되어, 칠 일 동안 밥을 지어먹지 못하자, 태공임이 찾아가서 조문하며 말했다.

"선생님께서 거의 죽을 뻔 하셨군요?"

공자가 대답했다.

"그렇소."
"선생님은 죽음을 싫어하시오?"
공자가 대답했다.
"그렇소."
태공임이 말했다.
"제가 시험 삼아 불사의 도에 대해 말해 보리다. 동해에 새가 있는데 그 이름을 의태라 하오. 그 새는 날개를 푸드득거릴 뿐 아무 능력도 없는 듯이 보이지요. 다른 새들이 서로 이끌어 주어야 겨우 날고, 몰아대야 겨우 둥지로 돌아가오. 나아갈 때에는 감히 앞에 서지 않고, 물러설 때에는 감히 뒤에 남지 않소. 먹이를 먹을 때에도 감히 먼저 맛보지 않고 반드시 먹고 남은 찌꺼기를 먹는다오. 그래서 그 새는 행렬에서 배척당하는 일이 없고, 외인들에게도 해를 입지 않으니 재난을 면하고 있소이다. 곧은 나무는 먼저 베어지고, 맛있는 우물은 먼저 마르는 법이오. 선생을 생각해보면, 지식을 꾸며서 어리석은 사람들을 놀라게 하고 몸을 닦아 남의 더러움을 드러내며, 마치 환한 해와 달을 높이 내건듯이 행보하니 환난을 면치 못하는 것이오.
옛날에 내가 크게 덕을 이룬 사람에게서 들은 바에 의하면, 스스로 뽐내는 자는 공이 없고, 공이 이루어지면 무너지게 되며, 명성을 얻으면 이지러진다고 하였소. 과연 누가 공과 명성을 마다하고 모든 사람과 같이 하겠소? 그 도가 유행하여도 밝게 드러내어 차지하지 않고, 덕이 행하여져도 명성으로 자리잡지 않으며, 순수하고 늘 한결같은 탓에 마치 미치광이에 비유되며, 자취를 없애고 권세를 버려서 공명을 추구하지 않소. 그러면 남을 책잡는 일도 없고, 남에게 책잡힐 일도 없을 것이오. 지인은 세상에 알려지지 않는 법이거늘 선생은 어찌하여 그것을 좋아하시는 게요?"
공자가 말했다.

"좋은 말입니다."

그런 후 공자는 교류를 사양하고 제자들을 돌려보내고서 큰 연못가로 피하여, 갖옷과 갈옷을 입으며 도토리와 밤을 먹으며 살았다. 그리하여 짐승들 속에 들어가도 무리가 흩어지지 않았고, 새들 틈에 들어가도 그 행렬이 흐트러지지 않았다. 새와 짐승들도 그를 싫어하지 않았으니 하물며 사람들이야 어떠하겠는가!

[인간은 자신을 남에게 보여주기 위하는 데서 문제가 생기기 마련이다. 스스로 뽐내어 자신이 알고 있는 것이 전부인 것처럼 생각하는 사람은 삶의 진실을 모르는 사람이다. 산 속의 나무처럼 조용히 자신의 본성을 따라 살아가려고 하는 것이 중요하다.]

孔子問子桑雽曰 吾再逐於魯 伐樹於宋 削跡於衛 窮於商周 圍於陳蔡之間。吾犯此數患 親交益疏 徒友益散 何與?

子桑雽曰 子獨不聞假人之亡與 林回棄千金之璧 負赤子而趨。或曰 爲其布與 赤子之布寡矣 爲其累與 赤子之累多矣 棄千金之璧 負赤子而趨 何也 林回曰 彼以利合 此以天屬也。夫以利合者 迫窮禍患害相棄也 以天屬者 迫窮禍患害相收也。夫相收之與相棄亦遠矣 且君子之交淡若水 小人之交甘若醴 君子淡以親 小人甘以絕。彼無故以合者 則無故以離。

孔子曰 敬聞命矣.

徐行翔佯而歸 絕學捐書 弟子無挹於前 其愛益加進。

異日 桑雽又曰 舜之將死 真泠禹曰 汝戒之哉 形莫若緣 情莫若率。緣則不離 率則不勞 不離不勞 則不求文以待形 不求文以待形 固不待物。

공자가 자상호에게 물었다.

"저는 두 번이나 노나라에서 쫓겨났고, 송나라에서는 나무를 베어 죽이려고 하는 위험을 당했으며, 위나라에서는 자취가 지워졌고, 상나라와 주나라에서는 곤궁을 겪었으며, 진나라와 채나라 사이에서는 포위되었습니다. 제가 이러한 여러 환난을 당해서, 친교가 더욱 멀어지고, 제자와 친구들은 더욱 흩어졌으니, 어째서인가요?"

자상호가 대답하였다.

"당신은 가인이 도망간 이야기를 들어보지 못했소? 임회라는 자가 천금의 벽옥을 버리고 갓난아기를 업고서 달아나자, 어떤 사람이 물었다오.

'돈이 되는 것 때문이라면, 갓난아기의 돈이 얼마 되지 않고, 그 거추장스러운 것 때문이라면, 갓난아기의 거추장스러움이 많소. 천금의 벽옥을 버리고서 왜 갓난아기를 업고 달아나는 것이오?'

임회가 말하기를,

'저 벽옥은 이익으로 맺어져 있고, 이 아이는 천륜으로 이어져 있소.'

라고 하였다오. 무릇 이익으로 맺어진 것은 곤궁과 재난, 해로움이 닥칠 때 서로 버리지만, 천륜으로 이어진 것은 곤궁과 재난, 해로움이 닥칠 때 서로 거둡니다. 서로를 거두는 것과 서로를 버리는 것은 역시 차이가 많다오. 또 군자의 사귐은 물과 같이 담담하고 소인의 사귐은 감주와 같이 달콤하니, 군자는 담백함으로 친해지고, 소인은 달콤함으로 끊어지는 것이오. 저 까닭 없이 맺어진 것은, 까닭 없이 흩어지는 법이오."

공자가 말했다.

"가르침을 공경합니다."

그러고 나서는 천천히 걸어 바람을 타듯이 돌아가 학문을 그만두고 책을 버렸다. 제자들이 그 앞에서 읍하는 일이 없게 되었지만, 그 사랑은 갈수록 더해 갔다. 다른 날에 자상호가 또 말하였다.

"순임금이 장차 죽게 되었을 때 우에게 명하기를, '그대는 이것을 경계하라. 형체는 인연을 따르는 것만 한 것이 없고, 인정은 소탈한 것만 한 것이 없어서, 인연을 따르면 서로 떨어지지 않고, 소탈하면 수고롭지 않을 것이다.'라고 하였답니다. 떨어지지 않고 수고롭지 않으면, 문식을 구하는 외형에 의지하지 않습니다. 문식을 추구하여 외형에 의지하지 않으면 당연히 외물에 의지하지 않게 됩니다."

[사람 사이의 관계 또한 자연스러워야 한다. 물가 같이 맑고 깨끗해야 자연스럽다. 그러한 관계가 삶을 자유롭게 만든다. 이익이나 서로의 생각이 얽히는 한 자유를 잃어버리게 된다.]

莊子衣大布而補之 正緳係履而過魏王。魏王曰 何先生之憊邪?

莊子曰 貧也 非憊也。士有道德不能行 憊也 衣弊履穿 貧也 非憊也 此所謂非遭時也。

王獨不見夫騰猿乎? 其得柟梓豫章也 攬蔓其枝而王長其間 雖羿、蓬蒙不能眄睨也。及其得柘棘枳枸之間也 危行側視 振動悼慄 此筋骨非有加急而不柔也 處勢不便 未足以逞其能也。今處昏上亂相之間 而欲無憊 奚可得邪 此比干之見剖心徵也夫.

장자가 여기저기 기운 거친 베옷을 입고 띠를 바르게 맸지만 줄로 묶은 신발을 신고 위나라 임금을 만나니, 임금이 말했다.

"어째서 선생께서는 고달프시오?"

장자가 대답하였다.

"가난한 것이지 고달픈 것이 아닙니다. 선비가 도덕을 갖추고 행동에 옮기지 못하는 것은 고달픈 것이지만, 옷이 해지고 신발에 구멍이 난 것은 가난한 것이지 고달픈 것은 아닙니다. 이것은 말하자면 때를 만나지 못했기에 그런 것입니다. 왕께서는 나무 위를 뛰어다니는 원숭이를 보셨는지요? 그 놈이 녹나무, 가래나무, 장수나무를 만나면 나뭇가지를 잡고 감으면 그 사이로 의기양양하여, 활의 명수인 예나 봉몽이라도 조준할 수 없습니다. 하지만 그 놈이 산뽕나무, 가시나무, 탱자나무 사이에 이르게 되면 위태롭게 걷고 옆을 두리번거리며 흔들리고 떨면서 두려워하니, 이것은 근육이나 뼈에 문제가 생겨 부드럽지 않게 된 것이 아닙니다. 처한 상황이 불편하여 자신의 능력을 마음대로 펴지 못하는 것입니다. 지금 어두운 군주와 어지러운 재상 사이에 있으면서, 고달프지 않으려 하여도 어찌 가능하겠습니까. 이것은 은나라의 비간이 심장을 가르는 형벌을 받게 된 일에서 드러납니다."

[때를 잘 만나지 못해 가난할 수도 있다. 하지만 때를 탓하지 말고 그것을 그냥 받아들여 처한 위치에서 최선을 다해 살아가는 것이 현명하다 할 것이다.]

孔子窮於陳蔡之間 七日不火食 左據槁木 右擊槁枝 而歌猋氏之風 有其具而無其數 有其聲而無宮角 木聲與人聲 犁然有當於人之心。

顏回端拱還目而窺之。仲尼恐其廣己而造大也 愛己而造哀也 曰 回 無受天損易 無受人益難。無始而非卒也 人與天一也。夫今之歌者其誰乎?

回曰 敢問無受天損易。

仲尼曰 飢渴寒暑 窮桎不行 天地之行也 運物之泄也 言與之偕逝之謂也。爲人臣者 不敢去之。執臣之道猶若是 而況乎所以待天乎?

何謂無受人益難?

仲尼口 始用四達 爵祿並至而不窮 物之所利 乃非己也 吾命其在外者也。君子不爲盜 賢人不爲竊。吾若取之 何哉 故曰 鳥莫知於鷾鴯 目

之所不宜處不給視 雖落其實 棄之而走。其畏人也 而襲諸人間。社稷存焉爾。

何謂無始而非卒?

仲尼曰 化其萬物而不知其禪之者 焉知其所終 焉知其所始 正而待之而已耳。

何謂人與天一邪?

仲尼曰 有人 天也 有天 亦天也。人之不能有天 性也 聖人晏然體逝而終矣.

공자가 진나라와 채나라 사이에서 곤궁을 당해서 칠일동안 불을 때어 밥을 지어먹지 못했는데, 왼손은 마른 나무에 기대고 오른손으로 마른 나뭇가지를 치면서 표씨지풍을 노래하였다. 악기는 그 수가 모자라고 그 소리는 있어도 궁성과 각성이 없지만 나무 소리와 사람의 목소리가 어울리니 사람의 마음에 와 닿았다. 안회가 단정하게 손을 맞잡고 눈을 돌려 이를 살펴보자, 중니는 그가 확대 해석하여 대단하게 여기는 데에 이르거나, 자기를 사랑한 나머지 슬픔에 빠지는 것을 염려하여 이렇게 말했다.

"회야! 하늘이 주는 손해에 영향을 받지 않기는 쉽지만, 사람이 주는 이익에 영향을 받지 않기는 어렵다. 시작이 없어 끝마침도 아니니, 사람과 하늘이 동일하다. 지금 노래를 부른다고 누가 뭐라 하겠느냐?"

안회가 말했다.

"감히 하늘이 주는 손해에 영향을 받지 않기는 쉽다는 말씀에 대해 여쭙겠습니다."

중니가 대답하였다.

"굶주림과 목마름, 추위와 더위, 곤궁과 속박으로 막혀 풀리지 않는 것은 천지의 운행이자, 운행하는 만물의 현상이다. 그 말은 그러한 조화와 함께 나아감을 말하는 것이다. 남의 신하가 된 사람은 감히 임금의 명을 피할 수 없으니, 신하된 도리를 지키는 것도 오히려 이러한데, 하물며 하늘을 대하는 것에는 어떠하겠는가?"

"그렇다면 어찌 사람이 주는 이익에 영향을 받지 않기는 어렵다고 하십니까?"

중니가 대답하였다.

"처음에 등용되어 사방으로 나아갈 때 벼슬과 녹봉이 함께 이르러 곤궁하지 않게 되는 것은, 외물이 이롭게 해 주는 것으로 자기 본래의 것이 아니니, 내 운명은 밖의 것에 달려 있는 것이다. 군자는 도둑질을 않고 현인은 훔치지 않는데, 내가 만약 이를 취한다면 어떻겠는가? 그러므로 말하기를, '새들 중에 제비보다 더 지혜로운 것이 없으니, 눈으로 보아 마땅한 처소가 아닌 곳은 눈길도 주지 않고, 비록 입 속의 먹이를 떨어뜨려도 이를 버리고 달아난다. 그것은 인간을 두려워하기 때문인데도 사람들 사는 곳으로 들어오는 것은, 너희에게 사직이 존재하는 것과 같다.' 하였다."

"어째서 시작이 없으니 끝마침도 아닌 것이라 하셨는지요?"

중니가 대답하였다.

"만물이 변화하지만 그것을 바꾸는 존재를 알지 못하니, 어떻게 그것이 끝나는 바를 알며, 어떻게 그것이 시작되는 바를 알겠느냐! 자신을 올바르게 하고서 다만 그것을 기다릴 뿐이다."

"사람과 하늘이 하나라 함은 무엇을 말합니까?'

중니가 대답하였다.

"사람이 있게 된 것도 하늘에 의한 것이고, 하늘이 있는 것도 역시 천지자연에 의한 것이다. 사람은 하늘의 성품을 간직할 수 없기에 성인은 편안히 형체가 가면 생을 마칠 뿐이다."

[우리는 살아가다 보면 생각지 않은 어려움에 처할 수 있다. 하지만 이러한 것은 내가 원해서 온 것도 아니지만, 내가 원하지 않는다고 해서 오지 않는 것도 아니다. 어떠한 곤경에 처하더라도 이를 받아들이고 순응해야 삶이 힘들어지지 않는다.]

莊周遊於雕陵之樊 覩一異鵲自南方來者 翼廣七尺 目大運寸 感周之顙而集於栗林。
莊周曰 此何鳥哉 翼殷不逝 目大不覩.
蹇裳躩步 執彈而留之。覩一蟬 方得美蔭而忘其身 螳螂執翳而搏之 見得而忘其形 異鵲從而利之 見利而忘其真。
莊周怵然曰 噫 物固相累 二類相召也。
捐彈而反走 虞人逐而誶之。
莊周反入 三日不庭。藺且從而問之: 夫子何爲頃間甚不庭乎
莊周曰 吾守形而忘身 觀於濁水而迷於清淵。且吾聞諸夫子曰 入其俗從其俗令。今吾遊於雕陵而忘吾身 異鵲感吾顙 遊於栗林而忘真 栗林虞人以吾爲戮 吾所以不庭也。

장주가 조릉의 울타리 안을 거닐다가 이상한 까치 한 마리가 남방에서 날아오는 것을 보았다. 날개의 폭이 일곱 자나 되고 눈의 크기는 직경이 한 치나 되었는데, 장주의 이마를 스쳐 지나가서는 밤나무 숲에 앉았다.
장주는 말하였다.
"이것은 무슨 새인가? 날개가 큰데도 제대로 날지 못하고, 눈이 큰대도 제대로 보지 못하는 구나."
그러고는 아랫도리를 걷어 올리고 바삐 걸어가 새총을 잡고 겨누다가, 매미 한 마리가 막 시원한 나무 그늘을 얻어 자기의 몸을 잊고 있는 것을 보았다. 그런데 또 사마귀가 가지를 잡고 숨어 그것을 잡으려는 탓에 자신의 형체를 잊고 있었다. 이상한 까치도 사마귀를 잡는 이익을 보느라 또한 자신의 참 모습을 잊고 있었다. 장주는 탄식하여 말했다.

"아! 만물이란 본래 상대로 인하여 누가 되니, 두 가지가 서로를 불러들이고 있구나."

그리고서 새총을 버리고 돌아오는데, 정원사가 쫓아와서 꾸짖었다. 장주가 집에 돌아와서, 석 달 동안 뜰 앞에도 나오지 않으니 인저가 찾아와 물었다.

"선생님께서는 무엇 때문에 요즘엔 뜰에도 나오지 않으십니까?"

장주가 말했다.

"나는 내 형체를 지키느라 내 몸을 잊었고, 흐린 물을 보다가 맑은 연못을 잃었다. 나는 또 선생님에게서 '세속에 들어가면 그 법을 따르라.' 고 하셨는데, 지금 나는 법을 어기고 조릉에서 거닐다가 내 몸을 잊어버렸고, 이상한 까치는 내 이마를 스쳐서 밤나무 숲에 머물면서 참 모습을 잊었고, 밤나무 숲의 정원사는 나를 죽였으니, 내가 뜰에 나오지 않는 까닭이다."

[우리는 세상 일을 추구하다가 자신을 잃어버리는 경우가 너무나 많다. 가장 중요한 것은 자기 자신이다. 자신을 잃고 세상일에만 매여 있다 보면 세상에서 얻은 것은 있을지 모르나 자신의 진정한 삶을 놓칠 수 있다.]

陽子之宋 宿於逆旅。逆旅人有妾二人 其一人美 其一人惡 惡者貴而美者賤。

陽子問其故 逆旅小子對曰 其美者自美 吾不知其美也 其惡者自惡 吾不知其惡也。

陽子曰 弟子記之: 行賢而去自賢之行 安往而不愛哉

양자가 송나라에 갔다가 여관에서 하룻밤을 묵었다. 여관주인은 두 명의 첩이 있어, 그 중의 한 사람의 아름다웠고 또 다른 한 사람은 못생겼는데, 못생긴 여자는 귀하게 대접 받고 아름다운 여자는 천시를 받았다. 양자가 그 까닭을 물었더니 여관의 젊은이가 대답하였다.

"아름다운 여자는 자신을 아름답게 여기니 나는 그녀가 아름다운 것을 모르겠고, 못생긴 여자는 자신을 못생겼다고 여기니 나는 그녀가 못생긴 것을 모르겠습니다."

양자가 말했다.

"제자들은 기억해라. 훌륭한 일을 하면서도 스스로 훌륭하다고 여기는 행동을 버리면, 어디에 간들 사랑받지 못하겠는가!"

[우리가 이 세상을 살아갈 때에는 자신을 내세우지 않아야 한다. 그래야 다른 사람으로부터 사랑을 받을 수 있다. 자신이 모든 것을 알고 자신이 잘났다고 한다면 누구에게나 미움을 받을 뿐이다.]

二十一 田子方第

[전자방이란 성이 전이며 이름이 자방이라는 사람을 말한다. 이 사람은 공자의 제자인 자하의 뒤를 이어 위나라 문후의 스승이 되었고, 원래는 유가였으나 나중에 도가쪽으로 관심을 가졌다.]

田子方侍坐於魏文侯 數稱谿工。

文侯曰 谿工 子之師邪?

子方曰 非也 無擇之里人也 稱道數當 故無擇稱之。

文侯曰 然則子無師邪

子方曰 有。

曰 子之師誰邪

子方曰 東郭順子。

文侯曰 然則夫子何故未嘗稱之

子方曰 其爲人也真 人貌而天虛 緣而葆真 清而容物。物無道 正容以悟之 使人之意也消。無擇何足以稱之?

子方出 文侯儻然終日不言 召前立臣而語之曰 遠矣 全德之君子 始吾以聖知之言、仁義之行爲至矣。吾聞子方之師 吾形解而不欲動 口鉗而不欲言。吾所學者直土梗耳 夫魏真爲我累耳.

전자방(위나라 현인)이 위(魏)나라 문후(文候)를 모시고 앉아 있으면서 계공(谿工: 위나라 현인)을 자주 칭찬했다. 그래서 문후가 묻기를,

"계공이 자네의 스승인가?"하니, 전자방은 대답하기를,

"아닙니다. 저하고 같은 고향 사람인데 그가 도를 논하는데 자주 이치에 맞아 제가 그를 칭찬하는 것입니다." 하였다. 그래서 문후는 다시 묻기를,

"그렇다면 자네에게는 스승이 없는가?" 하자, 전자방은,

"동곽순자(東郭順子: 성곽 동쪽에 살았으므로 동곽으로 성을 삼았다. 이름은 순자. 전자방의 스승)가 저의 스승입니다."하였다.

문후는 또,

"그러면 자네는 어째서 그를 칭찬하지 않는가?"하므로, 전자방은 이렇게 대답했다.

"그의 사람됨이 매우 진실해서 사람의 모습을 하고서 그의 마음은 하늘과 통하고 있습니다. 사물에 순응하면서 자기의 천진성을 가지고 있고, 청렴하면서 만물을 포용합니다. 남이 무도한 행위를 해도 말로 꾸짖는 일이 없이 다만 자신의 용모를 바로 잡음으로써 남이 자기의 잘못을 깨닫게 하고 따라서 사람으로 하여금 자신의 잘못된 마음을 고치게 합니다. 이런 훌륭한 분을 제가 어찌 칭찬할 수가 있겠습니까?"

전자방이 나가자 위나라 문후는 멍하니 온종일 말이 없었다. 그러다가 앞에 서 있는 신하를 불러 말하기를,

"나는 저 온화한 덕을 지닌 군자(동곽순자를 가리킴)와는 거리가 멀구나. 처음에 나는 성인(聖人), 지자(智者)의 말과 인의(仁義) 행동만이 지극한 것으로 알았는데, 내가 지금 전자방이 스승의 이야기를 듣고는, 내 형체가 풀리어 움직일 수가 없고, 입이 굳어져 말이 나오지 않는구나. 그래서 내가 배운 것이 진실로 흙으로 만든 인형에 불과했구나. 대저 위나라가 진실로 나의 굴레로다."

[계공은 전자방이 살던 지방의 마을 사람인데도 불구하고 전자방은 그를 칭찬한다. 전자방의 스승인 순자는 말할 필요도 없이 훌륭한 사람이

다. 순자가 그렇데 된 것은 자연의 원리를 따라 살았기 때문이다. 위나라의 문후는 그렇게 훌륭한 사람들을 보고 자신이 더욱 발전해야 함을 깨닫는다. 문후는 많은 노력을 했는데도 불구하고 그러한 경지도 도달하지 못했기에 한탄할 뿐이다.]

溫伯雪子適齊 舍於魯。魯人有請見之者 溫伯雪子曰 不可。吾聞中國之君子 明乎禮義而陋於知人心 吾不欲見也。

至於齊 反舍於魯 是人也又請見。溫伯雪子曰 往也蘄見我 今也又蘄見我 是必有以振我也。出而見客 入而歎。明日見客 又入而歎。

其僕曰 每見之客也 必入而歎 何耶?

曰 吾固告子矣: 中國之民 明乎禮義而陋乎知人心。昔之見我者 進退一成規 一成矩 從容一若龍 一若虎。其諫我也似子 其道我也似父 是以歎也。

仲尼見之而不言。子路曰 吾子欲見溫伯雪子久矣 見之而不言 何邪?

仲尼曰 若夫人者 目擊而道存矣 亦不可以容聲矣

온백설자(溫伯雪子: 초나라의 어진 사람. 일설에는 남국(南國)의 현인이라 함)가 제나라로 가는 길에, 노나라에 가 묵고 있는데, 노나라 사람 중 면회를 요청하는 자가 있었다. 그래서 온백설자가 말하기를,

“안 된다. 내가 들으니, 노나라 사람들은 예의에는 밝지만 사람의 본심을 아는 데는 졸렬하다고 하더라. 나는 그런 사람을 만나고 싶지 않다”고 하였다.

그 뒤 온백설자는 제나라로 갔다가 돌아오는 길에 다시 노나라에 들렸더니 먼젓번의 그 사람이 다시 면회를 요청했다. 그러자 온백설자는 말하기를,

“전에도 나를 만나자고 하더니, 지금 또 나를 만나사고 한다. 이는 반

드시 나를 일깨움이 있으리라."하고서, 나가서 그 손님을 만나고, 들어와서는 탄식했다. 그리고 그 다음날도 그 손님을 만나고 와서는 또 들어와 탄식을 했다. 그래서 그의 하인이 묻기를,

"손님을 만나실 때마다 들어오셔서 탄식을 하시니 어째서입니까?" 하므로, 온백설자는 이렇게 말했다.

"내 진실로 말해 주리라. 노나라 사람은 예의에는 밝지만 사람의 본심을 아는 데는 졸렬하다. 전날에 나를 만난 손님이 동작을 함에 한결같이 예의에 맞고 법도에 맞아 그 조용한 모습은 한결같이 용과도 같고, 한결같이 호랑이와도 같이 늠름했었다. 그가 나를 간할 때에는 자식이 부모를 대하듯이, 그가 나를 지도할 때에는 부모가 자식을 대하듯이 표면상의 형식에만 치우치므로 한탄한 것이란다."

그때 마침 공자가 온백설자를 만나고 와서는 아무 말이 없었다. 그래서 자로가 묻기를,

"선생님께서는 오래 전부터 온백설자를 만나는가 하시다가, 이제야 만나보시고, 아무 말도 없으시니 어째서입니까?" 하였다. 이에 공자는 대답하기를,

"그런 사람은 한 번만 보고서도 도를 갖추고 있는 줄 알겠으니, 또한 무슨 말을 할 필요가 있겠는가?" 하였다.

[우리는 살아가면서 인위적으로 꾸미는 삶을 지양해야 한다. 그저 본성에 따라 살아가야 한다. 자연스러운 삶은 꾸미지 않은 삶이다. 거기에서 우리는 진실된 삶이 가능해진다. 예의는 어쩌면 허상에 불과한 것인지도 모른다.]

顔淵問於仲尼曰 夫子步亦步 夫子趨亦趨 夫子馳亦馳 夫子奔逸絕塵 而回瞠若乎後矣.

夫子曰 回 何謂邪?

曰 夫子步 亦步也 夫子言 亦言也 夫子趨 亦趨也 夫子辯 亦辯也 夫子馳 亦馳也 夫子言道 回亦言道也 及奔逸絶塵而回瞠若乎後者 夫子不言而信 不比而周 無器而民滔乎前 而不知所以然而已矣。

仲尼曰 惡 可不察與 夫哀 莫大於心死 而人死亦次之。日出東方而入於西極 萬物莫不比方 有目有趾者 待是而後成功 是出則存 是入則亡。萬物亦然 有待也而死 有待也而生。吾一受其成形 而不化以待盡 效物而動 日夜無隙 而不知其所終 薰然其成形 知命不能規乎其前 丘以是日徂。吾終身與汝交一臂而失之 可不哀與 女殆著乎吾所以著也。彼已盡矣 而女求之以爲有 是求馬於唐肆也。

吾服女也甚忘 女服吾也甚忘。雖然 女奚患焉 雖忘乎故吾 吾有不忘者存。

안연이 공자에게 묻기를,

"선생님께서 걸으시면 저도 걷고, 선생님께서 뛰시면 저도 뛰며, 선생님께서 달리시면 저도 달려갑니다. 그런데 선생님께서 천마가 하늘을 달리듯이 먼지 하나 일으키지 않고 달리시면 저는 다만 눈을 크게 뜨고 선생님의 뒤만 바라다 봅니다." 하였다. 이에 공자는 말하기를,

"회(回)야. 그것이 무슨 말이냐?" 하므로, 안회는 이렇게 대답했다.

"선생님께서 걸으시면 저도 걷고, 선생님께서 말씀을 하시면 저도 말하며, 선생님께서 뛰시면 저도 뛰고, 선생님께서 달리시면 저도 달리고, 선생님께서 도를 말씀하시면 저도 도를 말합니다. 그러나 선생님께서 천마가 하늘을 달리시듯이 먼지 하나 일지 않게 달리시면, 저는 눈만 크게 뜨고 바라본다는 것은, 선생님께서 아무런 말씀을 하시지 않아도 사람들이 친해 오며, 선생님께서 벼슬이 없으신데도 백성들이 귀의하니, 어째서 그러한 줄을 모르는 것입니다."

이 말에 공자는 이렇게 대답했다.

"아, 이는 잘 살피지 않으면 될 수가 있겠는가? 대저 인간의 비애는 마음이 죽은 것보다 더한 슬픔이 없고 육체가 죽은 것은 그 다음의 것이다. 태양은 동쪽에서 나와 서쪽으로 들어간다. 만물은 모두 이를 따라 방향을 정한다. 또 눈이 있고 발이 있는 사람은 해가 돋는 것을 기다려 일을 시작하므로, 태양이 뜨면 세상사도 있게 되고, 해가 지면 세상사도 없게 된다. 만물도 또한 그와 같아서 그것들이 주는 것도 이런 조화에 의하고, 그것들이 죽는 것도 이런 조화에 의한다. 우리도 한번 이 조화에 의하여 이 육체를 받은 이상, 이를 변화시켜 망하게 하지 않고, 자연에 맡겨 연수(年數)가 자라기를 기다리며, 타물(他物)에 순응하여 행동하여 나가면 주야로 간극이 없이 변화해서 그 생명이 마치는 때를 알지 못한다. 자연이 하는 대로 육체를 받아 생사의 운명을 사전에 알 수 없는 것이다. 그러므로 나는 자연에 맡겨 날마다 옮겨갈 뿐이다. 내가 종신토록 너와 팔을 겨루고 생활하더라도 서로 잃어버려야 하니 어찌 슬프지 아니하냐? 그런데 너는 내 행위를 겉으로 나타난 것만을 그대로 행하려 하고 있다. 그것은 이미 지나간 것인데 이는 그것들이 한데 있는 것으로 생각하여 추구하고 있다. 이는 마치 거래가 끝난 말 시장에서 말을 찾는 것과 같다. 따라서 내가 너를 교육하는 것도 순간적이라 빨리 잊어버려야 하고, 네가 나에게 복종하는 것도 똑같이 순간적이라 빨리 잊어야 한다. 비록 그렇더라도 너는 어째서 걱정할 것인가? 네가 과거의 나를 잊어도 나에게는 불변의 내가 존재하기 때문이다."

[자연은 계속해서 변화한다. 하지만 중요한 것은 자연의 그러한 변화가 아니라 그 안에 내포되어 있는 자연의 원리를 알아서 이를 우리 삶에 적용하는 것이다. 우리의 마음도 이러한 자연의 원리를 따라야 한다. 겉으로 드러난 우리의 행위는 그다지 중요한 것이 아니다.]

孔子見老聃 老聃新沐 方將被髮而乾 慹然似非人。

孔子便而待之 少焉見 曰 丘也眩與 其信然與 向者先生形體掘若槁木似遺物離人而立於獨也。

老聃曰 吾遊心於物之初。

孔子曰 何謂邪

曰 心困焉而不能知 口辟焉而不能言 嘗爲汝議乎其將。至陰肅肅 至陽赫赫 肅肅出乎天 赫赫發乎地 兩者交通成和而物生焉 或爲之紀而莫見其形。消息滿虛 一晦一明 日改月化 日有所爲 而莫見其功。生有所乎萌 死有所乎歸 始終相反乎無端 而莫知乎其所窮。非是也 且孰爲之宗

孔子曰 請問遊是。

老聃曰 夫得是 至美至樂也。得至美而遊乎至樂 謂之至人。

孔子曰 願聞其方。

曰 草食之獸不疾易藪 水生之蟲不疾易水 行小變而不失其大常也 喜怒哀樂不入於胸次。

夫天下也者 萬物之所一也。得其所一而同焉 則四支百體將爲塵垢 而死生終始將爲晝夜而莫之能滑 而況得喪禍福之所介乎 棄隸者若棄泥塗 知身貴於隸也 貴在於我而不失於變。且萬化而未始有極也 夫孰足以患心 已爲道者解乎此。

孔子曰 夫子德配天地 而猶假至言以修心 古之君子 孰能脫焉

老聃曰 不然。夫水之於汋也 無爲而才自然矣。至人之於德也 不修而物不能離焉 若天之自高 地之自厚 日月之自明 夫何脩焉

孔子出 以告顏回曰 丘之於道也 其猶醯雞與 微夫子之發吾覆也 吾不知天地之大全也。

공자가 노자를 만나려고 했을 때, 노자는 새로 머리를 감고 흐트러진 머리카락을 햇볕에 말리고 있었다. 그때 노자가 꼼짝 않고 있는 모습이 사람과 같지 않았다. 공자는 때를 기다리고 있다가 잠시 후에 노자에게 말하기를,

"내가 홀려서 그런가? 실제가 그러한가? 아까 선생님의 몸은 우뚝 마른 나무와 같아, 외물(外物)을 잊고 사람과 떨어져서 절대적인 독립의 경지에 계신 것 같았습니다."하자, 노자는 말하기를,

"나는 내 마음을 만물이 생겨나기 이전의 상태에서 노닐고 있었네."하였다. 그래서 공자가 묻기를,

"그것은 무엇을 말하는 것이지요?"하니, 노자는 이렇게 말했다.

"참된 도는 알려고 해도 마음만 괴로울 뿐 알지를 못하고, 표현하려 해도 입만 벌려져 표현할 수가 없으니 내 그대를 위하여 그 대략을 말해 보겠소. 지극한 음(陰)의 기운은 엄숙하고 차며, 지극한 양(陽)은 번쩍이며 뜨거운 것이오. 이 엄숙하고 찬 지극한 음의 기운은 하늘에서 나오고, 번쩍이며 뜨거운 지극한 양의 기운은 땅에서 나와, 이 음양의 두 기운이 서로 통하고 화합하여 만물을 발생시키네. 이런 현상은 주재자가 있어 그렇게 주관하는 것 같지만 그 형체를 눈으로 볼 수가 없네. 천지의 네 계절에는 변화가 있고, 만물에는 성쇠가 있으며, 밤과 낮이 교체하고, 날로 달로 변화하면서 날마다 작용을 하건만, 그 조화의 공을 볼 수가 없네. 발생에 비롯되는 바가 있고, 사멸에 돌아갈 바가 있어, 처음과 끝이 상반해서 그 다하는 바를 알지 못하네. 이런 도가 아니면 무엇이 만물의 주재자가 되겠는가?"

이에 공자는 다시 묻기를,

"그런 도의 경지에 노닐면 어떻게 됩니까?"하니, 노자는 대답하기를,

"이런, 도를 얻으면 지극히 아름답고 지극히 즐겁네. 지극한 아름다움을 얻어 지극한 즐거움에 노닐면, 이런 사람을 지인(至人)이라 하네." 하

였다. 다시 공자가,
"그런 경지에 이르는 방법을 가르쳐 주십시오." 하니, 노자는 이렇게 말했다.
"풀을 먹는 짐승은 그가 사는 숲을 바꾸는 것을 싫어하지 아니하고, 물속에 사는 벌레는 그가 사는 못을 바꾸는 싫어하지 않네. 환경이 조금 변화해도 생활상의 원칙이 변하지 않으면 희로애락의 감정이 그것들의 가슴 속으로 스며들지 않네. 대체로 천지는 만물이 한가지로 사는 곳이네. 그 한가지로 되어 있다는 점을 깨달아 자기를 만물과 동체로 생각하면 우리 몸뚱이의 각 부분은 먼지나 티끌 같이 여길 것이고, 사생(死生)과 시종(始終)은 만물의 변화와 같이 생각되어 그것 때문에 마음을 어지럽히는 일이 없게 되네. 그러니 더군다나 세속적인 득실이나 화복 등의 일은 개입시킬 것이 못되네. 사람이 종을 버리는 것을 진흙덩이를 버리듯이 하는 것은, 자기의 몸이 종보다 귀하다는 것을 알기 때문이네. 그 가장 귀한 도야말로 내 몸 안에 이는 것으로, 어떠한 외부의 변화에도 잃어버리는 것이 아니네. 또 만물의 변화는 처음부터 다함이 없는 것이네. 그러니 그런 불변의 도를 체득하면 어느 것이 자신의 마음을 조심하게 하겠는가? 이는 오직 도를 깨달은 사람만이 이해할 수 있는 것이네."
그러자, 공자는 다시 말하기를,
"선생님의 지극한 덕은 천지와 짝이 될 수 있는데다, 지극한 말을 빌어 도를 닦으시니, 옛날 군자 중에 누가 이렇게 지극한 말을 할 수가 있었겠습니까." 하자, 노자는 이렇게 말했다.
"그렇지가 않네. 대체로 물이 솟아 흘러가는 것은 물이 작용하는 것이 아니고 물의 본성이 자연적으로 그렇게 되는 것이네. 그와 마찬가지로, 지인의 덕의 경우도 자신이 수양하지 않아도 자연적으로 다른 물건들이 친근히 와 떠나가지 않는 것이네. 마치 하늘은 저절로 높고, 땅은 저절로 두터우며, 해와 달이 스스로 밝은 것과 같네. 그러니 무엇을 닦을 것인가?"
공자는 물러나와 안회에게 말하기를,
"내가 도를 대하는 방법은 초를 담은 항아리 속의 초파리와 같았구나. 그 분이 그 항아리의 뚜껑을 열어주지 않았다면 나는 천지의 위대한 참된 모습을 모를 뻔하였구나." 하였다.

[공자와 노자의 문답 내용이다. 우리의 삶은 도를 따를 때 가장 아름답고 편안하다. 그러한 도에 이르는 길은 자연 그대로 내버려 두는 것이다. 즉 본성에 따른 삶이라 할 것이다. 자연의 궁극적 원리를 따라 살아가는 것이 인위로 둘러싸인 우리의 삶에 희망을 줄 숭 있다.]

莊子見魯哀公 哀公曰 魯多儒士 少爲先生方者。
莊子曰 魯少儒。
哀公曰 擧魯國而儒服 何謂少乎?
莊子曰 周聞之 儒者冠圜冠者 知天時 履句屨者 知地形 緩佩玦者 事至而斷。君子有其道者 未必爲其服也 爲其服者 未必知其道也。公固以爲不然 何不號於國中曰『無此道而爲此服者 其罪死』
於是哀公號之五日 而魯國無敢儒服者 獨有一丈夫儒服而立乎公門。公即召而問以國事 千轉萬變而不窮。
莊子曰 以魯國而儒者一人耳 可謂多乎?

장자가 노나라의 애공을 뵈었다. 애공이 말하기를,
"우리 노나라에는 유학자는 많지만 선생의 학술을 공부하는 사람은 적소." 하니, 장자는 말하기를,
"노나라에는 유학자가 적습니다." 하였다. 다시 애공이 말하기를,
"노나라 사람 전부가 유복(儒服)을 입고 있는데, 어째서 적다고 하오?"

하자, 장자는 말하기를,

"제가 듣건대, 유학자가 둥근 갓을 쓰는 것은 천문(天文)을 안다는 뜻이고, 모가 난 신을 신는다는 것은 지리(地理)를 안다는 뜻이며, 오색 실로 결(玦)이라는 구슬을 허리에 차는 것은 일에 임해서 결단한다는 말을 나타내는 것입니다. 그러나 군자로서 참으로 도를 체득한 사람은 반드시 그러한 복장을 하지 않고, 그러한 복장을 한 사람은 반드시 도를 아는 자가 아닙니다. 임금께서 만일 그렇게 여기지 않으신다면 어찌 전국에 명령을 내려, '유교의 도를 알지 못하면서 유복을 입는 자는 사형에 처한다'라고 말씀하시지 않습니까?" 따라서 애공이 그런 명령을 내린 지 5일 만에 노나라에는 감히 유복을 입는 자가 없었다. 그런데 한 사람만이 유복을 입고 애공의 문 앞에 와 서서 있었다. 애공은 그를 불러 나라 일을 물으니 그 변론이 천변만화하면서 막힘이 없었다. 그래서 장자는 말하기를,

"노나라에는 참된 유학자가 이 한사람분입니다. 많다고 할 수 있겠습니까."라고 하였다.

[사실 자연의 원리인 도를 잘 아는 사람은 그리 많지 않다. 특히 유가에서는 형식을 중요하게 생각하므로 도를 알기 힘들다. 인위를 버려야 도에 이를 수 있기 때문이다.]

百里奚爵祿不入於心 故飯牛而牛肥 使秦穆公忘其賤 與之政也。有虞氏死生不入於心 故足以動人。

宋元君將畫圖 衆史皆至 受揖而立 舐筆和墨 在外者半。有一史後至者 儃儃然不趨 受揖不立 因之舍。公使人視之 則解衣般礴贏。君曰 可矣 是真畫者也。

백리해(百里奚: 진나라의 현인)는 작위나 봉록을 마음에 두지 않는 인물이었다. 그래서 그가 소를 기르니 소가 살찌고 진나라 목공으로 하여금 그의 천한 신분도 잊어버리고 그를 진나라 정치에 참여하게 했다. 또 우유씨(순임금)는 죽고 삶을 마음에 두지 않았다. 그래서 자기를 해치려는 사람을 감동시킬 수가 있었다.

송나라 원군(元君)이 그림을 그리게 하였더니 많은 화공들이 몰려 들었다. 그들은 명령을 받고 읍(揖)을 하고 서 있으면서 붓을 빨고 먹을 갈고 법석인데 경쟁자가 너무 많아 반수는 실외에 있었다. 그러자 한 화공이 늦게 와서 유유히 달려오지도 않고 명을 받고 읍을 하자마자 서지도 않고 방 안으로 들어가 버렸다. 원군이 사람을 시켜 그의 행동을 엿보게 하였더니, 그는 옷을 벗고 누워 두 다리를 쭉 뻗고 나체로 있었다. 원군은 이런 소리를 듣고,

"좋다. 이 사람이야말로 참된 화공이다."라고 하였다.

[우리의 삶에 있어서 중요한 것은 이해 관계를 초월해야 한다. 이해를 자꾸 따질 때 우리의 삶이 강팍해진다. 그러한 것을 넘어서는 사람이 진정한 도에 이를 수 있다.]

文王觀於臧 見一丈夫釣 而其釣莫釣 非持其釣有釣者也 常釣也。

文王欲舉而授之政 而恐大臣父兄之弗安也 欲終而釋之 而不忍百姓之無天也。

於是旦而屬之大夫曰 昔者寡人夢見良人 黑色而頿 乘駁馬而偏朱蹄 號曰 寓而政於臧丈人 庶幾乎民有瘳乎

諸大夫蹴然曰 先君王也。

文王曰 然則卜之。

諸大夫曰 先君之命 王其無它 又何卜焉

遂迎臧丈人而授之政。典法無更 偏令無出。

三年 文王觀於國 則列士壞植散羣 長官者不成德 斔斛不敢入於四竟。列士壞植散羣 則尙同也 長官者不成德 則同務也 斔斛不敢入於四竟 則諸侯無二心也。

文王於是焉以爲大師 北面而問曰 政可以及天下乎? 臧丈人昧然而不應 泛然而辭 朝令而夜遁 終身無聞。

顔淵問於仲尼曰 文王其猶未邪? 又何以夢爲乎?

仲尼曰 默 汝無言 夫文王盡之也 而又何論刺焉 彼直以循斯須也。

주나라 문왕이 장(臧)이란 곳을 유람할 때에 한 사나이(강태공을 말함)가 낚시질하는 것을 보았다. 그런데 그는 낚시질을 하며 진짜 낚시질을 하는 것은 아니고, 낚싯대만 쥐고 낚아 올리지는 않고 있었다. 그러면서 늘 낚시질을 하고 있었다. 문왕은 그를 등용하여 정권을 맡기려 했으나, 대신들과 친족들이 불안하지 않을까 두려워하였다. 그렇다고 그대로 끝내 버려 그만두자니 백성들이 의지할 만한 하늘 같은 훌륭한 위정자를 차마 잃기는 싫었다. 그래서 이튿날 아침에 대부들을 모아 놓고 부탁하기를,

"어제 과인이 꿈을 꾸는데, 한 어진 사람을 만났다. 그는 얼굴빛이 검고 수염을 길렀으며 얼룩말을 탔는데 그 말의 한쪽 말발굽만이 붉은 빛이었다. 그분이 내게, '너의 정치를 장(臧)지방에 사는 노인에게 맡겨라. 그러면 백성들의 괴로움은 나으리라.'고 하였다." 하므로, 여러 대부들은 놀라,

"그분은 돌아가신 선왕이십니다."하였다. 그래서 문왕은,

"그렇다면 그분의 말씀대로 해야 좋을지 길흉을 점쳐보도록 하오."하자, 대부들은,

"선왕께서 임금님께 명한 것이니 조금도 의심할 것이 없습니다. 그러

니 또한 어째서 점칠 필요가 있겠습니까." 하였다.

그래서 드디어 문왕은 장의 노인을 맞이해다가 정권을 맡겼다. 그러나 그 노인은 과거의 법을 조금도 고치지 않고 하나의 명령도 내리지 않았다.

3년이 지난 뒤에 문왕은 국내를 돌아가며 시찰한 결과, 조정의 여러 선비들은 이제까지의 붕당을 해산하고, 각 관청의 장(長)은 치적을 자기의 공로로 생각지 않고, 저울눈을 속이는 일이 없어 외국의 도량형이 국경 안으로 들어오는 일이 없게 되었다. 조정의 여러 선비들이 붕당을 해산한 것은 협동을 숭상하였기 때문이고, 관청의 장이 치적을 자기의 공로로 생각지 않은 것은 부하들과 함께 힘썼기 때문이며, 외국의 도량형이 국내로 들어오지 않은 것은 제후들이 두 마음을 가지고 의심하는 일이 없었기 때문이었다. 문왕은 이런 정치를 보고 장의 노인을 스승으로 삼아 자신이 북면(北面)해서 제자의 예를 행하고 묻기를,

"이런 정치를 천하에다 널리 펼 수가 있겠소." 하자, 장의 노인은 못 들은 척 걱정도 하지 않고 우물쭈물 물러나가, 아침에 문왕의 명을 듣고 저녁에 달아나, 종신토록 소식이 없었다.

안연이 이런 소식을 듣고 공자에게 묻기를,

"문왕은 아직 모자랐었습니까? 무엇 때문에 꿈을 빙자했었습니까?" 하자, 공자는 이렇게 대답했다.

"조용히 하라. 너는 말할 것이 없다. 대체로 문왕은 최선을 다한 것이다. 그러니 또한 어째서 그를 비방하겠는가? 그는 다만 한때의 방편으로 인정에 따랐을 뿐이니라."

[여기서의 장노인은 강태공을 말한다. 그는 무위의 정치를 펼쳤으나, 천하를 맡기려 하자 더 이상 이를 원하지 않아 도망쳐 버렸다. 의도를 가지고 천하를 맡으면 자연의 도를 따르기 힘들 것을 알았기 때문이다.]

列禦寇爲伯昏無人射 引之盈貫 措杯水其肘上 發之 適矢復沓 方矢復寓。當是時 猶象人也。

伯昏無人曰 是射之射 非不射之射也。當與汝登高山 履危石 臨百仞之淵 若能射乎?

於是無人遂登高山 履危石 臨百仞之淵 背逡巡 足二分垂在外 揖禦寇而進之。禦寇伏地 汗流至踵。

伯昏無人曰 夫至人者 上闚青天 下潛黃泉 揮斥八極 神氣不變。今汝怵然有恂目之志 爾於中也殆矣夫.

열어구(열자)가 백혼무인(伯昏無人: 지극한 덕을 가진 무위의 인간이란 뜻)에게 활 쏘는 기술을 보일 때에, 활을 당겨 화살촉 끝까지 활이 휘도록 당기고 왼팔 위에는 물을 담은 잔을 올려놓고 그 물이 엎질러지지 않도록 활을 쏘았다. 그리고 한 화살이 활시위를 떠났는가 하면, 금방 다른 화살이 활시위 위에 놓여지고, 또 그 화살이 떠나면 또 다른 화살이 활시위 위에 놓여지도록 그렇게 신속했다. 그러나 그 사이에는 물을 움직이지 않아 마치 나무로 만든 인형과 같았다. 이를 본 백혼무인은 말하기를,

"자네가 지금 활을 쏘는 것은 유심(有心)의 사술(射術)이고 무심(無心)의 사술이 아니다. 이제 시험 삼아 너와 함께 높은 산에 올라가 위태로운 돌을 딛고 백길이나 되는 연못가에 서 보라. 그래도 너는 활을 쏠 수가 있겠는가?" 하였다.

그러고서 곧 백혼무인은 높은 산으로 올라가 위험한 돌을 딛고 백 길이나 되는 연못가에 서서, 연못을 등지고 뒷걸음질을 하여 발꿈치의 3분의 2쯤이 벼랑 밖으로 나가 있을 때에 열자를 불러서 올라오라 하였다. 이에 열자는 땅에 엎드려 두려워 땀을 흘리는데 그 땀이 발뒤꿈치까

지 흘렀다. 이에 백혼무인은 말했다.
"대체로 지인(至人)은 위로 천하를 엿보고, 아래로 황천에 잠기면서 천지와 팔방을 종횡무진 날아도 신기(神氣)가 조금도 변하지 않는다. 그런데 지금 너는 두려워 눈마저 어두워진 지경이다. 그러니 너는 활을 쏘아 과녁을 맞힐 가망이 거의 없으리라."

[나 자신 외에 나의 밖에 있는 모든 것에 초월해야 한다. 이해관계도 초월해야 한다. 모든 것이 자연스러워야 활쏘기 같은 기교도 참된 실력을 발휘할 수 있는 것이다.]

肩吾問於孫叔敖曰 子三爲令尹而不榮華 三去之而無憂色。吾始也疑子 今視子之鼻間栩栩然 子之用心獨柰何?

孫叔敖曰 吾何以過人哉 吾以其來不可卻也 其去不可止也 吾以爲得失之非我也 而無憂色而已矣。我何以過人哉 且不知其在彼乎 其在我乎 其在彼邪 亡乎我 在我邪 亡乎彼。方將躊躇 方將四顧 何暇至乎人貴人賤哉?

仲尼聞之曰 古之真人 知者不得說 美人不得濫 盜人不得劫 伏戲黃帝不得友。死生亦大矣 而無變乎己 況爵祿乎 若然者 其神經乎大山而無介 入乎淵泉而不濡 處卑細而不憊 充滿天地 既以與人 己愈有。

견오가 손숙오에게 말하기를,
"자네는 세 번씩 영윤(令尹: 초나라 벼슬의 이름)이 되었어도 영화로 생각지 않고 세 번이나 그 자리에서 물러났어도 근심하는 빛이 없었네. 그래서 나는 처음에는 자네를 의심했었네. 지금 자네의 코를 보니 매우 즐거운 모습이네. 자네는 어떻게 수양을 하여 그런가?" 하니, 손숙오는 이렇게 대답했다.

"내가 어떻게 남보다 낫겠는가? 나는 자연히 오는 것을 물리칠 수 없고, 자연히 가는 것을 잡아두지 못한다고 생각하네. 나는 이해와 득실이 내가 행할 바가 아니라고 생각하므로, 근심하는 빛이 없을 뿐이네. 내가 무슨 남보다 나을 것이 있겠는가? 더욱이 내가 재상이 되면 남들이 존경하는데 그 존경이 재상이란 관직에 존재하는 것인지, 아니면 나 자신에 존재하는지를 알지도 못하네. 그것이 재상이란 관직 때문에 있다면 나 자신하고 관계가 없으니 기뻐할 것도 없고, 그것이 나 자신 때문에 있다면 재상의 지위를 잃어도 슬퍼할 것이 못되네. 나는 바야흐로 유유자적하면서 팔방을 돌아보려 하니 어느 겨를에 사람의 귀천을 알겠는가?"

공자가 이 말을 듣고 말했다.

"옛날의 진인(眞人)은 지혜로운 자도 그를 달래지 못했고, 아름다운 여인도 그를 유혹하지 못했으며, 도둑도 그를 위협하지 못했고, 복희, 황제도 그를 벗하지 못했다. 사생(死生)은 세상에서 제일 큰일인데도 그의 마음을 변동시킬 수가 없었다. 그러니 더군다나 속세의 벼슬이야 문제나 되겠는가? 그러한 사람은 그 정신이 태산을 지나가도 장애를 받지 않고, 깊은 연못에 들어가도 젖지 않으며, 낮은 지위에 처해도 괴로워하지 않고, 그 정신이 온 천지에 가득 차 있다. 모든 것을 남에게 주어도 도리어 자신에게는 많은 것이 갖추어지기 마련이다."

[자연의 흐름에 모든 것을 맡겨야 한다. 오는 것은 오고 가는 것은 가는 것이다. 이러한 것을 우리가 어떻게 할 수 있는 것이 아니다. 모든 변화를 받아들일 뿐이다. 거기에 도가 있다.]

楚王與凡君坐 少焉 楚王左右曰凡亡者三。凡君曰 凡之亡也 不足以喪吾存。夫『凡之亡不足以喪吾存』則楚之存不足以存存。由是觀之 則凡未始亡而楚未始存也。

초나라 왕이 범(凡)나라 임금과 마주 앉았다. 잠시 후 초나라 임금 곁에서 세 번이나 "범나라는 망한다."고 말하는 자가 있었다. 이 소리를 들은 범나라 임금은 이렇게 말했다.

"우리 범나라가 망한다 하여도 나 자신의 존재를 잃는 것은 아니다. 대체로 범나라가 망한다 해도, 나 자신의 존재를 잃는 것이 아닌 이상, 초나라가 존재한다고 해도 나의 존재와는 상관없는 것이다. 이로 볼 때, 우리 범나라는 처음부터 망한 적이 없고, 초나라는 처음부터 존재하고 있는 것이 아니다."

[나라가 망하는 것과 같은 큰 일도 나의 존재와는 커다란 상관이 없다. 외부에서 아무리 큰 일이 일어나도 그러한 것에 나의 존재가 영향을 받아서는 안 된다. 나의 존재는 우주 자체이기 때문이다. 내가 없어지면 나에게는 우주가 없어지는 것과 마찬가지인 것이다.]

二十二 知北遊第

[지북유란 지가 북쪽 땅에서 노니는 것을 말한다. 이 편에서는 진실한 성인과 자연의 도에 대해 이야기하고 있다.]

知北遊於玄水之上 登隱弅之丘 而適遭無爲謂焉。知謂無爲謂曰 予欲有問乎若： 何思何慮則知道? 何處何服則安道? 何從何道則得道?

三問而無爲謂不答也。非不答 不知答也。知不得問 反於白水之南 登狐闋之上 而睹狂屈焉。知以之言也問乎狂屈。

狂屈曰 唉 予知之 將語若 中欲言而忘其所欲言。

知不得問 反於帝宮 見黃帝而問焉。黃帝曰 無思無慮始知道 無處無服始安道 無從無道始得道。

知問黃帝曰 我與若知之 彼與彼不知也 其孰是邪

黃帝曰 彼無爲謂真是也 狂屈似之 我與汝終不近也。夫知者不言 言者不知 故聖人行不言之教。

지(知: 지식을 의인화하여 우화적으로 붙인 이름)가 북쪽으로 현수(玄水: 깊숙하고 그윽한 물)가에 가서 놀 때 은분(隱弅: 가상적인 언덕 이름. 지극한 도를 형용한 말)의 언덕에 올랐다가 무위위(無爲謂: 의인화한 이름)를 만났다. 그래서 지가 무위위에게 말하기를,

"나는 자네에게 물을 것이 있네. 어떻게 생각하고 어떻게 헤아리면 도를 알며, 어떻게 처하고 어떻게 행하면 도에 편안하며, 어떻게 따라가고 어떤 방법에 의하면 도를 얻을 수가 있는가?" 하면서, 세 번이나 반복해

물었으나, 무위위는 대답을 하지 않았다. 그것은 대답을 안하는 것이 아니라 대답할 줄을 모른 것이다. 지는 질문의 대답을 얻지 못한 채로, 백수(白水: 깨끗한 물, 남쪽의 환하고 밝은 곳)의 남쪽으로 돌아와 호결의 언덕에 올랐다가 광굴(狂屈: 분별하는 인식을 잃었다는 의인화한 이름)을 만났다. 그래서 지는 앞에서 한 말로 광굴에게 물었더니, 광굴은,

"아, 나는 아예 자네에게 말해 주지." 하고서, 말을 하다가 도중에 그가 말하고자 하던 것을 잊어버렸다.

지는 또 대답을 듣지 못하고 제궁(帝宮: 제왕의 궁전)으로 돌아와 황제(黃帝: 黃은 중앙을 말함, 마음은 몸 가운데 있으므로 마음을 가리킴)를 만나 또 다시 그렇게 물었다. 이에 황제가 대답하기를,

"생각함도 없고 헤아림도 없어야 비로소 도를 알고, 처함도 없고 행함도 없어야 비로소 도에 편안하며, 따르지도 않고 의지하지도 않아야 비로소 도를 얻은 것이네."라고 했다. 그래서 지는 황제에게 또 묻기를,

"나와 당신은 이렇게 해서 도를 알았다고 하지만 저 무위위와 광굴은 도를 알지 못하니, 어느 편이 옳소?"라고 하자, 황제는 이렇게 말했다.

"저 무위위야말로 정말로 올바른 도를 알고 있는 자이고, 광굴은 거의 도에 가까이 간 사람이고, 나와 자네는 결국 도와 가까이 있는 것이 아니네. 대체로 도를 아는 자는 말로 표현하지 않고, 말로 표현하는 자는 정말로 아는 자가 아니네. 그러므로 성인은 말로 표현하지 않는 가르침을 행하는 것이네.

[도란 생각도 헤아림도 없을 때 가능하다. 어디곳에 처해 있는지 어떤 일을 행하는 지도 몰라야 가능하다. 지식으로는 도에 가까이 갈 수 없다. 지식의 한계는 항상 존재할 수밖에 없다.]

道不可致 德不可至。仁可爲也 義可虧也 禮相僞也。故曰 失道而後德

失德而後仁 失仁而後義 失義而後禮。禮者 道之華而亂之首也。故曰 爲道者日損 損之又損之以至於無爲 無爲而無不爲也。今已爲物也 欲復歸根 不亦難乎? 其易也 其唯大人乎.

도는 말로 표현할 수 없는 것이고, 덕은 인위로써 도달되는 것이 아니네. 인(仁)은 행할 수 있는 것이고, 의(義)는 없는 편이 낫고, 예(禮)는 거짓을 꾸미는 것이네. 그러므로, '도를 잃는 뒤에 덕이 생기고, 덕을 잃은 뒤에 인이 생기며, 인을 잃은 뒤에 의가 생기고, 의를 잃은 뒤에 예가 생겼다. 예는 도의 헛된 꽃으로 어지러움의 시초'라고 했네. 그러므로, '도를 닦는 사람은 날로 겉치레를 덜어낸다. 덜어내고 또 덜어내어 마침내 무위의 경지에 이르러 행위함이 없으므로 도리어 행위하지 않음이 없다.' 라고 했네. 그런데 지금 이미 하나의 물(物)이 되었으니, 그 근본인 무극(無極)의 도로 돌아가려 한들 또한 어렵지 않은가? 그것이 쉬운 사람은 오직 인위를 버린 덕을 가진 사람만이네.

[도를 알고 덕을 쌓아야 우리의 삶이 진실되어 질 수 있다. 인위로는 한계가 있을 수밖에 없다. 도는 말이나 어떤 노력으로 되는 것이 아니다. 의식적인 행동에 의해서도 아니다.]

生也死之徒 死也生之始 孰知其紀 人之生 氣之聚也 聚則爲生 散則爲死。若死生爲徒 吾又何患 故萬物一也。是其所美者爲神奇 其所惡者爲臭腐。臭腐復化爲神奇 神奇復化爲臭腐。故曰 通天下一氣耳。聖人故貴一。

삶은 죽음의 동류요, 죽음은 삶의 시초이네. 생사는 무한히 반복하는 것이라 누가 이 주재자를 알 수 있는가? 사람이 살고 있는 것은 기(氣)

가 모여 있는 것으로, 기가 모이면 살고, 기가 흩어지면 죽네. 만약 생사가 동류라면 내 또한 어찌 근심하겠는가? 그러므로 만물은 하나인 것이다. 그런데 만물이 아름다운 것을 신기(神奇)하다고 하고, 보기 싫은 것을 취부(臭腐: 냄새가 나게 썩음)하다고 하네. 취부가 다시 변화하여 신기가 되고, 신기가 다시 변화해서 취부가 되네. 그러므로 '천하를 통하여 한 가지 기운뿐이라.'고 했네. 그러므로 성인은 본디 유일 절대의 도를 귀하게 여기네."

[삶과 죽음은 자연의 일부일 뿐이다. 따라서 삶과 죽음은 따로 존재하는 것이 아니라 하나인 것이다. 삶과 죽음을 관통하는 원리는 삶이나 죽음이나 다 같다는 것이다. 분리 되어 있는 것이 아니다. 그것은 자연의 일부에 불과할 뿐이다.]

知謂黃帝曰 吾問無爲謂 無爲謂不應我 非不我應 不知應我也。吾問狂屈 狂屈中欲告我而不我告 非不我告 中欲告而忘之也。今予問乎若 若知之 奚故不近?

黃帝曰 彼其真是也 以其不知也 此其似之也 以其忘之也 予與若終不近也 以其知之也。狂屈聞之 以黃帝爲知言。

이에 지가 다시 황제에게 말하기를,

"내가 아까 무위위에게 물었더니 무위위는 나에게 대답을 하지 않았는데, 그것은 나에게 대답을 안한 것이 아니고 나에게 대답할 줄을 모른 것이네. 그래서 또 내가 광굴에게 물었더니, 광굴은 나에게 말을 하여 주다가 중도에서 그치고 나에게 대답을 하여 주지 않았네. 그것은 그가 나에게 대답해 주지 않은 것이 아니라 말하던 중간에 그만 잊어버린 것이네. 그래서 지금 내가 당신에게 물으니 당신은 그것을 알고 있었네.

그런데 당신은 어째서 아직 도와 가깝지 않다고 하는가?" 하자,
황제는 이렇게 말했다.
"저 무위위가 정말로 도를 안다는 것은 그가 도를 모르기 때문이요, 광굴이 도에 가깝다고 한 것은 도를 잊어버렸기 때문이며, 나와 자네가 끝내 도에 가깝지 않다는 것은 도를 알았기 때문이네."
광굴이 이 말을 듣고 황제는 말을 한 줄 안다고 여겼다.

[도라는 것은 자연스럽게 얻어지는 것이다. 자연의 흐름과 같은 것이기 때문이다. 지식이나 지혜 그리고 의식적인 행위가 가해지면 도와 가까워질 수 없다. 도는 오로지 자연스러운 것일 뿐이다.]

天地有大美而不言 四時有明法而不議 萬物有成理而不說。聖人者原天地之美而達萬物之理。是故至人無爲 大聖不作 觀於天地之謂也。
今彼神明至精 與彼百化。物已死生方圓 莫知其根也 扁然而萬物自古以固存。六合爲巨 未離其內 秋豪爲小 待之成體。
天下莫不沉浮 終身不故 陰陽四時運行 各得其序。惛然若亡而存 油然不形而神 萬物畜而不知。此之謂本根 可以觀於天矣。

천지는 만물을 생성하는 공이 있어도 말하지 않고, 사시(四時)는 분명한 법에 따라 움직이지만 의존하지 않으며, 만물은 각기 생성의 이법(理法)을 지니고 있으면서도 설명하지 않는다. 다만 성인만이 이러한 천지의 공에 근원하여 만물의 도리에 통달하고 있다.
그러므로 지인은 행위함이 없고, 대성(大聖)은 작위하지 않는다. 이는 천지의 뜻을 잘 관찰한다고 하는 것이다. 지금 저 신성영묘(神聖靈妙)한 도는 일체의 만물을 생성 변화해서 어느 것은 죽음으로, 어느 것은 삶으로, 어느 것은 모가 지게, 어느 것은 둥글게 만들지만 아무도 그 근본을

알지 못한다. 그리하여 천지에 두루 만물을 생성하여 자고이래로 그대로 존재해 오는 것이다. 저 우주가 거대하지만 도 안에서 떠나갈 수가 없고, 가을의 털이 작지만 도를 기다려 그 형태가 이루어지는 것이다. 그리하여 천하의 만물은 생성 변화하여 주야로 새로워지고, 음양과 사시는 바르게 운행하여 각기 그 차례를 따라간다. 그러나 이것을 움직이는 근본은 어두워 없는 듯하면서도 엄연히 존재해서 자연적으로 생하여 무심하므로 그 형체는 보이지 않으나 그 작용은 신통자재(神通自在)하다.

만물은 이 때문에 자라지만 이것을 알지 못한다. 이를 일러 우주 만물의 근본이라 하고, 이를 앎으로써 자연의 대도를 깨달을 수가 있는 것이다.

[우주나 우주 안에 있는 모든 만물은 자연의 원리인 도에 의해 이루어진다. 도는 그만큼 위대한 것이다. 도는 너무나 자연스러워 그 존재도 알기가 쉽지 않다.]

齧缺問道乎被衣 被衣曰 若正汝形 一汝視 天和將至 攝汝知 一汝度 神將來舍。德將爲汝美 道將爲汝居 汝瞳焉如新生之犢而無求其故

言未卒 齧缺睡寐。被衣大說 行歌而去之 曰 形若槁骸 心若死灰 眞其實知 不以故自持。媒媒晦晦 無心而不可與謀。彼何人哉

설결이 피의에게 도를 물었다. 피의는 대답하기를,

"자네는 자네 몸을 단정히 하고, 자네의 시선을 한 곳으로 집중하면, 자연의 화기(和氣)가 자네 몸에 갖추어질 것이네. 자네의 지혜를 버리고 자네의 태도를 하나로 통일하면 바른 정신이 자네 몸에 와 깃들 것이네. 그리하여 장차 덕이 자네를 아름답게 만들고, 도가 자네에게 깃들 것이

네. 따라서 무심하기가 갓난 송아지와 같아서 부질없이 일의 까닭을 찾지 않을 것이네." 하였는데,

그 말이 끝나기도 전에 설결은 잠이 들어버렸다. 피의는 크게 기뻐 떠나가면서 노래를 불렀는데,

〈형체는 마른 나무와도 같고,
마음은 식은 재와도 같구나.
참으로 참된 것을 알면서
일체 삼가서 자랑하지 않네.
마음을 잊고 지혜를 잊었으니
더불어 의논할 수도 없네.
대체 그는 어떤 사람일까〉 하였다.

[우리는 내 자신의 주관을 버려야 한다. 이는 나를 좁은 세계에 가두어 놓기만 하는 것이다. 몸과 마음을 하나로 하면 바른 정신을 가질 수 있고 도에 이를 수 있게 된다. 마음이 평안해지며 삶이 자유로워질 수 있다. 어린아이처럼 매일 우리의 삶을 즐기면서 살아갈 수가 있는 것이다.]

舜問乎丞曰 道可得而有乎?
曰 汝身非汝有也 汝何得有夫道?
舜曰 吾身非吾有也 孰有之哉?
曰 是天地之委形也 生非汝有 是天地之委和也 性命非汝有 是天地之委順也 孫子非汝有 是天地之委蛻也。故行不知所往 處不知所持 食不知所味。天地之強陽氣也 又胡可得而有邪?

순임금이 그의 스승 승(丞)에게 묻기를,
"도를 저의 것으로 소유할 수가 있습니까?"하니, 승이 대답하기를,
"당신의 몸도 당신의 소유가 아닌데 당신이 어떻게 저 도를 소유할 수 있겠나."하였다. 순임금은 다시,
"내 몸이 내 소유가 아니라면 누가 소유하고 있습니까?"하자, 승은 이렇게 말했다.
"그것은 천지가 당신에게 맡겨 놓은 것이요, 성명(性命)도 당신의 소유가 아니고 자연의 이치에 따라 임시로 부여한 것이요, 아들이나 손자도 당신의 소유가 아니고 천지자연이 당신을 탈바꿈해 놓은 것이오. 그러므로 인생이 생활해 나가도 그 가는 바를 알지 못하고, 생활 속에 처해도 행동하는 것을 알지 못하며, 음식을 먹어도 그 맛이 어디로부터 나오는지를 알지 못한다. 그것은 천지의 강건한 기운이 그렇게 만드는 것이다. 그러니 또한 어찌 도를 내 것으로 만들 수가 있겠는가?"

[도는 우리가 인식하고 소유할 수 없다. 그리고 그 도는 세월이 흐르면서 항상 변한다. 내 몸도 또한 내 소유가 아니다. 원래 없음의 세계에서 와서 없음의 세계로 갈 뿐이다.]

孔子問於老聃曰 今日晏閒 敢問至道。
老聃曰 汝齊戒 疏而心 澡雪而精神 掊擊而知 夫道 窅然難言哉 將爲汝言其崖略。
夫昭昭生於冥冥 有倫生於無形 精神生於道 形本生於精 而萬物以形相生。故九竅者胎生 八竅者卵生。其來無跡 其往無崖 無門無房 四達之皇皇也。邀於此者 四肢彊 思慮恂達 耳目聰明。其用心不勞 其應物無方。天不得不高 地不得不廣 日月不得不行 萬物不得不昌 此其道與

공자가 노자에게 묻기를,

"오늘은 한가하니 지극한 도에 대해 물어봅니다."하자, 노자는 이렇게 대답했다.

"그대는 먼저 재계(齋戒)하고, 그대의 마음을 씻고, 그대의 정신을 깨끗이 하고, 그대의 지혜를 때려 부수게. 대체로 도는 심오하고 현묘해서 말로는 표현하기가 어렵지만 그대를 위하여 그 대략을 말하리라. 대체로 분명하게 눈에 보이는 것은 컴컴하여 눈에 보이지 않는 것에서 생겨나고, 형상을 갖추어 분별할 수 있는 것은, 형상이 없는 것에서 생겨나며, 사람의 정신은 자연의 본원인 도로부터 생겨나고, 그 육체는 정기의 화합에서 생겨나는 것이네. 그리하여 만물은 형체에서 형체로 서로 생겨나는 것이네. 그러므로 육체에 아홉 구멍을 가진 사람이나 짐승들은 태(胎)로부터 태어나고, 여덟 구멍을 가진 새나 물고기는 알에서 생겨나지만, 그것들이 생겨나오는 데도 자취가 없고 죽어가는 데도 끝이 없네. 출입하는 문도 없는가 하면 묵는 방도 없고 사방으로 넓게 통해서 한이 없네. 이러한 도를 따르는 사람은 온몸이 건강하고 생각이 통달하며 이목이 총명하네. 마음을 써도 피로한 일이 없고, 사물에 대응해도 얽매임이 없네. 하늘도 이 도를 얻으면 높지 않을 수 없고, 땅도 이 도를 얻으면 넓지 않을 수 없으며, 해와 달도 이 도를 얻으면 운행하지 않을 수 없고, 만물도 이 도를 얻으면 번창하지 않을 수가 없네. 이런 것을 도라고 하네.

[도를 따르는 사람은 마음이 편안하기에 다른 일들로 인해 마음이 피곤하지 않다. 또한 주위에 어떠한 일이 일어난다고 해도 이러한 일에 얽매이지 않는다. 삶의 진정한 자유를 얻었기 때문이다. 모든 일에 통달한 사람이라는 뜻이다.]

且夫博之不必知 辯之不必慧 聖人以斷之矣 若夫益之而不加益 損之而不加損者 聖人之所保也。淵淵乎其若海 (巍巍)[魏魏]乎其終則復始也。運量萬物而不匱。則君子之道 彼其外與 萬物皆往資焉而不匱。此其道與

"또한 대체로 박학(博學)한 자라고 반드시 참된 지자(知者)는 아니며, 웅변가라고 반드시 지혜로운 자는 아니네. 그러므로 성인은 이것을 버리네. 그리하여 성인의 밝음은 박학이나 웅변으로 더한다고 더해지는 것도 아니요, 침묵이나 무언으로 줄이려 한다고 줄어지는 것도 아니네. 그래서 성인은 이런 것들을 초월한 경지를 지켜 나가네. 참된 도는 바다와 같이 깊고 산과 같이 높아 끝나는 곳에서 다시 시작하네. 만물을 운행시키면서 다함이 없는 것은 자연을 체득한 군자의 도이네. 그렇다고 그것이 멀리 있는 것은 아니네. 만물은 모두 운행하면서 이를 취하여 살아나가지만 이것 자체는 항상 다해 버리는 일이 없네. 이것이 도라네."

[많은 지식이 있다고 해서 도를 알 수 있는 것은 아니다. 마음에 무언가가 가득 차 있으면 오히려 도를 이해하는 데 방해만 될 뿐이다. 도의 세계는 끝도 없다. 그렇다고 해서 도를 이해하는 것이 불가능한 것도 아니다. 도는 이론을 초월한다. 그리고 만물의 근원이 된다.]

中國有人焉 非陰非陽 處於天地之間 直且爲人 將反於宗。自本觀之生者 喑醷物也。雖有壽夭 相去幾何 須臾之說也 奚足以爲堯桀之是非? 果蓏有理 人倫雖難 所以相齒。聖人遭之而不違 過之而不守。調而應之 德也 偶而應之 道也 帝之所興 王之所起也。

人生天地之間 若白駒之過郤 忽然而已。注然勃然 莫不出焉 油然漻然 莫不入焉。已化而生 又化而死。生物哀之 人類悲之。解其天弢 墮其

天袟 紛乎宛乎 魂魄將往 乃身從之 乃大歸乎.
不形之形 形之不形 是人之所同知也 非將至之所務也 此衆人之所同論也。彼至則不論 論則不至。明見無値 辯不若默。道不可聞 聞不若塞。此之謂大得。

"중국에도 사람이 있는데 음도 아니고 양도 아니며, 음양의 화합에 따라 천지 사이에 살고 있네. 지금 잠시 사람의 형태를 지니고 나타났으나 장차 만물 발생 이전의 본원으로 돌아가게 하고 있네. 만물의 근본의 입장에서 생각한다면, 삶이란 한때의 기가 모인 것에 불과하네. 그러니 비록 사람에게 장수와 단명이 있다 하나 그 차이가 얼마나 되겠나? 무한한 세월에 비하면 잠깐이라 말할 수 있네. 이런 찰나적인 인생으로써 어찌 요와 걸의 시비를 따질 필요가 있겠는가? 초목의 열매는 생성영고(生成榮枯)의 자연적인 이치가 갖추어져 있네. 인류에게 죽음은 재난으로 여겨지지만 이것도 자연적인 이치라, 그것에 의해서 자손이 서로 계승해 나가는 것이네. 그러므로 성인은 당면하는 사태에 순응해서 거슬리지 아니하고 눈앞을 지나가는 어떠한 물건에도 집착하지 않네. 자연의 운행에 조화해서 당면한 사태에 순응해 나가는 것이 최상의 도덕적 태도이네. 이 도덕적 태도로부터 제왕의 업도 일어나는 것이네."

"사람이 천지간에 살아 있는 동안은 백구(白駒: 준마)가 틈바구니를 지나가는 것처럼 짧아 잠깐일 뿐이네. 빨리도 이 세상에 태어났다가 급히도 이 세상을 떠나가네. 이미 자연의 변화를 따라 태어났다가 또한 변화를 따라 죽는데 생물은 모두 그것을 새로워 하고, 인류도 그것을 서글퍼하네. 그러나 죽음이란 실로 자연의 활주머니를 풀어버리고 자연의 옷주머니를 벗어 버리어, 육체가 풀리면, 혼백도 떠나가 버리니 곧 육체도 이들을 따라 도의 근원으로 돌아가네. 무형에서 유형이 생겨나고 유형이 무형으로 돌아가는 것은 사람들이 다같이 아는 바라, 도에 도달하려는 자는 힘쓸 것이 아니네. 이것은 모든 사람들이 다같이 논하는 바라, 도에 도달하려는 자는 거론할 것이 못되고, 거론하면 도에 도달하지 못하네. 도는 분명하게 보려면 만나지 못하고 변론하는 것은 잠잠히 있는 것만 같지 못하며, 도는 귀로 들어서 알 수가 없으니 귀를 닫는 것만 같지 못하네. 이것을 일러 자연의 대도와 합일하는 대득(大得)이라 하는 것이네."

[인생은 순간이다. 많은 욕심을 버리고 자연의 원리인 도를 따라 자유로운 마음으로 살아가는 것이 가장 중요하다. 시시비비를 따질 것도 없다. 별 차이가 없기 때문이다. 자연의 운행에 조화해서 순응하며 살아가는 것이 최선이 아닐까?]

東郭子問於莊子曰 所謂道 惡乎在?
莊子曰 無所不在。
東郭子曰 期而後可。
莊子曰 在螻蟻。
曰 何其下邪
曰 在稊稗。
曰 何其愈下邪?
曰 在瓦甓。
曰 何其愈甚邪
曰 在屎溺。

東郭子不應。莊子曰 夫子之問也 固不及質。正獲之問於監市履狶也 每下愈況。汝唯莫必 無乎逃物。至道若是 大言亦然。周徧咸三者 異名同實 其指一也。

嘗相與游乎無何有之宮 同合而論 無所終窮乎 嘗相與無爲乎 澹而

靜乎 漠而清乎 調而閒乎 寥已吾志 無往焉而不知其所至。去而來而不知其所止 吾已往來焉而不知其所終 彷徨乎馮閎 大知入焉而不知其所窮。

物物者與物無際 而物有際者 所謂物際者也 不際之際 際之不際者也。謂盈虛衰殺 彼爲盈虛非盈虛 彼爲衰殺非衰殺 彼爲本末非本末 彼爲積散非積散也。

동곽자(東郭順子)가 장자에게 묻기를,
"이른바 도가 어디에 있습니까?"하니, 장자는,
"없는 곳이 없소"라고 했다. 동곽자는 또,
"어디에 있는지 지시하여 주오."하자, 장자는,
"청개구리나 개미에게도 있소."하였다. 이에 동곽자는,
"어찌 그리 하등(下等)한 것들에만 있소?"하자, 장자는,
"기장이나 피에게도 있소."하였다. 동곽자는,
"어째서 더 하등의 것으로 내려가오?"하므로 장자는,
"기왓장이나 벽돌에도 있소."하였다. 그래서 동곽자는 다시,
"어째서 더욱 더 하등의 것으로 내려가오?"하므로, 장자는,
"똥이나 오줌에도 있소."하였다. 그러자 동곽자는 아무 말이 없었다. 그래서 장자는 이렇게 말했다.
"당신의 질문은 도의 본질에 미치지를 못했소. 예컨대 시장(市場)의 관리인이 시장의 감독자에게 돼지의 살찐 여부를 알아보게 했을 때에, 조사해 보는 부분이 꼬리나 다리같이 하잘 것 없는 부분을 조사할수록 다른 부분의 살진 여부를 더 잘 알 수가 있소. 이와 같이 당신은 도가 어디에 있는가를 한정해서는 안 되오. 도가 물(物)을 초월한 것으로 생각해서도 안 되오. 지극한 도는 이와 같이 어디에나 있는 것이오. 위대한 도를 표현하는 말도 그와 같아, 주(周: 두루), 편(偏: 고루), 함(咸: 골고루)

의 세 글자가 그 이름은 다르지만 그 실제의 뜻은 같은 것으로, 어느 것이나 도가 두루 존재한다는 점에는 한가지이오."

"시험 삼아 지금 당신과 함께 아무런 유위(有爲)가 없는 경지를 소요하면서 만물과 일체가 되어 저 사람이 없는 도에 대하여 말해봅시다. 또 시험 삼아 당신과 더불어 무위의 입장에 서서, 담담하고 조용하게, 고요하고 깨끗하게, 만물에 조화해서 유유자적하면 우리의 뜻이 고요해질 것이오. 그렇게 되면 우리의 마음은 다른 사물로 가지 않을 것이므로 마음이 가서 닿을 바도 알지 못할 것이고, 갔다가 와도 사물에 집착하는 일이 없으므로 그 멈출 곳을 알지 못할 것이오. 그래서 광대무변한 세계에 풀어 놓으면 아무리 큰 지혜가 엿보아도 그 끝이 다함을 알지 못할 것이오. 물(物)을 물로써 존재케 하고, 이를 지배하는 도는, 물과 떨어져 있는 것이 아니고, 모든 물 가운데 있는 것이고, 그래서 물과 물 사이에 피아(彼我)의 구별이 있는 것은, 이른바 물제(物際: 사물의 대립과 상대적 관계를 말함) 곧 상대적인 구별일 것이오. 상대적인 구별이 없는 절대적인 상태로부터 상대적인 상태로 변하고, 또 상대적인 상태로부터 절대적인 상태로 돌아가는 것이네. 곧 가득 찼다가 비어지되, 성했다가는 감소되는 현상계를 두고 말하더라도, 저 도는 가득 찼다가 비었다가 하는 현상을 만들어내지만, 도 자체는 가득 찼다가 비어지는 일이 없고, 그 도는 쇠하여져 감소케 하는 현상을 만들어내지만 도 자체는 쇠하여 감소되는 일이 없으며, 도는 근본과 말단을 만들어내지만, 도 자체는 근본과 끝이 없고, 도는 모았다가 흩어지게 하는 현상을 만들어내지만 도 자체는 모았다가 흩었다 하는 일이 없네."

[도는 어디에 있는 것일까? 도는 한 마디로 자연의 원리 자체를 말한다. 따라서 우주에 있는 모든 물체에 해당되는 보편 원리이다. 어느 구체적인 물건 하나에 해당하는 것이 아니다. 이 커다란 우주 전체를 담당하기

에 그만큼 위대한 것이다.]

妸荷甘與神農同學於老龍吉。神農隱幾 闔戶晝瞑。妸荷甘日中奓戶而入曰 老龍死矣

神農隱幾擁杖而起 嚗然放杖而笑 曰 天知予僻陋慢訑 故棄予而死。已矣夫子 無所發予之狂言而死矣夫.

弇堈弔聞之 曰 夫體道者 天下之君子所繫焉。今於道 秋豪之端萬分未得處一焉 而猶知藏其狂言而死 又況夫體道者乎 視之無形 聽之無聲 於人之論者 謂之冥冥 所以論道 而非道也。

於是泰清問乎無窮曰 子知道乎? 無窮曰 吾不知。

又問乎無爲 無爲曰 吾知道。

曰 子之知道 亦有數乎

曰 有。

曰 其數若何?

無爲曰 吾知道之可以貴 可以賤 可以約 可以散 此吾所以知道之數也。

泰清以之言也問乎無始 曰 若是 則無窮之弗知與無爲之知 孰是而孰非乎?

無始曰 不知深矣 知之淺矣 弗知內矣 知之外矣。

於是泰清中而歎曰 弗知乃知乎? 知乃不知乎 孰知不知之知?

無始曰 道不可聞 聞而非也 道不可見 見而非也 道不可言 言而非也。知形形之不形乎? 道不當名。

無始曰 有問道而應之者 不知道也。雖問道者 亦未聞道。道無問 問無應。無問問之 是問窮也 無應應之 是無內也。以無內待問窮 若是者外不觀乎宇宙 內不知乎太初 是以不過乎崑崙 不遊乎太虛。

아하감(婀荷甘)은 신농(神農: 三皇 중의 한 사람인 신농이 아니고, 그 후의 인물의 이름이라고 함)과 함께 노용길(老龍吉: 도를 체득한 사람)에게 배웠다. 어느 날 신농이 책상에 기대어 문을 닫고 낮잠을 자고 있었다. 아하감이 대낮에 문을 열고 들어와서,

"선생님께서 돌아가셨어."라고 했다.

신농은 책상에 기댄 채 지팡이를 들고 일어났다가 텅하고 지팡이를 팽개치고는 웃으면서 말했다.

"선생님께서는 내가 괴팍하고 고루하며 게으르고 거만한 것을 아시고 나를 버리고 돌아가셨구나. 선생님께서는 나를 일깨워주실 지극한 말 한마디도 없이 돌아가셨구나."

감강조(弇堈弔: 은자로써 일설에는 도를 체득한 사람)가 이 말을 듣고,

"대체로 도를 체득한 사람에게는 천하의 군자들이 몰려든다. 그런데 지금 신농은 지극한 도에 대하여 털끝의 만분의 일 정도도 모르면서 노용길 선생이 지극한 말을 가슴 속에 품고서 말하지 않고 죽은 것으로 알고 있다. 그러니 더군다나 도를 체득한 사람이 도를 말하지 않는 것을 말할 필요가 있겠는가? 도는 그 모양을 볼 수도 없고 그 소리를 들을 수도 없다. 따라서 도를 논하는 사람들이 도를 말할 때 '깊고 그윽하다(冥冥)'고 말하지만 논할 수 있는 도는 참된 도가 아니다."라고 했다.

감강조의 태청(泰請: 지극한 도를 형용한 말로 의인화한 이름)이 무궁(無窮: 도를 의인화한 이름)에게 말하기를,

"자네는 도를 아는가?"하자, 무궁은,

"나는 모르네."하였다. 태청이 또 무위(無爲: 도를 의인화한 이름)에게 물으니, 무위는,

"나는 도를 아네."하였다. 그래서 태청이 다시 묻기를,

"자네가 도를 안다니, 그러면 도에는 속성이 있는가?"하자, 무위는,

"있지."하였다. 태청이 다시

“그러면 그 속성은 어떤 것인가?”하므로, 무위는 대답하기를,

“도는 고귀한 것으로는 제왕이 될 수도 있고, 천한 것으로는 종이 되며, 모이면 생명이 되고, 흩어지면 죽음이 되오. 이것이 내가 아는 도의 속성이오.”하였다. 태청은 다시 이런 말을 가지고 무시(無始: 도를 의인화한 이름)에게 묻기를,

“이렇게 무궁은 도를 모른다고 했고, 무위는 도를 안다고 했으니 누가 옳고 누가 틀린가?”하니, 무시는 대답하기를,

“모르는 쪽이 깊고 아는 쪽은 얕소. 모른다는 것은 마음속에 깊이 깨달은 말을 잊은 것으로 내(內)라고 할 수 있고, 안다는 것은 실상은 도와 떨어져 있는 것으로 외(外)라고 할 수 있소.”하였다. 이때 태청은 이 말을 듣고 있는 도중에 한탄을 하면서,

“모르는 것이 아는 것이고, 아는 것이 모르는 것인가? 누가 모르는 것이 안다는 것이라는 걸 알겠는가?”하였다. 이때 무시가 말하기를,

“도는 들을 수가 없네. 들리면 도가 아니네. 도는 볼 수가 없네. 보이면 도가 아니네. 도는 말로 표현할 수가 없네. 표현한다면 도가 아니네. 만물을 형체로 만들어내면서도 그 자체는 형상으로 나타내지 않는다는 것을 알면, 도는 명명(命名)할 수 없는 것이 당연하다.”하더니 무시는 다시 이렇게 말을 이었다.

“도에 대해 질문을 받고 대답하는 자는 도를 모르는 것이다. 또 도에 대하여 묻는 사람도 또한 도를 모르는 것이다. 도는 물을 것도 없고 물어도 대답할 필요도 없다. 물을 것도 없는 것을 묻는 것은 없는 것을 찾는 것이다. 대답할 것도 없는데 대답하는 것은 마음속이 참된 도를 얻지 못한 것이다. 참으로 도를 얻지 못한 자가 대답할 수는 없고, 물어볼 수도 없는 것에 응대하는 자가 있다면, 이런 자는 밖으로 우주 자연의 묘한 이치를 관찰하여 알지도 못하고 안으로 태초의 허무의 현묘한 이치를 알지 못하며, 따라서 높고 먼 경지인 곤륜산에 이르지도 못하고 현묘

한 세계인 태허(太虛)에 소요하지도 못한다."

[도는 우리의 인식을 넘어선다. 우리의 인식은 한계가 있기 때문이다. 우리의 감각으로도 부족하다. 도는 대자연의 원리이기 때문이다. 사람의 논리나 감각을 초월해서 존재하는 것이 바로 도이다.]

光曜問乎無有曰 夫子有乎? 其無有乎?
光曜不得問 而孰視其狀貌 窅然空然 終日視之而不見 聽之而不聞 搏之而不得也。
光曜曰 至矣 其孰能至此乎? 予能有無矣 而未能無無也。及爲無有矣 何從至此哉?

광요(光曜: 광선을 비유한 가상적 인물의 이름)가 무유(無有: 공간을 비유한 가상적 인물의 이름)에게 묻기를,
"자네는 있는 것인가? 없는 것인가?" 하였으나, 광요는 대답을 듣지 못했다. 그래서 무유의 모양을 자세히 바라보니 아득하고 텅 비어 있었다. 온종일 바라보아도 보이지 않고 들어보아도 들리지 않으며, 만져보아도 만져지지 않았다. 그래서 광요는 이렇게 말했다.
"지극하다. 누가 이런 경지에 이르렀는가? 나는 지금까지 무의 경지가 있는 줄은 알았으나, 무라는 것조차 없는 절대적인 무의 경지가 있는 줄을 알지 못했었다. 일체의 유(有)를 무(無)로 여기는 절대의 경지는 현묘한 덕을 지닌 사람만이 도달하는 것이라, 내가 어떻게 이러한 현묘한 경지에 이를 수가 있겠는가."

[광요와 무유는 각각 빛과 공간을 상징하는 가상적 인물이다. 이 두 인물을 통해 도에 대해서 이야기하고 있다. 도는 지극히 절대적인 무의 경

지라는 것을 알려주고 있다.]

大馬之捶鉤者 年八十矣 而不失豪芒。
大馬曰 子巧與 有道與?
曰 臣有守也。臣之年二十而好捶鉤 於物無視也 非鉤無察也。是用之者 假不用者也以長得其用 而況乎無不用者乎? 物孰不資焉?

초나라 대사마(大司馬: 관명) 밑에서 일하는 한 공인(工人) 중에 허리띠의 고리를 주조하는 있었는데, 나이가 80세가 되어도 털끝만큼의 어긋남도 없었다. 그래서 대사마가 묻기를,

"자네는 참으로 교묘하네. 무슨 특별한 방법이라도 있는가?"하자, 그 공인은 대답하기를,

"저는 다만 마음을 순수하게 지키고는 있었습니다. 제가 나이 20세부터 이 허리띠의 갈고리 만들기를 좋아하면서부터 다른 것은 거들떠보지도 않았었습니다. 오직 이것이 아니면 살펴보지도 않았습니다." 하였다.

이는 곧 기술을 부리는 경우, 마음을 다른 곳에 쏟는 일이 없어서 노년에 이르기까지 길이 그 기술을 이용할 수가 있는 것이다. 그러니 하물며 마음을 일절 사용하는 일이 없이, 쓰지 않는다는 마음까지도 움직이지 않고, 자연의 도에만 맡기는 자에게 있어서는 더 말할 것이 있겠는가? 일체의 물(物)은 모두가 이런 경지에서 이루어지는 것이다.

[몰입은 위대한 힘을 발휘한다. 마음이 모두 그곳에 집중되어 있기 때문이다. 물아일체의 경지가 될 수 있다. 마음과 정신이 물체가 하나가 된다면 도에 이를 수 있은 것이다.]

冉求問於仲尼曰 未有天地可知邪?

仲尼曰 可。古猶今也。

冉求失問而退。明日復見 曰 昔者吾問『未有天地可知乎 夫子曰 可。古猶今也。』昔日吾昭然 今日吾昧然。敢問何謂也?

仲尼曰 昔之昭然也 神者先受之 今之昧然也 且又爲不神者求邪 無古無今 無始無終。未有子孫而有子孫 可乎?

冉求未對。仲尼曰 已矣 末應矣 不以生生死 不以死死生。死生有待邪 皆有所一體。有先天地生者物邪 物物者非物 物出不得先物也 猶其有物也。猶其有物也 無已。聖人之愛人也終無已者 亦乃取於是者也。

공자의 제자 염구(冉求)가 공자에게 묻기를,

"천지가 아직 생겨나지 않았을 때를 알 수 있습니까?"하자,

"알 수가 있지. 옛날은 지금과 같이 변함이 없이 같았느니라."하였다. 이 소리를 들은 염구는 더 묻지 않고 물러나왔다. 염구는 이튿날 다시 공자를 뵙고 묻기를,

"어제 제가 '천지가 생겨나기 이전을 알 수 있습니까'하고 물었더니 선생님께서는 '알 수가 있지. 옛날도 지금과 같이 변함이 없이 같았느니라.'고 하셨습니다. 그래서 저도 어제는 그 말을 분명히 이해할 수가 있었는데 오늘은 아득하여 알 수가 없습니다. 그것은 무슨 말씀이었습니까?" 하였다. 그래서 공자는 말하기를,

"어제 네가 분명히 이해한 것은 마음속에 아무런 생각이 없이 신명(神明)의 움직임에 의해서 내 말을 받아들였기 때문이고, 오늘에 까마득해진 것은 신명에 의하지 않은 사고(思考)의 작용으로써 이해하려 했기 때문이다. 이 천지간에는 옛날도 없고 지금도 없으며 처음도 없고 끝도 없단다. 아직 자손이 없는데도 자손이 있다고 하면 되겠는가."하였다.

염구는 아무런 대답을 하지 못했다. 이때 공자는 이렇게 말했다.

“그만두어라. 아직 대답하지 말라. 삶의 입장에서 죽음을 삶과 연속적으로 생각해서는 안되고, 죽음의 입장에서 삶을 죽음에다 연속적으로 생각해서도 안된다. 따라서 죽음과 삶은 서로 기다려서 존재하는 것이 아니고 모두가 근원적으로는 하나인 것이다. 천지가 생겨나기 이전에 생겨난 것은 물(物)인가? 아니다. 그것은 도로써 만물을 만물되게 만들어내므로 그것은 물이 아니다. 물이 생겨날 때 그 만물보다 앞서 무물(無物)의 상태에서 생겨난 것은 아니다. 만물이 생겨나는 이상 이미 거기에도 물이 있기 때문이다. 이미 물이 있으면 물은 물을 낳아 만물은 다함이 없이 생겨나나 그렇게 만드는 것은 도의 작용이다. 따라서 성인도 백성을 사랑하는데 끝이 없이 계속되나, 이것은 자연의 대도를 배워온 것이다.”

[도는 자연의 근본 원리이므로 사물이전부터 존재하고 있었다. 하늘과 땅이 생기기 전에도 있었던 것이다. 여기에 도의 위대함이 있다. 따라서 사람들은 이러한 도를 따라 살아야 하고 위정자 또한 도를 기본으로 백성을 다스려야 한다.]

顔淵問乎仲尼曰 回嘗聞諸夫子曰『無有所將 無有所迎。』回敢問其遊。

仲尼曰 古之人 外化而內不化 今之人 內化而外不化。與物化者 一不化者也。安化安不化 安與之相靡 必與之莫多。

狶韋氏之囿 黃帝之圃 有虞氏之宮 湯武之室。君子之人 若儒墨者師故以是非相也 而況今之人乎?

聖人處物不傷物。不傷物者 物亦不能傷也。唯無所傷者 爲能與人相將迎。

山林與 皐壤與 使我欣欣然而樂與 樂未畢也 哀又繼之。哀樂之來 吾

不能禦 其去弗能止。悲夫 世人直爲物逆旅耳.

夫知遇而不知所不遇 知能能而不能所不能。無知無能者 固人之所不免也。夫務免乎人之所不免者 豈不亦悲哉?

至言去言 至爲去爲。齊知之所知 則淺矣。

안연이 공자에게 묻기를,

"제가 선생님께 들었는데, '가는 자를 보내지 않고, 오는 자를 맞이하지 않는다' 하였습니다. 저도 그런 경지에 놀 수가 있는지 여쭈어봅니다."하니, 공자는 이렇게 대답했다.

"옛날 사람은 외물(外物)을 따라 변화하면서 정신은 변화하지 않았다. 그러나 지금 사람은 정신은 외물의 지배를 따라 변하면서 겉은 외물에 순응하지 않는다. 외물에 순응해서 변화하는 것은 자연에 맞게 순응하므로 한편 변하지 않는 것이다. 그러니 어디라고 변화하고, 어디라고 변화하지 않으며, 어디라고 대상 세계와 마찰할 것인가? 반드시 다른 것에게 자랑함도 없을 것이다. 휘위씨(옛날 도를 체득한 왕의 이름)는 동산, 황제는 채소밭에, 유우씨는 궁궐에, 탕왕, 무왕은 궁실에 각기 시세에 따라 안주했었다. 그러나 아래로 내려올수록, 군자들, 특히 유가나 묵가의 스승들은 본디 자기의 주장을 내세워 시비로써 남을 물리쳤는데, 하물며 지금 사람들은 말할 것이 있는가?"

"성인은 만물과 같이 살면서 만물을 해치지 않는다. 따라서 만물도 그를 해치지 않는다. 오직 자연에 순응해서 만물을 해치지 않는 자만이 사람들과 더불어 보내고 맞이할 수가 있다. 산림과 평원이 나를 기쁘게 하여 즐거워 하나, 그 즐거움이 끝나기도 전에 슬픔이 또한 잇달아 온다. 그 슬픔과 즐거움이 다가오는 것을 우리는 막을 수 없고 그것들이 가는 것도 막을 수 없으니 슬프다. 세상 사람들은 다만 슬픔도 즐거움의 여관일 뿐이다. 대체로 지혜가 외치는 한도 안에서는 알 수가 있으나 지혜가 미치지 않는 범위는 알 수가 없다. 또 능력의 범위 안에서는 가능하나 능력이 미치지 않는 범위는 불가능하다. 따라서 무지와 무능은 진실로 사람으로서 면할 수가 없는 것이다. 대개 사람으로서 면할 수 없는 것을 면하려 힘쓰니 어찌 또한 슬프지 않은가? 지극한 말은 말로 표현할 수가 없고, 지극한 행위는 인간의 행위를 초월하는 것이다. 지혜가 아는 한도 안에서 모르는 것을 알려고 하면 이는 천박한 것이다.

[나의 주위에서 일어나는 모든 일들과 주위의 사람들과의 관계에서 생기는 일들에 저항을 하면 삶은 피곤해질 수밖에 없다. 자연에 순응해서 살 듯이 나의 주위의 모든 것을 있는 대로 받아들이고 포용해야 한다. 모든 것은 변화한다. 내 주위 사람들도 다 변한다. 우리는 그러한 것을 우리의 힘으로 할 수 없다. 그냥 물이 흘러가듯 자연스럽게 받아들이는 것이 바로 도의 길이다.]

〈雜 篇〉

第二十三 庚桑楚

[경상초는 사람 이름이다. 이 편명의 제일 앞에 나오는 것이라 그냥 이 편의 이름을 그렇게 붙였다.]

老聃之役有庚桑楚者 偏得老聃之道 以北居畏壘之山 其臣之畫然知者去之 其妾之挈然仁者遠之 擁腫之與居 鞅掌之爲使。
居三年 畏壘大壤。畏壘之民相與言曰 庚桑子之始來 吾洒然異之。今吾日計之而不足 歲計之而有餘。庶幾其聖人乎? 子胡不相與屍而祝之社而稷之乎?

庚桑子聞之 南面而不釋然。弟子異之。庚桑子曰 弟子何異於予? 夫春氣發而百草生 正得秋而萬寶成。夫春與秋 豈無得而然哉? 天道已行矣。吾聞至人 屍居環堵之室 而百姓猖狂不知所如往。今以畏壘之細民而竊竊焉欲俎豆予於賢人之間 我其杓之人邪? 吾是以不釋於老聃之言。

노담의 제자 중에 경상초라는 자가 있었는데, 노담의 도를 일부 얻어 북쪽의 외루산에 살았다. 그의 신하 중에서 드러나게 지혜로운 자는 떠났고, 그의 첩 중에서 현저하게 어진 자는 멀리하여, 못난 자들만 함께 기거하고 멍청한 자들만 부렸다. 3년이 지나자, 외루 지방이 큰 풍년이 드니 외루 사람들이 함께 모여서 말했다.

"경상자가 처음 왔을 때, 우리는 놀라며 그를 이상히 여겼지. 지금 우리가 그를 하루하루 따져보면 별 것 없는데, 한 해를 두고 따져보니 이룬 게 많았다. 그는 아마도 성인인가 보다. 우리가 어찌 그를 제사장으로 삼아 제사를 주관하도록 하고 사직을 세워 주지 않는가!"

경상초는 이 말을 듣고, 남쪽으로 향해 앉은 채 달갑지 않은 모습이었다. 제자들이 이상하게 여기자, 경상초가 말했다.

"너희는 내가 이상하게 보이느냐? 봄의 기운이 발동하면 모든 초목이 자라나고, 가을이 되면 온갖 보배로운 열매가 익는다. 저 봄과 가을이 어찌 얻은 것 없이 그러하겠는가! 그것은 천도가 이미 행해지고 있기 때문이다. 내가 들으니, 지인은 좁은 방에 가만히 앉아 있고, 백성들은 멋대로 날뛰면서 갈 곳을 알지 모른다고 했다. 지금 외루의 미미한 백성들이 남몰래 나를 현인으로 예우하고자 하니, 나를 내세우려 한 게 되지 않겠느냐. 나는 노담의 말씀에 어긋나기에 그런 것이다."

[지극한 사람은 자신을 밖으로 드러내지 않는 자를 말한다. 항상 고요히 자신의 마음에만 집중을 하는 사람이다.]

弟子曰 不然。夫尋常之溝 巨魚無所還其體 而鯢鰌爲之制 步仞之丘陵 巨獸無所隱其軀 而孽狐爲之祥。且夫尊賢授能 先善與利 自古堯舜以然 而況畏壘之民乎 夫子亦聽矣

庚桑子曰 小子來 夫函車之獸 介而離山 則不免於罔罟之患 吞舟之魚 碭而失水 則蟻能苦之。故鳥獸不厭高 魚鼈不厭深。夫全其形生之人 藏其身也 不厭深眇而已矣.

且夫二子者 又何足以稱揚哉? 是其於辯也 將妄鑿垣牆而殖蓬蒿也 簡髮而櫛 數米而炊 竊竊乎又何足以濟世哉?

擧賢則民相軋 任知則民相盜。之數物者 不足以厚民。民之於利甚勤 子有殺父 臣有殺君 正晝爲盜 日中穴阫。

吾語女 大亂之本 必生於堯舜之間 其末存乎千世之後。千世之後 其

必有人與人相食者也。

제자가 말했다.

"그렇지 않습니다. 무릇 작은 도랑에는 큰 물고기가 그 몸뚱이를 돌릴 곳이 없지만 송사리나 미꾸라지는 오히려 제멋대로 하고, 낮은 언덕에 큰 짐승이 몸을 숨길 곳은 없지만 교활한 여우는 오히려 상서롭게 여깁니다. 또한 현자를 높이고 유능한 자에게 벼슬을 주어, 선을 앞세우고 이익을 주는 것은 옛날 요순시절부터 이미 그랬는데, 하물며 외루의 백성들이야 말할 나위 있겠습니까? 스승님께서도 역시 청을 들어주시지요."

경상초가 말하였다.

"너희들은 가까이 오라! 수레를 삼킬 만한 큰 짐승이라도, 혼자가 되어 산을 벗어나면, 그물에 갈리는 재앙을 면치 못하고, 배를 삼킬만한 물고기라도, 밖으로 튕겨나가 물을 벗어나면, 작은 개미도 그것을 괴롭힐 수 있다. 그러므로 새나 짐승들은 높은 곳을 마다하지 않고, 물고기나 자라는 깊은 곳을 싫어하지 않는다. 자기의 타고난 형체를 온전히 하는 사람은, 그 몸을 감추는 데 있어 깊고 먼 곳을 싫어하지 않는다.

게다가 저 두 사람을 칭찬하는 것이 어찌 족하겠는가! 그들의 분변함에 있어서는 함부로 담장에 구멍을 뚫어 그 안에 쑥대를 무성하게 만드는 것이며, 머리카락을 한 올 한 올 골라 가며 빗질하고, 쌀알을 세어 가면서 밥을 짓는 것이니, 그렇게 절절하여 어떻게 세상을 구제할 수 있겠는가! 현자를 등용하면 백성들은 서로 다투고, 지혜로운 사람을 임명하면 백성들은 서로 도둑질 할 것이니, 이 몇 가지 일이야말로 백성들을 후덕하게 함에 부족하다. 백성들이 이익에 너무 힘쓰게 되면, 자식이 어버이를 죽이는 일도 있으며, 신하가 임금을 죽이는 일도 있으며, 대낮에도 도둑질을 하고, 한낮에 담을 뚫는다.

내가 너희들에게 말하노니, 큰 혼란의 근본은 반드시 요순 때 생긴 것이고 그 말단적인 폐해는 천년 후까지 남아 있게 될 것이다. 천년이 지나게 되면 아마 틀림없이 사람과 사람이 서로 잡아먹는 일이 벌어질 것이다."

[우리가 살아가면서 작은 이익에 관심을 가지게 되면 계속해서 그러한 일에 연연해질 수밖에 없다. 이익은 자연의 길이 아니다. 이익은 인위에서 비롯된다. 인위를 멀리하고 무위로서의 삶이 진정한 자유로운 삶의 길이다.]

南榮趎蹵然正坐曰 若趎之年者已長矣 將惡乎託業以及此言邪?

庚桑子曰 全汝形 抱汝生 無使汝思慮營營。若此三年 則可以及此言矣。

南榮趎曰 目之與形 吾不知其異也 而盲者不能自見 耳之與形 吾不知其異也 而聾者不能自聞 心之與形 吾不知其異也 而狂者不能自得。形之與形亦辟矣 而物或間之邪 欲相求而不能相得 今謂趎曰 全汝形 抱汝生 勿使汝思慮營營。趎勉聞道達耳矣

庚桑子曰 辭盡矣。曰 奔蜂不能化藿蠋 越雞不能伏鵠卵 魯雞固能矣。雞之與雞 其德非不同也 有能與不能者 其才固有巨小也。今吾才小不足以化子。子胡不南見老子?

남영주는 놀라서 자세를 바르게 고쳐 앉고 말했다.

"저 같은 경우 나이가 이미 많은데, 장차 어디에 공부를 의탁해야 이 말씀의 경지에 이를 수 있겠습니까?"

경상자가 말하였다.

"너의 형체를 온전히 하고, 너의 생명을 보전하며, 너의 생각을 이리

저리 하지 마라. 이렇게 3년만 지나면 이 말의 경지에 이를 수 있게 될 것이다."

남영주가 말하였다.

"눈의 형체로 보자면 저는 그것이 다르다는 것을 알지 못하지만, 소경은 스스로 볼 수 없고, 귀의 형체로 보자면 그것이 다를 바가 없으나 귀머거리는 스스로 들을 수 없으며, 마음의 형체로 보자면 그것이 다를 바가 없으나 미치광이는 스스로 생각을 얻지 못합니다. 육체가 형체를 부여 받은 것이 비슷한데, 외물이 혹시 그것 사이를 갈라놓았는지, 서로 찾으려 해도 찾을 수 없습니다. 지금 저에게 말씀하시기를 '너의 형체를 온전히 하고, 너의 생명을 보전하며, 너의 생각을 이리저리 하지 마라.'라고 하셨습니다. 저는 힘써 도를 듣지만 단지 귓가에만 이를 뿐입니다."

경상자가 말하였다.

"할 말은 다 했다. 말하자면 작은 땅벌은 나방의 콩 벌레를 부화시킬 수 없고, 월나라의 닭은 고니의 알을 품을 수가 없으나, 노나라의 닭은 커서 잘 품을 수가 있다. 닭과 닭을 놓고 보면 그 덕성이 같지 않은 것이 아닌데, 할 수 있음과 할 수 없음이 있는 것은, 그 재능에 고유의 크고 작음이 있어서이다. 지금 나는 재능이 모자라서 그대를 변화시킬 수 없으니, 그대는 남쪽으로 가서 노자를 만나봄이 어떻겠는가?"

[우리는 생각의 자유를 얻어야 한다. 생각이 너무 복잡해지면 우리의 삶이 고달파질 수밖에 없다. 또한 몸과 생명도 잘 보전해야 한다. 이것이 바로 도에 가까워지는 길이다.]

南榮趎贏糧 七日 七夜至老子之所。

老子曰 子自楚之所來乎 南榮趎曰 唯。

老子曰 子何與人偕來之衆也 南榮趎懼然顧其後。

老子曰 子不知吾所謂乎?

南榮趎俯而慙 仰而歎曰 今者吾忘吾答 因失吾問。

老子曰 何謂也?

南榮趎曰 不知乎 人謂我朱愚。知乎 反愁我軀。不仁則害人 仁則反愁我身 不義則傷彼 義則反愁我己。我安逃此而可 此三言者 趎之所患也 願因楚而問之。

老子曰 向吾見若眉睫之間 吾因以得汝矣。今汝又言 而信之。若規規然若喪父母 揭竿而求諸海也。女亡人哉 惘惘乎 汝欲反汝情性而無由入 可憐哉!

남영주가 식량을 싸 짊어지고 7일 밤낮을 걸려 노자가 있는 곳에 도착했다.

노자가 말하였다.

"그대는 경상초가 있는 곳에서 왔는가!"

남영주가 "예"라고 대답하자, 노자가 말하였다.

"그대는 어찌 함께 온 사람들이 그리 많은가?"

남영주가 놀라서 자신의 뒤를 돌아보자, 노자가 말하였다.

"그대는 내가 말한 뜻을 알지 못하는구나."

남영주는 고개를 숙이고 부끄러워하다가 하늘을 우러러 탄식하였다.

"지금 저는 제가 대답할 바를 잊었고, 또한 제가 여쭈려고 한 것도 잃어버렸습니다."

노자가 말하였다.

"무엇을 말하는 것인가?"

남영주가 말하였다.

"제가 알지 못한다면, 사람들은 저를 어리석다고 하고, 제가 많이 안다면 반대로 시름에 겨워 제 몸을 괴롭힙니다. 어질지 못하면 남을 해치게 되고, 어질면 반대로 근심으로 제 자신을 괴롭히며, 의롭지 못하면 상대를 다치게 하고, 의로우면 반대로 근심으로 저를 괴롭히니, 저는 어떻게 여기에서 벗어나면 좋겠습니까? 이 세 가지의 이야기가 제가 걱정하는 문제입니다. 경상초 선생님을 인연으로 하여 여쭙고자 합니다."

노자가 말하였다.

"아까 나는 그대의 눈썹 사이를 보고서 당신의 문제를 파악했는데, 지금 다시 그대가 하는 말을 보니 확신이 되었소. 당신의 정신없는 모습은 마치 부모를 잃은 뒤에야 장대를 들고서 캄캄한 바다 속을 확인하려는 듯하오. 그대는 본성을 잃은 사람으로 멍한 상태이니, 그대는 그대의 성정을 회복하고자 하지만 들어갈 방법이 없으니, 안타까운 일이오."

[우리가 살아가면서 가장 중요한 것은 우리의 본성을 지키고 살아가는 것이다. 본성이란 나의 성정의 자연스러움이다. 이를 위해서는 인위적인 것을 버려야 할 필요가 있다. 그러한 것들이 우리의 성정을 괴롭히고 본성을 잃게 만든다.]

南榮趎請入就舍 召其所好 去其所惡 十日自愁.

復見老子。老子曰 汝自洒濯 熟哉鬱鬱乎 然而其中津津乎猶有惡也。夫外韄者不可繁而捉 將內揵 內韄者不可繆而捉 將外揵。外內韄者 道德不能持 而況放道而行者乎?

南榮趎曰 里人有病 里人問之 病者能言其病 病者猶未病也。若趎之聞大道 譬猶飮藥以加病也 趎願聞衛生之經而已矣。

老子曰 衛生之經 能抱一乎 能勿失乎 能無卜筮而知吉凶乎 能止乎 能已乎 能舍諸人而求諸己乎 能翛然乎 能侗然乎 能兒子乎 兒子終日嗥而嗌不嗄 和之至也 終日握而手不掜 共其德也 終日視而目不瞚 偏

不在外也。行不知所之 居不知所爲 與物委蛇而同其波。是衞生之經已。

南榮趎曰 然則是至人之德已乎?

曰 非也。是乃所謂冰解凍釋者 能乎 夫至人者 相與交食乎地而交樂乎天 不以人物利害相攖 不相與爲怪 不相與爲謀 不相與爲事 翛然而往 侗然而來。是謂衞生之經已。

曰 然則是至乎?

曰 未也。吾固告汝曰 能兒子乎 兒子動不知所爲 行不知所之 身若槁木之枝而心若死灰。若是者 禍亦不至 福亦不來。禍福無有 惡有人災也

남영주는 간청하여 학사에 들어가 머물렀다. 그가 좋아하는 것을 추구하고, 그가 싫어하는 것을 버리면서, 10일 동안 스스로 고민한 뒤에 다시 노자를 뵈었다.

노자가 말하였다.

"자네는 스스로를 씻어 내어 상당히 좋아졌구나, 그러나 그 마음 안에는 여전히 나쁜 것이 남아 있네. 밖으로 얽매인 자는 마음이 번거로워 붙잡을 수가 없으니 안에서 닫을 것이고, 안으로 얽매인 자는 생각이 뒤엉키어 억제할 수 없으니, 밖에서 닫을 것이다. 이렇듯 안팎으로 얽매인 자는 도덕을 지닐 수 없는데, 하물며 도를 따라 행동할 수 있겠는가."

남영주가 말하였다.

"마을 사람이 병이 났는데, 다른 사람들이 문병을 가니 병이 난 자가 자기의 병세를 말할 수 있었습니다. 그렇게 병을 병으로 여기는 자는 아직 병이 심한 것이 아닙니다. 예를 들어 제가 대도에 대하여 들은 것을 비유하자면 약을 먹고 오히려 병이 더해진 것과 같습니다. 저는 삶을 지키는 이치를 듣고 싶을 뿐입니다."

노자가 말하였다.

"위생의 이치는 능히 하나를 끌어안고, 능히 잃지 않는 것이다. 점을 치지 않아도 길흉을 알 수 있고, 능히 멈출 줄을 알고, 능히 그만둘 수 있으리라. 남에게서 찾지 않고 자기에게서 구할 수 있으며, 느긋하고 거리낌이 없어, 능히 어린아이 같을 수 있으리라. 아이는 종일토록 울어도 목이 쉬지 않으니 부드러움의 지극함이며, 종일토록 주먹을 쥐고 있어도 손이 저리지 않으니 본성의 덕이며, 종일토록 보면서도 눈을 깜박이지 않으니 외물에 치우쳐 있지 않기 때문이다. 가면서도 갈 곳을 알지 못하고, 머물면서도 할 바를 알지 못하며, 만물과 더불어 어울리며 물결치는 대로 함께 흘러가니, 이것이 곧 위생의 이치로다."

남영주가 말하였다.

"그렇다면 이것이 지인의 덕입니까?"

노자가 말하였다.

"아니다. 이것은 바로 얼음이 풀어져 언 것이 녹는 정도를 말하는 것이니, 능히 할 수 있는 일이다. 지인이란 자는 사람과 더불어 땅에서 먹고 살며 함께 자연을 즐긴다. 사람이나 사물, 이익이나 손해로 얽매이지 않고, 상대와 더불어 기이한 일을 하지도 않으며, 어떤 모략도 하지 않고, 어떤 일을 꾸미지도 않는다. 느긋하게 갔다가 거리낌 없이 돌아오니, 이것을 일러 위생의 이치라고 한다."

남영주가 말하였다.

"그렇다면 이것이 지극한 것입니까?"

노자가 말하였다.

"아직은 아니다. 내가 이미 그대에게 어린아이 같을 수 있어야 한다고 했다. 어린아이는 움직이면서도 무엇을 해야 할지 알지 못하여, 가면서도 가는 곳을 알지 못한 채, 몸은 마른 나뭇가지와 같고, 마음은 불 꺼진 식은 재와 같다. 이와 같은 사람에게는 화도 이르지 않고, 복도 오지 않는다. 화와 복이 있지 않으니, 어디에 사람의 재앙이 있겠는가?"

[어린아이는 삶을 즐긴다. 진정한 자유를 누린다. 도를 터득한 지극한 사람 또한 어린아이와 같은 삶을 산다. 고민과 걱정이 없다. 삶을 즐길 뿐이다. 자기 자신을 버리고 자연의 원리에 따라 생활할 뿐이다. 자신이 강할수록 삶은 힘들어질 수밖에 없다.]

宇泰定者 發乎天光。發乎天光者 人見其人 [物見其物。]人有脩者 乃今有恆 有恆者 人舍之 天助之。人之所舍 謂之天民 天之所助 謂之天子。

學者 學其所不能學也 行者 行其所不能行也 辯者 辯其所不能辯也。知止乎其所不能知 至矣 若有不即是者 天鈞敗之。

마음이 태연하게 안정되어 있는 사람은 타고난 빛을 발한다. 타고난 빛을 발하는 사람은 사람으로서의 인성(人性)을 드러내고, 사물로서의 물성(物性)을 드러낸다. 사람은 닦여야지만 한결같음에 이르게 된다. 한결같음에 이르면 사람들이 모이고 하늘이 돕는다. 사람들이 모여드는 이를 하늘의 백성이라 일컬으며, 하늘이 돕는 이를 하늘의 아들이라고 일컫는다.

학자는 배울 수 없는 것을 배우려고 하고, 행자는 갈 수 없는 곳을 가려고 하며, 변자는 자신이 변론할 수 없는 것을 변론하려 한다. 앎이 알지 못하는 곳에서 멈춘다면 그것이 지극한 앎이다. 만일 이것을 따르지 않는다면, 자연의 균형은 깨지게 된다.

[자신의 본성을 지키는 사람은 인성이 드러날 수밖에 없다. 마음이 안정되고 편안한 사람이 본성을 지키는 사람이다.]

備物以將形 藏不虞以生心 敬中以達彼 若是而萬惡至者 皆天也 而非人也 不足以滑成 不可內於靈臺。

靈臺者有持 而不知其所持 而不可持者也。不見其誠己而發 每發而不當 業入而不舍 每更爲失。

爲不善乎顯明之中者 人得而誅之 爲不善乎幽閒之中者 鬼得而誅之。明乎人、明乎鬼者 然後能獨行。

券內者 行乎無名 券外者 志乎期費。行乎無名者 唯庸有光 志乎期費者 唯賈人也。人見其跂 猶之魁然。

與物窮者 物入焉 與物且者 其身之不能容 焉能容人 不能容人者無親.

無親者盡人。兵莫憯於志 鏌鎁爲下 寇莫大於陰陽 無所逃於天地之間。非陰陽賊之 心則使之也。

물질을 갖추어서 형체를 기르고, 염려하지 않는 태도로 마음을 살리며, 공경하는 마음으로 상대에게 이를 수 있어야 한다. 이와 같은 데도 온갖 재난이 이르게 되는 것은, 모두가 하늘에 달린 것이고 사람에 의한 것이 아니니, 그런 것으로 안정된 마음을 어지럽힐 것이 못 되며, 마음의 영역에 들여서는 안 된다. 마음의 영역이라는 것은 지키는 것이 있는데, 그것이 지키는 바를 알지 못하면 지킬 수 없는 것이다. 자기에게서 참됨을 보지 않고 움직인다면, 매번 움직일 때마다 합당하지 못하고, 일이 들어와도 머물지 못하여 매번 갈수록 잃게 된다. 드러난 곳에서 불선을 위한다면 사람들이 그를 벌줄 수 있고, 어두운 곳에서 불선을 위한다면 귀신이 그를 벌줄 수 있다. 사람에게도 떳떳하고, 귀신에게도 떳떳한 사람이어야, 그런 뒤에 홀로 나아갈 수 있다.

내면을 힘쓰는 자는 알려지기를 바라지 않고 행하며, 외면을 힘쓰는 자는 재물을 모으는 데에 뜻을 둔다. 이름을 바라지 않고 행하는 자는 항상 빛이 나고, 재물을 모으는 데에 뜻을 두는 자는 그저 장사치에 지나지 않으니, 남들은 그가 돋보이려 발돋움하고 있음을 알고 있는데도 오히려 우뚝하다고 여긴다. 만물과 영원토록 함께한다면 만물도 그를 받아들이지만, 만물과 필요할 때만 함께한다면, 그 자신조차 용납하지 못하니 어떻게 남을 용납할 수 있겠는가! 남을 용납하지 못하면 친한 사람이 없으니, 친한 사람이 없으면 사람의 관계가 단절된다. 병기 가운데 뜻을 꺾는 것보다 참혹한 것이 없으니 명검인 막야鏌鋣도 그 아래가 되고, 해를 끼치는 것 가운데 음양의 기운보다 큰 것이 없으니 천지 사이에서 도망칠 곳이 없기 때문이다. 음양 자체는 해치는 것이 아니지만, 사람의 마음이 바로 그렇게 하는 것이다.

[재난은 하늘에 달린 것이다. 우리의 영역이 아니다. 그러한 것으로 인해 우리의 삶이 흔들려서는 안된다. 그것이 자연의 이치일 뿐이다. 살아가다 보면 생각지 않은 커다란 힘든 일들이 오지만 그러한 것에도 초월해야 한다. 또한 우리 주위에 일어나는 일들에도 연연하지 않고 넘어서야 한다. 그것이 곧 삶의 자유를 얻을 수 있는 길이다.]

道通 其分也。其成也毁也。所惡乎分者 其分也以備 所以惡乎備者 其有以備。

故出而不反 見其鬼 出而得 是謂得死。滅而有實 鬼之一也。以有形者象無形者而定矣.

出無本 入無竅 有實而無乎處 有長而無乎本剽 有所出而無竅者有實。有實而無乎處者 宇也 有長而無本剽者 宙也。

有乎生 有乎死 有乎出 有乎入。入出而無見其形 是謂天門。天門者 無有也。萬物出乎無有。有不能以有爲有 必出乎無有 而無有一無有。聖人藏乎是。

도는 공통적이라서 나누어지면 이루어짐이고 이루어짐은 훼손되는 것이다. 나누어짐을 싫어하는 것은 나누어지므로 갖추어짐을 원하기 때문이고, 갖추어짐을 싫어하는 것은 그가 더 갖추어지기를 원하기 때문이다. 그러므로 밖으로만 나가서 돌아오지 않으면 귀신을 보게 될 것이니, 나가서 얻은 것은 죽음을 얻었다고 하는 것이다. 소멸되었음에도 존재가 남는 것은 그저 귀신과 매한가지일 뿐이다. 형체를 가진 존재로서 형체가 없는 것을 본받을 때에야 안정을 이룬다.

태어남에 근본이 없고, 들어감에 구멍이 없다. 실상은 있지만 정해진 곳이 없고, 장성하나 처음과 끝이 없다. 태어남은 있지만 구멍이 없는 것이 존재가 있음이고, 존재는 있지만 정해진 곳이 없는 것이 우(宇)이고, 장성하나 처음과 끝이 없는 것이 주(宙)이니, 생성이 있고 사멸이 있으며, 태어남이 있고 들어감이 있다. 들어가고 나오는 데에 그 형체를 볼 수 없는 것을 '천문(天門)'이라고 한다. 하늘의 문이란 것은 아무런 있음이 없는 것이니, 만물은 이 무유(無有)에서 생겨나고 유(有)는 유로부터 있게 할 수 없다. 반드시 무유에서 생겨나고 무유는 한결같이 아무런 있음이 없는 것이니 성인은 이것을 간직하는 것이다.

[도는 어디에 있고 언제 존재하는 것일까? 도는 공간과 시간을 초월한다. 자연 전체에 해당되기 때문이다. 모든 것은 이 도로 인해 생겨나고 사라진다. 삶과 죽음도 이 도에 의함이다. 그러기에 우리가 이 도를 따라야 하는 것이다.]

古之人 其知有所至矣。惡乎至 有以爲未始有物者 至矣 盡矣. 弗可以加矣.

其次以爲有物矣 將以生爲喪也 以死爲反也 是以分已。

其次曰始無有 既而有生 生俄而死 以無有爲首 以生爲體 以死爲尻 孰知有無死生之一守者 吾與之爲友。

是三者 雖異 公族也 昭景也 著戴也 甲氏也 著封也 非一也。

有生 黬也 披然曰移是。嘗言移是 非所言也。雖然 不可知者也。臘者之有膍胲 可散而不可散也 觀室者周於寢廟 又適其偃焉 爲是擧移是。

請常言移是。是以生爲本 以知爲師 因以乘是非。果有名實 因以己爲質。使人以爲己節 因以死償節。

若然者 以用爲知 以不用爲愚 以徹爲名 以窮爲辱。移是 今之人也 是蜩與學鳩同於同也。

옛사람은, 그 지혜가 지극한 바가 있었다. 어느 정도나 지극했는가? 애당초 사물이 없었다고 생각한 사람이 있었으니, 지극하고 극진하여, 더할 수가 없었다. 그 다음으로는 사물이 있다고 여기지만, 삶을 잃어버리는 것이라 여기고, 죽음을 돌아가는 것이라 여겼으니, 이것은 이미 삶과 죽음을 구분한 것이다. 그 다음 사람은 말했다.

"처음에는 아무 것도 있지 않았지만, 얼마 뒤에 삶이 있게 되었고, 삶도 곧 죽게 된다. 이는 무유를 머리로 삼고, 삶을 몸으로 삼으며, 죽음을 꼬리로 삼았으니, 어느 누가 있음과 없음이나 죽음과 삶이 하나임을 알아서 지킬 수 있을까? 나는 그런 사람과 벗이 되리라."

이 세 사람은 비록 차이가 나지만 같은 부류라 할 수 있다. 초나라의 같은 왕족인 소씨(昭氏)와 경씨(景氏)는 직책에서 드러났고, 갑씨(甲氏)는 봉해진 땅에서 드러났으니, 성씨만 한 가지가 아닌 것과 같다.

삶이란 솥바닥 밑에 붙은 그을음처럼 바람이 불면 흩어지듯이, 옳다는 것 역시 이내 옮겨가는 것과 같다. 이것에 대해 말해 보려 해도 언어로 표현하기는 어렵다. 비록 그렇지만 몰라서도 안 된다. 연말에 지내는 대제에는 소의 천엽과 발톱까지 갖추는데, 먹지도 못하는 것들이라 떼어내도 괜찮지만 떼어내 버리면 안 되는 것이다. 집을 구경하는 자는 침실과 사당을 둘러보고, 다시 변소에도 가보아야 집을 온전히 본다. 이 때문에 옮겨가는 것에 대해 거론하는 것이다.

옳다는 것이 옮겨간다는 것에 대해 말을 해보자면, 이것은 삶을 근본으로 삼고 앎을 스승으로 받드니 이 때문에 옳고 그름을 따지게 되는 것이다. 그 결과 이름과 실상이 있게 되는데, 그 때문에 자신을 실질로 여겨 남들로 하여금 자신의 절개를 따르게 하며 그 때문에 절개를 위해 목숨을 바친다. 그런 자는 쓸모 있음을 지혜로 여기고 쓸모없음을 어리석음으로 여기며, 세상에 통하는 것을 명예로 여기고 곤궁한 것을 치욕으로 여긴다. 이시(移是)라는 것은, 지금 사람의 모습이다. 이것은 큰 봉황을 비웃었던 매미와 메추라기가 함께 하는 짓과 같은 것이다.

[항상 그 자리에 있는 것이 중요한다. 어떤 것에도 연연하지 않아야 한다. 조그마한 것으로 인해 수시로 마음이 바뀐다면 진정한 삶의 자유를 누리지 못한다. 이리저리 옮겨 다니며 마음이 혼탁한 채 살아가는 것은 삶을 버겁게 만들 뿐이다.]

蹍市人之足 則辭以放鶩 兄則以嫗 大親則已矣。故曰 至禮有不人 至義不物 至知不謀 至仁無親 至信辟金。

徹志之勃 解心之謬 去德之累 達道之塞。

貴富顯嚴名利六者 勃志也。容動色理氣意六者 謬心也。惡欲喜怒哀樂六者 累德也。去就取與知能六者 塞道也。

此四六者 不蕩胸中則正 正則靜 靜則明 明則虛 虛則無爲而無不爲也。

道者 德之欽也 生者 德之光也 性者 生之質也。性之動 謂之爲 爲之僞謂之失。知者 接也 知者 謨也。知者之所不知 猶睨也。動以不得已之謂

德動無非我之謂治 名相反而實相順也。

시장에서 사람의 발을 밟으면 방심한 것을 사과하지만, 형의 경우에는 따뜻한 표정을 지을 뿐이고, 부모 자식 간에는 그것마저 하지 않는다. 그래서 말하기를, '지극한 예절은 나와 남을 구분하지 않음이고, 지극한 의리는 나와 사물을 구별하지 않으며, 지극한 지혜는 무언가를 도모하지 않고, 지극한 인은 특별한 친함이 없으며, 지극한 신뢰는 금옥의 증표를 물리친다.'라고 하는 것이다.

뜻을 어지럽히는 것을 버리고, 마음의 속박을 풀어내며, 덕을 얽어매는 것을 제거하고, 도를 막는 것을 통하게 해야 한다. 존귀와 부유, 드러남과 위엄, 명예와 이익이라는 여섯 가지는 뜻을 어지럽히는 것이고, 용모와 동작, 표정과 논리, 기운과 의지라는 여섯 가지는 마음을 속박하는 것이며, 증오와 욕심, 기쁨과 성냄, 슬픔과 즐거움이라는 여섯 가지는 덕을 얽어매는 것이고, 떠남과 따름, 취함과 수여, 지혜와 능력이라는 여섯 가지는 도를 막는 것이다. 이 네 종류의 각 여섯 가지들이 마음을 동요시키지 않는다면 올바르게 되고, 올바른즉 고요해지며, 고요해지면 밝아지고, 밝아지면 비워지며, 비워지면 위함이 없어도 이루어지지 않는 것이 없다.

도라는 것은 덕이 공경하는 것이고, 생명이라는 것은 덕이 빛나는 것이며, 본성이라는 것은 생명의 바탕이다. 본성의 활동을 행위라고 하니, 행위가 인위적인 것을 잃은 것이라고 한다. 앎이란 접촉에서 생겨서 도모함으로 이루어지는데, 지자가 알지 못하는 것은 곁눈질로 일부만 보고 있기 때문이다. 행동함에 있어 부득이함으로 하게 되는 것을 덕이라 하고, 행동함에 나를 위함이 아닌 것을 다스림이라 하는데, 이 이름은 서로 다르지만 실상은 서로 순응하는 것이다.

[지극한 도는 내 것과 남의 것의 구별조차 초월하는 것이다. 우리는 마음의 혼란을 이기고 안정을 찾아야 한다. 도는 이러한 것을 가능하게 한다. 여기서는 도를 어떻게 얻을 수 있는지 자세하게 설명해 주고 있다. 우리의 삶은 한 번 밖에 주어지지 않는다. 괴롭고 마음이 혼란한 상태에서 언제까지 살아가야 할 것인가? 도를 터득하여 모든 것을 버리고 남아 있는 시간이나마 편안한 마음으로 진정한 자유를 누리며 살아가야 할 것이다.]

羿工乎中微而拙乎使人無己譽 聖人工乎天而拙乎人 夫工乎天而俍乎人者 唯全人能之。唯蟲能蟲 唯蟲能天。全人惡天 惡人之天 而況吾天乎人乎?

一雀適羿 羿必得之 或也。以天下爲之籠 則雀無所逃。

是故湯以胞人籠伊尹 秦穆公以五羊之皮籠百里奚。是故非以其所好籠之而可得者 無有也。

介者拸畫 外非譽也。胥靡登高而不懼 遺死生也。夫復謵不餽而忘人 忘人 因以爲天人矣 故敬之而不喜 侮之而不怒者 唯同乎天和者爲然。

出怒不怒 則怒出於不怒矣 出爲無爲 則爲出於無爲矣 欲靜則平氣 欲神則順心。有爲也。欲當則緣於不得已 不得已之類 聖人之道。

활의 명수 예는 작은 것도 잘 맞추지만, 남들로 하여금 자기를 칭찬하지 않도록 하는 데는 서툴렀다. 성인은 하늘에는 뛰어나지만, 사람에는 서툴다. 하늘에 뛰어나면서 사람에도 능숙한 것은, 오직 완전한 사람만이 할 수 있다. 오직 벌레만이 벌레다울 수 있으니, 오직 벌레만이 천연에 능한 것이다. 완전한 사람도 천연을 싫어하는 경우가 있는데 그것은 인위이 천연을 싫어함이다. 하물며 천연과 인위를 구분하는 우리는 어떻겠는가!

참새 한 마리가 예에게로 향하면, 예는 반드시 이것을 얻으니 이것은 위력이 미치는 것이지만, 천하를 새장으로 삼는다면 참새는 도망칠 곳이 없게 된다. 그렇게 때문에 은나라 탕은 요리사로써 이륜(伊尹)을 새장에 가두었고, 진나라 목공(穆公)은 다섯 장의 양가죽으로 백리해(百里奚)를 새장에 가둘 수 있었다. 이러므로 그가 좋아하는 것으로 새장을 삼지 않고서는 그를 얻을 수 있는 것은 없다.

발꿈치를 잘린 자가 겉치레를 버리는 것은 비난이나 칭찬을 도외시하기 때문이고, 죄수가 높은 곳에 올라가도 두려워하지 않는 것은 죽고 사는 마음을 버렸기 때문이다. 굴복하고 받아들여 보내지 않으면 사람을 잊게 되니, 사람을 잊음으로써 천인이 된다. 그러므로 그를 공경해도 기뻐하지 않고, 모욕해도 성내지 않는 것은, 오직 하늘의 조화와 동화된 자라야 그럴 수 있는 것이다. 성을 낼 경우를 당하여 성내지 않으면, 성내지 않음으로 귀결되고, 행동을 할 때에 하고자 함이 없으면, 행동이 무위로 귀결되고 만다. 고요하고자 하면 기운을 평온히 하고, 신묘하고자 하면 마음을 순응시켜야 하며, 하고자 하는 바가 마땅하고자 하면 부득이 이를 따라야 하니, 부득이함이라는 것들이 성인의 도이다.

[우리는 사람에게서도 자유로워야 한다. 주위 사람에 의해 나의 삶이 어려워진다면 진실된 삶을 사는 것이 아니다. 하늘의 조화에 도동화된 자 즉, 도를 따르는 자는 모든 것에서 자유롭다. 그리고 그는 후에 성인이 될 수 있는 것이다.]

第二十四 徐無鬼

[서무귀는 사람 이름이다. 이 편의 제일 앞에 나오는 것이라 그냥 이 편의 이름을 그렇게 붙였다.]

徐無鬼因女商見魏武侯 武侯勞之曰 先生病矣 苦於山林之勞 故乃肯見於寡人。

徐無鬼曰 我則勞於君 君有何勞於我 君將盈耆欲 長好惡 則性命之情病矣 君將黜耆欲 掔好惡 則耳目病矣。我將勞君 君有何勞於我?

武侯超然不對。少焉 徐無鬼曰 嘗語君 吾相狗也。下之質執飽而止 是狸德也 中之質若視日 上之質若亡其一。

吾相狗 又不若吾相馬也。吾相馬 直者中繩 曲者中鉤 方者中矩 圓者中規 是國馬也 而未若天下馬也。天下馬有成材 若卹若失 若喪其一 若是者 超軼絕塵 不知其所。武侯大悅而笑。

서무귀가 여상의 소개로 위나라 무후를 만났다. 무후가 그를 위로하며 말했다.

"선생께서는 병이 나신 모양입니다. 산림에 은거하는 것이 고되어 과인을 만나러 오신 것이로군요."

서무귀가 말하였다.

"제가 임금님을 위로하고자 하는데 어떻게 임금께서 저를 위로하겠다 만입니까? 임금께서는 욕망을 가득 채우고 좋아하고 싫어함의 감정에 따라 모든 일을 하시려 하기 때문에, 성명지정을 해치고 있습니다. 그렇다고 임금께서 욕망을 물리치고 호오의 감정을 버리신다면, 귀와 눈이 괴로움을 당할 것입니다. 저야말로 임금님을 위로해 드리려 합니다. 임금께서야 뭐 저를 위로하실 게 있으시겠습니까."

무후는 언짢은 듯 대답하지 않았다. 조금 있다가 서무귀가 말했다.

"시험 삼아 제가 개를 살펴본 결과를 이야기 해보겠습니다. 질이 낮은 개는 그저 배가 부를 때까지 찾아 먹는데 집착하니 이는 승냥이의 덕성입니다. 중간의 자질을 가진 개는 해를 바라보는 듯 멀리 바라봅니다. 그리고 질이 높은 개는 스스로를 잊은 것이 언제나 한결 같습니다. 그러나 사실 제가 개를 감정하는 실력은 말을 감정하는 것만 못합니다. 제가 말을 감정하건대, 말 이빨이 먹줄을 댄 듯 곧고, 목덜미는 고리가 휜 것처럼 구부정하고, 머리는 굽은 자를 댄 것처럼 모가 나고, 눈은 그림쇠로 그린 듯 둥근 것이 국마라 할 만합니다. 그렇지만 국마는 천하의 말보다는 못합니다. 천하의 명마는 타고난 재질을 갖추고 있어서 고요하고 그 스스로를 잊은 것이 한결같습니다. 이런 말은 질풍같이 달려도 먼지 하나 일으키지 않고, 어디쯤 가서야 멈추게 될지도 모를 정도입니다."

무후는 크게 기뻐하며 웃는 낯이 되었다.

[우리의 욕망은 우리의 삶을 고달프게 만든다. 주위에 일어나는 일들로 감정이 휩싸이면 우리의 삶이 힘들어진다. 그러한 것에 연연하지 말아야 우리의 삶이 자유로워진다.]

徐無鬼出 女商曰 先生獨何以說吾君乎 吾所以說吾君者 橫說之則以《詩》、《書》、《禮》、《樂》從說則以《金板》、《六弢》奉事而大有功者不可爲數 而吾君未嘗啟齒。今先生何以說吾君 使吾君說若此乎?

徐無鬼曰 吾直告之吾相狗馬耳。

女商曰 若是乎?

曰 子不聞夫越之流人乎? 去國數日 見其所知而喜 去國旬月 見所嘗見於國中者喜 及期年也 見似人者而喜矣 不亦去人滋久 思人滋深乎 夫逃虛空者 藜藋柱乎鼪鼬之逕 踉位其空 聞人足音跫然而喜矣 又況乎昆弟親戚之謦欬其側者乎 久矣夫莫以真人之言謦欬吾君之側乎!

서무귀가 나오자 여상이 물었다.

"선생께서는 대체 무슨 말로 우리 임금을 설득하셨는지요? 제가 임금님을 설득할 때는 횡적으로 시, 서, 예, 악을 사용하고 종적으로는 금판으로 된 육도삼략을 말씀드리고는 합니다. 저는 그렇게 정사에 도움을 주고 공을 세운 일도 많지만, 우리 임금께서 제 말에 대해 이를 드러내고 웃으신 적이 한 번도 없었습니다. 지금 선생께서는 무슨 말로 임금을 설득하셨길래 저리도 기뻐하시는 겁니까?"

서무귀가 말했다.

"나는 그저 임금님께 개와 말을 살핀 결과를 이야기 해드렸을 뿐이요."

여상이 말하였다.

"그것뿐입니까?"

서무귀가 말했다.

"당신은 저 월나라의 유배당한 사람 이야기를 들어 보지 못하셨소? 나라를 떠난 지 며칠 되지 않아서는 그가 전에 알았던 사람을 보고 기뻐했소, 나라를 떠난 지 수십 일이 되자 전에 자기 나라에서 만난 적이 있는 사람을 보고도 기뻐하였소. 일 년이 넘자 자기가 아는 사람과 비슷하게 생긴 사람만 보아도 기뻐했다고 하오. 나라를 떠나 오랜 세월이 흐를수록 사람을 그리는 마음이 깊어지는 법이 아니겠소. 무릇 인적이 드문 텅 빈 고장에 가서 잡초가 우거져 겨우 족제비나 다닐 법한 막다른 길에 쓸쓸히 서성거리고 있게 되면 사람 발자국 소리만 들려도 기뻐하는 법이지요. 그런데 하물며 형제나 친척의 웃음소리가 곁에서 들린다면 어떻겠소? 임금께서는 참된 사람의 말이나 웃음소리를 가까이서 들어본 지 오래되었던 게요."

[무후가 서무귀의 말에 감동을 받은 이유는 오랜만에 진실된 말을 들었기 때문이라도 설명하고 있다.]

徐無鬼見武侯 武侯曰 先生居山林 食芧栗 厭蔥韭 以賓寡人 久矣夫今老邪 其欲干酒肉之味邪? 其寡人亦有社稷之福邪?

徐無鬼曰 無鬼生於貧賤 未嘗敢飮食君之酒肉 將來勞君也。

君曰 何哉 奚勞寡人?

曰 勞君之神與形。

武侯曰 何謂邪?

徐無鬼曰 天地之養也一 登高不可以爲長 居下不可以爲短。君獨爲萬乘之主 以苦一國之民 以養耳目鼻口 夫神者不自許也。夫神者 好和而惡姦 夫姦 病也 故勞之。唯君所病之何也?

武侯曰 欲見先生久矣。吾欲愛民而爲義偃兵 其可乎?

徐無鬼曰 不可。愛民 害民之始也 爲義偃兵 造兵之本也 君自此爲之 則殆不成。凡成美 惡器也 君雖爲仁義 幾且僞哉 形固造形 成固有伐 變固外戰。君亦必無盛鶴列於麗譙之間 無徒驥於錙壇之宮 無藏逆於得 無以巧勝人 無以謀勝人 無以戰勝人。夫殺人之士民 兼人之土地以養吾私與吾神者 其戰不知孰善 勝之惡乎在 君若勿已矣 脩胷中之誠 以應天地之情而勿攖。夫民死已脫矣 君將惡乎用夫偃兵哉?

서무귀가 다시 무후를 찾아뵈니, 무후가 말하였다.

"선생께서는 산속에 살며 도토리와 밤을 먹고 파와 부추를 물리도록 먹으며 나를 찾아오지 않은 지 오래 되었소. 이제 나를 찾아 오셨으니 늙었기 때문인가요? 아니면 술과 고기 맛을 보러 오신 것입니까? 그렇지 않으면 내게 나라를 잘 다스릴 만한 복이 있어서 온 것입니까?"

서무귀가 말했다.

"저는 빈천하게 나서 자랐기에 일찍이 임금님의 술과 고기를 감히 먹고 마시고자 한 적이 없습니다. 다만 임금님을 위로해 드리기 위해서 찾아왔습니다."

그러자 무후가 물었다.

"무슨 소리입니까. 어떻게 과인을 위로하시겠소이까?"

서무귀가 말했다.

"임금님의 정신과 형체를 위로해 드리겠다는 말입니다."

무후가 물었다.

"대체 무슨 말을 하려는 겁니까?"

서무귀가 말했다.

"하늘과 땅이 만물을 길러 주는 것은 누구에게나 똑같습니다. 높은데 올라간다고 해서 길게 해주지 않고 낮은데 있다고 해서 더 짧게 하지 않습니다. 임금께서는 홀로 군주의 자리에 있으면서 한 나라의 백성들을 수고롭게 해 자신의 귀와 눈과 코와 입을 기르고 있습니다. 그러나 정신은 이러한 것을 허락하지 않을 일이옵니다. 무릇 정신이란 조화를 이루는 것을 좋아하고 사사로운 것을 싫어하는 법입니다. 사사롭게 자신만을 생각하신다면 이것은 병이 됩니다. 그래서 그 점을 위로해 드리겠다는 것입니다. 임금께서 병이 들도록 한 것은 무엇 때문이신지요?"

무후가 말했다.

"선생을 만나고자 한 지 참으로 오래되었소. 나는 백성을 사랑하고 의를 위해 전쟁을 그만두려 하는데 어떻겠습니까?"

서무귀가 말했다.

"안 됩니다. 백성을 사랑한다는 것은 백성을 해치는 시초가 되고, 의를 위해 전쟁을 그만두겠다는 것 자체가 전쟁을 일으키는 근본이 되는 것입니다. 임금께서는 이와 같은 생각에서 그런 행위를 하신다면 아마 성공할 수 없을 것입니다. 대저 아름다운 일을 이루겠다는 것부터가 악의 그릇인 것입니다. 임금께서 비록 인의를 위하시지만 그것은 아마 위선이 될 것입니다. 인의라는 형식을 갖추시면 또 다른 거짓 형식이 조성되는 것입니다. 이러한 것을 갖추게 되면 자랑하는 마음이 생기며, 이러한 변화가 밖으로는 싸움을 일으키게 되는 것입니다. 임금께서는 높은 누각 위에서 학을 일렬로 세우는 진을 사열하지 말아야 할 것이며, 제사를 드리는 궁궐 앞에 보병과 기병을 집합시키실 생각도 말아야 할 것입니다. 그리고 덕을 거스르는 마음을 품어서는 안 되며, 기교로 남을 이기려 해서도 안 되며, 모략으로 남을 이기려 해서도 안 되며, 전쟁으로 남을 이기려 해서도 안 됩니다.

다른 나라의 백성을 죽이고 남의 땅을 빼앗아 차지함으로써 자신의 사욕과 정신을 만족시키려 한다면 그 전쟁은 어느 쪽이 선이고 승리가 어디에 있는지 알 수 없게 됩니다. 임금께서는 그런 짓은 마셔야 합니다. 부디 마음속의 정성을 닦음으로써 하늘의 실정에 순응하며 혼란되지 마십시오. 그래야 백성들은 죽음으로부터 벗어날 수 있습니다. 그렇게만 된다면 임금께서 어찌 전쟁을 그만 두시겠다는 생각조차 하실 필요가 있겠습니까?"

[백성을 진정으로 사랑하는 임금은 인위를 취하지 말고 백성들을 본성에 따라 살도록 내버려 두어야 한다. 임금의 의지에 따라 인위를 취할 때 백성들은 더 힘들어 할 뿐이다.]

黃帝將見大隗乎具茨之山 方明爲御 昌寓驂乘 張若謵朋前馬 昆閽

滑稽後車 至於襄城之野 七聖皆迷 無所問塗。適遇牧馬童子 問塗焉 曰若知具茨之山乎?

曰然。

若知大隗之所存乎?

曰然。

黃帝曰 異哉小童 非徒知具茨之山 又知大隗之所存。請問爲天下。

小童曰 夫爲天下者 亦若此而已矣 又奚事焉 予少而自遊於六合之內 予適有瞀病 有長者敎予曰 若乘日之車而遊於襄城之野。今予病少痊 予又且復遊於六合之外。夫爲天下亦若此而已。予又奚事焉?

黃帝曰 夫爲天下者 則誠非吾子之事。雖然 請問爲天下。

小童辭。黃帝又問。小童曰 夫爲天下者 亦奚以異乎牧馬者哉 亦去其害馬者而已矣.

黃帝再拜稽首 稱天師而退。

황제가 대외를 만나고자 하여 구자산을 찾았다. 방명이 수레를 몰고, 창우를 참승으로 삼았으며, 장약과 습봉을 선두로 삼고, 곤혼과 골계를 수레의 후미로 삼았다. 양성의 벌판에 이르렀을 때, 일곱 성자가 모두 길을 잃었는데 길을 물어볼 곳이 없었다.

마침 말을 기르는 동자를 만나니 그에게 길을 물었다.

"너는 구자산을 아느냐?"

동자가 말하였다.

"네."

"너는 대외가 있는 곳을 아느냐?"

"그렇습니다."

황제가 말하였다

"기이하구나. 이 어린아이는 구자산을 알 뿐만 아니라, 또 대외가 있는 곳까지 알고 있다니, 그렇다면 천하를 다스리는 것에 대해서도 물어보자꾸나."

어린 동자가 대답하였다.

"천하를 다스리는 것은 또한 이처럼 말을 먹이는 일과 같을 뿐이니, 다시 무엇을 일삼겠습니까? 저는 어려서부터 스스로 천지사방의 안에서 노닐었는데, 제가 마침 눈이 흐려지는 병에 걸리고 말았습니다. 어떤 어르신께서 저에게 가르쳐 주시기를, '너는 태양의 수레를 타고, 양성의 들에서 노닐거라.' 하는 겁니다. 지금 제 병이 조금 낫는 것 같으니, 저는 다시 천지사방의 밖에서 지내려고 합니다. 무릇 천하를 다스리는 것도 또한 이와 같을 뿐이니, 제가 또 무엇을 일삼겠습니까?"

황제가 말하였다.

"천하를 다스리는 일이 정녕 너의 일은 아니지만, 비록 그렇더라도 천하를 다스리는 것에 대해 물어보자꾸나."

어린 동자가 사양했지만 황제가 거듭 물으니, 어린 동자가 대답하였다.

"천하를 다스리는 일이라 한들 어찌 말을 기르는 것과 다를 수 있겠습니까? 단지 말에 해가 되는 것들을 없애주면 될 뿐입니다."

황제는 두 번이나 절하고 머리를 조아린 뒤에 하늘같은 스승이라 부르고 물러갔다.

[황제와 성인들이 도를 찾아 나섰지만 찾지 못했다. 도중에 아이를 만났는데 오히려 아이가 그들보다 훨씬 도를 잘 알았다. 아이는 인위가 없는 무위의 마음으로 살고 있었기 때문이다.]

知士無思慮之變則不樂 辯士無談說之序則不樂 察士無淩誶之事則不樂 皆囿於物者也。

招世之士興朝 中民之士榮官 筋力之士矜難 勇敢之士奮患 兵革之士樂戰 枯槁之士宿名 法律之士廣治 禮教之士敬容 仁義之士貴際。農夫無草萊之事則不比 商賈無市井之事則不比。庶人有旦暮之業則勸 百工有器械之巧則壯。

錢財不積則貪者憂 權勢不尤則誇者悲。勢物之徒樂變 遭時有所用 不能無爲也。此皆順比於歲 不物於易者也。馳其形性 潛之萬物 終身不反 悲夫!

지식을 지닌 사람은 염려할 변란이 없으면 즐거워하지 않고, 변설에 뛰어난 사람은 이야기할 실마리가 없으면 즐거워하지 않으며, 잘 살피는 사람은 논쟁하여 따질 일이 없으면 즐거워하지 않으니 모두가 외물에 갇힌 자들이다.

세상에서 부름을 받은 사람은 조정에서 입신하고, 백성을 잘 다스리는 사람은 관직에서 영화롭게 되고, 힘이 센 사람은 어려운 일에서 뽐내고, 용감한 사람은 환란을 만났을 때 분발하며, 병법에 뛰어난 사람은 전쟁에서 즐거워하고, 고고한 사람은 명예에 마음을 두며, 법률에 밝은 사람은 다스림을 널리 펴고, 인의를 추구하는 사람은 인간관계를 중시한다.

농부는 풀을 벨 일이 없으면 즐거워하지 않고, 상인은 장사할 일이 없으면 즐거워하지 않으며, 서민들은 아침저녁으로 할 일이 있으면 부지런해지고, 공인들은 정교한 기계가 있으면 열심히 일한다.

돈과 재물이 쌓이지 않으면 탐욕스런 사람은 근심하고, 권세가 커지지 않으면 으스대는 사람은 슬퍼하며, 형세를 좇는 무리들은 변란을 즐긴다. 이와 같은 자들은 때를 만나 자기가 쓰일 일만 있으면 하지 않을 일이 없다. 이들은 모두가 세월에 따라 이끌리며, 사물의 변화에 얽매이는 자들이다. 몸과 마음을 치달리면서 모두 외물에 빠진 채 종신토록 돌아오지 못하니 참으로 슬픈 노릇이다.

[자신의 외부에 존재하는 것에 마음을 두고 살아가면 자신의 본성을 잃을 수밖에 없다. 인위로 가득하기 때문이다. 자연의 본성을 따르지 않고 사람들이 만들어 낸 인위를 따를 때는 항상 근심이 존재할 수밖에 없다.]

莊子曰 射者非前期而中 謂之善射 天下皆羿也 可乎?

惠子曰 可。

莊子曰 天下非有公是也 而各是其所是 天下皆堯也 可乎?

惠子曰 可。

莊子曰 然則儒墨楊秉四 與夫子爲五 果孰是邪 或者若魯遽者邪 其弟子曰 我得夫子之道矣 吾能冬爨鼎而夏造冰矣。魯遽曰 是直以陽召陽 以陰召陰 非吾所謂道也。吾示子乎吾道。於是爲之調瑟 廢一於堂 廢一於室 鼓宮宮動 鼓角角動 音律同矣。夫或改調一弦 於五音無當也 鼓之 二十五弦皆動 未始異於聲 而音之君已。且若是者邪?

惠子曰 今乎儒墨楊秉 且方與我以辯 相拂以辭 相鎮以聲 而未始吾非也 則奚若矣.

莊子曰 齊人蹢子於宋者 其命閽也不以完 其求鈃鍾也以束縛 其求唐子也而未始出域 有遺類矣 夫楚人寄而蹢閽者 夜半於無人之時而與舟人鬪 未始離於岑而足以造於怨也。

장자가 말하였다.

"활을 쏘는 자가 미리 표적을 정하지도 않고 맞혔는데 그를 일러 활을 잘 쏜다고 하면, 천하의 사람들이 모두 예와 같은 활의 명수가 되리니 옳겠는가?"

혜자가 말하였다.

"옳지."

장자가 말하였다.

"천하에는 두루 다 옳음이 있는 것이 아닌데, 각자 자기가 옳다는 것만을 옳다고 한다면, 천하 사람들이 모두 요와 같은 임금이 되리니 옳겠는가?"

혜자가 말하였다.

"옳지."

장자가 말하였다.

"그렇다면 유가, 묵적, 양주, 공손룡 넷의 학파에, 그대까지 합세하여 다섯이 되는데, 과연 누가 옳은가? 혹시 노거와 같은 입장인가? 그의 제자가 말하기를, '저는 선생님의 도를 터득했으니, 저는 겨울에도 불 없이 밥을 짓고, 여름에는 얼음을 만들 수 있게 되었습니다.'라고 했다네. 노거가 말하기를, '이것은 단지 양으로 양기를 부르고, 음으로 음기를 부르는 것이지, 내가 말하는 도가 아니다. 내가 너에게 나의 도를 보여주겠다.'라 하고는, 이에 그를 위해 거문고의 줄을 고르고서, 하나를 대청마루에 놓고 하나를 방에다 놓고는, 한쪽에서 궁음 줄을 뜯으니 다른 쪽에서 궁음 줄이 울리고, 한쪽에서 각음 줄을 뜯으니 다른 쪽에서 각음 줄이 울렸는데 음률이 똑같았다고 하네. 혹시 한 줄의 음조를 다시 조정하여 오음 어디에도 맞는 것이 없게 하고서 줄을 뜯으니, 25개의 줄이 모두 울렸다고 하네. 처음부터 소리로서 다른 것이 아니지만 모든 음을 지배하는 위치에 놓이게 된 거지. 자네도 이와 같은 입장이 아니겠는가?"

혜자가 말했다.

"지금 저 유가와 묵적, 양주와 공손룡 학파들이 한창 나와 더불어 변론을 하는데, 언변으로 상대를 배척하면서 목소리를 높여 상대를 제압하려 하고 애당초 자신을 틀렸다고 여기지 않으니, 어찌 그와 같겠소?"

장자가 말하였다.

“제나라 사람 중에 자식을 절름발이로 만들어 송나라에 보낸 자가 있었다네. 아들의 안전을 위해 불구자로 만들어 문지기를 시키려 한 게지. 또한 그는 소리가 나는 그릇을 구해서는 잘 묶어 보냈다오. 그런 그가 잃은 자식을 찾으려 하면서도, 애당초 사는 지역을 벗어나지도 않았으니, 이는 경우를 잃은 것이라오. 또 초나라 사람으로 남의 집에 머물며 발을 잘린 문지기가 있었다네. 한밤중에 아무도 없을 때 도망쳐서 부둣가의 사공과 싸웠다오. 배가 강 언덕을 떠나기 전이라면, 원한을 사서 위험에 처하기에 족했을 것이오.”

[많은 사람들이 자연의 원리를 따르는 도에는 관심이 없고 쓸데없는 것에만 마음을 빼앗겨 살고 있기에 모두 삶의 자유를 잃어가고 있는 것이다. 이로 인해 마음의 평안을 찾을 수가 없게 된다.]

莊子送葬 過惠子之墓 顧謂從者曰 郢人堊慢其鼻端若蠅翼 使匠人斲之。匠石運斤成風 聽而斲之 盡堊而鼻不傷 郢人立不失容。
宋元君聞之 召匠石曰 嘗試爲寡人爲之。匠石曰 臣則嘗能斲之。雖然臣之質死久矣。自夫子之死也 吾無以爲質矣 吾無與言之矣。

장자가 다른 사람의 장례식을 치르고 오다가 혜자의 묘 옆을 지나게 되자, 따르는 종자를 돌아보면서 말했다.
“초나라 수도인 영 땅에 사는 사람이 코끝에 흰 흙을 마치 파리 날개만큼 얇게 발랐다. 그리고 장석에게 그것을 깎아내게 하자, 장석이 도끼를 휘두르는데 휙휙 바람이 일었지만, 태연히 그 소리를 들으며 다 깎아내었다. 흰 흙을 다 떼어 냈지만 코는 조금도 상하지 않았고, 영 땅의 사람은 선 채로 얼굴빛 하나 변하지 않았다. 송나라 원군이 이 말을 듣고, 장석을 불러서 말하기를, ‘어디 한 번 과인에게도 그것을 해보아라.’라고 하자, 장석이 대답하였다. '제가 전에는 그것을 깎아낼 수 있었습니다. 비록 그러했으나 이제 저의 상대는 죽은 지 오래되었습니다.'라고 했다. 이제 나의 벗 혜자가 죽은 뒤에는 나도 바탕을 삼을 이가 없어졌으니, 나는 함께 얘기할 사람이 없게 되었구나!"

[장자가 자신을 알아준 혜자의 무덤을 지나가다가 혜자를 그리워하는 장면이다.]

管仲有病 桓公問之曰 仲父之病病矣 可不謂云至於大病? 則寡人惡乎屬國而可?

管仲曰 公誰欲與?

公曰 鮑叔牙。

曰 不可。其爲人絜廉善士也 其於不己若者不比之 又一聞人之過 終身不忘。使之治國 上且鉤乎君 下且逆乎民。其得罪於君也 將弗久矣.

公曰 然則孰可

對曰 勿已 則隰朋可。其爲人也 上忘而下畔 愧不若黃帝而哀不己若者。以德分人謂之聖 以財分人謂之賢。以賢臨人 未有得人者也 以賢下人 未有不得人者也。其於國有不聞也 其於家有不見也。勿已 則隰朋可。

관중이 병이 들자, 환공이 그를 문병하고 말했다.

"중부의 병이 심하게 되어 가히 피할 수가 없다고 하니 큰 병에 이르게 되면, 과인은 누구에게 나라를 부탁해야 좋겠소?"

관중이 말하였다.

"공께서는 누구에게 맡기려 하십니까?"

환공이 말하였다.

"포숙아입니다."

관중이 말하였다.

"안 됩니다. 그는 사람됨이 청렴결백하고 착하기만 한 선비입니다. 그는 자기만 못한 사람과는 어울리지 않을 뿐 아니라 남의 잘못을 알게 되면 평생토록 잊지 않습니다. 그로 하여금 나라를 다스리게 한다면, 위로는 장차 군주를 구속하고 아래로는 장차 백성들을 거스를 것입니다. 그가 군주에게 죄를 짓게 되는 것이 장차 멀지 않아 보입니다."

환공이 말하였다.

"그렇다면 누가 좋겠소?"

관중이 대답했다.

"부득이 말씀드린다면 습붕이 좋습니다. 그는 사람됨이 위로는 군주를 잊어도 아래로는 백성들과 함께하며, 자신이 황제와 같지 못함을 부끄러워하고 자기만 못한 사람들을 불쌍히 여길 줄 압니다. 덕을 남에게 나누어 주는 자를 성인이라 하고 재물을 남에게 나누어 주는 자를 현인이라고 합니다. 스스로를 현인이라 하면서 남에게 군림하여 인심을 얻은 자는 없었고 현인이면서도 사람들에게 자기를 낮추어서 인심을 얻지 못한 자는 없었습니다. 그는 나라의 일에 듣지 않아야 될 것들이 있음을 알고, 집안의 일에 관해 일일이 다 보지는 않습니다. 어쩔 수 없다면 습붕이 좋습니다."

[자신을 내세우지 않는 사람이 나라의 일을 맡아야 백성들이 편안해 질 수 있다는 것을 설명하고 있다. 인위의 정치가 아닐 수 있기 때문이다.]

吳王浮於江 登乎狙之山。衆狙見之 恂然棄而走 逃於深蓁。有一狙焉 委蛇攫 見巧乎王。王射之 敏給搏捷矢。王命相者趨射之 狙執死。

王顧謂其友顏不疑曰 之狙也 伐其巧恃其便以敖予 以至此殛也 戒

之哉 嗟乎 無以汝色驕人哉.
顔不疑歸而師董梧以助其色 去樂辭顯 三年而國人稱之。

오나라 임금이 강에 배를 띄우고 건너가 원숭이들이 많이 사는 산에 올랐다. 여러 원숭이들이 그를 보자 놀라서 모든 걸 버리고 달아나 깊은 숲 속으로 도망쳤다. 그런데 한 마리의 원숭이만이 느긋하게 나뭇가지를 움켜쥐고 열매를 휙 내던지며 왕에게 재주를 과시했다. 그래서 왕이 화살을 쏘니 원숭이는 재빨리 날아오는 화살을 잡아버렸다. 이에 왕이 따르는 신하들에게 명하여 계속해서 활을 쏘게 하니 마침내 원숭이는 잡혀 죽었다.
왕이 동행한 그의 벗인 안불의를 돌아보며 말했다.
"저 원숭이는 자신의 재주를 자랑하며 자신의 날렵함을 믿고서 나에게 잘난 척을 하다가 이렇게 죽게 된 것이니, 이 점을 경계로 삼아야 할 것이네. 아아, 그러니 자네들도 잘난 얼굴을 하고서 남에게 교만하지 말 것이다."
안불의는 돌아와서, 동오를 스승으로 모시며 교만했던 안색을 제거하고, 본인의 안락한 생활을 버리고 높은 지위에서도 물러났다. 그렇게 삼년이 지나자 나라 안의 사람들이 그를 칭송했다.

[자신의 재주를 자랑하려 하다가는 생명마저 위태로울 수 있음을 설명하고 있다. 무위는 고요해야 한다.]

南伯子綦隱幾而坐 仰天而噓。顔成子入見曰 夫子 物之尤也。形固可使若槁骸 心固可使若死灰乎?
曰 吾嘗居山穴之中矣. 當是時也 田禾 覩我 而齊國之衆三賀之。我必先之 彼故知之 我必賣之 彼故鬻之。若我而不有之 彼惡得而知之若

我而不賣之 彼惡得而鬻之 嗟乎 我悲人之自喪者 吾又悲夫悲人者 吾又悲夫悲人之悲者 其後而日遠矣。

남백자기가 책상에 기대앉아 하늘을 우러러보면서 길게 한숨을 내쉬었다. 안성자가 들어와 그 모습을 보고 말했다.

"스승님께서는 인물 중에서도 뛰어난 분이신데, 형체를 마른 나무와 같게 하고 마음을 식은 재와 같게 할 수 있으신지요?"

남백자기가 말하였다.

"내가 일찍이 산속 동굴에서 지낸 적이 있었는데, 그 때에 제나라의 임금인 전화가 한 번 나를 찾았더니 제나라 백성들이 그를 세 번이나 칭찬했다고 한다. 그때는 내가 명성을 얻는 데에 앞섰기 때문에 그가 그것을 알았으며, 내가 틀림없이 이름을 팔려고 했으니 그가 그것을 사서 되판 것이다. 만약 내 쪽에서 그것을 갖고 있지 않았다면 그가 어떻게 그것을 알 수 있었으며, 만약 내 쪽에서 그것을 팔지 않았다면 그가 어떻게 그것을 살 수 있었겠는가? 아아! 나는 사람들이 자기를 잃는 것을 슬퍼하며 나는 또 남을 슬퍼하는 자를 슬퍼하며 나는 또 남을 슬퍼하는 자의 슬픔을 슬퍼하니, 그런 뒤에야 날로 멀어지는 것이다."

[명성을 얻으려 함이란 인위를 말함이다. 이는 참된 삶의 길이 아니다.]

仲尼之楚 楚王觴之。孫叔敖執爵而立 市南宜僚受酒而祭
曰 古之人乎 於此言已。

曰 丘也聞不言之言矣 未之嘗言 於此乎言之。市南宜僚弄丸而兩家之難解 孫叔敖甘寢秉羽而郢人投兵。丘願有喙三尺。

彼之謂不道之道 此之謂不言之辯 故德總乎道之所一。而言休乎知之所不知 至矣。道之所一者 德不能同也 知之所不能知者 辯不能擧也

名若儒墨而凶矣。

故海不辭東流 大之至也 聖人幷包天地 澤及天下 而不知其誰氏。是故生無爵 死無謚 實不聚 名不立 此之謂大人。

狗不以善吠爲良 人不以善言爲賢 而況爲大乎 夫爲大不足以爲大 而況爲德乎 夫大備矣 莫若天地 然奚求焉 而大備矣。知大備者 無求 無失 無棄 不以物易己也。反己而不窮 循古而不摩 大人之誠。

중니가 초나라에 가니, 초나라 왕이 주연을 베풀었다. 손숙오는 술잔을 잡고 서 있고, 시남의료는 술을 받아 제사를 올리며 말했다.

"옛사람들은 이러한 때에 한 말씀 올렸다지요?"

공자가 말하였다.

"저는 말로 표현하지 않는 말이야 말로 참다운 말이라 들었기에, 아직껏 그것을 말해 본 적이 없으나 이제 한 말씀 올리겠습니다. 시남의료께서는 구슬놀이를 하여 백공과 자서 두 집안의 싸움을 화해시켰고, 손숙오께서는 깃으로 만든 부채를 손에 쥐고 단잠을 자면서 영땅의 사람들이 무기를 버리도록 하였습니다. 저는 석 자나 되는 말을 하게 되었는데 앞의 경우를 일러 말하지 않는 도라 하고, 후의 경우를 일러 말하지 않는 변론이라고 합니다.

그러므로 덕이란 도라는 하나인 것에 모이고, 말이 지식으로 알지 못하는 곳에서 그치면 지극하게 됩니다. 도라는 하나인 것에 덕은 똑같을 수 없으며, 지식으로 알지 못하는 것에 변론으로 설명할 수 없으니, 이를 밝히려고 유가나 묵가의 명분을 내세우는 것은 흉한 것입니다. 그러므로 바다는 동쪽으로 흘러드는 모든 강물을 사양하지 않으니 크기의 지극함을 이루고, 성인은 천지를 모두 포용하여 은택이 만민에게 미치지만 사람들은 누가 했는지 모릅니다. 이 때문에 살아서는 벼슬이 없고 죽어서는 시호가 없으며, 재물을 모으지 않고 명성을 이루지 않으니, 이런 사람을 대인이라고 부릅니다.

개가 잘 짖는다고 좋은 개가 되는 것은 아니듯이 사람이 말을 잘한다고 현명한 사람이 되는 것은 아니니, 하물며 위대함에 있어서 스스로 위대하다고 하는 것은 부족하지 않겠습니까? 하물며 덕을 내세우는 경우는 어떻겠습니까? 무릇 위대함을 갖추고 있는 것으로는 하늘과 땅만 한 것이 없는데, 무엇을 추구해서 갖추어진 것이겠습니까? 크게 갖추어짐을 아는 자는 구하는 바가 없고, 잃은 바도 없으며, 버리는 바가 없고, 외물로 말미암아 자기를 바꾸지도 않습니다. 자기로 돌아가 막히는 일이 없이 옛 것을 따르면서 꾸미지 않는 것이 대인의 참됨입니다.

[도는 말로 표현함을 넘어선다. 우리가 현재 알고 있는 지식의 한계를 넘어서야 한다. 말이 의미하는 바가 바로 이를 말한다.]

子綦有八子 陳諸前 召九方歅曰 爲我相吾子 孰爲祥?

九方歅曰 梱也爲祥。

子綦瞿然喜曰 奚若?

曰 梱也將與國君同食以終其身。

子綦索然出涕曰 吾子何爲以至於是極也?

九方歅曰 夫與國君同食 澤及三族 而況父母乎 今夫子聞之而泣 是禦福也。子則祥矣 父則不祥。

子綦曰 歅 汝何足以識之。而梱祥邪 盡於酒肉 入於鼻口矣 而何足以知其所自來 吾未嘗爲牧而牂生於奧 未嘗好田而鶉生於宎 若勿怪 何邪?

吾所與吾子遊者 遊於天地。吾與之邀樂於天 吾與之邀食於地 吾不與之爲事 不與之爲謀 不與之爲怪 吾與之乘天地之誠而不以物與之相攖 吾與之一委蛇而不與之爲事所宜。今也然有世俗之償焉 凡有怪徵

者 必有怪行 殆乎。非我與吾子之罪 幾天與之也 吾是以泣也。

無幾何而使梱之於燕 盜得之於道 全而鬻之則難 不若刖之則易。於是乎刖而鬻之於齊 適當渠公之街 然身食肉而終。

자기에게 여덟 명의 아들이 있었는데, 그들을 앞에 앉혀 놓고는 관상가인 구방인을 불러 말했다.

"나를 위해 우리 아들들의 관상을 봐주시오. 누가 길상이지요?"

구방인이 말하였다.

"곤이 길상입니다."

자기가 놀라 기뻐하면서 말했다.

"어디가 그러한가?"

구방인이 말하였다.

"곤은 장차 임금님과 함께 음식을 먹으면서 일생을 마치게 될 것입니다."

자기는 갑자기 눈물을 흘리면서 말하였다.

"우리 아들이 어찌하여 이런 심한 지경에 이르게 되는가?"

구방인이 말하였다.

"나라의 임금님과 함께 음식을 먹는다면 그 혜택이 삼족에까지 미치는데, 하물며 부모의 경우 어떻겠습니까? 지금 선생님께서는 이 말을 듣고 눈물을 흘리고 계시니, 이는 복을 저버리는 것입니다. 아들은 길상인데, 아버지는 상서롭지 못합니다."

자기가 말하였다.

"인이여, 자네가 어찌 알겠소! 곤이 길상인 것이 그저 술과 고기가 입에 들어가는 데에 그칠 뿐인데, 어찌 그것들이 유래하는 바를 알 수 있겠소. 내가 일찍이 목축을 한 적이 없는데 암양이 집에서 나타나고, 일찍이 사냥을 좋아한 적이 없는데 방안에서 메추라기가 나오는 것과 같은 얘기인데 당신은 이상하게 여기지 않으니 어찌된 일인가?

내가 내 자식들과 함께 노닐고자 하는 것은 하늘과 땅에서 노니는 것이오. 나는 그들과 함께 하늘을 따라 즐기고, 나는 그들과 함께 땅에 순응하며 먹고 살려는 것이지요. 나는 그들과 함께 인위적으로 일을 추구하지 않고, 무언가를 도모하지 않고 그들과 함께 괴상한 것을 하지 않으려고 한다오. 나는 그들과 함께 천지의 참됨을 타고서 바깥 사물로 인해 번거롭지 않게 하려는 것이오. 나는 그들과 함께 한결같이 유유자적하여 일의 마땅함을 따지며 마음을 쓰지 않으려는 것이오. 그런데 지금 세속의 보상을 얻게 되어 있으니, 무릇 괴상한 징조가 있는 것은 반드시 괴상한 행위가 있기 때문인데 이것은 나와 내 자식의 죄가 아닐 것이고, 아무래도 하늘이 내리는 것일 게요. 내가 이 때문에 눈물을 흘리는 것이오."

얼마 지나지 않아 곤을 연나라에 보내게 되었는데 도적들이 가는 도중에 그를 붙잡았다. 도적들은 몸이 온전한 채로는 도망칠 우려가 있어 팔기 어렵고 발을 잘라 파는 게 쉽다고 여겼다. 이에 발을 잘라서 그를 제나라에 팔았는데, 마침 거공의 문지기가 되어 종신토록 고기를 먹으면서 일생을 마쳤다.

[육체의 욕망이 삶의 전부가 아니다. 우리의 육체적 욕망은 끝이 없다. 그 욕망을 이루었다고 하더라도 잘 사는 것은 아니다.]

齧缺遇許由 曰 子將奚之?

曰 將逃堯。

曰 奚謂邪?

曰 夫堯 畜畜然仁 吾恐其爲天下笑。後世其人與人相食與 夫民 不難聚也 愛之則親 利之則至 譽之則勸 致其所惡則散。愛利出乎仁義 捐

仁義者寡 利仁義者衆。夫仁義之行 唯且無誠 且假乎禽貪者器。是以一人之斷制利天下 譬之猶一覕也。夫堯知賢人之利天下也 而不知其賊天下也 夫唯外乎賢者知之矣。

설결이 허유를 만나서 물었다.

"자네는 장차 어디를 가려는가?"

허유가 말하였다.

"요임금을 피해 가는 길입니다."

설결이 말하였다.

"무슨 까닭인가?"

허유가 말하였다.

"요임금은 힘써 부지런히 인을 행하니, 나는 그가 하는 일이 천하의 비웃음거리가 될까 두렵습니다. 후세에는 아마도 사람이 사람을 서로 잡아먹게 될 것입니다.

무릇 백성들을 모으기란 어려운 것이 아닙니다. 그들을 사랑해주면 친해지고, 그들을 이롭게 해주면 모여들며, 그들을 칭찬해주면 힘쓰고, 그들이 싫어하는 것을 주면 이내 흩어집니다. 백성을 사랑하고 이롭게 함은 인의에서 나온다고 하여서 인의를 덜어내려는 자는 드물고, 인의를 이롭게 여기는 자는 많습니다.

인의의 행위에는 진실됨이 없고 금수처럼 탐욕스런 자들이 사용하는 도구입니다. 이것은 한 사람의 결단으로 천하 사람들에게 제 멋대로 이익을 주겠다는 것은, 비유하자면 물건을 한 번에 갈라 버리는 것과 같습니다. 요임금은 현명한 사람이 천하를 이롭게 한다고 알고 있지만, 그들이 천하를 해치는 것을 알지 못하고 있습니다. 오직 현명함에서 벗어난 자만이 그것을 압니다."

[인이나 의와 같은 것도 인위에 불과하다. 그러한 인위에 따르는 정치는 한계가 있어 백성들이 편안하지 못하다.]

有暖姝者 有濡需者 有卷婁者。

所謂暖姝者 學一先生之言 則暖暖姝姝而私自說也 自以爲足矣 而未知未始有物也 是以謂暖姝者也。

濡需者 豕蝨是也 擇疏鬣自以爲廣宮大囿 奎蹏曲隈 乳間股腳 自以爲安室利處 不知屠者之一旦鼓臂布草操煙火 而己與豕俱焦也。此以域進 此以域退 此其所謂濡需者也。

卷婁者 舜也。羊肉不慕蟻 蟻慕羊肉 羊肉羶也。舜有羶行 百姓悅之 故三徙成都 至鄧之虛而十有萬家。堯聞舜之賢 擧之童土之地 曰冀得其來之澤。舜擧乎童土之地 年齒長矣 聰明衰矣 而不得休歸 所謂卷婁者也。

是以神人惡衆至 衆至則不比 不比則不利也。故無所甚親 無所甚疏 抱德煬和以順天下 此謂眞人。

於蟻棄知 於魚得計 於羊棄意。以目視目 以耳聽耳 以心復心。若然者 其平也繩 其變也循。古之眞人 以天待人 不以人入天。古之眞人·得之也生 失之也死 得之也死 失之也生。

세상에는 난주에 속하는 사람들과 유수에 속하는 사람들과 권루에 속하는 사람들이 있다. 이른바 난주에 속하는 자는, 한 선생의 말을 배우면 그것을 곧이곧대로 따라 자기의 학설로 삼아 만족하는 사람들이다. 애초에 사물이 있지 않았음을 모르는 자들로 이러한 사람들을 일러 남의 말만 따르는 자들이라고 한다.

유수에 속하는 자는, 돼지 몸에 붙은 이와 같은 존재들로 길게 자란 거친 털을 골라서 스스로 넓은 궁전의 큰 정원이라 생각한다. 발굽 모서리나 사타구니 사이 또는 젖통 사이나 넓적다리 사이를 스스로 안락한 방이나 살기 이로운 장소로 여긴다. 그러나 백정이 어느 때건 팔을 휘둘러 돼지를 잡은 뒤 마른 풀을 깔고 불을 피워 올려놓으면 자신도 돼지와 함께 타 버릴 것도 알지 못한다. 이는 처한 구역에 따라 나아가고 처한 바에 따라 물러나는 것이니 이것이 바로 이른바 안일을 추구하는 자다.

권루에 속하는 자는, 순임금 같은 사람이다. 양고기는 개미를 좋아하지 않지만 개미가 양고기를 좋아해서 모여드는 것은 양고기의 누린내 때문이다. 순임금은 누린내 나는 행위가 있기에 백성들이 그를 좋아했다. 그래서 순은 세 번이나 옮겨 갔는데도 도회지가 이루어져, 등이라는 곳으로 옮겼을 때는 십여만 호가 되었다. 요임금이 순의 훌륭함을 듣고, 그를 등용하여 불모지를 주면서 '그대가 가서 은택을 베풀 수 있기를 바라오.'라고 당부했다. 순은 불모지를 다스리면서 나이가 늙어 귀와 눈도 어두워졌으나 돌아가 쉴 수 없었으니 이른바 궁핍하게 고생하는 자이다.

이 때문에 신인은 군중이 모여드는 것을 싫어한다. 군중이 모여들어도 가까이 지내지 않고, 가까이 지내지 않으니 이로움을 기대하지 않는다. 그러므로 지나치게 친한 사람도 없고 지나치게 소원한 사람도 없으며, 덕을 품고 조화를 길러 천하에 순응하니, 이런 사람을 일러 진인이라고 한다.

개미로서는 양고기를 쫓는 지혜를 버리고, 물고기로서는 넓은 강물에서처럼 서로를 잊으며, 양에게서는 개미를 모여들도록 하는 의도를 버리게 한다. 눈으로는 비치는 것을 그대로 보고, 귀로는 들리는 것을 그대로 들으며, 마음으로는 원래의 마음으로 돌아간다. 이와 같이 한다면, 먹줄을 친 듯이 평평하며, 그 변화는 자연을 그대로 따르게 된다.

옛날의 진인은 자연스러움으로 인간을 대할 뿐 인위적인 것으로 자연에 개입하지 않았다.

[세 종류의 보통 사람들의 삶에 대한 이야기이다. 자연의 원리를 따르는 삶이 아닌 이상 진정한 삶의 자유를 얻기는 힘들다.]

得之也生 失之也死 得之也死 失之也生。藥也其實 堇也 桔梗也 雞也 豕零也 是時爲帝者也 何可勝言?

句踐也以甲楯三千棲於會稽。唯種也能知亡之所以存 唯種也不知其身之所以愁。故曰 鴟目有所適 鶴脛有所節 解之也悲。

故曰 風之過河也有損焉 日之過河也有損焉。請只風與日相與守河 而河以爲未始其攖也 恃源而往者也。故水之守土也審 影之守人也審 物之守物也審。

故目之於明也殆 耳之於聰也殆 心之於殉也殆。凡能其於府也殆 殆之成也不給改。禍之長也茲萃 其反也緣功 其果也待久。而人以爲己寶 不亦悲乎 故有亡國戮民無已 不知問是也。

故足之於地也踐 雖踐 恃其所不蹍而後善博也 人之於知也少 雖少 恃其所不知而後知天之所謂也。知大一 知大陰 知大目 知大均 知大方 知大信 知大定 至矣。大一通之 大陰解之 大目視之 大均緣之 大方體之 大信稽之 大定持之。

盡有天 循有照 冥有樞 始有彼。則其解之也似不解之者 其知之也似不知之也 不知而後知之。其問之也 不可以有崖 而不可以無崖。頡滑有實 古今不代 而不可以虧 則可不謂有大揚搉乎 闔不亦問是已 奚惑然爲 以不惑解惑 復於不惑 是尚大不惑。

옛날의 진인은 자연의 도를 얻었을 때는 살았고 그것을 잃었을 때는 죽었으며, 인위를 얻었을 때는 죽었고, 인위를 잃었을 때는 살았다.

약이라는 것은 오두, 도라지, 가시연, 시령 등이 있지만 때에 따라 최고가 되기도 하니, 어찌 어느 것이 보다 더 중요하다고 말할 수 있겠는가? 월나라 구천은 싸움에서 패하여 군사 3천 명을 이끌고 회계산으로 피신했다. 그 때 오직 월나라 대부인 종만이 지금은 망해도 월나라가 다시 살아남을 것을 알았지만, 종은 그것이 자신에게 불행이 될 줄은 알지 못했다.

그래서 말하기를, '올빼미의 눈은 적절히 보이는 때가 있고, 학의 다리에는 긴 마디가 있어야지 길다고 잘라버리면 슬퍼한다.'고 하는 것이다.

그래서 말하기를, '바람이 불어오면 강물은 줄어듦이 있고, 햇볕도 비춰들면 강물의 줄어듦이 있다. 비록 바람과 햇볕이 함께 강물에 있어도 강물은 그것들이 괴롭힌다고 여기지 않으니, 그것은 끊임없이 흘러드는 근원을 믿고 흘러가기 때문이다"라고 하는 것이다.

본래 물이 흙을 적심에는 빈틈이 없고, 그림자가 사람을 따름에는 빈틈이 없으며, 만물이 서로를 대함에도 빈틈이 없다. 그러므로 눈은 밝게 보려는 데서 위태로워지고, 귀는 밝게 들으려는 데서 위태로워지며, 마음은 지혜를 추구하려는 데서 위태로워진다.

모든 능력이란 쌓아두면 위태로워지니, 위태로움에 이르면 다시 고칠 수 없고, 재앙이 자라나 걷잡을 수 없이 커지게 되면 그것을 되돌리는 많은 공이 들며, 그 결과는 오랜 시간을 기다려야 한다. 그런데도 사람들은 그런 능력을 자신의 보물로 여기니, 또한 슬프지 않은가! 나라를 망치고 백성을 살육하는 일이 그치지 않고 있는 것은, 그 까닭을 물을 줄 모르기 때문이다.

발로 땅을 밟는 면은 아주 좁다. 비록 밟는 곳은 좁지만, 밟지 않는 지면이 넓은 것을 믿고서야 마음대로 잘 걸을 수 있다. 사람이 아는 것은 적지만, 비록 적다 하더라도, 알지 못하는 부분이 훨씬 많다는 것을 믿은 후에야 '하늘이 위하는 바'를 알게 된다.

대일를 알고, 대음을 알며, 대목을 알고, 대균을 알며, 대방을 알고, 대신을 알며, 대정을 알면 지극해 진다. 대일은 통하게 하고, 대음은 풀어주며, 대목은 볼 수 있게 하고, 대균은 순응하게 하며, 대방은 형세를 갖추게 하고, 대신은 의혹을 없애주며, 대정은 지속하게 한다. 이것을 극진히 하면 하늘이 순응하여 비춰줌이 있고 어두운 가운데에 회전추가 작용하니, 만물이 이로서 이루어지게 된다. 그것을 이해한다고 해도 이해하지 못하는 자와 다를 바 없고, 그것에 대해 알고 있다고 해도 알지 못하는 자와 다를 바 없다. 앎이 없는 경지에 이른 뒤에야 그것을 알게 되기 때문이다.

그것을 묻는다는 것은 한계가 있을 수 없고 한계가 없을 수도 없으며, 어지러이 섞여 있으나 실체가 있어 예로부터 지금까지 바뀌지 않고 이지러진 일이 없으니, 큰 헤아림이 있다고 하지 않겠는가! 어찌 이것을 묻지 않고, 어찌하여 그렇게 미혹되어 있는가? 미혹되지 않은 마음으로 미혹을 풀어줌으로써 미혹되지 않은 경지로 돌아가면, 이것이 아마 가장 미혹되지 않은 경지일 것이다.

[사람의 감각이나 인식, 능력에는 한계가 있기 마련이다. 이러한 것이 오히려 불행을 만들 수도 있다. 여기서 설명하는 자연의 원리가 우리가 우리의 한계를 극복할 수 있는 길이라 설명하고 있다.]

第二 十五 則陽

[칙양은 사람 이름이다. 임금을 만난 칙양의 이야기부터 이 장은 시작된다.]

則陽游於楚 夷節言之於王 王未之見 夷節歸。

彭陽見王果曰 夫子何不譚我於王?

王果曰 我不若公閱休。

彭陽曰 公閱休奚爲者邪?

曰 冬則擉鼈於江 夏則休乎山樊。有過而問者 曰 此予宅也。

夫夷節已不能 而況我乎 吾又不若夷節。夫夷節之爲人也 無德而有知 不自許 以之神其交固 顚冥乎富貴之地 非相助以德 相助消也。

夫凍者假衣於春 暍者反冬乎冷風。夫楚王之爲人也 形尊而嚴 其於罪也 無赦如虎 非夫佞人正德 其孰能橈焉?

故聖人 其窮也使家人忘其貧 其達也使王公忘爵祿而化卑。其於物也 與之爲娛矣 其於人也 樂物之通而保己焉 故或不言而飮人以和 與人並立而使人化。父子之宜 彼其乎歸居 而一閒其所施。其於人心者若是其遠也。故曰待公閱休。

칙양이 초나라에 가자, 이절은 왕에게 그에 관한 이야기를 하였다. 그러나 초왕은 그를 만나려 하지 않으니 이절은 돌아가 버렸다. 칙양은 왕과를 보고 말했다.

"선생께서 어찌하여 저를 왕에게 소개해 주시지 않으십니까?"

왕과가 말했다.
"나보다는 공열휴가 나을 것이오."
칙양이 말했다.
"공열휴란 어떠한 분이십니까?"
이에 왕과가 대답했다.

"그는 겨울이면 강에서 자라를 작살로 잡고, 여름이면 산그늘에서 쉬며 지낸다오. 누군가가 지나다 물으니, '여기가 내 집이오.'라고 했다더군. 이절도 하지 못한 것을, 하물며 나 같은 사람이 어찌 하겠나. 또한 나는 이절만 못하오. 무릇 이절의 사람됨은 덕은 없지만 지식은 있어 자신을 엄격히 단속하는지라 그렇게 함으로써 신통하게 사람들과 교제하지만, 부귀를 누리는 자리에 마음이 뒤집히고 눈이 어두워져 있소. 그러니 덕으로서 서로 돕는 것이 아니기에 오히려 서로의 덕을 저버리게 되니, 헐벗은 자가 봄이 되어서야 옷을 빌고, 더위를 먹은 자가 겨울이 되어서야 찬바람을 쐬는 거나 마찬가지라오.

저 초나라 왕의 사람됨은 그 외양이 존엄하고 엄격하여 죄인을 다룰 때 호랑이처럼 용서가 없으니, 말재간 좋은 사람이거나 올바른 덕을 지닌 사람이 아니고서는 그를 누그러뜨릴 수 없소. 그 때문에 성인은 곤궁할 때는 집안 사람들로 하여금 그 가난함을 잊게 만들고, 출세했을 때에는 왕이나 대신들로 하여금 그 작위와 관록을 잊게 해 저절로 겸손하게 만드는 법이오. 그는 외물에 대하여는 그것과 동화되어 즐기고, 사람을 대할 때는 서로 소통하는 것을 즐기면서도 자기를 지킨다오. 그렇기 때문에 말없이 있어도 서로 음미하고 화합하여, 남과 나란히 서 있기만 해도 동화하게 만들어 마치 부자지간의 관계처럼 마땅하게 된다오. 가만히 집에 들어앉아 한가히 있어도 그의 인심은 멀리 떨어져 있는 곳에도 미치므로, 내가 공열휴에게 부탁해야 한다고 말씀드린 것이오."

[사람을 설득시키기 위해서는 그 사람의 마음을 움직여야 한다. 많은 것을 알고 지혜가 있는 사람이라고 해서 다른 사람의 마음을 움직일 수는 없다. 덕이 있는 사람이어야 한다.]

聖人達綢繆 周盡一體矣 而不知其然 性也。復命搖作而以天爲師 人則從而命之也。憂乎知而所行恆無幾時 其有止也若之何?

生而美者 人與之鑑 不告則不知其美於人也。若知之 若不知之 若聞之 若不聞之 其可喜也終無已 人之好之亦無已 性也。聖人之愛人也 人與之名 不告則不知其愛人也。若知之 若不知之 若聞之 若不聞之 其愛人也終無已 人之安之亦無已 性也。

舊國舊都 望之暢然 雖使丘陵草木之緡 入之者十九 猶之暢然。況見見聞聞者也 以十仞之臺縣衆間者也。

성인은 얽히고 설킨 세상을 달관하고 있으며 모든 것과 일체가 되어 있으면서도, 그러한 것을 모르고 있는 것은 그것이 그의 본성이기 때문이다. 명을 회복하여 따르며 하늘을 스승으로 삼고 있을 뿐인데, 사람들이 이를 따름으로서 명이라 이름을 붙인다. 우려스럽도다. 지식은 걱정이 되고 그로 인한 행위는 항구히 갈 수 없고 그치게 되는 것을 어찌할 것인가?

태어나면서부터 아름다운 사람에게 거울을 주면서 알려 주지 않는다면 그 사람의 아름다움을 그는 모른다. 그러나 그가 알건 모르건, 또 그것을 들었건 못 들었건, 그것이 기쁜 일인 것은 부정할 수 없는 사실이며, 사람들이 좋아하는 것 역시도 부정할 수 없다. 그것이 본성이다. 성인은 사람을 사랑하기에 사람들이 이름을 붙여 준 것이로되, 그것을 알려 주지 않으면 남을 사랑한다는 것을 알지 못한다. 그러나 그것을 알든 모르든, 또 그것을 들었든 못 들었든, 그가 사람을 사랑한다는 것은 부정할 수 없는 사실이며, 사람들이 그를 편안하게 여기는 것도 부정할 수 없다. 그것이 본성이다.

고국의 지방은 바라만 보여도 큰 기쁨을 느끼게 된다. 비록 언덕과 초목에 가리어져서 열에 아홉은 가려 조금만 보여도 여전히 마음은 기쁜 것이다. 하물며 옛날 보던 것을 보고, 옛날 듣던 것을 들을 때는 얼마나 큰 기쁨을 느끼겠는가? 열 길이나 되는 높다란 누각이 사람들 사이에 보일 때 어찌 기쁘지 않겠는가?

[우리의 삶에서 가장 중요한 것은 본성이다. 본성은 바로 도에 이르는 길이라 할 수 있다. 우리의 본성에 따라 살아갈 때 삶은 편안하고 평화로울 수 있다. 여기에 우리 삶의 기쁨과 즐거움이 있다.]

冉相氏得其環中以隨成 與物無終無始 無幾無時。日與物化者 一不化者也 闔嘗舍之? 夫師天而不得師天 與物皆殉 其以爲事也若之何? 夫聖人未始有天 未始有人 未始有始 未始有物 與世偕行而不替 所行之備而不洫 其合之也若之何?

湯得其司御門尹登恆爲之傅之 從師而不囿 得其隨成。爲之司其名之名贏法 得其兩見。仲尼之盡慮 爲之傅之。容成氏曰 除日無歲 無內無外。

염상씨는 고리의 중앙을 터득하여 생성 변화를 따르니 만물과 더불어 끝도 없고 시작도 없었으며 시간도 없었고 시간의 흐름도 없었다. 만물과 함께 변화해 가는 것은 일절 변화하지 않는 것과 같다. 어찌하여 그런 경지에 처신해 보려들지 않는가? 하늘을 스승으로 삼는다 하면서도 하늘을 스승으로 삼지 못하여 사물과 함께 희생되고 마니 이렇게 되고자 한다면, 그것을 어찌 하겠는가? 무릇 성인에게는 애초부터 하늘도 없고, 애초부터 사람도 없으며, 애초부터 시작도 없었고, 애초부터 사물도 없었다. 세상과 더불어 행동하면서 거리낌이 없었고, 그의 행동은 갖추어져 있어 넘치는 일도 없었다. 그의 합치됨이 이와 같았으니 어떠했겠는가?

탕임금은 사어이자 문윤인 등항을 스승으로 모셨지만, 스승을 따르기는 하되 얽매이지 않고 형편을 따랐다. 그 때문에 뛰어난 명성을 얻고, 명성을 따를 법도가 무르익어, 명성과 법도 두 가지가 함께 세상에 드러났다. 중니도 그것을 극진히 여겨 결국 그것으로 스승을 삼았던 것이다.

용성씨는 이렇게 말했다.

"하루하루를 덜어내면 세월도 없고, 안이 없으면 바깥도 없다."

[도에 따라 살아갈 때 삶의 원리가 보인다. 이로 인해 주위의 모든 변화를 받아들일 수 있다. 또한 주위에서 어떠한 일이 일어나도 나의 삶은 그로 인해 영향을 받지 않는다. 삶의 자유란 그런 것이다.]

魏瑩與田侯牟約 田侯牟背之 魏瑩怒 將使人刺之。

犀首公孫衍聞而恥之 曰 君爲萬乘之君也 而以匹夫從讎 衍請受甲二十萬 爲君攻之 虜其人民 係其牛馬 使其君內熱發於背。然後拔其國。忌也出走 然後抶其背 折其脊。

季子聞而恥之 曰 築十仞之城 城者既十仞矣 則又壞之 此胥靡之所苦也。今兵不起七年矣 此王之基也。衍亂人 不可聽也。

華子聞而醜之 曰 善言伐齊者 亂人也 善言勿伐者 亦亂人也 謂伐之與不伐亂人也者 又亂人也。

君曰 然則若何?

口 君求其道而已矣

惠子聞之而見戴晉人。戴晉人曰 有所謂蝸者 君知之乎?

曰然。

有國於蝸之左角者曰觸氏 有國於蝸之右角者曰蠻氏。時相與爭地而戰 伏屍數萬 逐北旬有五日而後反。

君曰 噫 其虛言與?

曰 臣請爲君實之。君以意在四方上下有窮乎?

君曰 無窮。

曰 知遊心於無窮 而反在通達之國 若存若亡乎?

君曰 然。

曰 通達之中有魏 於魏中有梁 於梁中有王。王與蠻氏 有辯乎?

君曰 無辯。

客出而君惝然若有亡也。

客出 惠子見。君曰 客 大人也 聖人不足以當之。

惠子曰 夫吹筦也 猶有嗃也 吹劍首者 吷而已矣。堯舜 人之所譽也 道堯舜於戴晉人之前 譬猶一吷也。

위나라의 영이 전후모와 맹약을 맺었는데 전후모가 배반했다. 위나라 영은 분노하여 사람을 시켜 그를 죽이려 했다.

서수 공손연이 그 이야기를 듣고 부끄럽게 여겨 말했다.

“군주께서는 만승의 군주이신데도 필부의 방법으로 원수를 갚고자 하십니다. 청하옵건데 제게 군사 이십만을 내려주시면 임금님을 위해 제나라를 공격하게 하여 주십시오. 그리하면 그 나라 백성들을 사로잡고 그들의 소와 말들을 끌어옴으로써 제나라 군주가 열불이 나서 등창이 터지게 만들겠습니다. 그런 뒤에 그 나라를 송두리째 뽑아버리겠습니다. 제나라 장수 전기를 도망치게 만들고서 그의 등을 내리쳐 척추를 부러뜨려 버리겠습니다.”

계자는 이 이야기를 듣고서 부끄럽게 여겨 말했다.

"열 길 높이의 성을 쌓아놓았을 때, 그 열 길 높이의 성을 다시 허물어 버린다면 이것을 쌓은 일꾼들이 헛고생만 한 결과가 됩니다. 지금 군사를 일으키지 않은지 7년이 되었는데, 이것은 왕좌가 될 수 있는 기반입니다. 공손연은 분란을 일으키는 사람이니 그의 말을 들어서는 안됩니다."

화자가 이 말을 듣고서 추하게 생각하여 말했다.

"제나라를 정벌하자는 얘기를 하는 자는 혼란을 일삼는 사람입니다. 제나라를 정벌하지 말자고 말하는 자도 역시 혼란을 일삼는 사람입니다. 제나라를 정벌하자고 말하는 자와 제나라를 정벌하지 말자고 말하는 자가 혼란을 일삼는 자라고 말하는 저도 역시 혼란을 일삼는 자입니다."

군왕이 말했다.

"그렇다면 어찌해야 한단 말이오?"

화자가 말했다.

"군주께서는 도를 추구하시기만 하면 그 뿐입니다."

혜자가 그 말을 듣고서 대진인을 만나보게 했다. 대진인이 말했다.

"군주께서는 달팽이란 놈을 알고 계십니까?"

군왕이 말했다.

"알고 있지요."

대진인이 말했다.

"달팽이의 왼쪽 뿔에 한 나라가 있었는데 촉씨라 불렀습니다. 달팽이의 오른쪽 뿔에도 한 나라가 있었는데 만씨라고 불렀습니다. 이 두 나라가 땅을 차지하고자 서로 전쟁을 벌였습니다. 쓰러진 시체가 수만 명이나 되었고, 도망치는 자들을 추격했다가 십오일 만에야 되돌아 왔습니다."

군왕이 말했다.

"그 무슨 허황된 이야기입니까?"
대진인이 말했다.
"제가 군주님을 위해 실상을 말씀드리겠습니다. 군주님께서는 사방과 위아래에 한계가 있다고 여기십니까?"
군왕이 말했다.
"그야 무궁하겠지요."
대진인이 말했다.
"마음을 무궁한 경지에서 노닐게 할 줄 안다면 돌이켜서 막힘없이 통한 세상의 한 나라를 볼 때, 있는지 없는지도 모를 존재가 되지 않겠습니까?"
군왕이 말했다.
"그렇겠지요."
대진인이 말했다.
"막힘없이 통한 세상 가운데에는 위나라가 있습니다. 위나라 가운데에 또 양 땅이 있습니다. 양 땅 가운데에 왕이 계십니다. 왕이 만씨와 다른 점이 있다고 생각하십니까?"
군왕이 말했다.
"다를 것이 없겠군요."
객이 나가자, 군왕은 멍하니 자신을 잊고서 있었다. 대진인이 나가고 혜자가 알현하니 군왕이 말했다.
"그 손님은 대단한 사람이었소. 성인이라도 그만은 못할 것입니다."
혜자가 말했다.
"무릇 피리를 불면 높고 큰 소리가 나지만, 칼자루 끝의 구멍을 불면 픽하고 바람이 지나가는 소리만 날 뿐입니다. 요순은 사람들이 칭송하는 사람들입니다. 하지만 요순의 도를 대진인 앞에서 말하는 것은 입으로 내는 바람 소리에 불과할 뿐입니다."

[임금이 나라를 다스릴 때 자신의 감정을 따르지 말아야 한다. 일어나는 모든 일에 초연해야 할 필요가 있다. 마음을 비우고 정치를 하여야 훌륭한 왕이라 할 수 있다. 일어나는 모든 일에 연연하는 하는 것은 옳은 정치가 아니다.]

孔子之楚 舍於蟻丘之漿。其鄰有夫妻臣妾登極者 子路曰 是稯稯何爲者邪?

仲尼曰 是聖人僕也。是自埋於民 自藏於畔。其聲銷 其志無窮 其口雖言 其心未嘗言 方且與世違而心不屑與之俱。是陸沈者也 是其市南宜僚邪

子路請往召之。

孔子曰 已矣 彼知丘之著於己也 知丘之適楚也 以丘爲必使楚王之召己也 彼且以丘爲佞人也。夫若然者 其於佞人也羞聞其言 而況親見其身乎? 而何以爲存?

子路往視之 其室虛矣。

공자가 초나라를 가다가 의구라는 언덕의 여관에 묵었다. 그 때 그 이웃집의 부부와 남녀 하인들이 지붕에 올라가 있었다. 자로가 물었다.

"저기서 웅성거리고 있는 사람은 무엇을 하는 사람일까요?"

중니가 말했다.

"그는 성인으로서 하인노릇을 하고 있는 사람이다. 그는 스스로 백성들 사이에 파묻혀 밭두렁 가에 자신을 맡기고 있어서 그의 명성은 알려져 있지 않지만 그의 뜻은 무궁한 사람이다. 그의 입은 비록 말을 하고 있으나 그의 마음은 말을 한 일이 없다. 그리고 세상과 멀리 떨어져 그의 마음은 세상과 어울리려 하지 않고 있다. 그는 땅속에 잠기어 있듯이 숨어 지내는 사람이다. 그는 아마도 시남의료일 것이다."

자로가 가서 그를 불러오겠다고 청하니 공자가 말했다.

"그만두어라. 그는 내가 자기를 알아보았음을 알았고, 내가 초나라에 간다는 것도 알고 있다. 내가 초나라에 가서 반드시 왕으로 하여금 자기를 부르게 할 것이라고 생각하고 있다. 그는 또 내가 말을 잘하는 사람이라고 생각하고 있다. 무릇 그와 같은 사람은 말 잘하는 사람의 말을 듣는 것조차도 수치라고 생각하고 있다. 하물며 친히 만나는 것은 어떻게 생각하겠느냐? 그런데 어찌 아직도 남아 있겠느냐?"

자로가 가서 보니, 이미 그의 방은 텅 비어 있었다.

[공자가 참된 사람이 어떠한 사람인지에 대해 이야기 하고 있다. 인위적인 것으로 세상을 이해하는 것과 무위의 삶에 대한 대비를 보여주고 있다.]

長梧封人問子牢曰 君爲政焉勿鹵莽 治民焉勿滅裂。昔予爲禾 耕而鹵莽之 則其實亦鹵莽而報予 芸而滅裂之 其實亦滅裂而報予。予來年變齊 深其耕而熟耰之 其禾蘩以滋 予終年厭飧。

莊子聞之曰 今人之治其形 理其心 多有似封人之所謂 遁其天 離其性 滅其情 亡其神 以衆爲。故鹵莽其性者 欲惡之孽 爲性萑葦蒹葭 始萌以扶吾形 尋擢吾性 並潰漏發 不擇所出 漂疽疥癰 內熱溲膏是也。

장오지역의 국경지기가 자뢰에게 말했다.

"군왕이 정치를 함에 거칠게 함부로 해서는 안 되며, 백성을 다스림에 소홀히 아무렇게나 해서는 안 됩니다. 전에 내가 벼를 심어보니, 밭갈이를 거칠게 함부로 하니 벼이삭도 거칠게 열매를 맺어 내게 보답을 했습니다. 김매는 것을 아무렇게나 함부로 하니, 벼이삭도 소홀히 아무렇게

나 내게 보답을 했습니다. 그래서 다음 해에는 생각을 바꾸어 논갈이도 깊게 하고 써레질을 잘했더니, 벼가 잘 자라 많은 이삭을 맺어, 일 년 내내 배불리 먹을 수가 있었습니다."

장자가 이 이야기를 듣고 말했다.

"지금 사람들이 그의 형체를 다스리고, 그의 마음을 추스르는 데 있어 대부분 이 국경지기가 말한 것과 비슷한 방법을 쓰고 있다. 사람들은 하늘로부터 벗어나고, 그의 본성을 떠나 타고난 성정을 잃고, 그의 정신을 망치면서 여러 인위적인 일을 벌인다. 그러므로 그의 본성을 거칠고 함부로 하는 자는 욕망과 증오의 싹이 자라나 그의 성격을 이룬다. 갈대 같은 잡초들이 자라나 처음 움이 틀 때에는 나의 형체에 도움을 줄 듯이 보이지만, 곧 나의 본성을 뽑아버려 몸의 위쪽은 무너지고 아래쪽은 새면서 장소를 가리지 않고 퍼져나간다. 그래서 종기와 부스럼이 생기고, 열병에 걸리고, 소갈병이 생겨나게 되는 것이다."

[인위적인 행위는 사람의 본성을 해칠 뿐이다. 자연의 원리를 따르지 않는 것은 우리의 삶에 해로운 행동임을 설명하고 있다.]

柏矩學於老聃 曰 請之天下遊。

老聃曰 已矣 天下猶是也。

又請之 老聃曰 汝將何始?

曰 始於齊。

至齊 見辜人焉 推而強之 解朝服而幕之 號天而哭之 曰 子乎 子乎 天下有大菑 子獨先離之 曰莫爲盜 莫爲殺人 榮辱立 然後覩所病 貨財聚 然後覩所爭。今立人之所病 聚人之所爭 窮困人之身使無休時 欲無至此 得乎?

古之君人者 以得爲在民 以失爲在己 以正爲在民 以枉爲在己 故一

形有失其形者 退而自責。今則不然 匿爲物而愚不識 大爲難而罪不敢 重爲任而罰不勝 遠其塗而誅不至。民知力竭 則以僞繼之 日出多僞 士民安取不僞 夫力不足則僞 知不足則欺 財不足則盜。盜竊之行 於誰責而可乎?

백구가 노담에게 배우고 있을 때 말했다.

"청컨대 온 천하를 다니며 노닐게 하여 주십시오."

노담이 말했다.

"그만두어라. 천하란 것도 이곳이나 같은 것이다."

또다시 간청하니 노담이 물었다.

"너는 어디서부터 유람을 시작할 생각이냐?"

백구가 말했다.

"제나라에서부터 시작하겠습니다."

백구는 제나라에 이르러 나무에 묶여 처형당한 시체를 보았다. 그를 힘껏 밀어서 올바로 눕히고는 자기의 조복을 벗어 그 시체를 덮어주고 하늘을 우러러 통곡하며 말했다.

"아! 그대여! 천하에는 큰 재난이 많은데 그대가 홀로 먼저 당하였구나. 세상에선 '도둑질을 하지 말라! 살인을 하지 말라!'고 하지만, 영욕을 당한 후에야 그 병폐를 보게 되고 재화를 모으게 된 후에야 다툼이 생기는 것이다. 지금 세상에서는 사람들의 병폐가 될 일들을 내세우고, 사람들을 다투게 하는 것을 모음으로써 사람들의 몸을 쉴 틈도 없이 곤궁하게 만들고 있다. 그러니 그대와 같은 처지를 당하지 않으려 한들 될 수가 있었겠는가?

옛날의 성군들은 이득은 백성들에게 돌리고, 손실은 자기에게로 돌리었다. 또 올바른 것은 백성들에게 있고, 비뚤어진 것은 자기 탓으로 돌리었다. 그러므로 한 사람이라도 형체를 보존하지 못하면 물러나서 스스로를 질책했던 것이다. 그런데 지금은 그렇지 않다. 숨어서 일을 꾸미고는 알지 못하는 자들을 우롱하며, 크게 어려운 일을 하게 하고는 하지 못하는 자들을 벌준다. 과중한 임무를 맡겨 놓고는 감당하지 못하는 자들을 처벌한다. 지나치기 멀리 이념을 제시하고는 이르지 못했다고 처형한다. 그리고 백성들의 능력과 지혜가 다하면 곧 허위의 일을 꾸미게 되는데, 허위적인 일이 많아진다면 백성들이 어찌 허위의 일을 하지 않게 되겠는가? 힘이 부족하면 속이게 되고, 지혜가 부족하게 되면 자신을 놓게 되며, 재물이 부족하게 되면 도둑질을 하게 되는 것이다. 도둑질이 행하여지게 되는 것을 누구에게 책임추궁을 해야 되겠는가?"

[백성들이 도둑질을 하고 이로 인해 사형을 당하는 것은 백성의 책임도 있지만 위정자 또한 그 책임에서 자유로울 수는 없다. 인위의 정치를 하였기 때문에 그러한 일이 벌어질 수 있기 때문이다.]

蘧伯玉行年六十而六十化 未嘗不始於是之而卒詘之以非也 未知今之所謂是之非五十九非也。萬物有乎生而莫見其根 有乎出而莫見其門。人皆尊其知之所知 而莫知恃其知之所不知而後知 可不謂大疑乎 已乎 已乎 且無所逃。此所謂然與 然乎?

거백옥은 나이 육십이 되기까지 육십 번이나 태도를 바꾸었다. 처음에는 옳다고 주장했던 일도 나중에 가서는 잘못되었노라고 굽혔다. 지금 옳다고 하는 것도 지난 59년 동안 잘못되었다고 한 일과 마찬가지의 것이 될 일이 아닌지 알 수 없다. 만물은 생겨나고 있지만 그 근원을 볼 수는 없다. 만물은 사멸하고 있지만 그 출구는 볼 수가 없다. 사람들은 모두 자신의 지식으로 알고 있는 사실을 존중하지만, 지식에 의지함을 그만둔 후에야 지혜로워짐을 알지 못한다. 그러니 크게 미혹되어 있다고 하지 않을 수 있겠는가? 그만둘지어다! 나 또한 그러한 바에서 자유롭지 못하니 이른바 그런 대로 그렇게 지내야 하는 것인가?

[사람의 능력에는 한계가 있을 수밖에 없다. 우리의 지식으로 어떤 것을 판단할 때 항상 문제가 있을 수 있다. 따라서 그러한 것에 절대적으로 의지해서는 안된다. 거백옥은 자신의 잘못을 알았기에 나이가 들었어도 계속해서 그 잘못을 고쳐나가는 용기가 있었다.]

仲尼問於大史大弢、伯常騫、狶韋曰 夫衛靈公飮酒湛樂 不聽國家之政 田獵畢弋 不應諸侯之際 其所以爲靈公者何邪?

大弢曰 是因是也。

伯常騫曰 夫靈公有妻三人 同濫而浴。史鰌奉御而進所 搏幣而扶翼。其慢若彼之甚也 見賢人若此其肅也 是其所以爲靈公也。

狶韋曰 夫靈公也死 卜葬於故墓不吉 卜葬於沙丘而吉。掘之數仞 得石槨焉 洗而視之 有銘焉 曰 不馮其子 靈公奪而里之。夫靈公之爲靈也久矣 之二人何足以識之?

중니가 태사인 대도, 백상건, 희위에게 말했다.

"위나라 영공은 술을 마시고 즐거움에 빠져서 국가의 정치는 돌보지도 않았고, 사냥에 그물과 주살을 쏘는 일에 열중하느라 제후들과의 회맹에 응하지 않았습니다. 그런데도 영공이라는 시호를 붙인 까닭은 무엇입니까?"

대도가 말했다.

"그것은 그럴만한 이유가 있습니다."

백상건이 말했다.

"영공에게는 세 사람의 처가 있었는데 그들과 같은 욕조에서 목욕을 했습니다. 그러나 사추가 명을 받들어 영공에게 나올 때에는 스스로 마중 나가 폐백을 받아들고 부축하여 주었습니다. 부인들과는 터무니없는 짓을 그토록 심하게 하면서도, 현인을 만날 때에는 그처럼 공경을 다했던 것입니다. 이것이 그에게 영공이란 시호가 주어진 까닭입니다."

희위가 말했다.

"영공이 죽자 옛 묘소에 장사를 지내려고 하니 점괘가 불길하다고 나왔습니다. 모래 언덕에 장사 지내는 것이 길하다는 것이었습니다. 그래서 그곳 땅을 몇 길 파 내려가자 돌로 된 석관이 나왔습니다. 그 석관을 씻고서 보니 다음과 같은 글귀가 새겨져 있었습니다.

'자식은 의지할 만한 것이 못된다. 영공이 이 곳을 빼앗아 묻히리라.'

영공에게 신령스럽다는 칭호가 주어진 지 오래 되었습니다. 앞의 두 사람들이 어찌 이것을 알 수가 있겠습니까?"

[운명을 미리 알고 따르는 것에 대한 인물인 영공에 대한 이야기이다. 신비적인 비합리주의가 보이는 대목이다. 합리주리라 하여 항상 옳은 것은 아니다. 인위가 존재할 수 있기 때문이다.]

少知問於大公調曰 何謂丘里之言?

大公調曰 丘里者 合十姓百名而以爲風俗也 合異以爲同 散同以爲異。今指馬之百體而不得馬 而馬係於前者 立其百體而謂之馬也。是故丘山積卑而爲高 江河合水而爲大 大人合併而爲公。是以自外入者 有主而不執 由中出者 有正而不距。

四時殊氣 天不賜 故歲成 五官殊職 君不私 故國治 文武大人不賜 故德備 萬物殊理 道不私 故無名。無名故無爲 無爲而無不爲。 時有終始 世有變化, 禍福淳淳 至有所拂者而有所宜 自殉殊面 有所正者有所差。比於(太)[大]澤 百材皆度 觀於大山 木石同壇。此之謂丘里之言。

소지가 대공조에게 물었다.

"한 고을의 말이란 무엇을 뜻하는 것입니까?"

대공조가 말했다.

"고을이란 열 개의 다른 성과 백 개의 이름들이 모여서 풍속을 형성하는 것이다. 각기 다른 것을 합쳐 같은 하나로 만든 것이기 때문에, 같은 하나를 나누어 보면 각기 다른 것이 된다. 말의 몸을 백 가지 부위로 나누어 놓고 그것을 말이라고 부르지는 않지만, 말이 우리 앞에 매여 있을 때 몸의 백 가지 부위가 합치되어 서 있기 때문에 말이라고 부르는 것과 같은 것이다. 그러므로 언덕과 산도 낮은 곳에서부터 흙이 쌓여 높아진 것이며, 장강과 황하도 시냇물이 합쳐져서 커진 것이다. 그처럼 대인이란 하나로 병합하여 공평함을 이루는 것이다. 그러므로 밖에서 들어오는 말을 들으면 자기의 다른 생각이 있다 해도 자기 생각에만 집착하지 않는다. 그리고 자기가 제시한 의견이 올바르다 하더라도 남의 의견을 거부하지는 않는다.

사계절은 각기 기후가 다르지만 하늘은 어느 한편으로 치우치지 않기 때문에 한 해가 이루어지는 것이다. 다섯 가지 관직은 직무가 서로 다르지만 군주는 어느 하나에만 사사로이 치우치지 않기 때문에 나라가 다스려지는 것이다. 문인과 무인은 기능이 다르지만 대인은 한편으로 치우치지 않기 때문에 그의 덕이 완비되는 것이다.

만물은 이치가 서로 다르지만, 도가 사사로이 치우치는 일이 없기 때문에 이름이 없으며, 이름이 없이 무위하나, 무위이기에 또한 위하지 않는 것도 없다. 계절은 시작과 끝이 있고 세상에는 변화가 있다. 화와 복은 흘러 움직이기 때문에 어느 쪽에서는 거슬리는 게 있는가 하면 다른 쪽에서는 마땅한 게 있기 마련이다. 모두가 제각기 따르는 성향이 다르기 때문에 한편에서는 바르다고 인정되는 것이 한 편에서는 잘못된 것이 될 수도 있다. 커다란 늪지에 비교를 하면 백가지의 동식물이 한군데 어우러져 살고 있는 것과 같고 큰 산에 비추어 보면 나무나 바위들이 다 같은 터전 위에 놓여 있는 것과 같다. 이것을 고을의 여론이라 하는 것이다."

[자신의 생각에 집착하지 않아야 한다. 주위 사람의 말에 열린 마음으로 들어야 한다. 그래야 사사로이 치우치지 않을 수 있다.]

少知曰 然則謂之道 足乎?

大公調曰 不然。今計物之數 不止於萬 而期曰萬物者 以數之多者號而讀之也。是故天地者 形之大者也 陰陽者 氣之大者也 道者爲之公。因其大以號而讀之則可也 已有之矣 乃將得比哉 則若以斯辯 譬猶狗馬 其不及遠矣。

少知曰 四方之內 六合之裏 萬物之所生惡起?

大公調曰 陰陽相照相蓋相治 四時相代相生相殺 欲惡去就於是橋起 雌雄片合於是庸有。安危相易 禍福相生 緩急相摩 聚散以成。此名實之可紀 精微之可志也。隨序之相理 橋運之相使 窮則反 終則始。此物之所有 言之所盡 知之所至 極物而已。覩道之人 不隨其所廢 不原其所起 此議之所止。

소지가 말했다.

"그렇다면 그것을 도라고 해도 되겠습니까?"

대공조가 말했다.

"그렇지 않다. 지금 사물의 수를 헤아려 보면 만 가지라 해도 부족할 것인데 만물이라 말하는 것은 숫자 중에서 많은 단위를 빌어서 표현한 것이다. 그리고 하늘과 땅이라는 것은 형체 중에서 가장 큰 것이며, 음과 양이라는 것은 기 중에서 큰 것이다. 도라는 것은 그것들 전체에 대하여 공평하게 작용하는 것이다. 그것의 지대함을 근거로 하여 그렇게 불러도 좋겠지만, 그러나 이미 도라는 이름을 지니게 되면 사물들과 같은 차원에서 비교되는 상대적인 것이 될 것이다. 만약 이를 가지고 변론을 해나간다면, 비유하자면 개나 말과 같은 이름으로 분별되니 그 진실함이 멀리 미치지 못하는 것이 된다."

소지가 말했다.

"사방 안 천지 사이에 만물이 생기는 장소는 어디에 있는 것입니까?"

대공조가 말했다.

"음과 양이 서로를 비추면서 서로 해치거나 서로 도와가며, 사계절이 교대되면서 서로 생겨나게 하기도 하고, 서로 죽이기도 한다. 여기에서 좋아하고 싫어함에, 버리고 취하고자 하는 것들이 교대로 일어나, 암컷과 수컷이 나뉘고 결합함으로써 모든 것이 존재하게 된다. 이에 안정과 위험이 서로 바뀌며, 화와 복이 서로 번갈아 발생하고, 더딘 것과 다급한 것이 서로 엇갈리며 모였다 흩어졌다 하는 현상이 이루어진다. 이러한 드러난 이름과 실상은 실마리가 되어 그 정미한 작용을 기술할 수도 있다. 모든 것은 질서를 따라서 서로 다스려지며, 번갈아 운행하여 서로를 부리고 다하면 되돌아오고 끝나면 다시 시작하는데, 이것이 만물이 지니고 있는 현상이다. 따라서 말로 다 표현할 수 있는 것과 지혜로 다다를 수 있는 것은 그저 만물의 현상을 이해하는 것뿐이다. 하지만 도에 대하여 알고 있는 사람은 만물이 다하는 지점을 알려고 하지 않고 만물이 생겨나는 근원을 따지지도 않는다. 이것은 논의로써 추구할 수 없기 때문이다."

[도란 만물의 근원이 되는 자연의 원리이다. 한 사람이라는 개인이 이해할 수 있는 것이 아니다. 우리의 지식으로 파악할 수 있는 것이 아니다.

많은 사람의 공통된 의견도 한계가 있을 수밖에 없다. 자연의 원리인 도는 그 너머에 있다.]

少知曰 季眞之莫爲 接子之或使 二家之議 孰正於其情 孰偏於其理?

大公調曰 雞鳴狗吠 是人之所知 雖有大知 不能以言讀其所自化 又不能以意其所將爲。斯而析之 精至於無倫 大至於不可圍 或之使 莫之爲 未免於物而終以爲過。或使則實 莫爲則虛。有名有實 是物之居 無名無實 在物之虛。可言可意 言而愈疏。

未生不可忌 已死不可徂。死生非遠也 理不可覩。或之使 莫之爲 疑之所假。吾觀之本 其往無窮 吾求之末 其來無止。無窮無止 言之無也 與物同理 或使莫爲 言之本也 與物終始。

道不可有 有不可無。道之爲名 所假而行。或使莫爲 在物一曲 夫胡爲於大方? 言而足 則終日言而盡道 言而不足 則終日言而盡物。道物之極 言默不足以載 非言非默 議有所極。

소지가 말했다.

"계진의 자연에는 아무런 주재자가 없다는 막위설과 첩자처럼 주재자가 있다는 혹사설이 있는데, 두 사람의 의논 가운데 어느 것이 실정에 맞고 어느 것이 이치에 들어맞는 것입니까?"

대공조가 말했다.

"닭이 울고 개가 짖는 것은 사람들이 다 알고 있는 사실이다. 그러나 지식이 뛰어나더라도 그것이 어떻게 그렇게 되고 있는가를 말로 설명할 수 없고, 그것이 어떻게 될 것이라는 것을 예측할 수도 없는 것이다. 이러한 현상을 분석한다면 비교할 수 없이 아주 작은 것에 이르게 되고, 크게는 더 이상 에워쌀 수 없는 정도에 커지게 된다. 그러니 주재자가 시킨다고 하거나 주재자가 없다고 하는 이론은 사물의 현상을 벗어나지 못하고 있는 것이어서 결국은 과오를 범하게 된다. 주재자가 있으면 작용이 실재적인 것이 되고, 주재자가 없다면 작용이 공허한 것이 된다. 따라서 이름이 있고 사실이 있다고 인정하는 것은 사물에 집착되어 있기 때문이며, 이름도 없고 사실도 없다고 생각하는 것은 사물을 공허한 것으로 생각하기 때문이다. 말로 표현할 수 있고 사고로 뜻을 추측할 수는 있을 테지만, 말로 표현할수록 진실과는 더욱 멀어지는 것이다.

아직 생기지 않은 것을 생겨나지 못하도록 회피할 수 없는 것이며, 이미 죽어버린 것을 죽지 못하게 막을 수도 없다. 죽음과 삶은 우리로부터 멀리 있는 것이 아니지만 그 이치는 볼 수가 없다. 주재자가 시킨다거나 주재자가 없다는 설은 결국 의문에서 나온 추측일 뿐이다. 내가 만물의 근본을 보고자 거슬러 올라가도 한이 없고, 내가 만물의 종말을 구하려 해도 미래란 그 멈춤이 없다. 끝도 없고 한정도 없으니, 말이 없게 되어야만 비로소 사물의 이치와 합치되게 된다. 주재자가 시킨다거나 없다거나 하는 것은 다 언어에 근거하는 것이므로 사물과 더불어 끝나고 시작하는 것이다.

도란 있다고도 할 수 없고 없다고도 할 수 없는 것이다. 도라는 이름은 가정해서 그렇게 불리고 있는 것에 불과하다. 주재자가 시킨다거나 없다거나 하는 것은 사물의 한 단면을 놓고서 이야기 하는 것이지, 어찌 위대한 도를 놓고 하는 말이겠는가? 만일 말로써 충분하다면 하루 종일 말하면 도를 형용해 낼 수가 있을 것이다. 말로써 표현해 낼 수 없는 것이라면 하루 종일 말을 하더라도 사물에 대한 얘기에 그칠 것이다. 도란 사물의 지극한 이치이므로 말이나 침묵으로 표현되기에 부족한 것이다. 말도 아니고 침묵도 아닌 경지만이 지극한 이치로서 마땅한 것이다."

[도는 사람의 지혜나 논리로 모두 이해할 수 있는 것은 아니다. 인간은

한계가 있는 존재일 뿐이다. 그 한계를 인정하는 것이 인간이 우선 해야 할 일이다.]

第二十六 外物

[외물이란 우리 밖에 존재하는 물건이나 우리 주위에서 일어나는 일을 말함이다. 즉 현상이라 할 수 있다. 우리는 이러한 주위에서 일어나는 현상에 대해 어떻게 받아들이느냐에 따라 우리의 삶이 결정될 수 있다.]

外物不可必 故龍逢誅 比干戮 箕子狂 惡來死 桀紂亡。

人主莫不欲其臣之忠 而忠未必信 故伍員流於江 萇弘死於蜀 藏其血三年而化爲碧。人親莫不欲其子之孝 而孝未必愛 故孝己憂而曾參悲。

木與木相摩則然 金與火相守則流。陰陽錯行 則天地大絯 於是乎有雷有霆 水中有火 乃焚大槐。有甚憂兩陷而無所逃 螴蜳不得成 心若縣於天地之間 慰暋沈屯 利害相摩 生火甚多 衆人焚和 月固不勝火 於是乎有僓然而道盡。

외부의 사물들은 꼭 필연에 따라서 이루어지지 않는다. 그래서 충신 용봉은 하나라 걸왕에게 주살당하고, 충신 비간은 은나라 주왕에게 도륙되었으며, 기자는 미친 척하고 살았고, 간신 오래는 죽임을 당했으며, 걸왕과 주왕도 결국은 망한 것이다. 군주는 자기의 신하가 충성하기를 바라지 않을 수 없지만, 충신이라고 해서 반드시 신임을 받는 것은 아니다. 그래서 오나라의 충신 오자서는 그 시체가 강물에 던져졌고, 주나라의 대부 장홍은 모함을 받고 죄 없이 촉에서 죽어, 장사 지낸지 삼년 만에 그의 피가 변하여 푸른 구슬이 되었던 것이다. 부모된 사람이라면 누구나 자식이 효성스럽기를 바라지 않을 수 없지만, 효자라고 다 사랑을 받는 것은 아니다. 그래서 은나라의 효기는 계모의 박대로 괴로워했고, 공자의 제자 증삼은 아버지의 미움을 받아 슬퍼했던 것이다. 나무와 나무를 마찰시키면 연기가 나 불이 붙고, 쇠가 불 속에 있으면 녹아 흐른다. 음과 양이 뒤섞여 운행되면 하늘과 땅에 큰 변동이 일어나 천둥과 번개가 생기고, 빗속에 벼락이 떨어져 큰 느티나무를 태우기도 한다.

사람들은 몹시 근심하는 일이 있으면 안팎에 모두 문제가 발생하여 피할 곳이 없으니, 언제나 두려워하는 가운데 아무 일도 이루지 못하고, 그 마음은 하늘과 땅 사이에 매달려 있는 것처럼 불안하게 된다. 또 고민으로 마음이 엉켜서 근심에 빠지게 되며, 이해에 관한 생각이 서로 마찰하여 울화가 심하게 타오른다. 그렇게 사람들이 조화의 기운을 태워 없애게 되니 아무리 마음을 달처럼 비워 맑게 하려해도 불같은 욕망을 이겨내지 못하는 것이다. 이에 그 모든 것이 무너지고 올바른 도가 사라지게 되는 것이다.

[우리 주위에서 일어나는 일들은 우리의 생각이나 기대대로 또는 합리적이라는 차원에서 일어나지 않는 일들도 너무나 많다. 우리는 그러한 것을 초월해야 할 필요가 있다. 우리의 힘으로 어쩔 수 없기 때문이다.]

莊周家貧 故往貸粟於監河侯。

監河侯曰 諾。我將得邑金 將貸子三百金 可乎?

莊周忿然作色曰 周昨來 有中道而呼者。周顧視車轍 中有鮒魚焉。周問之曰 鮒魚來 子何爲者耶 對曰 我 東海之波臣也。君豈有斗升之水而活我哉 周曰 諾 我且南遊吳越之王 激西江之水而迎子 可乎? 鮒魚忿然作色曰 吾失我常與 我無所處。吾得斗升之水然活耳 君乃言此 曾不如早索我於枯魚之肆

장주는 집이 가난하여 감하후에게 곡식을 빌리러 갔다.
감하후가 말했다.
"좋습니다. 내가 봉읍에서 나오는 세금을 받아서 선생에게 삼백금을 빌려 드리겠습니다. 그러면 어떻습니까?"
장주는 화가나 얼굴이 붉어지며 말했다.
"내가 어제 이리로 오는데 도중에 나를 부르는 자가 있었습니다. 돌아다보니 수레바퀴 자국 가운데에 붕어가 있었습니다. 그래서 내가 물었습니다.
'붕어야, 너는 무슨 일로 그러는 것이냐?'
붕어가 대답하여 말하기를
'저는 동해의 물결에서 튕겨져 나온 용왕의 신하입니다. 선생께선 한 말이나 됫박의 물이라도 있으시다면 제게 부어주어 저를 살려주십시오.'
그래서 내가 말하기를
'알겠네. 내가 장차 남쪽으로 오나라와 월나라의 왕들에게 유세하러 가는데 그때 임금을 설득시켜 서강의 물을 끌어다가 너를 맞이하도록 하겠다. 그러면 되겠느냐?'
그러자 붕어는 성이 나서 얼굴빛이 변하여 말했습니다.
'저는 지금 제가 늘 함께 하는 물을 잃고 당장에 몸 둘 곳이 없습니다. 저는 한 말이나 됫박의 물만 있으면 살 수 있습니다. 선생께서 말씀하시는 대로 하느니 차라리 저를 건어물 가게에 가서 찾는 것이 빠를 것입니다.'"

[모든 일에는 때가 있는 법이다. 그 때를 놓치면 아무런 의미가 없다.]

任公子爲大鉤巨緇 五十犗以爲餌 蹲乎會稽 投竿東海 旦旦而釣 期年不得魚。已而大魚食之 牽巨鉤 錎沒而下 騖揚而奮鬐 白波若山 海水

震蕩 聲侔鬼神 憚赫千里。任公子得若魚 離而臘之 自製河以東 蒼梧已北 莫不厭若魚者。已而後世輇才諷說之徒 皆驚而相告也。
夫揭竿累 趣灌瀆 守鯢鮒 其於得大魚難矣 飾小說以干縣令 其於大達亦遠矣 是以未嘗聞任氏之風俗 其不可與經於世亦遠矣。

임공자가 커다란 낚시 바늘과 굵고 검은 낚시 줄을 준비한 다음, 오십 마리의 거세된 소를 미끼로 하여 회계산에 걸터앉아 낚싯대를 동해에 드리웠다. 매일 낚시질을 계속하였으나 일 년이 지나도록 물고기를 잡지 못했다. 그러더니 결국 큰 고기가 미끼를 물더니 낚시 바늘을 끌고 물속으로 들어갔다가 솟구쳐 올랐다. 등지느러미를 떨치니 하얀 파도가 산더미같이 일고 바닷물이 출렁이는데 그 소리가 귀신의 곡소리와 같아 천리 밖 사방의 사람들까지도 두려움에 떨었다. 임공자는 이 물고기를 잡아 올려서 포를 떠 말리니 절강의 동쪽으로부터 창오의 북쪽에 이르기까지 각 고장의 사람들이 이 고기를 실컷 먹지 않은 사람이 없을 정도였다. 그 뒤에 어쭙잖은 재주로 풍문 전하기를 좋아하는 사람들이 모두 놀라워하며 이 이야기를 전하였다.

무릇 작은 낚싯대에 가는 줄을 매고 도랑으로 가서 송사리나 붕어를 낚으려는 자들이 그런 대어를 낚기란 어려운 법이다. 마찬가지로 자잘한 가설을 꾸며내 가지고 현령 자리나 얻으려 하는 자들이 크게 통달하는 것과는 거리가 먼 일이 될 것이다. 그러므로 임씨의 얘기를 들어 보지 못한 사람과 세상의 경륜을 도모한다는 것은 까마득히 먼 일이 될 것이다.

[뜻이 커야 큰 일을 할 수 있다. 속이 작은 사람은 작은 일 밖에 하지 못한다. 큰 준비를 하는 사람이 큰 일을 할 수 있다.]

儒以《詩》、《禮》發冢 大儒臚傳曰 東方作矣 事之何若?

小儒曰 未解裙襦 口中有珠。

詩固有之曰 青青之麥 生於陵陂。生不布施 死何含珠爲 接其鬢 壓其顪 儒以金椎控其頤 徐別其頰 無傷口中珠

유학자들이 시경과 예기를 근거로 하여 남의 무덤을 도굴하고 있었다. 큰 선비가 무덤 위에서 아래쪽에 대고 말했다.

"동녘이 밝아오는데 일이 어찌 되어 가는가?"

작은 선비가 말했다.

"아직 시의를 아직 다 벗기지 못하였는데 입안에 주옥을 머금고 있습니다."

큰 선비가 말했다.

"시경에 이르기를 '푸르디 푸른 보리가 무덤가에 무성히 자랐구나. 살아서 남에게 베풀지 못한 자가 죽어서 어찌 구슬을 물고 있겠는가?'라고 했네. 그 놈의 머리털을 잡고 그의 턱수염을 누른 다음, 다른 선비가 쇠망치로 그의 턱을 내리쳐서 천천히 그의 볼을 벌린 후에, 입안의 주옥을 다치지 않도록 조심해서 잘 꺼내시게."

[시경과 예기를 근거로 남의 무덤을 파헤치는 것이 옳은 일일까? 인위는 이처럼 무자비할 수가 있다. 사람이 만든 것은 당연히 완벽할 수가 없는 것이다. 기교는 기교를 낳을 뿐이다.]

老萊子之弟子出薪 遇仲尼 反以告 曰 有人於彼 脩上而趨下 末僂而後耳 視若營四海 不知其誰氏之子。

老萊子曰 是丘也。召而來。

仲尼至。曰 丘 去汝躬矜與汝容知 斯爲君子矣。

仲尼揖而退 蹙然改容而問曰 業可得進乎?

老萊子曰 夫不忍一世之傷而驁萬世之患 抑固窶邪 亡其略弗及邪? 惠以歡爲驁 終身之醜 中民之行進焉耳 相引以名 相結以隱。與其譽堯而非桀 不如兩忘而閉其所譽。反無非傷也。動無非邪也。聖人躊躇以興事 以每成功。柰何哉其載焉終矜爾?

노래자의 제자가 땔나무를 하러 나갔다가 도중에 중니를 만나고 돌아와 고했다.

"저쪽에 한 사람이 있었는데, 상체는 길고 하체는 짧으며, 등은 굽은 데다가 귀는 머리 뒤편에 붙어 있었습니다. 하지만 눈빛은 온 세상을 다스리려는 듯 했습니다. 그가 누구의 아들인지 아십니까?"

노래자가 말했다.

"그가 구다. 불러오너라."

중니가 이르자 노래자가 말했다.

"구여! 그대의 오만한 태도와 그대의 아는 체하는 표정을 버려야 한다. 이것이 군자다운 모습이다."

공자가 읍을 하고 물러서며 송구스러운 듯 용모를 가다듬으며 말했다.

"그리하면 저의 학업도 진전이 있겠습니까?"

노래자가 말했다.

"그대는 일세의 상처를 참지 못하고 만세의 우환을 가볍게 보고 있다. 도대체 그대의 재능이 본래 협소한 것인가? 지략이 미치지 못하는 것인가? 당신은 혜택을 베푼다고 생각하여 좋아하고 있지만, 평생의 치욕이 될 것이다. 일반 백성들의 행동은 듣는 말에 영향을 받기 쉽다. 명성을 가지고 서로 끌어당기며, 사사로운 은혜 때문에 서로를 맺는다. 요임금을 칭송하고 걸왕을 비난하는 것보다 차라리 양쪽을 다 잊고 칭찬이나 비난에 귀를 닫는 게 나을 것이다. 이를 어기면 상처를 받지 않는 일이 없게 되며 행동에 사악하지 않는 일이 없게 된다. 성인이란 주저하는 마음으로 일을 함으로서 언제나 성공을 하는 것이다. 그런데 어찌하여 일을 맡아서는 뽐내고 자랑하는 것으로 마치려 하는가?"

[아무리 현명한 사람이라 할지라도 자신의 오만을 경계해야 한다. 그러한 오만이 자신의 삶을 망치게 할 수 있기 때문이다. 우리의 아집과 독선은 우리의 삶을 힘들게 할 수 있다.]

宋元君夜半而夢人被髮闚阿門 曰 予自宰路之淵 予爲淸江使河伯之所 漁者余且得予。

元君覺 使人占之 曰 此神龜也。

君曰 漁者有餘且乎?

左右曰 有。

君曰 令余且會朝。

明日 余且朝。君曰 漁何得

對曰 且之網得白龜焉 其圓五尺。

君曰 獻若之龜。

龜至 君再欲殺之 再欲活之 心疑 卜之。曰 殺龜以卜吉。

乃刳龜 七十二鑽而無遺筴。

仲尼曰 神龜能見夢於元君 而不能避余且之網 知能七十二鑽而無遺筴 不能避刳腸之患。如是 則知有所困 神有所不及也。雖有至知 萬人謀之。魚不畏網而畏鵜鶘。去小知而大知明 去善而自善矣。嬰兒生無石師而能言 與能言者處也。

송나라 원군이 한밤중에 꿈속에서 머리를 산발한 사람이 곁문으로 들여다보며 말했다.

"저는 재로라고 하는 연못에서 왔습니다. 청강의 사자로서 황하의 신인 하백이 있는 곳으로 가다가 여차라는 어부에게 잡혔습니다."

원군이 잠에서 깨어난 뒤 사람을 시켜 꿈을 점치게 했더니 다음과 같이 대답했다.

"그건 신령스런 거북입니다."

원군이 말했다.

"어부 중에 여차라는 사람이 있는가?"

좌우의 신하들이 대답했다.

"있습니다."

원군이 명령했다.

"그렇다면 여차를 조회 때 데려 오도록 하라."

다음날 조회에 여차가 오자 원군이 물었다.

"어떤 물고기를 잡았는가?"

여차가 대답했다.

"제 어망에 흰 거북이가 걸렸는데, 그 놈의 둘레가 무려 다섯 자나 되었습니다."

원군이 말했다.

"자네가 잡은 거북이를 나에게 헌상토록 하라."

거북이가 도착하자 원군은 이놈을 죽일까 하다가 살릴까도 하여 마음이 혼란하였다. 이에 점을 치게 하니 거북을 죽여서 그 등껍질로 점을 치면 길하다는 것이었다. 이에 거북을 잡아 일흔두 번이나 구멍을 뚫으며 점을 쳤더니 들어맞지 않는 일이 없었다.

이에 대하여 중니가 말했다.

"신령스런 거북이는 원군의 꿈에 나타날 줄은 알면서도 여차의 그물을 피할 수는 없구나. 그의 지혜는 일흔두 번이나 구멍을 뚫으며 점을 쳐도 틀리는 일이 없을 정도이면서도 그의 내장이 도려내어지는 환란을 피하지는 못했다. 이러니 지혜도 곤경에 놓이는 경우가 있고, 신통력으로도 미치지 못하는 일이 있는 것이다. 비록 지극한 지혜가 있다 해도 사람들은 그를 해칠 수 있다. 물고기는 그물은 두려워하지 않으면서 물새들은 두려워한다. 작은 지혜를 버려야만 큰 지혜가 밝아지고, 선하다는 의식을 버려야만 스스로 선해지는 것이다. 갓난아이는 태어나서 스승이 없이도 말할 수 있게 되는데, 그것은 말을 하는 사람들과 함께 지내기 때문인 것이다."

[아무리 지혜가 있는 사람도 곤경에 처할 수가 있는 것이다. 그만큼 인간의 지혜는 한계가 있다. 이러한 것은 전적으로 믿고 살아간다면 당연히 삶에 문제가 생길 수밖에 없는 것이다.]

惠子謂莊子曰 子言無用。

莊子曰 知無用而始可與言用矣。夫地非不廣且大也 人之所用容足耳。然則廁足而塹之致黃泉 人尙有用乎?

惠子曰 無用。

莊子曰 然則無用之爲用也亦明矣。

혜자가 장자에게 말하였다.

"선생의 말은 쓸모가 없소."

장자가 대답했다.

"쓸모가 없다는 것을 알아야 비로소 쓸모 있는 것을 말할 수 있는 게요. 천지는 넓고 광대하기가 한이 없지만, 사람이 걸어갈 때 소용되는 곳이란 기껏해야 발이 닿는 지면뿐이요, 그렇다고 발이 닿는 부분에만 맞추어 남겨두고 그 나머지를 황천에 이르도록 깎아버린다면 그 땅만 사람들에게 쓸모가 있겠소?"

혜자가 말했다.
"쓸 수가 없을 테지요."
장자가 대답했다.
"그렇다면 쓸모없는 것의 쓰임도 알았을 게요."

[쓸모없는 것의 쓰임에 대한 설명이다.]

莊子曰 人有能遊 且得不遊乎? 人而不能遊 且得遊乎? 夫流遁之志 決絕之行 噫 其非至知厚德之任與 覆墜而不反 火馳而不顧 雖相與爲君臣 時也 易世而無以相賤。故曰至人不留行焉。

夫尊古而卑今 學者之流也。且以狶韋氏之流觀今之世 夫孰能不波? 唯至人乃能遊於世而不僻 順人而不失己。彼教不學 承意不彼。

장자가 말했다.
"사람 중에는 능히 노닐 수 있는 사람이 있다면 노닐지 않을 수 있겠는가? 사람 중에는 노닐 줄을 모르는 사람이 있는데 어떻게 노닐 수 있겠는가? 세상의 흐름으로부터 은둔하려는 의지를 지녔거나 세상과 단절하여 행동하는 것은 애처롭게도 지극한 지혜와 두터운 덕을 쌓은 이의 행동은 아닐 것이다. 넘어지고 굴러 떨어져도 돌아가려 하지 않고 세차게 질주하면서 돌아보지도 않으니, 비록 서로 군주와 신하가 되어 있다 하여도 그것은 일시적일 뿐, 세상이 바뀌면 상대방을 천하게 여김도 바뀌게 된다. 그러므로 '지극한 사람은 유행에 얽매이지 않는다.' 하는 것이다. 옛 것을 존중하고 작금을 낮춰 보는 것은 학자들의 오랜 흐름이다. 그러나 희위씨 시대의 흐름으로 지금 세상을 본다면, 그 누가 물결처럼 흔들리지 않을 수 있겠는가? 오직 지극한 사람만이 세상에 노닐면서 치우치지 않을 수 있는 것이다. 그것은 사람들에게 순응하면서도 자기를 잃어버리지 않고 저 가르침을 배우지 않아도 그 뜻을 잘 이어 다른 것으로 여기지 않는다.

[능히 노닐 수 있는 사람은 자연의 원리를 따라 사는 사람이다. 진정한 삶의 자유를 아는 사람이다. 다른 것에 구속되지 않고 삶을 살아가는 사람이다.]

目徹爲明 耳徹爲聰 鼻徹爲顫 口徹爲甘 心徹爲知 知徹爲德。凡道不欲壅 壅則哽 哽而不止則跈 跈則衆害生。

物之有知者恃息 其不殷 非天之罪。天之穿之 日夜無降 人則顧塞其竇。

胞有重閬 心有天遊。室無空虛 則婦姑勃谿 心無天遊 則六鑿相攘 大林丘山之善於人也 亦神者不勝。

德溢乎名 名溢乎暴 謀稽乎誸 知出乎爭 柴生乎守 官事果乎衆宜。春雨日時 草木怒生 銚鎒於是乎始脩 草木之到植者過半而不知其然。

눈이 환한 것을 명이라 하고, 귀가 환한 것을 총이라 하고, 코가 환한 것을 전이라 하고, 입이 환한 것을 감이라 하고, 마음이 환한 것을 지라고 하고, 지혜가 환한 것을 덕이라고 한다. 무릇 도라는 것도 막히지 않아야 한다. 막히면 목이 메이게 되고, 목이 메인 것이 그치지 않으면 정체되고, 정체되면 모든 해로움이 발생한다.

만물 가운데 지각이 있는 것은 호흡을 한다. 그 호흡이 성하지 않는 것은 하늘의 죄가 아니다. 하늘은 늘 뚫리게 하여 밤낮으로 변함이 없다. 사람들 자신이 도리어 자기의 구멍을 막고 있는 것이다. 주방에는 여러 개의 출입구가 있고, 마음에도 천연스럽게 노닐 공간이 있다. 집안에 빈 공간이 없으면 며느리와 시어머니가 서로 반목을 하고, 마음에 천연스럽게 노닐 공간이 없으면 육착(目,耳,鼻,口,心,知)이 서로 다투게 된다. 큰 숲을 지닌 언덕이나 산이 사람들에게 좋은 것처럼 이러한 것이 없다면 정신도 서로 간의 다툼을 감당할 수 없기 때문이다.

덕은 명성을 추구하려다가 넘치게 되고, 명성은 과시하려다가 넘치게 된다. 모략은 다급한 데서 생각하게 되고, 지혜는 다툼에서 나오며, 울타리는 지키고자 하여 생기며, 일의 성취는 대중의 필요에 따라 결실을 맺는다. 봄비가 내리는 시절이 오면 초목은 앞 다투어 자라나고, 가래와 호미를 가지고 밭 갈고 김매는 일도 여기에서 비롯된다. 그래도 초목의 과반수가 다시 자라나는데, 왜 그렇게 되는지는 알지 못하는 것이다.

[모든 일에 막히지 않고 살아가기 위해서는 자연에 순응하듯 살아가야 한다. 우리의 삶은 고달프기 위해 존재하는 것이 아니다. 편안한 삶이 그리 멀리 있는 것도 아니다.]

靜然可以補病 眥可以休老 寧可以止遽。雖然 若是 勞者之務也 非佚者之所未嘗過而問焉。聖人之所以駴天下 神人未嘗過而問焉 賢人之所以駴世 聖人未嘗過而問焉 君子所以駴國 賢人未嘗過而問焉 小人所以合時 君子未嘗過而問焉。

演門有親死者 以善毁爵爲官師 其黨人毁而死者半。堯與許由天下 許由逃之 湯與務光 務光怒之 紀他聞之 帥弟子而踆於窾水 諸侯弔之 三年 申徒狄因以踣河。

荃者所以在魚 得魚而忘荃 蹄者所以在兔 得兔而忘蹄 言者所以在意 得意而忘言。吾安得夫忘言之人而與之言哉

조용히 가만히 있으면 병을 보완할 수 있으며, 눈가를 문질러 늙음을 방지할 수가 있고, 편안함은 조급한 마음을 없앨 수 있다. 비록 그렇지만 이와 같은 방법은 심신을 수고롭게 하는 사람들이나 하는 일이지, 편히 지내는 사람들은 관계가 없기에 지나치게 알려고 하지도 않는다. 성인이 천하를 푸는 방법에 대해서 신인은 지나치게 알려고 하지 않으며, 현인이 세상을 푸는 방법에 대해서 성인은 지나치게 알려고 하지 않고, 군자가 나라를 푸는 방법에 대해서 현인은 지나치게 알려고 하지도 않으며, 소인이 시류에 영합하는 방법에 대해서 군자는 지나치게 알려고 하지도 않는 것이다.

송나라 성문인 연문 가까이에 부모를 여윈 자가 있었는데, 곡하고 슬퍼함으로 상을 치르다 몸이 여위었다 하여 그에게 관사라는 벼슬이 내려졌다. 그러자 그 마을 사람들 중에 상을 치르다 몸을 상하게 하여 죽는 자가 태반이었다. 요임금이 허유에게 천하를 물려주려 하자 허유는 도망을 쳤다. 탕임금이 무광에게 천하를 물려주려 하자 무광은 노했다. 그랬더니 기타는 이 얘기를 듣고 제자들을 거느리고 관수가로 가서 숨었다. 제후들은 삼 년 동안이나 그를 찾아가 위문했고, 신도추는 그것을 구실삼아 황하에 몸을 던져 죽고 말았다.

통발은 물고기를 잡는 도구이지만 고기를 잡고 나면 통발을 잊게 된다. 올가미란 토끼를 잡는 도구이지만 토끼를 잡고 나면 올가미를 잊게 된다. 이와 마찬가지로 말이란 것은 뜻을 표현하는 도구이지만, 뜻을 표현하고 나면 말을 잊게 된다. 내가 어디에서 말을 잊은 사람들을 만나서 그와 더불어 이야기할 수 있게 될까?"

[삶은 목적이 전부가 아니다. 그러한 목적을 추구하다 보면 삶의 진정한 의미를 잃을 수 있다. 평안하게 지내려는 사람은 굳이 많은 것을 알려고 하지도 않고 무언가를 추구하지도 않는다. 우리에게 진정으로 필요한 것은 무엇일까?]

第二十七 寓言

[우언이란 다른 일이나 물건에 대한 이야기를 빌려서 자신이 하고자 하는 바를 말하는 것이다.]

寓言十九 重言十七 巵言日出 和以天倪。寓言十九 藉外論之。親父不爲其子媒。親父譽之 不若非其父者也 非吾罪也 人之罪也。與己同則應 不與己同則反 同於己爲是之 異於己爲非之。

重言十七 所以已言也 是爲耆艾。年先矣 而無經緯本末以期年耆者 是非先也。人而無以先人 無人道也 人而無人道 是之謂陳人。

巵言日出 和以天倪 因以曼衍 所以窮年。不言則齊 齊與言不齊 言與齊不齊也 故曰無言。

言無言 終身言 未嘗不言 終身不言 未嘗不言。有自也而可 有自也而不可 有自也而然 有自也而不然。惡乎然 然於然。惡乎不然 不然於不然。惡乎可 可於可。惡乎不可 不可於不可。物固有所然 物固有所可 無物不然 無物不可。非巵言日出 和以天倪 孰得其久 萬物皆種也 以不同形相禪 始卒若環 莫得其倫 是謂天均。天均者 天倪也。

내 글에는 우언이 열에 아홉이고, 중언은 열에 일곱이며, 치언이 날마다 나오지만 천예로 조화시킨다. 열에 아홉인 우언은 바깥의 일을 빌려와 논한 것이다. 그것은 아버지가 제 아들의 중매를 설 수 없는 것과 같은데, 아버지가 제 자식을 칭찬하는 것은 다른 사람이 칭찬하는 것만 못하기 때문이다. 이렇듯 우언을 쓰는 것은 내 잘못이 아니라 사람들의 잘못이다. 사람들은 자기와 같은 입장이면 순응하지만, 자기와 다르면 반대를 한다. 자기와 같은 생각은 옳다하고 자기와 다르면 아니라고 한다. 열에 일곱인 중언은 사람들의 논쟁을 마무리 짓기 위하여 연장자의 말을 인용한 것이다. 그러나 나이가 앞서더라도 일에 대한 경위와 본말을 헤아리지 못한다면 연장자라 할지라도 앞서 있다고 할 수는 없다. 남보다 앞선 점이 없다면 사람을 인도할 수 없다. 그런 사람은 그저 낡은 사람이라고 한다. 매일같이 하는 치언은 천예에 조화되는 것이기에 길이 이어져 세월이 다하는 날까지 함께 한다.

말은 하지 않을 때에야 모든 게 가지런하여 지고, 가지런한 것은 말로 인해 흐트러진다. 말로서 하는 가지런함은 가지런한 것이 아니며, 가지런하게 하는 말도 가지런한 것이 아니다. 그러므로 무언하라고 말하는 것이다. 무언으로 하는 말은 평생토록 말을 해도 말을 경험한 게 아니고, 평생토록 말을 안해도 말을 경험하지 않은 게 아니다. 옳다고 여겨지는 것이 있고 옳지 않다고 여겨지는 것이 있으며, 그렇다고 여겨지는 것이 있고 그렇지 않다고 여겨지는 것이 있다. 어째서 그렇다고 하는가? 그렇기 때문에 그렇다고 한다. 어째서 그렇지 않은가? 그렇지 않기 때문에 그렇지 않다고 한다. 어째서 옳다고 하는가? 옳기 때문에 옳다고 한다. 어째서 옳지 않다고 하는가? 옳지 않기 때문에 옳지 않다고 한다. 하지만 사물은 본래부터 그렇게 되도록 되어 있는 것이고, 사물은 본래부터 옳게 되어 있는 것이다. 그렇게 되지 않은 사물이란 없고 옳지 않은 것도 없다. 매일 같이 한 치언이 천예에 조화되지 않는다면 오래 갈 수 있겠는가? 만물은 각기 그 종류가 있어서 다른 형체로 서로 이어가며 변화한다. 그 시작과 끝이 둥근 고리와 같아서 구별이 안 되고, 그 이치는 터득할 수도 없다. 이것을 천균이라 부르며, 천균이 곧 천예이다.

[장자에는 빗대어 하는 이야기가 많이 나온다. 이러한 우언에도 진리가 있기 마련이다. 이 대목에서 이를 설명하고 있다.]

莊子謂惠子曰 孔子行年六十而六十化 始時所是 卒而非之 未知今之所謂是之非五十九非也。

惠子曰 孔子勤志服知也。

莊子曰 孔子謝之矣 而其未之嘗言也。孔子云 夫受才乎大本 復靈以生。鳴而當律 言而當法 利義陳乎前 而好惡是非直服人之口而已矣。使人乃以心服 而不敢蘁立 定天下之定。已乎已乎 吾且不得及彼乎.

장자가 혜자에게 말했다.

"공자는 나이 예순 살이 이르도록 예순 번이나 변화하여 처음에 옳다고 했던 것도 끝에 가서는 아니라고 부정했지. 그러니 지금 옳다고 말하고 있는 것은 지난 59년 동안 부정했던 것이 아닌지 모르겠네."

이에 혜자가 대답했다.

"공자는 뜻을 부지런히 닦고 지혜를 갖추려 했기 때문이겠지."

장자가 말했다.

"공자는 그러한 것을 사양하기에 그런 말을 한 적이 없네. 공자는 말하기를 '무릇 큰 근원으로부터 재능을 부여받는지라 영험한 본성을 회복해서 살아가면, 우는 소리도 음률이 맞고 말을 하면 법칙에 맞는다.'고 하였지. 이익과 정의를 앞에 늘어놓고 좋거니 싫거니 옳고 그른 것을 따지는 것은 오직 사람의 입만 수고롭게 하는 것일세. 만일 사람들로 하여금 마음으로 복종하게 하여 감히 거스르지 못하게 하면 바른 천하 아래에 안정되게 된다네. 그만 두게, 나는 아직 그에게 다다르지 못했네."

[우리가 살아가면서 시비를 따지자면 한도 끝도 없을 것이다. 이는 인간 자체의 한계에서 비롯되기 때문이다. 이러한 시비를 넘어서야 한다.]

曾子再仕而心再化 曰 吾及親仕 三釜而心樂 後仕 三千鍾而不洎 吾心悲。

弟子問於仲尼曰 若參者 可謂無所縣其罪乎?

曰 既已縣矣。夫無所縣者 可以有哀乎 彼視三釜三千鍾 如觀雀蚊虻相過乎前也。

증자는 두 번 벼슬살이를 하였는데, 그때마다 마음이 변하여 이렇게 말했다.

"나는 부모님께서 살아계실 때는 벼슬을 하여 겨우 삼부의 녹을 받았으나 마음이 즐거웠다. 그 뒤에 벼슬을 할 때는 삼천종의 녹을 받았으나 부모님을 모실 수가 없어서 내 마음이 슬플 따름이었다."

공자의 제자가 그 말을 듣고는 중니에게 물었다.

"증삼과 같은 사람은 그런 것의 허물에 얽매이지 않는다고 말할 수 있겠습니까?"

공자가 말했다.

"이미 얽매이고 있지 않느냐? 얽매일 것이 없는 사람이라면 슬픔이 있을 수가 있겠느냐? 그런 사람이라면 삼부니 삼천종의 녹이니 하는 것쯤이야 마치 참새나 모기나 등에 따위가 눈앞을 지나가는 정도로 볼 것이다."

[우리 주위에 일어나는 일이나 사물에 마음이 끌리면 이미 마음의 평안을 유지하기가 힘들어 질 수밖에 없다.]

顔成子游謂東郭子綦曰 自吾聞子之言 一年而野 二年而從 三年而通 四年而物 五年而來 六年而鬼入 七年而天成 八年而不知死 不知生 九年而大妙。

生有爲 死也。勸公 以其死也 有自也 而生陽也 無自也。而果然乎 惡乎其所適 惡乎其所不適?

天有曆數 地有人據 吾惡乎求之? 莫知其所終 若之何其無命也? 莫知其所始 若之何其有命也? 有以相應也 若之何其無鬼邪? 無以相應也 若之何其有鬼邪?

안성 자유가 스승인 동곽 자기에게 말했다.

"제가 선생님의 말씀을 들은 뒤부터 1년이 지나서는 소박해졌고, 2년 만에는 순종하게 되었고, 3년 만에는 통달하게 되었고, 4년 만에는 사물과 합치되었고, 5년 만에는 따르게 되었고, 6년 만에는 귀신도 깃들었고, 7년 만에는 하늘과 합치되게 되었고, 8년 만에는 죽음도 모르고 삶도 모르게 되었으며, 9년 만에는 현묘한 경지에 이르게 되었습니다.

살아서 행위를 하지만 필시 죽게 됩니다. 공평하게도 죽음은 그 까닭이 있지만, 삶의 양기는 그 까닭이 없으니 그저 그러한 것일까요? 그렇다면 삶의 양기에 적합한 것은 무엇이고, 적합하지 않은 것은 무엇일까요? 하늘에는 천체 운행의 역수가 있고, 땅에는 사람들이 거주하고 있지만 우리는 어디에서 구할 수 있는 것일까요? 끝나는 곳을 알 수가 없으니 운명이 없다고 할 수 있겠습니까? 그 시작되는 곳을 알 수가 없으니 운명이 있다고 할 수 있겠습니까? 서로 호응함이 있으니 귀신은 없다고 할 수 있겠습니까? 서로 호응함이 없을 수도 있으니 귀신이 있다고 할 수 있겠습니까?"

[삶이나 죽음도 자연의 흐름일 뿐이다. 모든 것에 연연하거나 집착할 필

요가 없다. 모든 것을 그냥 받아들이는 것이 가장 큰 지혜일 것이다.]

衆罔兩問於景曰 若向也俯而今也仰 向也括[撮]而今也被髮 向也坐而今也起 向也行而今也止 何也?

景曰 搜搜也 奚稍問也 予有而不知其所以。予 蜩甲也 蛇蛻也 似之而非也。火與日 吾屯也 陰與夜 吾代也。彼吾所以有待邪 而況乎以[無]有待者乎 彼來則我與之來 彼往則我與之往 彼強陽則我與之強陽。強陽者 又何以有問乎.

그림자 둘레의 옅 그림자가 그림자에게 물었다.

"자네는 조금 전에 아래를 굽어보더니 지금은 우러러 보고 있고, 조금 전에는 머리를 묶고 있더니 지금은 풀어 헤치고 있네. 조금 전에는 앉아 있더니만 지금은 일어서 있고, 조금 전에는 걷고 있더니 지금은 멈추어 있는데, 대체 무슨 까닭인가?"

그림자가 대답했다.

"나는 그저 흔들거리고 있을 뿐인데, 어째서 그런 것을 묻는가? 나에게 그런 것이 있어도 그 까닭은 알지 못하지. 나는 매미 껍질이나 뱀의 허물과 같은 것이지만 그것들과 비슷하면서도 형체는 없으니 다른 것이라네. 불이나 햇빛 앞에서는 내가 나타나지만 그늘과 밤에는 사라지는데 그것은 내가 무언가에 의지하고 있다는 것인데 하물며 형체가 있는 것으로 의지하는 게 없을 수 있겠소? 그것들이 오면 나도 따라서 오고 그것이 가면 나도 따라가고 그것이 움직이면 나도 따라 움직이오. 이렇게 남을 따라 움직일 뿐인데 어찌하여 내게 묻는 게요?"

[우리는 살아가면서 의지하는 대상이 없어야 우리 자신의 삶이 보다 자유로울 수 있다. 의지하는 대상이 존재한다면 거기에 집착하게 될 수밖

에 없기 때문이다.]

陽子居南之沛 老聃西遊於秦 邀於郊 至於梁而遇老子。老子中道仰天而歎曰 始以汝爲可教 今不可也。

陽子居不答。至舍 進盥漱巾櫛 脫履戶外 膝行而前 曰 向者弟子欲請夫子 夫子行不閒 是以不敢。今閒矣 請問其過。

老子曰 而睢睢盱盱 而誰與居 大白若辱 盛德若不足。

陽子居蹵然變容曰 敬聞命矣

其往也 舍者迎將 其家公執席 妻執巾櫛 舍者避席 煬者避竈。其反也 舍者與之爭席矣.

양자거가 남쪽의 패 땅으로 갔을 때, 노담은 서쪽의 진을 유람하고 있었다. 양자거는 패의 교외로 마중을 나갔다가 양 땅에 이르러서 노자를 만났다. 노자는 오는 도중에 하늘을 우러르며 탄식하여 말했다.

"처음에는 자네를 가르칠 만하다고 여겼었는데, 이제 보니 아니구나."

양자거는 아무런 대답도 하지 못했다. 숙사에 돌아와서는 세숫대야와 양치할 물과 수건에 빗을 받들고 올린 후에 방 밖에서 신을 벗고 무릎걸음으로 나아가 말했다.

아까 여쭙고 싶었습니다만, 선생님께서 걷기만 하셔서 감히 묻지 못했습니다. 이제는 겨를이 있는 듯하니 그 까닭을 여쭙고자 합니다."

노자가 대답했다.

"그대는 눈을 치켜들고서 부릅뜨고 있는데, 누가 그대와 더불어 있으려 하겠는가? 정말 결백한 것은 때가 묻은 것처럼 보이고, 참으로 덕이 있는 사람은 오히려 모자란 듯 행동하는 것이네."

양자거는 흠칫 놀라서 얼굴빛을 바꾸며 말했다.

"삼가 가르침을 받고자 합니다."

양자거가 전에 여관을 들면, 묵고 있던 사람들이 그를 마중 나오고 여관주인은 자리 시중을 들었으며 그 아내는 수건과 빗을 가지고 오며, 숙객들은 그를 보면 자리를 피했고 불을 쬐던 사람도 아궁이에서 물러났다. 그러나 그가 노자를 만나고 돌아갈 때쯤에는 숙객들과 자리를 다투며 어울리게 되었다.

[자기를 내세우려는 마음을 없애야 한다. 자신이 강하면 도를 따르기 힘이 들기 때문이다. 자신을 버리고 자연의 원리에 마음을 쏟을 때 우리의 삶이 평안해질 수 있을 것이다.]

第二十八 讓王

[양왕이란 임금의 자리를 물려준다는 것을 말한다. 임금의 자리와 자연의 길을 따르는 자리 중에 어느 것이 더 중요할까?]

堯以天下讓許由 許由不受。又讓於子州支父 子州之父曰 以我爲天子 猶之可也。雖然 我適有幽憂之病。方且治之 未暇治天下也。

夫天下至重也 而不以害其生 又況他物乎 唯無以天下爲者 可以託天下也。

舜讓天下於子州支伯 子州支伯曰 予適有幽憂之病 方且治之 未暇治天下也。

故天下大器也 而不以易生 此有道者之所以異乎俗者也。

舜以天下讓善卷 善卷曰 余立於宇宙之中 冬日衣皮毛 夏日衣葛絺 春耕種 形足以勞動 秋收斂 身足以休食 日出而作 日入而息 逍遙於天地之間而心意自得。吾何以天下爲哉? 悲夫 子之不知余也.

遂不受。於是去而入深山 莫知其處。

舜以天下讓其友石戶之農。石戶之農曰 捲捲乎后之爲人 葆力之士也.

以舜之德爲未至也。於是夫負妻戴 攜子以入於海 終身不反也。

요 임금이 천하를 허유에게 물려주려 하니 허유가 받지 않았다. 다시 자주지부에게 물려 주려하니 자주지부가 말했다.

"저를 천자로 삼는 것도 좋지마는 저는 마침 심한 마음의 병에 걸려 있어 그것을 치료하고 있는 중입니다. 천하를 다스릴 만한 겨를이 없군요."

천하가 지극히 중요한 것이기는 하나 그렇다고 그것 때문에 자기의 생명을 해칠 수는 없는 것이다. 하물며 다른 사물 때문에 그럴 수가 있겠는가? 오직 천하에 위하는 것이 없는 자라야 천하를 맡길 수 있는 것이다.

순 임금이 천하를 자주지백에게 물려주려 하니, 자주지백이 말하였다.

"제가 마침 심한 마음의 병에 걸려 있어, 그것을 치료하고 있는 중입니다. 천하를 다스릴 만한 겨를이 없군요."

그러므로 천하란 큰 그릇이기는 하나 그렇다고 그것 때문에 자기의 생명과 바꾸지는 않겠다는 것이다. 이것이 도를 터득한 사람과 세속적인 사람과의 차이이다.

순 임금이 천하를 선권에게 물려주려 하니, 선권이 말했다.

"저는 이 우주 한가운데 서서, 겨울에는 털옷을 입고 여름에는 칡베옷을 입으며 봄이면 밭을 갈아 씨를 뿌리는데 몸은 충분히 일하기에 족하며, 가을에 곡식을 거두어 몸을 쉬게 하는데 족합니다. 해가 떠오르면 나가 일하고 해가 지면 돌아와 쉬면서, 하늘과 땅 사이를 유유히 소요하다 보면 마음은 한결 흡족해집니다. 그런데 어찌 나에게 천하를 위하라 하십니까? 슬프게도 당신은 나를 알아주지 못하고 있군요!"

마침내 그는 천하를 받지 않고 거기를 떠나 깊은 산속으로 들어갔는데, 그가 있는 곳을 알 수가 없었다.

순 임금이 다시 천하를 그의 벗인 석호의 농부에게 물려주려 하니, 석호의 농부가 말했다.

"참으로 애쓰고 계시는 군요. 임금 자리는 엄청 힘써야 하는가 봅니다."

그는 순의 덕이 지극하지 못한 것으로 여겼다. 농부는 이삿짐을 지고 부인은 머리에 이고서 자식들을 이끌고 바다로 들어가 평생 돌아오지 않았다.

[천하보다 중요한 것이 자기 자신이다. 자아가 없으면 이 세상은 아무런 의미가 없는 것이다. 가장 중요한 것은 나의 삶이다. 그 어떤 것보다 소중히 해야 하는 것이 나라는 뜻이다.]

大王亶父居邠 狄人攻之 事之以皮帛而不受 事之以犬馬而不受 事之以珠玉而不受 狄人之所求者土地也。
大王亶父曰 與人之兄居而殺其弟 與人之父居而殺其子 吾不忍也。子皆勉居矣 爲吾臣與爲狄人臣奚以異 且吾聞之 不以所用養害所養。因杖策而去之。民相連而從之 遂成國於岐山之下。
夫大王亶父 可謂能尊生矣。能尊生者 雖貴富不以養傷身 雖貧賤不以利累形。今世之人 居高官尊爵者 皆重失之 見利輕亡其身 豈不惑哉?

대왕단부가 빈땅에 살고 있을 때, 적인들이 공격을 해왔다. 대왕단부는 그들에게 가죽과 비단을 바치며 달랬으나 받지 않았고, 개와 말을 주어도 받지 않고 진주와 구슬을 주며 달래도 받지 않았다. 적인들이 바라는 것은 토지였다. 이에 대왕단부가 말했다.
"전쟁을 하면 죽는 것은 그대들의 동생들이며 그대들의 자식들이다. 누군가의 형과 함께 살면서 그의 아우를 죽이거나, 누군가의 아버지와 함께 살면서 그의 자식을 죽이는 일을 나는 차마 못하겠다. 여기에서 그대들은 모두가 힘써 잘 살아라. 내 신하가 되는 것과 적인들의 신하가 되는 것이 무엇이 다르겠느냐? 내가 듣건대 백성을 부양하는데 쓰이는 물건을 위해 부양해야 할 백성을 해쳐서는 안 된다고 했다."
그렇게 말하고는 지팡이를 짚고서 그곳을 떠났다. 백성들은 줄을 지어 그를 따랐고 마침내 기산 아래에 이르러 나라를 세웠다.

이는 생명을 존중할 줄 알았던 사람이라고 말할 수 있다. 생명을 존중할 줄 아는 사람은 단지 부귀함에도 더 부양하고자 몸을 손상시키지 않으며, 단지 빈천하다고 이익을 위해 형체에 누를 끼치지 않는다. 요즘 사람들은 고관대작의 지위에 있을 지라도 모두가 그것을 잃는 문제를 중시하여 이익을 보기만 하면 가벼이 자신의 몸을 망쳐버리고 있으니 어찌 미혹된 것이 아니겠는가?

[전쟁을 일으키면 모두에게 해만 될 뿐이다. 전쟁을 피하기 위해 자신의 땅을 양보하고 다른 곳으로 이주해 간 대왕단부는 진정으로 도를 알았던 사람이다.]

越人三世弑其君 王子搜患之 逃乎丹穴。而越國無君 求王子搜不得 從之丹穴。王子搜不肯出 越人薰之以艾。乘以王輿。王子搜援綏登車 仰天而呼曰 君乎 君乎 獨不可以舍我乎?

王子搜非惡爲君也 惡爲君之患也。若王子搜者 可謂不以國傷生矣 此固越人之所欲得爲君也。

월나라 사람들이 삼대에 걸쳐 자신들의 군주를 살해했다. 왕자 수는 그것이 두려워 남산의 단혈로 도망쳤으므로 월나라에는 군주가 없게 되었다. 그래서 신하들이 왕자 수를 찾아 나섰으나 찾지 못하다가 마침내 단혈에서 그를 찾아냈다. 왕자 수가 단혈에서 나오려 하지 않자 월나라 사람들은 쑥으로 굴 안에 연기를 피워 그를 나오게 하여 왕이 타는 수레에 태웠다. 왕자 수는 손잡이 끈을 잡고 수레에 올라 하늘을 우러러보며 울부짖었다.

"임금 자리라니, 임금 자리라니! 어째서 나를 놓아줄 수 없는 것인가!"

왕자 수는 군주가 되기 싫었던 것이 아니라 군주가 되어서 환란을 당하기 싫었던 것이다. 왕자 수와 같은 사람이라면 나라 때문에 생명을 해치지 않을 것이라고 말할 수 있다. 그래서 월나라 사람들은 그를 찾아내어 임금으로 삼고자 했던 것이다.

[왕자 수는 임금의 자리가 무엇을 의미하는 지 알았다. 그래서 그 자리를 피하려 했다. 그러기에 백성들은 그를 임금으로 삼으려 했던 것이다.]

韓魏相與爭侵地。子華子見昭僖侯 昭僖侯有憂色。子華子曰 今使天下書銘於君之前 書之言曰 左手攫之則右手廢 右手攫之則左手廢 然而攫之者必有天下。君能攫之乎?

昭僖侯曰 寡人不攫也。

子華子曰 甚善 自是觀之 兩臂重於天下也 身亦重於兩臂。韓之輕於天下亦遠矣 今之所爭者 其輕於韓又遠。君固愁身傷生以憂戚不得也.

僖侯曰 善哉 教寡人者衆矣 未嘗得聞此言也。

子華子可謂知輕重矣。

한나라와 위나라가 서로 다투다가 상대방의 영토를 침략했다. 자화자가 소희후를 만나 뵈었더니 소희후는 근심스런 안색을 하고 있었다. 자화자가 말했다.

"지금 천하 사람들이 군주님 앞에 계약서를 제출했다고 합시다. 계약서의 문구에는 '왼손으로 이것을 잡는 사람은 오른손이 없어진다. 오른손으로 이것을 잡는 사람은 왼손이 없어진다. 하지만 이것을 잡는 사람은 반드시 천하를 차지하게 될 것이다.'라고 쓰여 있습니다. 군주님은 그 계약서를 잡을 수 있으시겠습니까?"

소희후가 말했다.
"과인은 잡지 않을 것이오."
자화자가 말했다.
"좋습니다. 이로 살펴보면 두 팔은 천하보다도 중요하고 몸뚱이는 또 한 두 팔보다도 소중합니다. 그리고 한나라는 천하에 비하여 훨씬 더 가볍습니다. 그런데 지금 다투시고 있는 땅은 한나라보다도 훨씬 가벼운 것인데도 군주님께서는 자신의 몸을 괴롭히고 삶을 손상하면서까지 그것을 얻지 못해 걱정하고 계십니다."
소희후가 말했다.
"훌륭한 말씀이오. 과인에게 가르침을 준 사람들은 많았지만 이런 말을 들을 수는 없었소이다."
자화자는 일의 경중을 알았다고 할 수 있다.

[임금의 자리나 천하를 다스리는 것보다 중요한 것이 자기 자신이다. 천하를 다스리다가 자기 자신을 잃으면 무슨 소용이 있겠는가?]

魯君聞顔闔得道之人也 使人以幣先焉。顔闔守陋閭 苴布之衣而自飯牛。魯君之使者至 顔闔自對之。
使者曰 此顔闔之家與?
顔闔對曰 此闔之家也。
使者致幣 顔闔對曰 恐聽者謬而遺使者罪 不若審之。使者還 反審之復來求之 則不得已。
故若顔闔者 真惡富貴也。
故曰 道之真以治身 其緖餘以爲國家 其土苴以治天下。由此觀之 帝王之功 聖人之餘事也 非所以完身養生也。今世俗之君子 多危身棄生以殉物 豈不悲哉?

凡聖人之動作也 必察其所以之與其所以爲。今且有人於此 以隨侯之珠彈千仞之雀 世必笑之 是何也 則其所用者重而所要者輕也。夫生者豈特隨侯之重哉?

노나라의 군주가 안합은 도를 터득한 사람이라는 말을 듣고, 사람을 시켜 폐물을 들고 가서 먼저 찾아뵙도록 했다. 안합은 누추한 곳에 살면서, 삼베옷을 입고 소에게 여물을 먹이고 있다가 노나라 임금의 사신이 찾아오자 그를 맞이했다.

사신이 물었다.

"여기가 안합의 집입니까?"

안합이 대답했다.

"이곳이 합의 집이오."

사신들이 폐물을 바치려 하자 안합이 말했다.

"잘못 듣고서 사신을 보낸 것 같은데 죄가 될지도 모르니 다시 확인해 보시는 것이 좋을 것 같습니다."

이에 사신들이 돌아가 확인을 한 다음 다시 와서 그를 찾으니 이미 그를 찾을 수가 없었다.

그러므로 안합같은 사람이야말로 정말로 부귀를 싫어하는 것이라 할 수 있다. 그래서 말하기를 '진실한 도로 몸을 다스리고, 그 나머지로 나라를 돌보며 그 찌꺼기로 천하를 다스리는 것이다.' 라고 하는 것이다. 이렇게 본다면 제왕이 천하를 다스리는 공로란 성인에게는 여분의 일인 것이지 몸을 온전히 간수하고 삶을 보양하는 방법은 되지 못하는 것이다. 지금 세속의 군자들은 대부분 몸을 위태롭게 하고 삶을 버리면서까지 사물을 추구하고 있으니, 어찌 슬프지 않은가?

무릇 성인이 행동을 하는 경우에는 반드시 그것을 하는 까닭과 그것을 하는 수단을 먼저 살피는 법이다. 가령 지금 여기에 어떤 사람이 수나라 제후의 구슬로써 천 길 높이의 참새를 쏘았다면 세상 사람들은 분명 그를 비웃을 것이니 무슨 까닭이겠는가? 그것은 그가 사용한 것이 귀한 것임에 반하여 그것으로 얻는 것은 가벼운 것이기 때문이다. 그렇다면 사람의 삶을 어찌 수후 구슬의 중함 정도와 비교하겠는가?

[우리 자신의 삶을 보전하는 것이 무엇보다 중요하다. 부귀도 천하도 그 다음일 뿐이다. 그러한 것에 마음이 흔들린다면 진정한 도를 따라 살아가기 힘들 것이다.]

子列子窮 容貌有飢色。客有言之於鄭子陽者 曰 列禦寇 蓋有道之士也 居君之國而窮 君無乃爲不好士乎?
鄭子陽即令官遺之粟。子列子見使者 再拜而辭。使者去 子列子入 其妻望之而拊心曰 妾聞爲有道者之妻子 皆得佚樂 今有飢色。君過而遺先生食 先生不受 豈不命邪?
子列子笑謂之曰 君非自知我也 以人之言而遺我粟 至其罪我也又且以人之言 此吾所以不受也。
其卒 民果作難而殺子陽。

열자가 궁핍하여 용모에 굶주린 기색이 역력했다. 한 손님이 그런 사실을 정나라의 자양에게 말했다.
"열어구는 도를 터득하고 있는 선비입니다. 군주의 나라에 살면서 궁해졌다면 군주님께서 선비를 좋아하지 않는 것이 되지 않겠습니까?"
정나라 자양은 즉각 관리에게 명을 내려서 양식을 보내주도록 했다. 열자는 사자들을 보자 두 번 절하고 사양했다. 사자들이 떠난 뒤 열자가 들어오자 그의 처가 바라보고는 가슴을 치며 말했다.
"첩이 듣건대 도를 터득한 사람의 처자들은 누구나 안락함을 누린다

했는데 지금 우리는 굶주린 기색이 역력합니다. 군주께서 자신의 과오로 여기고 당신에게 먹을 것을 보내어 왔는데도 당신이 받지 않으시니 이것이 어찌 운명이 아니겠습니까?"

열자가 웃으면서 말했다.

"군주는 스스로 나를 알아 본 것이 아니라오. 남의 말만 듣고서 나에게 양식을 보낸 것이니, 나에게 죄를 묻게 되는 것도 역시 남의 말만 듣고 그렇게 할 것이오. 이것이 내가 받지 않은 까닭이라오."

그 뒤에 백성들이 결국 난리를 일으키어 자양을 죽이고 말았다.

[남의 말을 듣고 쉽게 판단하여 결정하는 것은 자아가 부족한 따름이다. 다른 사람의 생각은 그 사람의 생각일 뿐이다. 다른 사람의 말을 듣고 인생을 살아가다 보면 잘못된 판단을 내리기 쉬울 수밖에 없다.]

楚昭王失國 屠羊說走而從於昭王。昭王反國 將賞從者 及屠羊說。屠羊說曰 大王失國 說失屠羊 大王反國 說亦反屠羊。臣之爵祿已復矣 又何賞之有.

王曰 強之。

屠羊說曰 大王失國 非臣之罪 故不敢伏其誅 大王反國 非臣之功 故不敢當其賞。

王曰 見之.

屠羊說曰 楚國之法 必有重賞大功而後得見 今臣之知不足以存國 而勇不足以死寇。吳軍入郢 說畏難而避寇 非故隨大王也。今大王欲廢法毀約而見說 此非臣之所以聞於天下也。

王謂司馬子綦曰 屠羊說居處卑賤而陳義甚高 子綦爲我延之以三旌之位。

屠羊說曰 夫三旌之位 吾知其貴於屠羊之肆也 萬鍾之祿 吾知其富

於屠羊之利也 然豈可以貪爵祿而使吾君有妄施之名乎 說不敢當 願復反吾屠羊之肆。
遂不受也。

초나라의 소왕이 나라를 잃었을 때, 양을 도축하는 백정인 열이라는 자도 소왕을 따라 도망쳤다. 후에 소왕이 나라로 돌아와 그를 따랐던 사람들에게 상을 내렸다. 양을 도축하는 백정인 열의 차례가 되자 열이 말하였다.

"대왕께서 나라를 잃으셨을 때, 저 역시 양을 잡는 일을 잃었습니다. 대왕께서 돌아오시어 저 역시 양을 잡는 일로 돌아왔습니다. 신의 작록은 이미 되찾은 셈입니다. 또 무슨 상이 있겠습니까?"

이 말을 들은 왕은 말했다.

"견지하라!"

양백정이 말하였다.

"대왕께서 나라를 잃었던 것은 신의 죄가 아니었으니 감히 그 처벌을 받지 않았습니다. 대왕께서 돌아오신 것 역시 신의 공로가 아니기에 감히 그 상을 받지 못하겠습니다."

왕은 재차 말했다.

"견지하라!"

그러자 양백정이 말하였다.

"초나라의 법에 따르면 귀중한 상이나 큰 공을 세운 자라야 임금을 뵙게 되어 있습니다. 지금 신의 지식은 나라를 보존하기에는 부족하고, 저의 용기는 적 앞에서 죽음을 무릅쓰기에 부족합니다. 오나라 군대가 영땅을 침범했을 때, 저는 난리를 피해 도망쳤을 뿐 대왕을 따라 나선 것이 아니었습니다. 지금 대왕께서 국법을 덮고 규약을 훼손하시면서까지 저를 만나려고 하시니. 이 또한 신으로서는 천하에 들어본 적이 없는 일이옵니다."

왕이 사마의 자기에게 말했다.

"양백정인 열은 비천한 신분에 있으나 사리를 헤아리는 데 있어서는 높은 식견을 갖고 있소. 자기는 나를 위해 그를 데려다가 삼정의 지위에 앉게 하라."

이 말을 듣고 양백정이 말하였다.

"삼정의 지위가 양을 도축하는 직업보다 존귀하다는 것은 저도 알고 있습니다. 만종의 녹이 양을 도축하여 얻는 이익보다 훨씬 많다는 것도 잘 알고 있습니다. 그렇다고 어찌 작록을 탐하여 우리 임금으로 하여금 함부로 상을 내리신다는 이름을 남기게 하겠습니까! 그런 말은 감당하지 못하오니 바라건대 저를 양을 도축하는 백정의 일로 돌아가게 해 주십시오."

그리고는 끝내 아무것도 받지 않았다.

[아무리 높은 벼슬이라 하더라도 자신의 분수에 맞는 일을 하면서 인생을 살아가는 것이 본성을 따른 것이다. 그런 삶이 마음을 평안하게 해주고 삶을 안정되게 해 줄수 있다.]

原憲居魯 環堵之室 茨以生草 蓬戶不完 桑以爲樞 而甕牖二室 褐以爲塞 上漏下溼 匡坐而弦。

子貢乘大馬 中紺而表素 軒車不容巷 往見原憲。原憲華冠縰履 杖藜而應門。

子貢曰 嘻 先生何病

原憲應之曰 憲聞之 無財謂之貧 學而不能行謂之病。今憲 貧也 非病也。

子貢逡巡而有愧色。原憲笑曰 夫希世而行 比周而友 學以爲人 教以

爲己 仁義之慝 輿馬之飾 憲不忍爲也。

공자의 제자 원헌이 노나라에 살고 있었다. 그 집은 상하 사방이 10척(1丈) 밖에 되지 않는 작은 집인데다 지붕은 푸른 풀로 이었으며 쑥 풀을 묶어 만든 방문도 완전치 않은데, 뽕나무 가지를 깎아 지도리로 삼고 밑 빠진 항아리를 창으로 삼은 두 방을 거친 갈포로 막았는데 위에서 비가 새어 아래 바닥은 축축한데, 원헌은 그 가운데에 똑바로 앉아서 거문고를 타고 있었다.

어느 날 역시 공자의 제자였던 자공이 큰 말이 끄는 수레를 타고 감색 속옷에다 흰색 겉옷을 입고 찾아왔는데, 헌거가 좁은 뒷골목에 들어올 수 없어서 걸어가서 원헌을 만났다. 이때 원헌은 머리에는 자작나무 껍질로 만든 갓을 쓰고 뒤꿈치 없는 신을 신고 명아주 지팡이를 짚고 문에 나가 마중하였다.

자공이 말했다. "아아! 선생은 어찌 이렇게 병들어 보이십니까?"

원헌이 이에 대답하여 말했다.

"저는 이렇게 들었습니다. '재물이 없는 것을 가난이라 말하고 도를 배우고서도 그것을 실천하지 못하는 것을 병든 것이라고 한다.'고요. 지금 저는 가난한 것일지언정 병든 것은 아닙니다."

이 말을 듣고 자공이 뒷걸음질 치며 부끄러운 기색을 드러내자,

원헌이 웃으면서 말했다.

"세상에 명성을 얻기를 바라면서 행동하고, 부화뇌동(附和雷同) 하여 작당해서 친구를 사귀어서, 남에게 칭찬듣기 위해 학문을 하며, 남을 가르치면서 자기의 이익만을 좇으며, 인의(仁義)를 내걸고 나쁜 짓을 자행하며, 수레와 말로 자신을 꾸미는 짓을 나는 차마 하지 못합니다."

[공자의 제자 중의 원헌은 가난하기로 유명했다. 자공은 돈을 잘 버는

재주가 있었다. 가난하건 부자이건 자신의 분수를 따라 사는 것이 도의 길이다. 자신의 분수를 따르지 않을 경우 삶은 고달파 질 수밖에 없다.]

曾子居衛 縕袍無表 顏色腫噲 手足胼胝。三日不擧火 十年不製衣 正冠而纓絕 捉衿而肘見 納屨而踵決。曳縰而歌商頌 聲滿天地 若出金石。

天子不得臣 諸侯不得友。故養志者忘形 養形者忘利 致道者忘心矣。

공자의 제자 증자(曾子)가 위(衛)나라에 살고 있었다. 입고 있던 솜옷은 겉이 다 닳아 떨어져 속이 보일 정도였으며, 얼굴색은 종기가 곪아 터져 푸석푸석한데다 야위고 까칠하며, 손발은 트고 갈라지고 굳은 살이 박혀 있었다. 사흘 동안이나 불로 익힌 식사를 하지 못하였고 10년 동안이나 옷을 새로 만들어 입지 못하였다. 또 갓을 바로 쓰려 하면 갓끈이 끊어지고 옷깃을 여미려 하면 옷이 찢어져 팔꿈치가 드러나고 신을 신으려 하면 신의 뒤축이 터져버릴 지경이었다. 그런데도 뒤축 터진 신발을 질질 끌면서 상송(商頌)을 노래하면 그 노랫소리는 천지 사이에 가득 차고 마치 금속 악기와 석제(石製) 악기를 연주한 것처럼 맑게 메아리쳤다. 천자(天子)도 그를 신하로 삼을 수 없었으며 제후들도 그를 친구로 삼지 못했다. 그러므로 의지를 소중히 여겨 기르는 사람은 자기의 육체를 잊고, 육체를 잘 기르는 사람은 세속의 이해득실을 잊고, 근원의 도(道)를 체득한 사람은 마음마저 잊고 만다.

[가난하지만 올바른 도리를 즐기며 사는 것이 진실되고 진정한 삶의 자유를 누리는 것이라 할 수 있다.]

孔子謂顏回曰 回 來 家貧居卑 胡不仕乎?

顔回對曰 不願仕。回有郭外之田五十畝 足以給飦粥 郭內之田十畝 足以爲絲麻 鼓琴足以自娛 所學夫子之道者足以自樂也。回不願仕。
孔子愀然變容曰 善哉回之意 丘聞之:『知足者不以利自累也 審自得者失之而不懼 行修於內者無位而不怍。』丘誦之久矣 今於回而後見之 是丘之得也。

공자(孔子)가 안회(顔回)에게 말했다.
"회(回)야. 이리 오너라. 너는 집은 가난하고 지위는 낮다. 어디 벼슬 한 번 해보는 것이 어떻겠느냐?"
안회가 대답하여 말했다.
"저는 벼슬하기를 원치 않습니다. 저는 성곽 밖에 50무(畝)의 밭이 있는데, 족히 죽 정도는 먹을 수 있으며 또 성곽 안에 있는 10무(畝)의 밭으로는 뽕나무와 삼을 심어서 견사(絹紗)와 삼베옷을 충분히 만들 수 있습니다. 또 거문고를 타면서 스스로 즐겁게 할 수 있으며 선생님에게서 배운 도(道)로 족히 스스로 즐길 수 있습니다. 저는 벼슬살이하기를 원치 않습니다."
공자가 초연히 얼굴빛을 바꾸고서 말했다.
"좋다. 너의 생각은! 나는 듣건대 '만족할 줄 아는 사람은 이해관계로 자기를 괴롭히지 아니하고 자득(自得)함을 잘 살펴 아는 사람은 외물(外物)을 잃어도 두려워하지 아니하고 행위가 내면에서 잘 닦여진 사람은 지위가 없어도 부끄러워하지 않는다.'고 하였다. 내가 이 말을 중얼거리며 외워온 지 오래되었는데, 이제 너의 말을 듣고 난 뒤에야 비로소 그 말의 실천을 직접 보게 되었으니, 이것은 내가 얻은 행운이다."

[만족할 줄 아는 삶이 행복한 삶이다. 자신이 처한 위치에서 자신을 사랑하며 다른 것에 연연해 하지 않고 이익에 마음 끌리지 않는 그러한 삶

이 바로 도를 따르는 삶이다.]

中山公子牟謂瞻子曰 身在江海之上 心居乎魏闕之下 奈何?

瞻子曰 重生。重生則利輕。

中山公子牟曰 雖知之 未能自勝也。

瞻子曰 不能自勝則從 神無惡乎 不能自勝而強不從者 此之謂重傷。重傷之人 無壽類矣.

魏牟 萬乘之公子也 其隱巖穴也 難爲於布衣之士 雖未至乎道 可謂有其意矣。

언젠가 중산의 영주가 된 일이 있는 위나라 공자 모가 첨자에게 말했다.

"나의 몸은 강하와 대해의 물가에 숨어 지내지만 마음은 위궐의 조정 아래에 가 있으니 어찌하면 좋겠습니까?"

첨자가 말했다.

"자기의 생명을 존중하십시오. 생명을 존중하면 이익은 가벼워질 것입니다."

중산공자 모가 말했다.

"비록 그 이치는 알고 있으나 아직 스스로 극복하지 못했습니다."

첨자가 말했다.

"스스로 극복하지 못하면 내키는 대로 따르십시오. 그러면 정신이 미워하는 일은 없지 않겠습니까? 스스로 극복하지 못하는데 억지로 따르지 않으면 이것은 자기를 거듭 해치는 것입니다. 거듭 해친 사람치고 장수하는 무리에 끼어든 경우는 없습니다."

중산공자 모는 만승 대국의 공자이다. 그런 사람이 암혈 속에 숨어 산다는 것은 베옷을 입는 서민들보다 하기가 어려우니 공자 모가 비록 아직 도의 경지에는 이르지 못하였으나 도에 나아가려는 뜻만은 충분히 있다고 할 수 있을 것이다.

[자신을 넘어서야 한다. 그것이 바로 도를 따르는 길이다. 스스로를 극복하지 못하면 평안한 삶을 살아가기 힘들다.]

孔子窮於陳蔡之間 七日不火食 藜羹不糝 顏色甚憊 而弦歌於室。顏回擇菜 子路子貢相與言曰 夫子再逐於魯 削跡於衛 伐樹於宋 窮於商周 圍於陳蔡 殺夫子者無罪 藉夫子者無禁。弦歌鼓琴 未嘗絕音 君子之無恥也若此乎?

顏回無以應 入告孔子。孔子推琴喟然而歎曰 由與賜 細人也。召而來吾語之。

子路子貢入。子路曰 如此者可謂窮矣

孔子曰 是何言也 君子通於道之謂通 窮於道之謂窮。今丘抱仁義之道以遭亂世之患 其何窮之爲 故內省而不窮於道 臨難而不失其德 天寒既至 霜雪既降 吾是以知松柏之茂也。陳蔡之隘 於丘其幸乎

孔子削然反琴而弦歌 子路扢然執干而舞。子貢曰 吾不知天之高也地之下也。

古之得道者 窮亦樂 通亦樂。所樂非窮通也 道德於此 則窮通爲寒暑風雨之序矣。故許由娛於潁陽而共伯得乎共首。

공자가 진나라와 채나라의 사이에서 궁지에 빠져 7일간 불로 익힌 음식을 먹지 못하고 명아주 국에 쌀을 섞어 넣지도 못하는 형편이었다. 그리하여 안색이 몹시 고달팠는데도 방안에서 거문고를 타면서 노래를 부르고 있었다. 안회가 밖에서 나물을 캐고 있는데 자로와 자공이 함께 말했다.

"우리 선생님께서는 노나라에서 두 번이나 추방당하셨고, 위나라에서는 떠나신 뒤에 그 자취를 모두 지워버릴 정도로 박대를 당하셨고, 송나라에서는 큰 나무를 잘라 그 밑에 깔릴 뻔하셨고, 은의 고도나 주나라 서울 낙읍에서도 궁지에 빠지셨고, 이번에는 진나라와 채나라 사이에서 포위되어 꼼짝 못하는 궁지에 빠지셨다. 게다가 선생님을 죽이려던 사람도 죄를 받지 않으며, 선생님을 능멸하고 욕보여도 금하는 일이 없는 지경에 이르렀는데도, 우리 선생님께서는 조용히 노래 부르고 거문고를 타시면서 조금도 그 음악을 멈출 생각을 하지 않으시니 군자가 부끄러움 모름이 이 정도로 심할 수 있단 말인가?"

안회는 대답할 말이 없어 들어가 공자에게 일렀더니, 공자는 타던 거문고를 앞으로 밀어놓고 크게 탄식하면서 말했다.

"유와 사는 소인들이로다. 가서 불러오너라! 내가 그들에게 말해주겠다."

자로와 자공이 들어왔는데 자로가 먼저 말했다.

"이와 같은 경우는 곤궁한 처지에 빠졌다고 말할 수 있겠습니다."

공자가 말했다. "이것이 무슨 말인가! 군자는 도가 통하는 것을 통한다고 하고, 도가 막히는 것을 곤궁이라 한다. 지금 나는 인의의 도를 착실히 품고서 다만 난세의 재난을 만나고 있을 뿐인데 그것이 어째서 곤궁함이 되겠는가? 그러므로 안으로 반성하여 도에 막힘이 없으면 밖으로 위난을 당해서도 그 덕을 잃어버리지 않게 된다. 찬 계절이 이미 오고 서리와 눈이 내리고 나서야 비로소 우리들은 이 때문에 소나무와 잣나무가 추위를 견디며 무성함을 알게 되는 것이다. 제 환공의 패제후는 거에 망명하는 고난 속에서 얻은 것이고, 진 문공의 패제후는 망명중의 조에서의 모욕 속에서 얻은 것이며, 월왕 구천의 패업은 회계산의 패배에서 얻은 것이다. 지금 진채에서 겪고 있는 재난은 나에겐 오히려 다행한 일이 아니겠는가."

공자가 조용히 거문고를 끌어다 놓고 다시 연주하면서 노래를 부르자 자로가 씩씩한 모습으로 방패를 손에 잡고 춤을 추었다.

자공이 말했다.

"나는 지금까지 하늘이 이처럼 높고 땅이 이처럼 깊다는 것을 알지 못했구나!"

옛날의 득도자는 곤궁하더라도 즐거워했으며 영달하더라도 또한 즐거워했으니 그들이 정말 즐거워한 것은 곤궁과 영달과 같은 것이 아니다. 도가 나에게 얻어지면 곧 궁이니 통이니 하는 것은 한서풍우와 같은 자연의 추이와 같은 정도의 일이 될 따름이다. 그러므로 옛날의 은자 허유는 영수의 북쪽에 숨어 살면서 즐거워하였으며, 주의 왕족 공백은 공수산 기슭에 숨어 지내면서 자득하는 삶을 살았던 것이다.

[외부의 변화에 마음을 빼앗겨서는 안 된다는 것을 공자의 이야기를 예로 들고 있다. 외부에서 어떠한 일이 일어나도 흔들리지 않는 마음이 우리 삶에 있어서 너무나 중요하다.]

舜以天下讓其友北人無擇 北人無擇曰 異哉后之爲人也 居於畎畝之中而遊堯之門 不若是而已 又欲以其辱行漫我。吾羞見之。因自投清泠之淵。

순(舜)임금이 천하를 친구인 북인무택(北人無擇)에게 물려주려 하였다. 그랬더니 북인무택(北人無擇)이 말했다.

"이상하기도 하다! 임금의 사람됨이여. 본시 논밭 가운데 살면서 농사짓던 신분으로 있다가 요(堯)임금의 문하에 출입하더니 끝내 요의 신임을 얻어 천자의 자리에까지 올랐다. 그런데 이 같을 뿐이라면 좋겠는데, 이 같을 뿐만 아니고 또 자신이 저질렀던 汚辱의 행위로 나까지 더럽히고자 하는가. 나는 당신을 만나는 것조차 부끄럽소이다."
하고는 이어서 스스로 청령(淸泠)이라는 연못에 몸을 던져 죽었다.

[자신의 본성을 지키기 위해 스스로 목숨을 끊은 북인무택의 이야기이다. 그만큼 본성이 중요하다는 뜻이다.]

湯將伐桀 因卞隨而謀 卞隨曰 非吾事也。

湯曰 孰可?

曰 吾不知也。

湯又因瞀光而謀 瞀光曰 非吾事也。

湯曰 孰可

曰 吾不知也。

湯曰 伊尹何如

曰 強力忍垢 吾不知其他也。

湯遂與伊尹謀伐桀 剋之 以讓卞隨。卞隨辭曰 后之伐桀也謀乎我 必以我爲賊也 勝桀而讓我 必以我爲貪也。吾生乎亂世 而無道之人再來漫我以其辱行 吾不忍數聞也。

乃自投椆水而死。

湯又讓瞀光 曰 知者謀之 武者遂之 仁者居之 古之道也。吾子胡不立乎?

瞀光辭曰 廢上 非義也 殺民 非仁也 人犯其難 我享其利 非廉也。吾聞之曰 非其義者 不受其祿 無道之世 不踐其土。況尊我乎 吾不忍久見也。

乃負石而自沈於廬水。

탕임금이 또 무광(務光)에게 천하를 물려주려고 하여 말했다.

“지자(知者)는 천하를 위해 계책을 세우고 무용(武勇)이 있는 자는 그 것을 완수하고 인자(仁者)는 천자의 자리에 앉는 것이 고래(古來)로 해 오던 도리입니다. 그러니 어진 그대가 천자의 자리에 오르는 것이 좋지 않겠소?”

무광(務光)이 사양하면서 말했다.

“윗사람을 폐하는 것은 의(義)로운 행동이 아니며 전쟁을 일으켜 백성 들을 몰아 죽이는 것은 인(仁)한 행동이 아니며,
남이 어려움을 무릅썼는데 내가 그 이익을 누리는 것은 염치를 아는 행동이 아닙니다. 또 나는 듣건대 ‘그 의(義)로운 사람이 아닌 자에게서는 녹(祿)을 받지 아니하고, 무도한 세상에서는 그 땅을 밟지 않는다.’고 합니다. 그런데 하물며 나를 높여 천자의 지위에 올리려 하시니 어찌하겠습니까! 나는 언제까지 오래도록 이런 상황을 차마 볼 수가 없습니다.”

그리고는 마침내 돌을 등에 짊어지고 스스로 여수(廬水)의 깊은 물 속에 빠지고 말았다.

[청렴함을 위해 임금의 자리도 사양하고 자신의 몸을 버린 무광에 대한 이야기이다. 그에게는 청렴함이 그의 본성이었던 것이다.]

昔周之興 有士二人處於孤竹 曰伯夷叔齊。二人相謂曰 吾聞西方有人 似有道者 試往觀焉。

至於岐陽 武王聞之 使叔旦往見之 與盟曰 加富二等 就官一列。血牲而埋之。

二人相視而笑 曰 嘻 異哉 此非吾所謂道也。昔者神農之有天下也 時祀盡敬而不祈喜 其於人也 忠信盡治而無求焉。樂與政爲政 樂與治爲治 不以人之壞自成也 不以人之卑自高也 不以遭時自利也。

今周見殷之亂而遽爲政 上謀而下行貨 阻兵而保威 割牲而盟以爲信

揚行以說衆 殺伐以要利 是推亂以易暴也。
吾聞古之士 遭治世不避其任 遇亂世不爲苟存。今天下闇 殷德衰 其並乎周以塗吾身也 不如避之以絜吾行。
二子北至於首陽之山 遂餓而死焉。若伯夷叔齊者 其於富貴也 苟可得已 則必不賴。高節戾行 獨樂其志 不事於世。此二士之節也。

옛날 주(周)나라 왕조가 발흥하던 시기에 선비 두 사람이 고죽(孤竹)이라는 나라에 살고 있었는데 형 백이(伯夷)와 동생 숙제(叔齊)였다.
두 사람이 상의하여 말하기를 "우리가 들으니 '서방(西方)의 어떤 인물(周의 文王)이 있는데 그가 도(道)를 체득한 사람인 것 같다.'고 하니 어디 한 번 가보자." 라고 하고 기산(岐山)의 남쪽 기양(岐陽)이라는 곳에 이르렀다. 이때 문왕은 이미 세상을 떠났고, 그 아들 무왕(武王)이 이 두 사람에 대한 이야기를 듣고서 동생 주공(周公) 단(旦)으로 하여금 가서 이 두 사람을 만나 보게 하였다.
주공은 이 두 사람에게 맹세하여 말하기를
"녹봉은 제2등(第二等)을 주고 관위(官位)는 제1열(第一列)에 나아가게 할 것이다."라 하고는 희생(犧牲)을 죽여 그 피를 발라 맹세한 뒤 맹약의 문서를 땅속에 묻었다. 두 사람은 서로 바라보고 웃으면서 말했다.
"아아! 기이한 행동이로다! 이것은 우리가 말하는 도(道)가 아니다. 옛날에 신농씨(神農氏)가 천하를 다스릴 때에는 사시(四時)의 제사에는 공경을 다할 뿐 행복을 기원하는 일은 없었으며, 백성들을 대함에는 충신(忠信)으로 다스림의 도리를 다하였을 뿐 백성들에게 요구하는 일은 없었으며, 더불어 정치하는 것을 즐거워하면서 정치를 했고 더불어 다스리는 것을 즐거워하면서 다스려서 타인의 실패를 자기의 성공으로 여기지 아니하고, 타인의 신분이 낮다고 해서 자기의 신분을 높게 여기지 아니하고, 좋은 때를 만났다고 해서 그것을 자기의 이익으로 삼지 아니하였다. 그런데 지금 주(周)나라는 은(殷)나라의 어지러움을 보고서 갑자기 선정(善政)을 행하여 모략을 숭상하고 뇌물을 바치고, 군대를 믿고 무력으로 지키며, 희생(犧牲)을 갈라 그 피로 맹세하여 사람들이 신의를 지키도록 하며, 자기의 행동을 선전하여 민중을 기쁘게 하며, 전쟁으로 사람을 죽이고 나라를 정벌하여 이익을 요구하니, 이것은 난정(亂政)을 미루어 폭정과 바꾸는 것일 뿐이다. 우리는 일찍이 들으니 '옛날 사람들은 치세를 만나서는 자기가 해야 할 임무를 피하지 않았고, 난세를 만나서는 구차하게 살려 하지 않았다.'고 하였다. 지금 천하는 암흑의 시대가 되었는데 주나라의 덕은 쇠약하니, 이 주왕조 아래 나란히 살아서 우리 몸을 더럽히기보다는 차라리 이 주나라 세상에서 도망쳐 우리의 행동을 깨끗하게 하는 것이 낫겠다."라고 했다.

백이와 숙제 두 사람은 북쪽으로 수양산(首陽山)에 이르러 드디어 산 속에서 굶어 죽었다. 그러니 백이, 숙제와 같은 사람은 재산과 지위에 대해 만약 그만둘 수 있는 경우라면 반드시 그것에 의지하지 않는다. 그러니 절의(節義)를 고상하게 행하고 덕행을 높이 닦으며 다만 홀로 스스로의 높은 뜻을 즐기면서 세속 일을 일삼지 아니하는 것, 이것이 이 두 사람의 절의이다.

[백이와 숙제가 두 임금을 섬기지 않기 위해 수양산으로 들어가 나물을 먹고 살다가 굶어 죽었다는 이야기이다. 그들에게는 그것이 그들의 본성이었다. 자연의 흐름처럼 그들에게는 그러한 삶이 자연스러웠던 것이다.]

第二十九 盜跖

[이 편의 주인공인 도척이 이름을 따서 제목을 붙였다. 도척은 강도의 괴수이다.]

孔子與柳下季爲友 柳下季之弟名曰盜跖。盜跖從卒九千人 橫行天下 侵暴諸侯 穴室樞戶 驅人牛馬 取人婦女 貪得忘親 不顧父母兄弟 不祭先祖。所過之邑 大國守城 小國入保 萬民苦之。

孔子謂柳下季曰 夫爲人父者 必能詔其子 爲人兄者 必能教其弟。若父不能詔其子 兄不能教其弟 則無貴父子兄弟之親矣。今先生 世之才士也 弟爲盜跖 爲天下害 而弗能教也 丘竊爲先生羞之。丘請爲先生往說之。

柳下季曰 先生言爲人父者必能詔其子 爲人兄者必能教其弟 若子不聽父之詔 弟不受兄之教 雖今先生之辯 將柰之何哉 且跖之爲人也 心如涌泉 意如飄風 強足以距敵 辯足以飾非 順其心則喜 逆其心則怒 易辱人以言。先生必無往。

孔子不聽 顔回爲馭 子貢爲右 往見盜跖。盜跖乃方休卒徒大山之陽 膾人肝而餔之。

공자(孔子)와 유하계(柳下季)는 서로 친구 사이였다. 그런데 유하계 아우의 이름은 도척(盜跖)이었다. 도척은 9천 명의 졸개를 거느리고 천하에 다니면서 제후들이 영토를 침략하고 포악한 행동을 일삼으며, 남의 집에 구멍을 뚫어 문 고리를 떼어내고 들어가 남의 소나 말을 떼로 몰아

훔쳐내며, 남의 부녀를 납치 탈취하며, 도적질하여 얻는 이득을 탐하느라 친척도 잊었으며, 부모 형제도 돌보지 않았고, 조상들에게 제사도 지내지 않았다. 그래서 이 도척(盜跖)의 무리가 지나가는 성읍은, 큰 나라는 성벽을 닫아 굳게 지키고, 작은 나라는 보루(堡壘)에 들어가 지켜서 만백성들이 그를 고통스럽게 여겼다.

공자가 유하계(柳下季)에게 말하였다.

"남의 아버지 된 사람이라면, 반드시 그 아들을 훈계하여 이끌 수 있어야 하고, 남의 형 된 사람이라면, 반드시 그 아우를 가르쳐 깨우칠 수 있어야 합니다. 그런데 만약 아버지로서 그 자식을 훈계하여 이끌 수 없고, 형으로서 그 아우를 가르칠 수 없다면, 부자와 형제 같은 친척을 귀하게 여길 까닭이 없지 않겠습니까. 이제 선생은 세상이 알아주는 재사(才士)이면서, 그 아우는 도척이라는 큰 도적으로 천하의 해(害)가 되고 있는데도 가르쳐 깨우치지 못하고 있으니, 나는 적이 선생을 위해서 이 일을 부끄러이 여깁니다. 그러하니, 나는 선생을 대신하여 가서 그를 설득해 보겠소."

유하계(柳下季)가 말하였다.

"선생이 말씀하시길, '남의 아비 된 사람은 반드시 그 자식을 훈계하여 이끌 수 있어야 하고, 남의 형 된 사람은 반드시 그 아우를 가르쳐 깨우칠 수 있어야 한다.'고 하셨는데, 만일 자식이 아버지의 훈계를 듣지 않고 아우가 형의 가르침을 받지 않는다면 비록 지금 선생의 웅변으로 설득한다 한들 장차 그것을 어찌할 수 있겠습니까? 또한 도척(盜跖)이란 녀석의 사람됨은 마음은 용솟음치는 샘물처럼 끝이 없고, 의기(意氣)는 격렬한 회오리바람처럼 사나우며, 육체의 강건함은 어떤 적이라도 막아내기에 충분하며, 언변은 자기 잘못을 꾸며대어 변명하기에 충분합니다. 상대가 제 마음에 들면 기뻐하지만, 제 마음에 거슬리면 욕지거리로 남을 어렵지 않게 욕보입니다. 선생께서는 절대 가지 마십시오."

그러나 공자는 유하계(柳下季)의 충고를 듣지 않고 안회(顏回)더러 수레를 몰라 하고 자공(子貢)을 오른편에 앉힌 뒤 도척(盜跖)을 만나 보러 갔다. 도척은 이때 마침 졸개들을 태산(太山)의 남쪽 기슭에서 쉬게 하고, 사람의 간(肝)으로 회(膾)를 쳐서 그것을 간식으로 먹고 있었다.

[공자가 자신의 친구 유하계의 동생 도척을 훈계하러 가는 과정을 설명하고 있는 장면이다.]

孔子下車而前 見謁者曰 魯人孔丘 聞將軍高義 敬再拜謁者。

謁者入通 盜跖聞之大怒 目如明星 髮上指冠 曰 此夫魯國之巧僞人孔丘非邪 爲我告之 爾作言造語 妄稱文武 冠枝木之冠 帶死牛之脅 多辭繆說 不耕而食 不織而衣 搖脣鼓舌 擅生是非 以迷天下之主 使天下學士不反其本 妄作孝弟 而儌倖於封侯富貴者也。子之罪大極重 疾走歸 不然 我將以子肝益晝餔之膳。

孔子復通曰 丘得幸於季 願望履幕下。

謁者復通 盜跖曰 使來前

孔子趨而進 避席反走 再拜盜跖。

공자가 수레에서 내려 앞으로 나아가서 알자(謁者)를 보고 말했다.

“노(魯)나라 사람 공구(孔丘)는 장군의 높은 의리를 듣고 알자(謁者)에게 삼가 재배합니다.”

알자(謁者)가 들어가 도척에게 전하였더니, 도척은 그 말을 듣고 크게 노하여 눈은 번쩍거리는 별과 같고, 갓을 찌를 듯 머리카락을 위로 솟구치면서 말했다.

“이자가 저 노나라의 위선자 공구(孔丘)인가? 아닌가? 내 말이라고 하면서 그에게 전하라. ‘너는 말을 만들고 이야기를 지어내어, 함부로 문왕(文王)이다 무왕(武王)이다 하며 칭송하고, 머리에는 나뭇가지처럼 장식이 많은 갓을 쓰고, 허리에는 죽은 소의 옆구리 뱃가죽으로 만든 허리띠를 차고 다니면서, 수다스레 잘못 투성이의 유설(繆說)을 지껄여대고, 농사짓지 않으면서 밥 먹으며, 베를 짤 줄도 모르면서 옷을 입고 다닌다. 게다가 입술을 놀리고 혀를 움직이면서 제멋대로 선악시비(善惡是非)의 기준을 만들어 천하의 군주들을 미혹시킨다. 그리하여 천하에서 학문하는 사람들로 하여금 그 근본으로 돌아가지 못하게 만들면서, 함부로 효도(孝)니 공경(弟)이니 하는 덕목을 만들어 놓아 제후에 봉해지고 부귀하게 되는 요행을 바라게 하는 자이다. 그러니 너의 죄는 커서 무겁게 처벌받아야 할 것이다. 빨리 돌아가라! 그렇지 않으면 내가 너의 간으로 점심 식사의 반찬에 보탤 것이다.' ”

그런데도 공자는 다시 알자(謁者)를 통해서 말했다.

"저는 장군의 형님이신 유하계(柳下季)와 친하게 지내고 있으니, 부디 장군의 신발이나마 군막(軍幕) 아래에서라도 바라볼 수 있게 해주십시오."

알자(謁者)가 다시 전하였더니 도척(盜跖)이 말했다.

"내 앞으로 데리고 오도록 하라."

공자는 종종걸음으로 앞으로 나아가 자리를 피해서 도척에게 두 번 절했다.

[도척이 공자에 대한 비판이 나오는 장면이다. 유가는 인위적이라 위선이라는 그의 비판이다.]

盜跖大怒 兩展其足 案劍瞋目 聲如乳虎 曰 丘來前 若所言 順吾意則生 逆吾心則死。

孔子曰 丘聞之 凡天下有三德: 生而長大 美好無雙 少長貴賤見而

皆說之 此上德也 知維天地 能辯諸物 此中德也 勇悍果敢 聚衆率兵 此下德也。凡人有此一德者 足以南面稱孤矣。

今將軍兼此三者 身長八尺二寸 面目有光 脣如激丹 齒如齊貝 音中黃鍾 而名曰盜跖 丘竊爲將軍恥不取焉。將軍有意聽臣 臣請南使吳越 北使齊魯 東使宋衛 西使晉楚 使爲將軍造大城數百里 立數十萬戶之邑 尊將軍爲諸侯 與天下更始 罷兵休卒 收養昆弟 共祭先祖。此聖人才士之行 而天下之願也。

도척은 크게 노하여 양다리를 떡 벌리고 앉은 채로 칼자루를 손에 잡고 눈을 부릅뜨고서, 마치 젖먹이는 어미 호랑이와 같이 사나운 소리로 말하였다.

"구(丘)는 앞으로 나오라. 네가 하는 말이 내 마음에 들면 살려줄 것이고, 내 마음에 거슬리면 죽여버리겠다."

공자가 말하였다.

"제가 듣건대, 천하에는 세 가지 미덕(美德)이 있다 합니다. 태어나면서부터 키가 크고 체격이 장대해서, 용모의 아름다움이 뛰어나 누구도 비길 수 없고, 젊은이도 늙은이도, 귀한 이도 천한 이도 모두 그를 보고 좋아하게 되는 것, 이것이 상덕(上德)입니다. 지식은 천지(天地) 만상(萬象)을 다 안아서 모르는 것이 없고, 능력이 모든 사물을 두루 다 처리할 수 있는 것 이것이 중덕(中德)입니다. 용맹하고 결단력이 있어 많은 사람을 모아서 군대를 인솔할 수 있는 것, 이것이 하덕(下德)입니다. 사람 중에 누구라도 이 가운데 한 가지 덕이라도 갖추고 있으면, 충분히 군주의 자리에 앉아 제후로 일컬을 수 있다고 합니다. 그런데 지금 장군께서는 이 세 가지 덕을 전부 갖추고 계십니다. 키는 여덟 자 두 치나 되고, 얼굴에서는 빛이 나며, 입술은 선명한 붉은 빛깔을 하고 있으며, 치아는 모양이 아름다운 조개껍질처럼 정돈되어 아름다우며, 목소리는 육률육려(六律六呂)의 기본음인 황종(黃鍾)의 음률에 들어맞습니다. 그런데도, 세상에서는 장군을 이름하여 도척이라 하고 있으니 저는 적이 장군을 위하여 이를 부끄럽게 여겨 따르지 않습니다. 장군께서 제 말을 따를 뜻이 있으시다면, 저는 남쪽으로는 오(吳)나라와 월(越)나라에 사신으로 가고, 북쪽으로는 제(齊)나라와 노(魯)나라에 사신으로 가고, 동쪽으로는 송(宋)나라와 위(衛)나라에 사신으로 가고, 서쪽으로는 진(晉)나라와 초(楚)나라에 사신으로 가서, 그들로 하여금 장군을 위하여 사방 수백 리 되는 커다란 성곽(城郭)을 만들어서 수십 만 호의 성읍(城邑)을 건립하게 하고 장군을 제후의 한 사람이 되어 존경받게 하고 온 천하 사람들과 더불어 세상을 개혁하고 난세를 일신(一新)하여 전쟁을 그만두고 병졸들을 쉬게 하고, 장군의 형제들을 거두어 양육하며 공손히 조상의 제사를 지낼 수 있도록 할 것입니다. 이것이 성인(聖人)과 재사(才士)의 행동이고 또한 천하 만민의 소원입니다."

[공자가 도척을 설득하는 장면이다. 도척을 추켜올리고 강도 같은 나쁜 짓을 하지 말라고 은근히 권하고 있다.]

盜跖大怒曰 丘來前 夫可規以利而可諫以言者 皆愚陋恆民之謂耳。今長大美好 人見而悅之者 此吾父母之遺德也。丘雖不吾譽 吾獨不自知邪

且吾聞之 好面譽人者 亦好背而毁之。今丘告我以大城衆民 是欲規我以利而恆民畜我也 安可久長也 城之大者 莫大乎天下矣。堯舜有天下 子孫無置錐之地 湯武立爲天子 而後世絶滅 非以其利大故邪

且吾聞之 古者禽獸多而人少 於是民皆巢居以避之 晝拾橡栗 暮棲木上 故命之曰有巢氏之民。古者民不知衣服 夏多積薪 冬則煬之 故命之曰知生之民。神農之世 臥則居居 起則于于。民知其母 不知其父 與

麋鹿共處 耕而食 織而衣 無有相害之心 此至德之隆也。然而黃帝不能致德 與蚩尤戰於涿鹿之野 流血百里。堯舜作 立羣臣 湯放其主 武王殺紂。自是之後 以強陵弱 以衆暴寡。湯武以來 皆亂人之徒也。

今子脩文武之道 掌天下之辯 以教後世 縫衣淺帶 矯言偽行 以迷惑天下之主 而欲求富貴焉 盜莫大於子。天下何故不謂子爲盜丘 而乃謂我爲盜跖

도척(盜跖)은 더욱 크게 노하여 말했다.

"구(丘)여! 내 앞으로 더 가까이 나오라. 이익을 가지고 행동을 고칠 수 있고 말로 충고하여 바로잡을 수 있는 상대는 모두 어리석은 보통 사람이라고 일컬을 뿐이다. 지금 나의 체격과 용모가 장대하고 아름다워서 사람들이 보고서 나를 좋아하는 것, 이것은 나의 부모가 물려준 미덕이니, 구(丘) 그대가 나를 칭찬해 주지 않더라도 내가 유독 그것을 스스로 알지 못할 것인가? 또 내가 듣건대, '남의 면전에서 칭찬하기를 좋아하는 자는 뒤돌아서 헐뜯고 욕하기를 좋아한다.'고 하더라. 지금 구(丘) 그대가 나에게 커다란 성곽(城郭)과 많은 백성들을 준다고 하였는데 이것은 나를 이익으로 규정(規正)해서 범속한 인간으로 취급하여 나를 먹이고 길들이고자 하는 것이다. 그러나 그 큰 성곽과 많은 백성을 소유함이 어찌 오래갈 수 있겠는가? 그리고 성곽의 크기로 치자면 천하보다 큰 것이 없다. 요(堯)나 순(舜)은 천하를 자기의 것으로 소유하였지만 그 자손들은 송곳 하나 세워놓을 좁은 땅조차 없었으며, 탕왕(湯王)이나 무왕(武王)은 스스로 서서 천자가 되었지만 그 자손은 모두 끊어지고 멸망하고 말았다. 이것은 그들이 손에 넣은 이익이 너무 컸기 때문이 아니겠느냐?

또한 나는 이런 말을 들었다.

'아주 옛날에는 새와 짐승은 많았고 인류는 숫자가 적었다. 그래서 사람들은 모두 나무 위에 집을 짓고 살면서 짐승의 해(害)를 피했고, 낮에는 도토리나 밤을 줍고 날이 저물면 나무 위에 올라가 잠을 잤다고 한다. 그래서 이 사람들을 명명(命名)하여 유소씨(有巢氏)의 백성이라고 하였다.

또 옛적에 사람들은 옷이라는 것을 알지 못하였다. 그리하여 여름이면 땔나무를 쌓아두었다가 겨울에는 이것으로 불을 때면서 지냈다. 그래서 이들을 명명하여 삶의 지혜를 아는 지성(知生)의 백성이라고 하였다.

그리하여 신농씨(神農氏)의 세상이 되어서는 사람들은 누워 잠자고 있을 때는 편안했고 일어나 깨어 있을 때에는 무심한 모양으로 한가로이 지내면서, 사람들이 자기의 어머니는 알아도 자기의 아버지는 알지 못하며, 크고 작은 사슴 무리들과 함께 살면서, 스스로 밭갈아 농사지어 먹고 스스로 베틀에 베를 짜서 옷을 입고서 서로 남을 해치려는 마음을 갖지 않고 지냈으니, 그 때가 지덕(至德)이 잘 시행된 최륭성기(最隆盛期)였다.

그런데 시대가 내려와 황제(黃帝)의 세상이 되어서는 지덕(至德)을 시행하지 못하여 치우(蚩尤)와 탁록(涿鹿)의 들판에서 싸워 사상자가 흘린 피가 사방 백 리에 미쳤다. 요와 순이 천자가 되자 여러 신하의 지위를 만들어 상하차별을 확립했고, 은(殷)의 탕왕(湯王)은 그 주군인 하(夏)의 걸왕(桀王)을 추방했고 주(周)의 무왕(武王)은 은의 폭군인 주왕(紂王)을 죽였으니 이 이후부터는 그저 강한 자가 약한 자를 능멸하고, 다수자가 소수자를 난폭하게 학대하는 세상이 되었다. 그러니 탕왕과 무왕 이후로는 모두 난폭자의 무리들이다.'라고 하는 것이다.

[도척은 자신보다 공자가 세상에 더 큰 해를 입히고 있다고 말하고 있다. 인위로 인한 인의가 사람들을 구속한다는 그의 말이다.]

子以甘辭說子路而使從之 使子路去其危冠 解其長劍 而受教於子 天下皆曰孔丘能止暴禁非。其卒之也 子路欲殺衛君而事不成 身菹於衛東門之上 是子教之不至也。

子自謂才士聖人邪 則再逐於魯 削跡於衛 窮於齊 圍於陳蔡 不容身於天下。子教子路菹此患 上無以爲身 下無以爲人 子之道豈足貴邪

世之所高 莫若黃帝 黃帝尚不能全德 而戰於涿鹿之野 流血百里。堯不慈 舜不孝 禹偏枯 湯放其主 武王伐紂 文王拘羑里。此六子者 世之所高也 孰論之 皆以利惑其真而強反其情性 其行乃甚可羞也。

"그대는 달콤한 말로 자로(子路)를 설득해서 그대의 추종자가 되게 하여, 자로로 하여금 용자(勇者)의 상징인 높은 관을 벗어 던지고 긴 칼을 풀어 던지고 그대에게 가르침을 받게 하였다. 그래서 천하의 모든 사람들이 말하기를, '공구(孔丘)는 난폭한 행동을 누르고 악행을 금지시킬 수 있다.'고 하게 하였다.

그러나 결국 자로는 위(衛)나라 임금 괴외(蒯聵)를 죽이려 하다가 일을 이루지 못하고 그 몸은 위나라의 동문 가까이에서 소금에 절여지는 형벌을 당하고 말았으니, 이것은 너의 가르침이 지극하지 못했기 때문이다. 그대는 자기 자신을 스스로 재사 성인이라고 생각하고 있는가!

그럴진댄 어찌하여 위(魯)나라에서 두 번이나 축출되었고, 위(衛)나라에서는 그대가 떠난 뒤 발자취를 삭제당할 정도로 미움받았고, 제(齊)나라에서 궁지에 몰리고, 진(陳)나라와 채(蔡)나라 사이에서 군대에 포위되어 천하에 몸을 용납할 데가 없었다. 그대는 자로로 하여금 그 같은 환난을 당하게 하였으니, 위로는 자기 몸을 편안히 지키지 못했고, 아래로는 남을 편안히 살게 하지도 못했다. 그러니 그대의 도를 어찌 높이기에 충분하겠는가?"

"세상에서 높이는 인물로는 황제(黃帝)만 한 이가 없는데 그 황제조차도 오히려 그 미덕(美德)을 온전히 보전할 수 없어서 탁록(涿鹿)의 들판에서 치우(蚩尤)와 전쟁하여 피가 흘러 사방 백 리까지 미쳤다. 그리고 요(堯)임금은 자식에 대하여 자애롭지 않았으며, 순(舜)임금은 어버이에게 불효하였으며, 우(禹)는 치수를 한답시고 몸을 돌보지 않아 반신불수가 되었으며, 탕(湯)은 그 주군인 하(夏)의 걸왕(桀王)을 추방하였으며, 무왕(武王)은 역시 그 주군인 은(殷)의 주왕(紂王)을 정벌하였으며, 문왕(文王)은 유리(羑里) 땅에 감금되었다. 그러니 이 일곱 사람은 세상에서 높이는 인물들이었으나 자세히 따져본다면 모두 이익 때문에 참다운 진실을 잃어버려 무리하게 본성을 거슬렀으니, 그들의 행동은 높이 존경 받기는커녕 도리어 매우 부끄러워할 만하다.

[도척은 유가에서 숭상하는 사람들이 자신의 본성을 따르지 않아 문제를 만들어 내었던 이야기를 하고 있다. 공자의 인에 대한 가르침도 사람들을 완전히 자유롭게 하지는 못한다는 말이다.]

世之所謂賢士 伯夷叔齊。伯夷叔齊辭孤竹之君而餓死於首陽之山 骨肉不葬。

鮑焦飾行非世 抱木而死。申徒狄諫而不聽 負石自投於河 爲魚鼈所食。介子推至忠也 自割其股以食文公 文公後背之 子推怒而去 抱木而燔死。尾生與女子期於梁下 女子不來 水至不去 抱樑柱而死。此六子者 無異於磔犬流豕操瓢而乞者 皆離名輕死 不念本養壽命者也。

世之所謂忠臣者 莫若王子比干伍子胥。子胥沉江 比干剖心 此二子者 世謂忠臣也 然卒爲天下笑。自上觀之 至於子胥比干 皆不足貴也。丘之所以說我者 若告我以鬼事 則我不能知也 若告我以人事者 不過此矣 皆吾所聞知也。

"세상 사람들이 말하는 현인(賢人)은 백이(伯夷)와 숙제(叔齊)이다. 그러나 백이와 숙제는 고죽국(孤竹國) 임금의 지위를 사양하고 수양산에서 굶어 죽어, 그들의 시체는 장례를 치르지도 못한 채 산속에 버려졌다. 춘추시대의 은자(隱者) 포초(鮑焦)는 고결하게 행동하고 세상이 옳지 않다고 비난하다가 나무를 끌어안은 채로 말라 죽었다.

은대(殷代)의 은자(隱者) 신도적(申徒狄)은 임금에게 간하였는데 들어주지 않자 돌을 짊어지고 황하의 강물에 스스로 몸을 던져 물고기 밥이 되었으며, 진(晉) 문공(文公)의 신하인 개자추(介子推)는 지극히 충성스러웠는지라 자기 넓적다리 살을 베어 문공에게 먹였는데 문공이 뒤에 그를 배반하였더니, 자추는 노하여 진나라를 떠나 나무를 껴안은 채 불에 타 죽고 말았으며, 노나라 사람 미생(尾生)은 여자와 다리 아래에서 만나기로 약속하였다가 여자가 오지 않았는데 물이 자꾸 불어 올라도 그 자리를 떠나지 않고 다리 기둥을 끌어안고 죽었다. 그러니 이 여섯 선생들은 제사에 쓰려 찢어발긴 개나, 제물로 강물에 던져진 돼지, 아니면 바가지를 들고 걸식하는 거지와 다를 것이 없다. 모두 명예에 걸려 죽음을 경시하여, 삶의 근본을 생각하고 수명을 잘 기르지 못한 자들이다."

"세상 사람들이 말하는 충신은 왕자(王子) 비간(比干)과 오자서(伍子胥)만 한 이가 없다. 그러나 오자서는 시체가 오왕(吳王) 부차(夫差)에 의해 장강에 가라앉혀졌고, 왕자 비간은 조카인 주왕(紂王)에 의해 심장이 갈라졌으니 이 두 선생은 세상에서 충신이라고 말하지만 마침내는 천하의 웃음거리가 되고 말았다. 상고로부터 이것을 살펴보건대, 저 황제 요와 순으로부터 오자서와 왕자 비간에 이르기까지 모두 존승하기에는 부족하다. 그러니, 구(丘) 그대가 나를 설득하려고 하는 것이, 만일 내게 귀신의 일을 가지고 말하는 것이라면 내가 알 수 없을지 모르지만, 만일 인간의 일을 가지고 나에게 말하는 것이라면 지금 말한 것에 지나지 않을 것이니 그런 정도는 모두 내가 들어 알고 있는 것이다."

[도척은 또한 유가에서의 현인이나 충신들 마저도 인간의 본성을 따르지 않아 불행한 삶을 살았다고 말하고 있다.]

今吾告子以人之情 目欲視色 耳欲聽聲 口欲察味 志氣欲盈。人上壽百歲 中壽八十 下壽六十 除病瘦死喪憂患 其中開口而笑者 一月之中不過四五日而已矣。天與地無窮 人死者有時 操有時之具而托於無窮之間 忽然無異騏驥之馳過隙也。不能說其志意 養其壽命者 皆非通道者也。

丘之所言 皆吾之所棄也 亟去走歸 無復言之 子之道 狂狂汲汲 詐巧虛偽事也 非可以全真也 奚足論哉

이제 나는 그대에게 인간의 참된 실상에 대해 이야기해 주겠다. 사람이란 눈은 아름다운 빛깔을 보고 싶어하고, 귀는 아름다운 소리를 듣고 싶어하며, 입은 맛있는 것을 맛보고자 하며, 뜻은 만족되기를 바라는 존재이다. 그런데 사람의 수명은 최고로 오래 사는 경우라야 기껏 백세이고, 중간 정도로 오래 사는 경우는 80세이고, 낮은 수준으로 오래 사는 경우는 60세인데, 그나마도 병들어 여위거나, 상복을 입거나, 세상사를 근심하거나 하는 시간을 제외하고 나면,그 짧은 인생 속에서 입을 벌리고 웃으며 지낼 수 있는 것은 한 달 중에 사오일 정도에 불과할 뿐이다.

하늘과 땅은 무궁하지만 사람의 죽음은 일정한 때가 있으니 죽어야 할 때가 정해진 육체를 가지고 무궁한 천지 사이에 의탁하는 것은, 짧음이 마치 천리마가 문틈 사이를 달려 지나가는 것과 다를 것이 없다. 자연스러운 욕구를 만족시키지 못하면서 그 수명을 기르지 못하는 자는 모두 도(道)를 통달한 자가 아니다.

구(丘)! 그대가 말하려 하는 것은 모두 내가 부정하여 버린 것들이다. 그러니 빨리 떠나고 얼른 달려가서 다시는 나에게 말하지 말라. 그대의 도는 인간의 본성을 잃은 채 급히 달려가는 꼴이니 남을 속이는 거짓투성이이다. 인간의 참된 모습을 완전히 보전할 수 있는 것이 아니니, 어찌 족히 논할 가치가 있겠는가?"

[도척은 비록 도적일지 모르나 인간이 본성을 따라 살아갈 때 가장 행복한 것이라 주장하고 있다. 공자는 인위를 포함하고 있으니 인간의 본성을 따르는 것과는 다르다고 그는 말하고 있다.]

孔子再拜趨走 出門上車 執轡三失 目芒然無見 色若死灰 據軾低頭不能出氣。歸到魯東門外 適遇柳下季。

柳下季曰 今者闕然數日不見 車馬有行色 得微往見跖邪?

孔子仰天而歎曰 然.

柳下季曰 跖得無逆汝意若前乎?

孔子曰 然。丘所謂無病而自灸也 疾走料虎頭 編虎須 幾不免虎口哉.

공자는 두 번 절하고는 잰걸음으로 달려 도척 진영의 문을 나와 수레에 올라 타 말고삐를 잡으려다가 세 번이나 놓치고, 눈앞이 캄캄하여 아무 것도 눈에 들어오지 아니하고, 안색은 불 꺼진 잿빛 같았으며, 수레 앞턱 가로나무에 기대어 고개를 떨군 채 숨을 내쉬지 못할 정도였다. 그리하여 노나라의 도성 동문 밖에 돌아와 마침 도척의 형 유하계(柳下季)를 만났다.

유하계가 말했다.

"요사이 조용히 아무 소식 없이 며칠을 통 뵙지 못하였는데, 선생이 타신 수레와 말에 어디 여행 다녀오신 자취가 있으니 설마 도척을 가서 만나 보신 것은 아니겠지요?"
공자가 하늘을 우러러 탄식하며 말했다.
"그렇습니다."
유하계가 말하였다.
"제 아우 척(跖)이 혹시 앞서 말한 것처럼 그대의 마음에 거스름이 있었던 것은 아닌지요?"
공자가 말했다.
"그렇습니다. 말씀하신 그대로였습니다. 저는 말 그대로 '병이 없는데도 스스로 뜸을 한' 꼴이 되었습니다. 냅다 달려가 호랑이 머리를 건드리고, 호랑이 수염을 얽어댔으니 하마터면 호랑이에게 먹힐 뻔했습니다."

[도척의 논리를 이길 수 없었던 공자의 모습을 그리고 있다. 사람의 본성을 따라 살지 않는다면 세상은 너무나 힘들어질 수밖에 없음을 의연중 알려주고 있다.]

子張問於滿苟得曰 盍不爲行 無行則不信 不信則不任 不任則不利。故觀之名 計之利 而義真是也。若棄名利 反之於心 則夫士之爲行 不可一日不爲乎!
滿苟得曰 無恥者富 多信者顯。夫名利之大者 幾在無恥而信。故觀之名 計之利 而信真是也。若棄名利 反之於心 則夫士之爲行 抱其天乎.
子張曰 昔者桀紂貴爲天子 富有天下 今謂臧聚曰 汝行如桀紂 則有怍色 有不服之心者 小人所賤也。仲尼墨翟 窮爲匹夫 今謂宰相曰 子行如仲尼墨翟 則變容易色稱不足者 士誠貴也。故勢爲天子 未必貴也 窮爲匹夫 未必賤也 貴賤之分 在行之美惡。
滿苟得曰 小盜者拘 大盜者爲諸侯 諸侯之門 義士存焉。昔者桓公小白殺兄入嫂而管仲爲臣 田成子常殺君竊國而孔子受幣。論則賤之 行則下之 則是言行之情悖戰於胸中也 不亦拂乎 故《書》曰 孰惡孰美 成者爲首 不成者爲尾。

자장(子張)이 만구득(滿茍得)에게 물었다.

"당신은 어찌하여 스스로의 행실을 닦지 않습니까. 행실을 닦음이 없으면 남에게 신뢰받지 못하고 남에게 신뢰받지 못하면 관직에 임명되지 못하고 관직에 임명되지 못하면 이익이 손에 들어오지 않습니다. 그러므로 명예를 기준으로 따져보고 이익을 기준으로 헤아려본다면 의(義)야말로 진실로 제일의 가치입니다. 그러니 만일 명예나 이익을 버리고 근본의 본심으로 돌아가기로 한다면 사인(士人)의 수행은 하루라도 닦지 않을 수 없을 것입니다."

만구득(滿茍得)이 말했다.

"부끄러움 없는 자가 부자가 되고 입심 좋아 말 많은 자가 유명해집니다. 대저 명예나 이익 가운데 큰 것은 거의 부끄러움 없고 말 많은 데에 의지합니다. 그러므로 명예를 기준으로 따져보고 이익을 기준으로 헤아려 본다면 곧 입심 좋고 말 많은 것이야말로 진실로 제일의 가치입니다. 그러니 만일 명예와 이익을 버리고 근본으로 돌아가기로 한다면 사인(士人)의 행동은 무슨 수행이 따로 있는 것이 아니고 자연 그대로의 천성을 잘 지키는 것입니다."

자장(子張)이 말했다.

"옛날에 하(夏)의 걸왕(桀王)과 은(殷)의 주왕(紂王)은 귀하기로는 천자였고 부유하기로는 천하를 소유하였지만, 지금 종이나 마구간지기에게 말하기를 '너는 행동이 걸과 주와 다를 것이 없다.'고 하면, 부끄러워하는 빛이 있거나 마음으로 승복하지 못하는 경우가 있습니다. 이것은 걸과 주가 미천한 사람들도 천하게 여기는 대상이기 때문입니다. 중니

(仲尼)와 묵적(墨翟)은 옛날에 곤궁하기로는 필부였지만 지금 어떤 재상을 보고 그에게 말하기를 '그대는 행동이 중니나 묵적과 같다.'고 하면 그는 용모를 고치고 얼굴빛을 바꾸어 정색하고서 '저는 중니와 묵적에는 미치지 못합니다.'라고 말합니다. 이것은 중니와 묵적을 사인(士人)들도 진실로 존귀하게 여기기 때문입니다.

그러므로 권세를 누려 천자가 되었다 하더라도 반드시 존귀한 것은 아니며 곤궁하여 필부의 처지에 놓였다 하더라도 반드시 천한 것은 아닙니다. 인간의 참된 귀함과 천함의 구분은 그 인간의 행동의 선과 악에 달려 있는 것입니다."

만구득(滿苟得)이 말했다.

"작은 것을 훔치는 좀도둑은 잡히지만 큰 것을 훔치는 큰 도둑은 제후가 됩니다. 게다가 그 제후의 권력이 있고서 비로소 의인(義人)이 그 아래에 있게 됩니다. 옛날 제(齊)나라 환공(桓公)은 자기 형을 죽여 그 형수를 아내로 삼았는데도 이런 무법자에게 관중(管仲)이 신하가 되었으며, 제나라의 실력자 전성자상(田成子常)이 자기 주군을 죽이고 나라를 훔쳤는데, 공자는 이 극악무도한 전상(田常)으로부터 폐백을 받고 그의 초청에 응했습니다. 그러니 관중이건 공자이건 이들은 말로는 환공이나 전상을 경멸하지만 행동으로는 그들에게 머리를 숙인 것입니다. 이것은 말과 행동의 실제가 마음속에서 서로 배반하고 싸우면서 공존하고 있는 것이니 또한 모순되지 않습니까. 그러므로 어떤 옛날 책에서는 말하기를 '이 세상에 어느 쪽이 악이고 어느 쪽이 선인가? 성공한 자가 우두머리가 되고 성공하지 못한 자가 꼬리가 되게 마련이다.'라고 한 것입니다."

[자장이 주장하는 유가의 이론에 대하여 만구득이 문제점을 말하고 있다.]

子張曰 子不爲行 即將疏戚無倫 貴賤無義 長幼無序 五紀六位 將何以爲別乎?

滿苟得曰 堯殺長子 舜流母弟 疏戚有倫乎 湯放桀 武王殺紂 貴賤有義乎? 王季爲適 周公殺兄 長幼有序乎 儒者僞辭 墨子兼愛 五紀六位將有別乎?

且子正爲名 我正爲利。名利之實 不順於理 不監於道。

吾日與子訟於無約 曰 小人殉財 君子殉名。其所以變其情 易其性 則異矣 乃至於棄其所爲而殉其所不爲 則一也。故曰 無爲小人 反殉而天 無爲君子 從天之理。若枉若直 相而天極 面觀四方 與時消息。若是若非 執而圓機 獨成而意 與道徘徊。無轉而行 無成而義 將失而所爲。無赴而富 無殉而成 將棄而天。

比干剖心 子胥抉眼 忠之禍也 直躬證父 尾生溺死 信之患也 鮑子立乾 申子不自理 廉之害也 孔子不見母 匡子不見父 義之失也。此上世之所傳 下世之所語 以爲士者正其言、必其行 故服其殃、離其患也。

자장(子張)이 말했다. "그대가 그런 소리나 하고 행실을 닦지 않으면 곧 관계의 멀어짐과 가까움에 질서가 없게 되고, 귀(貴)와 천(賤)의 예의가 없게 되고, 장(長)과 유(幼)의 차례가 없게 될 것이니, 다섯 가지 근본 윤리(五紀)와 여섯 가지의 관계 윤리(六位)를 장차 어떻게 구별할 수 있겠습니까?"

만구득(滿苟得)이 말했다.

"요임금은 자신의 장남을 죽였고, 순임금은 모제(母弟)였던 상(象)을 추방하였으니 이러고서도 멀어짐과 가까움에 질서가 있다고 하겠습니까? 또 탕(湯)이 걸(桀)을 추방하고 무왕(武王)이 주(紂)를 죽였으니 이러고서도 귀(貴)와 천(賤) 사이에 예의가 있다고 할 것인가요? 주(周)나라 문왕(文王)의 아버지 왕계(王季)는 형들을 제쳐놓고 적자(嫡子)가 되었고, 주공(周公)은 형들을 죽였으니 이러고서도 장(長)과 유(幼) 사이에 순서가 있다 할 것인가요? 유자(儒者)는 말을 거짓으로 하고 묵자(墨者)는 구별 없이 박애하라고 주장하니 이러고서도 오기(五紀)와 육위(六位)의 윤리가 장차 구별이 가능하다 할 것인가요?"

"또 가령 그대가 바로 명성을 추구한다고 한다면 나는 바로 이익을 추구한다고 하겠는데, 명성을 추구하고 이익을 추구하는 행동의 실상은 모두가 도리에 맞지 않고, 근본의 참된 도(道)에 비추어볼 때 옳지 않은 것입니다.

전날에 그대와 무약(無約) 선생에게 가서 우리의 논쟁거리를 가지고 가르침을 청한 일이 있었지요. 그때 무약 선생은 이렇게 말했습니다.

'소인은 재물 때문에 자기 몸을 희생하고, 군자는 명성 때문에 자기 몸을 희생한다. 그들이 본연의 감정을 변화시키고 본성(本性)을 바꾸는 목적은 다르나 인간으로서 해야 할 일을 버리고 해서는 아니 될 일에 자기 몸을 희생함에 이르러서는 같다.'

그래서 말하기를

'재물 때문에 자기 몸을 희생하는 소인이 되지 말고 근본으로 돌아가 너의 자연인 천(天)을 따르며, 명성 때문에 자기 몸을 희생하는 군자가 되지 말고 근본으로 돌아가 자연인 天의 도리를 따르도록 하라. 때론 구부리고 때론 곧게 나아가면서 너의 자연인 천(天)의 극치를 주시하면서 사방의 만물을 바라보면서 때의 추이와 함께 변화하라. 때로는 옳다 하고 때로는 그르다 하면서 너의 회전축을 잡으며 홀로 너의 뜻을 이루어 나가면서 도(道)와 함께 소요(逍遙) 배회(徘徊)하며 즐겨라. 너의 행동을 한 가지 방향으로만 오로지 한정하지 말며 너의 독단적인 정의(正義)를 내세워 그것을 완성하려 하지 말라. 그렇지 않으면 네가 추구해야 할 참다운 도(道)를 장차 잃어버리고 말 것이다. 너의 부(富)를 좇지 말 것이며 너의 세속적 성공에 몸을 희생하지 말라. 그렇지 않으면 장차 너의 자연인 천(天)을 잃어버리게 될 것이다.'라고 하셨습니다."

"은의 왕자 비간(比干)은 주(紂)를 간(諫)하다가 심장이 갈라졌으며 오(吳)의 오자서(伍子胥)는 오왕 부차를 간하다가 눈알이 도려내졌으니, 이것은 충(忠)이 초래한 재앙입니다. 직궁(直躬)은 아버지의 범죄를 증명했고 미생(尾生)은 여자와의 약속을 지키다 물에 빠져 죽었으니 이것은 신(信)이 초래한 재앙입니다. 또 춘추시대의 은자(隱者) 포초(鮑焦)는 나무를 붙들고 선 채로 말라 죽었으며 은대의 은자 신도적(申徒狄)은 간하였는데 들어주지 않자 스스로 황하의 물속에 빠졌으니, 이것은 염결(廉潔)이 초래한 해(害)입니다. 공자는 어머니의 죽음을 보지 못하였고, 광자(匡子)는 아비와 대립하여 아버지를 종신토록 만나지 않았으니 정의로 인한 과실입니다. 이것이 옛날부터 전해오는 것이며 오늘날에도 사람들이 말하고 있는 것입니다.

생각건대, 이들 사인(士人)들은 자기의 말을 엄정하게 하고 자기의 행실을 말한 대로 꼭 실천하였는데, 그 까닭에 도리어 그 재앙을 당하고 그 환난에 걸렸던 것입니다."

[명예나 이익을 추구하는 것은 자연의 본성을 따르지 않는 것이다. 그러한 삶은 힘들고 어려움에 처하게 될 수밖에 없다. 아무리 훌륭한 이론이라 할지라도 사람의 본성을 따르는 것이 우선이다.]

無足問於知和曰 人卒未有不興名就利者。彼富則人歸之 歸則下之 下則貴之。夫見下貴者 所以長生安體樂意之道也。今子獨無意焉 知不足邪 意知而力不能行邪 故推正不妄邪?

知和曰 今夫此人以爲與己同時而生 同鄕而處者 以爲夫絶俗過世之士焉 是專無主正 所以覽古今之時 是非之分也 與俗化。世去至重 棄至

尊 以爲其所爲也 此其所以論長生安體樂意之道 不亦遠乎 慘怛之疾 恬愉之安 不監於體 怵惕之恐 欣懽之喜 不監於心 知爲爲而不知所以爲 是以貴爲天子 富有天下 而不免於患也。

무족(無足)이 지화(知和)에게 물었다.

"사람들은 명성을 추구하고 이익을 얻으려고 하지 않는 사람은 없다. 어떤 사람이 부자가 되면 사람들이 그 부자에게 몰려오고, 몰려와서는 그에게 몸을 굽히고 몸을 굽히고서는 곧 존경하게 된다. 남들로부터 머리 숙임을 받고 존경을 받는 것이 장수하고 신체가 안락하고 기분이 유쾌하게 되는 방법이다. 이제 그대만이 유독 이런 명리(名利)에 전연 뜻이 없으니, 지(知)가 부족한 것인가? 아니면 혹 알긴 알면서도 행동할 능력이 없는 것인가? 정말로 올바른 도를 결코 잊지 않고 추진하여 그것을 잊지 않아서인가?"

지화(知和)가 말했다.

"이제 저 사람들은 부자가 된 사람을 자기와 같은 시대에 태어나서 같은 고장에 살고 있는 사람들로 생각하다가 그 사람은 범속함을 뛰어넘고 세상을 능가하는 뛰어난 사람이라고 생각한다. 이는 오로지 올바른 주관이 없는데 그 상태로 고금(古今)의 시대 추이(推移)와 시비선악(是非善惡)의 구별을 판단하여 세속과 동조하고 세상과 동화한다. 지극히 귀중한 생명을 없애고 지극히 존귀한 생명을 버리고서 그런 행동을 자기가 해야 할 일이라고 생각한다. 이것은 장수하고 신체가 안락하고 기분이 유쾌하게 되는 방법으로서는 또한 멀지 아니한가!

무엇이 참혹하고 고통스러운 병이며 무엇이 안락하고 유쾌한 편안함인가를 몸에 비추어보지 않으며, 무엇이 깜짝 놀랄 두려움이며 무엇이 흔쾌하고 즐거운 기쁨인가를 자기 마음에 비추어보지 않으며, 하고 싶은 일을 할 줄은 알지만 그렇게 해야 하는 이유를 알지 못한다. 이 때문

에 이런 부류의 사람들은 귀하기로는 천자가 되고
부유하기로는 천하를 소유한다 하더라도 결코 재앙에서 벗어날 수 없을 것이다."

[무족은 명예와 이익을 추구하는 사람이고, 지화는 도를 따르는 사람이다. 지화는 명예와 이익을 추구하는 삶이 환난을 가져다 준다고 말하고 있다.]

無足曰 夫富之於人 無所不利 窮美究埶 至人之所不得逮 賢人之所不能及 俠人之勇力而以爲威強 秉人之知謀以爲明察 因人之德以爲賢良 非享國而嚴若君父。且夫聲色滋味權勢之於人 心不待學而樂之 體不待象而安之。夫欲惡避就 固不待師 此人之性也。天下雖非我 孰能辭之?

知和曰 知者之爲 故動以百姓 不違其度 是以足而不爭 無以爲故不求。不足故求之 爭四處而不自以爲貪 有餘故辭之 棄天下而不自以爲廉。廉貪之實 非以迫外也 反監之度。

勢爲天子而不以貴驕人 富有天下而不以財戲人。計其患 慮其反 以爲害於性 故辭而不受也 非以要名譽也。

堯舜爲帝而雍 非仁天下也 不以美害生 善卷許由得帝而不受 非虛辭讓也 不以事害己。此皆就其利、辭其害 而天下稱賢焉 則可以有之 彼非以興名譽也。

무족(無足)이 말했다.
"부(富)란 사람에게 이롭지 아니함이 없다. 세상의 모든 아름다움을 다 손에 넣고 모든 세력을 추구할 수 있으므로 덕이 높은 사람도 미칠 수 없으며, 현인(賢人)도 따라갈 수 없다. 부(富)를 가지고 있는 사람은 타인의 용기와 힘을 돈으로 사서 자기의 위세로 삼고, 타인의 지모(知謀)를 빌려서 자기의 명찰(明察)로 삼고, 타인의 덕행을 이용해서 자기의 훌륭함으로 삼고, 나라를 받아서 누리고 있는 것이 아닌데도 위엄이 마치 군주와 같다. 게다가 사람은 음악과 여색, 좋은 맛과 권력은 마음이 배우지 않고서도 이것을 즐기고, 몸이 본받음을 기다릴 것도 없이 이것을 편안히 여긴다. 바라고 싫어하고 피하고 나아가는 것은 본디 스승의 가르침을 기다리지 않는 것이니 이것이 인간의 본성이다. 천하 사람들이 비록 내가 아닐지라도 누가 이 부(富)를 사양할 수 있겠는가."

지화(知和)가 말했다.

"지혜 있는 사람의 행동은 본시 백성들의 생각을 기준으로 행동해서 일정한 법도를 어기지 않는다. 그래서 만족하고 있으므로 남과 다투지 아니하며 일부러 꼭 해야 할 이유가 없으니 다른 데서 구하지 않는다. 만족을 못하는 사람은 그것을 다른 데서 구하게 되는데,

사방에서 다투는데도 스스로 탐욕스럽다고 의식하지 않는다. 지혜 있는 사람은 남을 정도로 충분하다고 여기기 때문에 사양하는데, 천하를 버리고서도 스스로 청렴하다고 생각하지 않는다. 청렴(淸廉)이니 탐욕(貪慾)이니 하는 실상은 밖에서 강제되는 것이 아니다. 스스로 돌아보아 일정한 법도에 비추어보는 것이다. 그러니 권세가 천자의 지위에 오르더라도 귀한 신분을 가지고 남에게 교만하게 뻐기지 않으며 부유함이 천하를 소유한다 하더라도 그 많은 재물을 가지고 남을 업신여기지 않는다. 천자의 고통을 헤아리고 그것이 뒤집힐 수 있다는 것을 생각하여 자기의 본성에 해로운 것이라 생각하여 그 까닭에 사양하고 받지 않는 것이니, 그것은 명예를 바라기 때문이 아닌 것이다.

요순(堯舜)이 제왕이 되어서 천하의 백성들이 화합하였으니 이것은 천하에 인정(仁政)을 베풀었기 때문이 아니라 선정의 실현이라는 미명으로 자기 생명을 해치지 않았기 때문이다. 선권(善卷)과 허유(許由)는 임

금자리를 양보 받고서도 받지 아니하였으니, 공연히 사양한 것이 아니라 번거로운 일 때문에 자기 생명을 해치지 않으려 했던 것이다. 이들은 모두 자기에게 유익한 쪽으로 나가고 자기에게 해로운 쪽을 피했던 것인데 천하 사람들이 그들을 賢人이라고 칭송하였으니, 그들이 현인의 명예를 가질 만하지만 그들은 그렇게 함으로써 명예를 일으키고자 했던 것은 아니다."

[무족은 세상에서 부가 제일이라고 주장하고 있다. 하지만 지화는 자연의 본성을 따르지 않는 한 그러한 삶은 끝없는 욕심을 만들어 내서 환난을 자초하게 되며 진정한 삶의 자유를 알 수 없을 것이라고 한다.]

無足曰 必持其名 苦體絕甘 約養以持生 則亦久病長阨而不死者也。

知和曰 平爲福 有餘爲害者 物莫不然 而財其甚者也。今富人 耳營鐘鼓莞籥之聲 口嗛於芻豢醪醴之味 以感其意 遺忘其業 可謂亂矣 侅溺於馮氣 若負重行而上阪 可謂苦矣 貪財而取慰 貪權而取竭 靜居則溺 體澤則馮 可謂疾矣 爲欲富就利 故滿若堵耳而不知避 且馮而不舍 可謂辱矣 財積而無用 服膺而不舍 滿心戚醮 求益而不止 可謂憂矣 內則疑劫請之賊 外則畏寇盜之害 內周樓疏 外不敢獨行 可謂畏矣。此六者天下之至害也.

皆遺忘而不知察 及其患至 求盡性竭財 單以反一日之無故而不可得也。故觀之名則不見 求之利則不得 繚意體而爭此 不亦惑乎?

무족(無足)이 말했다.

"사람이 반드시 자기의 명예를 지키려고 할진댄 육체를 괴롭히고 맛있는 음식을 끊어 몸의 보양(保養)을 줄여서 생명을 간신히 유지해야 할 것이다. 그렇다면 오래도록 병을 앓고 긴 세월 가난에 고생하면서 죽지 않고 겨우겨우 살아가는 경우와 다를 것이 없을 것이다."
지화(知和)가 말했다.
"과불급 없이 평범한 것이 행복이고 너무 많아서 남아도는 것이 해가 되는 것은 모든 사물이 그렇지 않음이 없는데, 그 가운데서도 재물의 경우가 제일 심하다. 이제 부유한 자들은 귀는 종소리, 북소리, 피리 소리에 어지럽혀지고 입은 맛있는 쇠고기, 돼지고기와 탁주와 감주(甘酒)를 실컷 먹어서 그 때문에 마음이 흔들리고 자기가 해야 할 일을 잊어버리게 되니 어지러운 생활이라 할 만하다. 왕성한 혈기에 분별없이 빠져 있어서 마치 노예처럼 무거운 짐을 짊어지고 언덕길을 올라가는 것과 같으니 괴로움이라 할 만하다. 재물을 탐내서 걱정으로 우울해지고 권력을 탐해서 체력을 다 소모하여, 여가가 있을 때에는 쾌락에 탐닉하고 몸이 윤택하게 되면 주체하지 못할 정도로 움직이게 되니 병이라 할 만하다. 부(富)를 바라고 이익에 달려가기 때문에 그 가득함이 마치 담장에 흙을 쌓듯 하지만 그로 인한 해를 피할 줄 모르며, 또한 왕성하게 쌓으면서 그만두지 않으니 가히 욕(辱)이라 할 만하다. 재물이 쌓여서 그것을 쓸 데가 없는데도 재물 쌓는 일을 가슴속에 품고 멈추지 아니하여 마음은 온통 초췌해졌는데도 재물이 더욱 보태지기를 추구하여 멈추지 않으니 근심하고 번뇌한다 이를 만하다. 집안에 있을 때에는 위협하거나 빼앗으려는 도적을 걱정하고 밖에 외출해서는 강도와 도적의 해를 두려워하여 집 둘레에는 망루와 견고한 건축물로 두르고 밖으로는 감히 혼자 다니지 않으니 두려움에 가득 찬 생활이라 할 만하다.
이 여섯 가지는 천하에서 가장 심한 해로움인데도 세상의 부자(富者)들은 모두 이 사실을 잊은 채 살펴볼 줄 모른다. 그러다가 재앙이 현실로 나타남에 이르러서야 비로소 가지고 있는 능력을 다 쏟고 긁어모은 재산을 다 털어서 다만 하루라도 아무 일 없는 평온한 삶으로 돌아가기를 구하지만 그렇게 될 수 없다. 그러므로 명예를 기준으로 보더라도 아무 것도 보이지 아니하고 이익을 기준으로 보더라도 아무 것도 얻을 것이 없다. 그런데도 마음을 흐트러뜨리고 몸을 멸망시켜 가면서까지 명리(名利)를 다투니 이는 또한 미혹된 것이 아니겠는가!"

[세상의 부나 명예는 부질 없음을 지화는 말하고 있다. 오히려 그로 인해 사람들의 삶이 힘들고 고달파진다고 이야기하고 있다. 그러한 삶은 본성을 따르지 않는 삶이기에 그렇다.]

第三十 說劍

[설검이란 칼싸움을 하지 말 것을 설득한다는 뜻이다. 조나라의 문왕은 칼싸움을 좋아했는데 장자가 이를 설득하는 내용이다.]

昔趙文王喜劍 劍士夾門而客三千餘人 日夜相擊於前 死傷者歲百餘人 好之不厭。如是三年 國衰 諸侯謀之。太子悝患之 募左右曰 孰能說王之意止劍士者 賜之千金。

左右曰 莊子當能。

太子乃使人以千金奉莊子。莊子弗受 與使者俱 往見太子曰 太子何以教周 賜周千金?

太子曰 聞夫子明聖 謹奉千金以幣從者。夫子弗受 悝尚何敢言?

莊子曰 聞太子所欲用周者 欲絕王之喜好也。使臣上說大王而逆王意 下不當太子 則身刑而死 周尚安所事金乎? 使臣上說大王 下當太子 趙國何求而不得也?

太子曰 然。吾王所見 唯劍士也。

莊子曰 諾。周善爲劍。

太子曰 然吾王所見劍士 皆蓬頭突鬢垂冠 曼胡之纓 短後之衣 瞋目而語難 王乃說之。今夫子必儒服而見王 事必大逆。

莊子曰 請治劍服。

治劍服三日 乃見太子。太子乃與見王

옛날에 조(趙)나라 문왕(文王)은 칼싸움을 좋아하였는데, 검사(劍士)

로서 왕궁의 문을 사이에 끼고 양쪽에 객으로 초청된 이가 3천여 명이 나 되었다. 밤낮으로 문왕 앞에서 서로 칼싸움을 하여 사상자가 1년에 100여 명이나 되었는데도, 문왕은 조금도 싫증 내지 않았다. 이와 같이 하기를 3년이 지나자 나라가 매우 쇠퇴하였다. 그러자 다른 나라 제후들이 토벌할 것을 도모하게 되었다. 태자(太子) 회(悝)가 이를 걱정하여 좌우의 측근들을 모아놓고 말했다.

"누가 왕의 뜻을 기쁘게 하고서 간하여 검사들 칼싸움을 그치게 할 수 있을 것인가. 내 그 상으로 천금을 줄 것이다."

좌우의 신하들이 말했다.

"장자(莊子)라면 그렇게 할 수 있을 것입니다."

태자(太子)가 이에 사람을 시켜 천금을 가지고 가서 장자에게 바치게 하였는데 장자는 받지 않고 사자와 함께 가서 태자를 만나보고 말했다.

"태자께서는 무엇을 나에게 명령하시려고 천금을 저에게 내리셨는지요?"

태자가 말했다. "선생께서 총명성지(聰明聖知)한 분이시라 듣고 삼가 천금을 받들어 선생의 종자(從者)에게 예물로 바친 것인데 선생께서 받지 않으시니 저는 그 이상 무엇을 감히 말씀드릴 수 있겠습니까!"

장자가 말했다.

"듣건대 태자께서 저를 쓰고자 하시는 까닭은 임금께서 좋아하시는 것을 끊게 하려는 것이라고 하더이다. 그러니 가령 제가 위로는 대왕을 설득하다 왕의 뜻에 거슬리고 아래로는 태자의 의향에 합당하게 하지 못하면 저는 몸이 형벌에 처해져 죽게 될 것이니, 제가 그러고도 어디에 천금을 쓸 곳이 있겠습니까! 또 가령 신(臣)이 위로 대왕을 설득하고 그래서 아래로 태자의 의향에 합당하게만 한다면 조(趙)나라에서 무엇을 구한들 얻지 못하겠습니까?"

태자가 말했다.

"그렇습니다만 우리 왕께서 만나는 상대는 오직 검사(劍士)뿐입니다."
장자가 말했다.
"알았습니다. 저도 칼을 잘 다룹니다."

태자가 말했다.
"그렇습니다. 우리 왕께서 만나는 검사들은 모두 쑥대처럼 풀어헤친 머리, 길게 뻗친 양 뺨의 구레나룻에 깊이 눌러쓴 철모에다 장식 없는 거친 투구 끈과 뒤가 짧은 전투복으로, 눈 부릅뜨고 거친 소리를 질러대야 왕께서 비로소 기뻐하십니다. 이제 선생께서 꼭 유복(儒服)을 하고서야 왕을 뵙는다고 할진댄 일이 반드시 크게 어긋날 것입니다."
장자가 말했다.
"그러면 나에게 검복(劍服)을 갖추어 주십시오."
검사(劍士)의 옷을 3일 걸려 만들자 마침내 장자(莊子)가 태자(太子)를 만났더니, 태자는 이에 장자와 함께 왕을 뵈었다.

[장자가 칼싸움을 좋아하는 조나라 문왕을 만나게 되는 과정을 이야기하고 있다.]

王脫白刃待之。莊子入殿門不趨 見王不拜。王曰 子欲何以教寡人 使太子先?
曰 臣聞大王喜劍 故以劍見王。
王曰 子之劍何能禁制?
曰 臣之劍十步一人 千里不留行。
王大悅之 曰 天下無敵矣
莊子曰 夫爲劍者 示之以虛 開之以利 後之以發 先之以至。願得試之。

王曰 夫子休就舍 待命令設戲請夫子。

王乃校劍士七日 死傷者六十餘人 得五六人 使奉劍於殿下 乃召莊子。王曰 今日試使士敦劍。

莊子曰 望之久矣。

王曰 夫子所御杖 長短何如?

曰 臣之所奉皆可。然臣有三劍 唯王所用 請先言而後試。

王曰 願聞三劍。

曰 有天子劍 有諸侯劍 有庶人劍。

王曰 天子之劍何如?

曰 天子之劍 以燕谿石城爲鋒 齊岱爲鍔 晉衛爲脊 周宋爲鐔 韓魏爲夾 包以四夷 裹以四時 繞以渤海 帶以常山 制以五行 論以刑德 開以陰陽 持以春夏 行以秋冬。此劍 直之無前 舉之無上 案之無下 運之無旁 上決浮雲 下絕地紀。此劍一用 匡諸侯 天下服矣。此天子之劍也。

文王芒然自失 曰 諸侯之劍何如?

曰 諸侯之劍 以知勇士爲鋒 以清廉士爲鍔 以賢良士爲脊 以忠聖士爲鐔 以豪桀士爲夾。此劍 直之亦無前 舉之亦無上 案之亦無下 運之亦無旁 上法圓天以順三光 下法方地以順四時 中和民意 以安四鄕。此劍一用 如雷霆之震也 四封之內 無不賓服而聽從君命者矣。此諸侯之劍也。

王曰 庶人之劍何如

曰 庶人之劍 蓬頭突鬢垂冠 曼胡之纓 短後之衣 瞋目而語難。相擊於前 上斬頸領 下決肝肺。此庶人之劍 無異於鬭雞 一旦命已絕矣 無所用於國事。今大王有天子之位而好庶人之劍 臣竊爲大王薄之。

王乃牽而上殿。宰人上食 王三環之。

莊子曰 大王安坐定氣 劍事已畢奏矣。

於是文王不出宮三月 劍士皆服斃其處也。

왕이 흰 칼날을 뽑아 들고 기다리고 있었다. 장자는 궁전의 문안에 들어가 잰걸음으로 걷지 아니하고 왕을 보고서도 절하지 않았다.

왕이 말했다. "그대는 무엇을 과인에게 가르치려고 태자로 하여금 앞장서게 하였는가?"

장자가 말했다. "신이 듣건대 대왕께서는 칼싸움을 좋아하신다 하기에 그 까닭에 제 검술을 가지고 왕을 뵙고자 한 것입니다."

왕이 말했다. "그대의 검은 어느 정도의 상대를 제압할 수 있는가?"

장자가 말했다. "신(臣)의 검은 십 보 나아갈 적마다 한 사람을 쓰러뜨리고, 그렇게 하여 천리를 나아가는 동안 가로막을 자가 없습니다."

왕이 크게 기뻐하면서 말했다. "천하에 무적(無敵)이로다."

장자가 말했다. "대저 제가 칼을 쓰는 방법은, 상대에게 허점을 보이고, 내 몸을 열어 상대를 유리하게 하고, 상대보다 늦게 칼을 쓰기 시작하고, 그러면서도 상대보다 먼저 칼을 상대의 몸에 이르게 합니다. 그러니 그것을 시험할 수 있게 해주시기 바랍니다."

왕이 말했다. "선생께서는 잠시 쉬시오. 객사에 가서 명령을 기다리시오. 시합하는 자리를 갖추게 하고 다시 선생께 청하리다."

그리고는 왕이 마침내 검사를 7일 동안 겨루어 선발하였는데 그 때문에 죽거나 다친 이가 60여 명이었다. 그 가운데 5, 6명을 선발해서 그들에게 궁전 아래 모여 각각의 무기를 손에 받들게 하고서 마침내 장자를 불렀다.

왕(王)이 말했다. "오늘 시험 삼아 이들 검사(劍士)들로 하여금 검술을 닦게 하도록 하시오."

장자(莊子)가 말했다. "오랫동안 이 날을 기다려 왔습니다."

왕이 말했다. "그런데 선생이 사용할 칼의 길이는 어느 정도가 좋겠습니까?"

장자가 말했다. "신이 가지고 쓸 칼은 어느 것이든 모두 좋습니다. 그러나 신에게는 세 가지 칼이 있는데 오직 왕께서 쓰고자 하시는 것을 따를 것이니 먼저 칼에 대해 말씀을 드리고 나중에 시합하고 싶습니다."

왕이 말하였다. "세 칼에 대해 듣고 싶소."

"천자의 칼이 있고 제후의 칼이 있고 서민의 칼이 있습니다."

"천자의 칼이란 어떤 것이오?"

"천자의 칼이란 연나라 국경 밖 석성의 칼끝이 되고, 제나라 태산의 칼날이 되고, 진나라와 위나라의 칼등이 되며, 주나라와 송나라의 칼콧등이 되고, 한나라와 위나라의 칼집이 됩니다. 사방이 오랑캐들로 싼 뒤, 그 위를 다시 사철로 싸며, 다시 발해로 둘러싸고, 상산으로 띠를 두르고 있습니다. 이 칼을 쓰는 데 있어서는 오행으로 제어하고, 형벌과 덕으로 시비를 가리며, 음양의 변화에 따라 움직이고, 봄과 여름으로 지탱하며, 가을과 겨울로써 성능을 발휘하게 합니다. 이 칼을 내지르면 앞을 가로막는 것이 없고, 위로 쳐올리면 위에 걸리는 것이 없으며 아래로 내리치도 걸리는 것이 없고, 휘두르면 옆에 걸리는 것도 없습니다. 위로는 뜬 구름도 쪼개고, 아래로는 땅을 지탱하는 줄도 자릅니다. 이 칼은 한 번 쓰기만 하면 제후들이 바로잡히고 천하가 굴복하게 됩니다. 이것이 천자의 칼입니다."

문왕은 그 말을 듣고 자기 자신을 잃은 채 있다가 말하였다.

"제후의 칼은 어떠한 것이오?"

"제후의 칼은 지혜와 용기가 있는 사람으로 칼끝을 삼고, 청렴한 사람으로 칼날을 삼으며, 현명하고 어진 사람으로 칼등을 삼고, 충성스러운 사람으로 칼등을 삼으며 호걸로 칼집을 삼습니다. 이 칼도 곧장 내지르면 앞에 가로막히는 것이 없고, 위로 치면 위에 걸리는 것이 없으며 아래로 내리치면 아래에 걸리는 것이 없고, 휘두르면 옆에 걸리는 것이 없습니다. 위로는 둥근 하늘을 법으로 삼고 해와 달과 별의 빛에 순응하고, 아래로는 모진 땅을 법으로 삼아 사철에 순응합니다. 가운데로는 백성들의 뜻을 알아차려 사방의 온 나라를 편안하게 합니다. 이 칼을 한 번 쓰면 우레 소리가 진동하는 것 같아서 사방의 사람들이 복종하지 않는 이가 없게 되어 모두가 명령에 따르게 됩니다. 이것이 제후의 칼입니다."

"서민의 칼은 어떻소?"

"서민의 칼은 헝클어진 머리에 삐쭉이 내밀게 하고 관은 아래로 눌러 쓰고 장식 없는 거친 관끈을 매고, 뒤가 짧은 저고리를 입고 눈을 부릅뜨고 말을 더듬거리면서 왕 앞에서 서로 치며 싸우는 것입니다. 위로는 사람의 목을 치고 아래로는 간과 폐를 찢어 놓습니다. 이 서민의 칼은 닭싸움과 같습니다. 일단 목숨만 끊어져 버리고 나면 나라일에 쓸 곳이 없게 됩니다. 지금 임금님께서는 천자와 같은 위치에 계시면서 서민의 칼을 좋아하고 계시니 저는 마음으로 임금님을 낮게 평가하고 있습니다."

그러자 임금은 장자의 옷소매를 잡아 끌고 궁전 위로 올라갔다. 요리사가 음식을 준비했으나 임금은 세 번이나 상을 돌기만 했다.

장자가 말하였다.

"임금님께서는 편안히 앉아 기분을 진정하십시오. 칼에 관한 것은 이미 말씀드렸습니다."

그로부터 문왕은 석 달 동안 궁전에서 나가지 않았다. 그러자 검색은 모두 그 자리에서 자결하고 말았다.

[장자는 칼싸움을 좋아하는 조나라 문왕을 만나 나라를 다스리는 것을 칼싸움에 비유해 말하면서 정치를 등한시한 그를 일깨워 주는 내용이다.]

第三十一 漁父

孔子遊乎緇帷之林 休坐乎杏壇之上。弟子讀書 孔子弦歌鼓琴 奏曲未半。有漁父者 下船而來 須眉交白 被髮揄袂 行原以上 距陸而止 左手據膝 右手持頤以聽。曲終而招子貢子路 二人俱對。客指孔子曰 彼何爲者也?

子路對曰 魯之君子也。

客問其族。子路對曰 族孔氏。

客曰 孔氏者何治也?

子路未應 子貢對曰 孔氏者 性服忠信 身行仁義 飾禮樂 選人倫 上以忠於世主 下以化於齊民 將以利天下 此孔氏之所治也。

又問曰 有土之君與?

子貢曰 非也。

侯王之佐與?

子貢曰 非也。

客乃笑而還 行言曰 仁則仁矣 恐不免其身 苦心勞形以危其真。嗚呼遠哉其分於道也!

공자가 우거진 숲 속을 가다가 살구나무가 있는 높은 단에 앉아 쉬고 있었다. 제자들은 책을 읽고, 공자는 노래를 부르며 거문고를 타고 있었다. 타던 곡조가 채 반도 끝나기 전에 한 어부가 배에서 내려왔다. 수염과 눈썹은 새하얗고 머리칼을 풀어 헤친 채 소매를 휘저으며 강가의 둔덕으로 올라와 발을 멈추었다. 그리고 왼손은 무릎 위에 놓고 오른손으로는 턱을 괸 채 듣고 있었다. 곡이 끝나자 자공과 자로 두 사람을 불러 세우고는 공자를 가리키며 말했다.

"저 사람은 무엇을 하는 사람입니까?"

자로가 대답했다.

"노나라의 군자입니다."

어부가 물었다.

"성씨가 무엇입니까?"

자로가 대답했다.

"성은 공씨입니다."

어부가 물었다.

"공씨는 무슨 일을 하는 사람입니까?"

자로가 대답하기 전에 자공이 대답을 했다.

"공씨는 본성이 충성과 믿음을 지키고 있으며, 몸은 어짊과 의로움을 실행하고, 예의와 음악을 꾸며 놓고, 인륜을 정해 놓았습니다. 위로는 임금께 충성을 다하고, 아래로는 모든 백성을 교화하여 천하를 이롭게 하려고 합니다. 이것이 공씨께서 하시는 일입니다."

어부가 다시 물었다.

"그는 영토를 가지고 있는 임금입니까?"

자공이 말했다.

"아닙니다."

"그럼 제후와 임금을 보좌하는 사람입니까?"

"아닙니다."

그러자 어부는 웃으며 돌아서 가면서 중얼거렸다.

"어진 것이 어진 것임에는 틀림이 없으나, 그 몸은 화를 면치 못하겠구나. 마음을 괴롭히고 몸을 지치게 하여 자신의 참모습을 위태롭게 하는구나. 아아! 그는 도에서 멀리도 떨어져 있구나!"

[어부가 지나가다가 공자가 하는 일이 무엇인지 궁금해 물어 보고 그 답을 듣고는 공자의 인위는 마음만 괴롭게 하는 것이라 말하고 있다.]

子貢還 報孔子。孔子推琴而起 曰 其聖人與.
乃下求之 至於澤畔 方將杖拏而引其船 顧見孔子 還鄉而立。孔子反走 再拜而進。

客曰 子將何求?

孔子曰 曩者先生有緖言而去 丘不肖 未知所謂 竊待於下風 幸聞咳唾之音以卒相丘也。

客曰 嘻 甚矣 子之好學也.

孔子再拜而起曰 丘少而脩學 以至於今 六十九歲矣 無所得聞至教 敢不虛心?

자공이 돌아와 공자에게 그 사실을 알리니, 공자는 거문고를 밀쳐놓고 일어나 말했다.

"그는 성인일 것이다."

그리고는 곧 내려가 그를 뒤쫓아 못 가에 이르니 어부는 막 삿대를 집고 배를 띄우려는 참이었다. 공자를 돌아보고는 몸을 돌려 그를 향해 마주섰다. 공자는 뒷걸음질쳐 두 번 절하고는 앞으로 나아갔다.

어부가 물었다.

"그대는 내게 무슨 볼 일이 있으십니까?"

공자가 대답했다.

"조금 전에 선생께서는 채 말씀을 다 안 해 주시고 떠나셨습니다. 저는 어리석어 말씀을 알아들을 수가 없습니다. 마음 속으로 선생을 모시고 아랫자리에 앉아, 다행히 선생의 말씀을 들을 수 있다면 제게 큰 도움이 되겠습니다."

어부가 말했다.

"허허 그대는 배우는 것을 무척 좋아하시는군요."

공자가 두 번 절하고 일어나면서 말했다.

"저는 어려서부터 학문을 배우기를 좋아하여 이제 예순아홉 살이 되었습니다. 그러나 지극한 가르침은 듣지 못했습니다. 어찌 감히 마음을 비우고 선생의 가르침을 기다리지 않겠습니까?"

[공자는 어부에 대한 말을 듣고 뒤쫓아 가서 그에게 배움을 청하고 있다.]

客曰 同類相從 同聲相應 固天之理也。吾請釋吾之所有而經子之所以。子之所以者 人事也。天子諸侯大夫庶人 此四者自正 治之美也 四者離位而亂莫大焉。官治其職 人憂其事 乃無所陵。

故田荒室露 衣食不足 徵賦不屬 妻妾不和 長少無序 庶人之憂也.

能不勝任 官事不治 行不清白 羣下荒怠 功美不有 爵祿不持 大夫之憂也.

廷無忠臣 國家昏亂 工技不巧 貢職不美 春秋後倫 不順天子 諸侯之憂也.

陰陽不和 寒暑不時 以傷庶物 諸侯暴亂 擅相攘伐 以殘民人 禮樂不節 財用窮匱 人倫不飭 百姓淫亂 天子有司之憂也。

今子既上無君侯有司之勢而下無大臣職事之官 而擅飾禮樂 選人倫以化齊民 不泰多事乎?

어부가 말했다.

"같은 종류 것들끼리 서로 어울리고, 같은 종류의 소리들끼리 서로 화응하는 것이 본래 천지자연의 도리입니다. 내가 터득한 대도는 미루어 두고 그대가 하는 일에 대해 이야기 해 보겠습니다. 그대가 하는 것은 사람의 일입니다. 천자, 제후, 대부, 서민 이 네 가지 인간이 스스로 제 위치에 바르게 서는 것은, 세상이 잘 다스려지고 있기 때문입니다. 이 네 가지 인간이 제자리를 벗어나게 되면 그보다 큰 혼란은 없을 것입니다. 벼슬아치는 그 직무를 수행하고, 사람들은 자기 일에 편히 머물고 있으며, 위아래가 서로 넘보는 일이 없어야 하는 것입니다. 때문에 밭이 황폐하고, 집이 새며, 입고 먹을 것이 부족하고, 세금을 제 때 물지 못하고, 처와 첩들이 화목하지 못하며 어른과 아이간에 질서가 없는 것은 서민의 걱정입니다. 임무를 감당할 능력이 없고, 관청의 일을 제대로 처리하지 못하며, 행동이 청렴하지 못하고, 부하 관원들이 일을 게을리 하며, 훌륭한 공적도 올리지 못하고, 벼슬과 녹을 지탱하지 못하는 것은 대부들의 걱정거리입니다. 조정엔 충신이 없고, 국가는 혼란하며, 장인들의 기술은 시원치 않고, 조정에 바치는 공물은 좋은 것이 없으며, 봄과 가을의 조근에는 남보다 뒤지고, 천자와 잘 지내지 못하는 것은 제후들의 걱정거리입니다. 음양이 조화되지 않고, 추위와 더위가 제철에 맞지 않아 여러 가지 사물들이 그로 인해 손상되고, 제후들이 난리를 일으키어 마음대로 서로를 침략하여 백성들을 해치며, 예악이 절도에 맞지 않고, 재정이 궁핍해지고, 인륜이 어지러워져 백성들이 음란해지는 것은 천자나 그를 보좌하는 재상들의 걱정거리입니다. 지금 그대는 위로는 임금이나 재상의 권력도 없고, 아래로는 대신이라든가 관리 같은 벼슬을 하는 것도 아닌데도 멋대로 예악을 꾸미고, 인륜을 정하여 여러 백성들을 교화하고 있으니 너무 쓸데없이 일을 벌이는 것이 아니겠습니까?"

[어부는 공자에게 인위로 인해 너무 쓸데없는 것을 많이 하고 있다고 말

하고 있다.]

且人有八疵 事有四患 不可不察也。非其事而事之 謂之摠 莫之顧而進之 謂之佞 希意道言 謂之諂 不擇是非而言 謂之諛 好言人之惡 謂之讒 析交離親 謂之賊 稱譽詐僞以敗惡人 謂之慝 不擇善否 兩容頰適 偷拔其所欲 謂之險。此八疵者 外以亂人 內以傷身 君子不友 明君不臣。

所謂四患者: 好經大事 變更易常 以挂功名 謂之叨 專知擅事 侵人自用 謂之貪 見過不更 聞諫愈甚 謂之很 人同於己則可 不同於己 雖善不善 謂之矜。此四患也。能去八疵 無行四患 而始可教已。

"사람에게는 여덟 가지 흠이 있고, 일에는 네 가지 환란이 있으니 그것을 살피지 않으면 안됩니다. 자기가 할 일이 아닌데도 그 일을 하는 것을 외람됨이라 합니다. 그를 거들떠보지도 않는데도 진언하는 것을 간사함이라 합니다. 남의 뜻에 맞도록 말을 이끌어 가는 것을 아첨이라 합니다. 남의 악한 점을 얘기하기 좋아하는 것을 참해라 합니다. 사귀던 사람을 떨어지게 하고 친한 사람을 멀어지게 하는 것을 해침이라 합니다. 남을 칭찬하고 속임으로써 남을 악에 떨어뜨리는 것을 간악함이라 합니다. 좋고 나쁜 것을 가리지 않고 두 가지 다 받아들이며 얼굴빛을 적응시키고, 그가 원하는 것을 이루는 것을 음험함이라 합니다. 이상의 여덟 가지 흠이란 것은 밖으로는 사람을 어지럽히고 안으로는 자신을 손상케 하는 것입니다. 따라서 군자들은 그를 벗하지 않고, 명철한 임금은 그를 신하로 삼지 않습니다. 네 가지 환란이라 하는 것은 다음과 같습니다. 큰일을 해내기 좋아하고 변경을 잘 시키어 일정한 것들까지 바꾸며 공명을 얻으려 애쓰는 것을 참람함이라 말합니다. 전문적인 지식을 가지고 일을 멋대로 하며 남의 것을 침범하여 자기 것으로 삼는 것을 탐욕함이라 말합니다. 잘못을 알면서도 고치지 않고 간하는 말을 들으면 그 나쁜 짓을 더 심하게 하는 것을 포악함이라 말합니다. 남이 자기에게 찬성을 하면 괜찮지만 자기에게 찬성을 하지 않으면 비록 좋은 일이라도 좋지 않다 하는 것을 횡포함이라 말합니다. 이상이 네 가지 환란입니다. 이 여덟 가지 흠을 버리고 네 가지 환란을 행하지 않아야 비로소 가르칠 수가 있는 것입니다."

[어부는 일반 사람들이 가지기 쉬운 여덟 가지 흠과 네 가지의 환난에 대해 이야기하고 있다. 이는 공자의 단점과 비슷한 것이다.]

孔子愀然而歎 再拜而起曰 丘再逐於魯 削跡於衛 伐樹於宋 圍於陳蔡。丘不知所失 而離此四謗者何也?

客悽然變容曰 甚矣子之難悟也 人有畏影惡跡而去之走者 舉足愈數而跡愈多 走愈疾而影不離身 自以爲尚遲 疾走不休 絕力而死。不知處陰以休影 處靜以息跡 愚亦甚矣.

子審仁義之間 察同異之際 觀動靜之變 適受與之度 理好惡之情 和喜怒之節 而幾於不免矣。謹脩而身 慎守其真 還以物與人 則無所累矣。今不脩身而求之人 不亦外乎?

공자는 슬픈 듯이 탄식하며 두 번 절하고 일어나 말했다.

"저는 노나라에서 두 번이나 쫓겨나고, 위나라에서도 추방당하고, 송나라에서는 나무를 베어 넘겨 저를 죽이려 하였고, 진나라와 채나라 사이에서는 포위를 당했었습니다. 저는 제가 잘못한 것을 알지 못하겠는데도 이러한 네 가지 고통을 겪었던 것은 어찌해서입니까?"

어부는 슬픈 듯이 얼굴빛을 바꾸면서 말했다

"선생은 정말 깨우칠 줄을 모르시는군요. 어떤 사람이 자기 그림자가 두렵고 자기 발자국이 싫어서 이것들을 떠나 달아나려 하였는데, 발을 빨리 놀릴수록 발자국은 더욱 많아졌고, 아무리 빨리 뛰어도 그림자는 그의 몸을 떠나지 않았다 합니다. 그래도 그 자신은 아직도 느리게 뛰기 때문이라 생각하고, 쉬지 않고 질주하다가 결국에는 힘이 다해 죽고 말았다 합니다. 그는 그늘 속에 쉬면 그림자가 사라지고, 고요히 있으면 발자국이 생기지 않는다는 것을 알지 못했던 것입니다. 어리석음이 지나쳤던 것입니다. 그런데 선생은 어짊과 의로움의 뜻을 자세히 알고 있고, 사리가 같고 다른 한계를 잘 살피고 있고, 움직이고 고요히 있는 변화를 잘 관찰하고 있고, 받고 주는 정도를 적절히 할 줄 알고, 좋아하고 싫어하는 감정을 잘 다스릴 줄 알고, 기쁨과 노여움의 절도를 조화시킬 줄 알지만 아무리 애를 써도 화를 면할 수는 없을 것입니다.
자기 몸을 삼가 닦고 그 진실함을 신중히 지켜 명예 같은 외물은 사람들에게 되돌려 주면 아무런 환란도 없을 것입니다. 지금 몸을 닦지 않고서 남에게 그 이유를 묻고 있으니 이것은 사실을 벗어나는 것이 아니겠습니까?"

[공자가 그 동안에 겪었던 환난에 대해 이야기하고 있다. 어부는 자신의 몸을 살피고 진실함을 지키며 외부에서 일어나는 일에 마음을 두지 않아야 그러한 환난을 겪지 않을 것이라 말한다.]

孔子愀然曰 請問何謂真?

客曰 真者 精誠之至也。不精不誠 不能動人。故強哭者雖悲不哀 強怒者雖嚴不威 強親者雖笑不和。

真悲無聲而哀 真怒未發而威 真親未笑而和。真在內者 神動於外 是所以貴真也。

其用於人理也 事親則慈孝 事君則忠貞 飲酒則歡樂 處喪則悲哀。忠

貞以功爲主 飮酒以樂爲主 處喪以哀爲主 事親以適爲主 功成之美 無一其跡矣。事親以適 不論所以矣 飮酒以樂 不選其具矣 處喪以哀 無問其禮矣。禮者 世俗之所爲也 真者 所以受於天也 自然不可易也。

故聖人法天貴真 不拘於俗。愚者反此。不能法天而恤於人 不知貴真 祿祿而受變於俗 故不足。惜哉 子之蚤湛於人僞而晩聞大道也.

공자가 슬픈 듯이 말했다.

"어떤 것을 진실함이라 말하는 것입니까?"

어부가 말했다.

"진실한 것이란 정성이 지극한 것입니다. 정성 되지 못하면 남을 움직일 수가 없습니다. 그러므로 억지로 곡하는 사람은 비록 슬픈 척 해도 슬프게 느껴지지 않습니다. 억지로 화난척하는 사람은 비록 엄하게 군다고 하더라도 위압을 주지 못합니다. 억지로 친한 척하는 사람은 비록 웃는다 하더라도 친근하게 느껴지지 않습니다. 진실로 슬픈 사람은 소리를 내지 않아도 슬프게 느껴집니다. 진실로 노한 사람은 성내지 않아도 위압이 느껴집니다. 진실로 친한 사람은 웃지 않아도 친근하게 느껴집니다.

진실함이 속마음에 있는 사람은 정신이 밖으로 발동됩니다. 이것이 진실함이 귀중한 까닭입니다. 그것을 인간생활의 원리에 적용시키면 부모를 섬김에 있어서는 자애롭고 효성스럽게 되며, 임금을 섬김에 있어서는 충성스럽고 곧게 되며, 술을 마심에 있어서는 기쁘고 즐겁게 되며, 상을 당하면 슬프고 애통하게 됩니다. 충성스럽고 곧은 것은 공로가 위주가 되며, 술을 마시는 것은 즐거움이 위주가 되며, 상을 치르는 것은 슬픔이 위주가 되며, 부모님을 섬기는 것은 부모님 마음에 드는 것이 위주가 됩니다. 일이 공로를 훌륭하게 이룩하는 데 있어서는 그 방법이 일정해서는 안됩니다. 부모님을 섬기어 마음에 들도록 해드리는 데에 있어서는 방법을 논할 일이 아닙니다. 술을 마심으로써 즐기는 데 있어서는 술잔을 이것저것 고를 것이 없습니다. 상을 당하여 슬퍼함에 있어서는 예의를 따질 일이 아닙니다.

예의라는 것은 세속적인 행동의 기준입니다. 진실함이란 것은 하늘로부터 타고난 바로 그것입니다. 그런 자연은 변경시킬 수 없는 것입니다. 그러므로 성인은 하늘을 법도로 삼고 진실함을 귀중히 여기며 세속에 구애받지 않습니다. 어리석은 사람들은 이와 반대입니다. 하늘을 법도로 삼지 못하고 사람의 일에 얽매여 고생을 합니다. 진실함을 귀중히 할 줄 모르고 세상일에 따라서 세속과 함께 변화하기 때문에 언제나 만족하지 못합니다. 선생이 일찍이 인위적인 학문에 빠져 위대한 도에 대하여 늦게 듣게 된 것이 안타깝습니다."

[공자는 어부로부터 자연의 진실함과 도에 대해 듣고 있다. 자연을 따르지 않은 인위는 계속되는 삶의 고통이 따를 뿐이라고 어부는 이야기하고 있다.]

孔子又再拜而起曰 今者丘得遇也 若天幸然。先生不羞而比之服役而身教之。敢問舍所在 請因受業而卒學大道。

客曰 吾聞之 可與往者與之 至於妙道 不可與往者 不知其道 愼勿與之 身乃無咎。子勉之 吾去子矣 吾去子矣.

乃刺船而去 延緣葦間。

顏淵還車 子路授綏 孔子不顧 待水波定 不聞拏音而後敢乘。

공자가 다시 두 번 절하고 일어나 말했다.

"지금 제가 선생님을 뵙게 된 것은 참으로 다행스러운 일입니다. 선생님께서는 부끄럽게 여기지 않으시고 제자처럼 대하시며 몸소 가르쳐 주셨습니다. 선생님 댁은 어디십니까. 선생님을 따라가 학업을 닦아 위대한 도를 완전히 배우고 싶습니다."

어부가 말했다.

"내가 듣기로는 함께 갈만한 사람과는 함께 어울려 오묘한 도에 이르도록 가도 되지만, 함께 갈 수 없는 자는 그런 도를 알지 못하고 있을 것이므로 삼가 함께 어울리지 말아야 한다고 했습니다. 그래야 몸에 아무런 재난이 없게 될 것입니다. 선생께서는 더 노력하십시오. 나는 이만 가야 할 것 같습니다. 이만 작별해야 하겠습니다."

그리고는 배를 물에 띄우고 갈대밭 사이로 사라졌다. 안회가 수레를 돌리고 자로는 손잡이 줄을 공자에게 주었으나, 공자는 돌아보지도 않았다. 떠나간 배가 남긴 물결이 잠잠해지고 삿대 소리가 들리지 않게 된 다음에야 수레에 올랐다.

[공자는 어부로부터 도에 대한 이야기를 듣고 그를 스승으로 모시고자 하였으나 어부는 자기의 본성이 무엇인지를 알기에 자신의 길을 가기 위해 떠나고 만다.]

子路旁車而問曰 由得爲役久矣 未嘗見夫子遇人如此其威也。萬乘之主 千乘之君 見夫子未嘗不分庭伉禮 夫子猶有倨敖之容。今漁父杖拏逆立 而夫子曲要磬折 言拜而應 得無太甚乎 門人皆怪夫子矣 漁人何以得此乎?

孔子伏軾而歎曰 甚矣 由之難化也 湛於禮儀間矣 而樸鄙之心至今未去。進 吾語汝.

夫遇長不敬 失禮也 見賢不尊 不仁也。彼非至人 不能下人 下人不精不得其真 故長傷身。惜哉 不仁之於人也 禍莫大焉 而由獨擅之。且道者 萬物之所由也 庶物失之者死 得之者生 爲事逆之則敗 順之則成。故

道之所在 聖人尊之。今之漁父之於道 可謂有矣 吾敢不敬乎?

자로가 수레에 다가서면서 물었다.

"제가 선생님을 모신지 오래 되었습니다만 선생님께서 사람을 만나 오늘처럼 상대방을 존경하는 일은 보지 못했습니다. 만승의 천자나, 천승의 제후들도 선생님을 뵐 적에는 언제나 뜰에 자리를 함께 마련하고 대등한 예로 대했습니다. 선생님은 그래도 오만한 듯한 얼굴이셨습니다. 지금 어부는 삿대를 짚은 채 마주 서 있는데도 선생님께서는 허리를 굽히고 몸을 꺾으며 두 번 절하고서야 대답을 하셨습니다. 너무 지나치신 것이 아닙니까? 저희 제자들은 모두 선생님을 이상하게 생각하고 있습니다. 어부에게 어떻게 그러실 수가 있습니까?"

공자는 수레 앞턱 나무에 엎드리고 탄식하며 말했다.

"자로를 가르쳐 깨우쳐 주기는 너무 어렵구나. 예의에 몰두한지 오래 되었는데도 비루한 마음이 아직도 다 없어지지 않고 있구나. 어른을 만나서 공경하지 않는 것은 실례이다. 현명한 이를 보고도 존경하지 않는 것은 어짊이 아니다. 그가 지극히 어진 이가 아니라면 남을 굴복시키지 못하였을 것이다. 남을 굴복시킨다 하더라도 정성 되지 않았다면 그의 진실함이 통하지 않았을 것이다. 진실함이 통하지 않음으로써 언제나 자신을 손상케 되는 것이다.

애석하다. 사람에게 있어 어질지 못한 것처럼 화가 크게 미치는 것이 없는데도 자로는 홀로 멋대로 행동하는구나. 또한 도는 만물의 근원이 되는 것이다. 모든 물건이 이것을 잃으면 죽고, 이것을 얻으면 산다. 일을 함에 있어서는 이것을 거스르면 실패를 하고, 이것에 순응하면 성공을 한다. 그러므로 도의 존재에 대하여는 성인들도 존중하는 것이다. 저 어부도 도에 있어서는 터득한 것이 있다고 말할 수 있을 것이다. 그런데 내가 감히 공경하지 않을 수 있겠느냐?"

[자로는 공자가 어부에게 왜 그리 공손한지 의아해 했다. 공자는 어부가 도에 통달한 사람이기에 그에 대한 공경심이 있었기 때문이었다.]

第三十二 列禦寇

[열어구는 도가에 속하는 사람의 이름이다. 그의 도에 대한 이야기가 이 편에 수록되어 있다.]

列禦寇之齊 中道而反 遇伯昏瞀人。伯昏瞀人曰 奚方而反?

曰 吾驚焉。

曰 惡乎驚?

曰 吾嘗食於十 而五先饋。

伯昏瞀人曰 若是 則汝何爲驚已

曰 夫內誠不解 形諜成光 以外鎭人心 使人輕乎貴老 而其所患。夫人特爲食羹之貨 [無]多餘之贏 其爲利也薄 其爲權也輕 而猶若是 而況於萬乘之主乎 身勞於國而知盡於事 彼將任我以事而效我以功。吾是以驚。

伯昏瞀人曰 善哉觀乎 女處已 人將保女矣

열자가 제나라로 가다 말고 돌아오는 길에 백혼무인을 만났다. 백혼무인이 말했다.

“어째서 되돌아왔느냐?”

“놀랐기 때문입니다.”

“어째서 놀랐느냐?”

“제가 가는 길에 열 집 정도의 주막에서 식사를 했는데, 다섯 집이 제가 돈을 주기도 전에 먼저 식사를 제공했기 때문입니다.”

"그 정도의 일로 네가 어찌 놀랐단 말이냐?"
"그것은 저의 속마음의 정성됨이 아직 덜 풀려 외형으로 그것이 드러나 빛을 이룸으로써 밖으로 사람들의 마음의 위압했기 때문입니다. 사람들로 하여금 저보다도 노인은 가볍게 여기게 하고 공경하지 않게 한 것이니, 제 자신의 환난을 기르는 것과 마찬가지인 것입니다. 특히 주막의 주인이란 다만 음식을 팔아 이익을 도모하는 사람들이며, 그 이익 또한 보잘 것 없고 권한도 작습니다. 그런데도 저를 그처럼 대했으니 하물며 만승의 군주야 더 말할 것이 있겠습니까! 그의 몸은 나라를 위해 애쓰고 있고, 그의 정신은 정사를 처리하는 데 다 쓰고 있습니다. 아마 제가 가면, 그는 제게 나라 일을 맡기어 공을 세우기를 바랄 것입니다. 그래서 놀랐다는 것입니다."
"네 생각이 참 훌륭하구나. 그러나 네가 그처럼 처신하면, 사람들이 너를 따르게 될 것이다."

[열자는 제나라에서 주막 주인이 자신을 위대한 인물로 알고 돈도 받지 않고 음식을 대접하는 것을 보고 자신이 수양이 덜 된 것으로 생각한다.]

無幾何而往 則戶外之屨滿矣。伯昏瞀人北面而立 敦杖蹙之乎頤 立有間 不言而出。賓者以告列子 列子提履 跣而走 暨乎門 曰 先生旣來 曾不發藥乎?
曰 已矣 吾固告汝曰人將保汝 果保汝矣。非汝能使人保汝 而汝不能使人無保汝也 而焉用之感豫出異也 必且有感 搖而本才 又無謂也。與汝遊者 又莫汝告也。彼所小言 盡人毒也。莫覺莫悟 何相孰也 巧者勞而知者憂 無能者無所求 飽食而敖遊 汎若不繫之舟 虛而敖遨者也。

얼마 뒤에 백혼무인이 열자에게 가보니 과연 문밖에 신이 가득했다. 백혼무인은 북쪽을 향해 서서 지팡이에 턱을 괴고 한참을 서 있다가 말도 하지 않고 그대로 나왔다. 문지기가 그 사실을 열자에게 전하자, 열자는 신을 든 채 맨발로 문간까지 뛰어나왔다.

“선생님께서는 모처럼 만에 오셔서는 도움이 될 만한 가르침도 주지 않으시고 가시려하십니까?”

“그만두거라. 내가 이미 네게 세상 사람들이 너를 따를 것이라고 말했건만, 역시 너를 따르고 있구나. 네가 사람들로 하여금 따르게 한 것이 아니라, 네가 사람들로 하여금 따르지 않도록 하지 못한 것이다. 그런데 무엇을 가르칠 필요가 있겠느냐? 남을 감동시키고 기쁘게 만드는 것은 뭔가 남과 다른 특이한 점을 겉으로 드러내기 때문이다. 그런즉 꼭 남을 감동시키려면 자기의 본성을 뒤흔들어야 할 것이니, 그것 또한 무의미한 일이 될 것이다. 너와 어울리는 자들은 네게 아무것도 얘기해 주지 못할 것이다. 그들이 내뱉는 쓸모 없는 말들은 모두 사람들에게 해독을 끼칠 뿐이다. 남을 깨우쳐 주지도 못하고 스스로가 깨닫지도 못하는 자들과 어찌 터놓고 사귀겠느냐? 기교가 많은 자는 수고로울 것이며, 아는 것이 많은 자는 걱정이 많은 법이다. 능력이 없는 자는 오히려 추구하는 것이 없을 것이니, 배불리 먹고 유유히 노닐다가 매어 있지 않은 배처럼 두둥실 떠다니고 마음을 텅 비워 무심히 소요하게 될 것이다.”

[열자를 많은 사람이 따르자 그의 스승은 이것도 본성이 아니라고 말한다. 사람은 무위, 무심하여야 참된 자연의 원리를 따르고 있는 것이라 그의 스승은 생각하고 있다.]

鄭人緩也呻吟裘氏之地。祇三年而緩爲儒 河潤九里 澤及三族 使其弟墨。儒墨相與辯 其父助翟。十年而緩自殺。

其父夢之曰 使而子爲墨者 予也 闔胡嘗視其良 旣爲秋柏之實矣.

夫造物者之報人也 不報其人而報其人之天 彼故使彼。夫人以己爲有以異於人以賤其親 齊人之井飮者相捽也。故曰今之世皆緩也。

自是 有德者以不知也 而況有道者乎 古者謂之遁天之刑。聖人安其所安 不安其所不安 衆人安其所不安 不安其所安。

정나라 사람 완이 구씨라는 고장에서 책을 읽어 삼 년이 지나자 유자(儒者)가 되었다. 황하가 물가 구리의 땅을 적셔 주듯 그의 공부한 덕택에 삼족에 영향이 미쳤다. 그리고 그의 아우를 묵자(墨者)로 만들어 유가와 묵가가 서로 토론을 벌였다. 그의 아버지가 묵가의 편을 들자 십 년 만에 완은 자살하고 말았다.

그의 아버지 꿈에 그가 나타나서 말했다.

"아버님 자식을 묵자로 만든 것은 저였습니다. 그런데 어찌하여 이미 제 무덤 가 잣나무의 열매가 익도록 한번 찾아 주시지도 않으십니까?"

조물주가 사람들에게 보답할 때엔 그 사람에게 보답하지 않고, 그 사람의 천성에 보답하는 것이다. 그는 그 때문에 유자가 되었던 것이다. 그러나 그는 자기가 유자가 됨으로써 남과는 특이한 존재라 생각하고, 자기 부모까지 업신여기고 있었다.

모든 사람은 우물을 파고 물을 마시면 그것은 자연의 힘이 아니라 그것은 자기의 힘이라 생각하고 서로 싸운다. 그러므로 지금 세상 사람들은 모두가 이 완과 같은 사람들이라 할 수 있다. 스스로 덕을 지니고 있는 사람은 자기가 덕을 지닌 것을 알지 못하는 것이다. 하물며 도를 터득한 사람이야 어떻겠는가?

옛날에는 자연의 공로는 잊고 자기 능력만을 믿는 것을 자연으로부터 도망쳐 형벌을 받는 자라 말했다. 성인은 그가 편안히 지낼 곳에 편안히 지내며, 편안치 않은 곳에는 편안치 않게 지내는 법이다. 여러 사람들은 편안치 않은 곳에 편안히 지내고, 편안한 곳에서는 편안치 않게 지내려

하고 있다.

[유가와 묵가의 이론은 사람의 본성과 어긋난 것이라는 설명을 하고 있다.]

莊子曰 知道易 勿言難。知而不言 所以之天也。知而言之 所以之人也。古之人 天而不人。

장자가 말했다.
“도를 알기는 쉽지만, 그것을 말하지 않기는 어렵다. 알면서도 말하지 않는 것이 자연으로 나아가는 방법이다. 알고 있는 것을 말하는 것이 인위로 나아가는 근거가 된다. 옛날 사람들은 자연스러웠지 인위적은 아니었다.”

[장자가 무언의 중요함을 말하고 있다.]

朱泙漫學屠龍於支離益 單千金之家 三年技成而無所用其巧。

주평만은 용 잡는 방법을 지리익에게 배웠는데, 수업료로 천금이 나가는 집을 세 채나 팔아 바쳤다. 그러나 기술을 습득한 다음에는 그 기술을 쓸 곳이 없었다.

[아무리 지극한 기술이라도 한계가 있기 마련이다.]

聖人以必不必 故無兵 衆人以不必必之 故多兵。順於兵 故行有求。兵 恃之則亡.

성인은 꼭 그런 것도 꼭 그렇다고 고집하지 않는다. 그러므로 마음에 투기가 없다. 보통 사람들은 꼭 그렇지 않은 것도 꼭 그렇다고 고집한다. 그래서 마음에 살기가 많은 것이다. 마음의 살기를 따르기 때문에 그들의 행동에는 추구하는 것이 있게 된다. 이러한 살기에 의지하여 행동하면 멸망하게 되는 것이다.

[고집은 사람의 본성이 아니다. 고집은 서로 적개심을 불러 일으켜 싸우게 되고, 더 나아가 이러한 무력은 파멸에 이르게 할 수 있다.]

小夫之知 不離苞苴竿牘 敝精神乎蹇淺 而欲兼濟道物 太一形虛。若是者 迷惑於宇宙 形累不知太初。

彼至人者 歸精神乎無始而甘冥乎無何有之鄕。水流乎無形 發泄乎太淸。悲哉乎 汝爲知在毫毛而不知大寧。

소인의 지혜란 선물을 주고받고, 편지를 주고받고 하는 범위를 떠나지 못하는 것인데도, 정신을 천박한 일들을 위해 피폐하게 한다. 그런데도 도와 물건에 대하여 아울러 터득을 해 가지고 도와 물건을 합치시키려 하고 있다. 이러한 자들은 우주 속에서 미혹되어 물건에 마음이 장애를 받아 태초의 묘한 이치를 알 수 없는 것이다. 지인(至人)이라 부르는 사람들은 정신을 시작도 없는 허무한 상태로 귀착시키고, 아무것도 없는 자유로운 고장에서 단잠을 자며, 아무런 물건에도 구애됨이 없이 물처럼 흐르며, 태청의 텅 비고 밝은 경지로 나아가는 것이다. 슬프다, 그대들은 터럭 끝 만한 지식을 갖고 있으면서 크게 안정된 경지는 알지 못하고 있는 것이다.

[이 대목에서는 소인의 지혜와 지인의 지혜를 비교하여 설명하고 있다. 소인의 지혜는 정신만 더 힘들게 할 뿐이다.]

宋人有曹商者 爲宋王使秦。其往也 得車數乘。王說之 益車百乘。反於宋 見莊子 曰 夫處窮閭阨巷 困窘織屨 槁項黃馘者 商之所短也 一悟萬乘之主而從車百乘者 商之所長也。

莊子曰 秦王有病召醫。破癰潰痤者得車一乘 舐痔者得車五乘 所治癒下 得車愈多。子豈治其痔邪? 何得車之多也? 子行矣!

송나라 사람 중에 조상이란 사람이 있었는데, 송나라 임금을 위해 진나라에 사신으로 갔다. 그가 갈 때에는 수레 몇 채가 주어졌었는데, 진나라 임금이 그를 좋아하여 백 채의 수레를 더 보태어 주었다. 그는 송나라로 돌아와서 장자를 만나 말했다.

"옹색한 골목의 궁한 집에 살면서, 곤궁하여 짚신이나 신고, 깡마르고 부황난 얼굴을 하고 지내는 것은 저로서는 잘하지 못하는 일입니다. 단번에 만승의 천자를 깨우치고 백 채의 수레를 뒤따르게 하는 일은 제가 잘하는 일입니다."

장자가 말했다.

"진나라 임금이 병이 나서 의원을 불렀습니다. 종기를 째고 고름을 짜주는 자에게는 수레 한 채를 내렸습니다. 고름을 빼는 자에게는 수레 다섯 채를 내렸습니다. 그리고 치료하는 방법이 하천 할수록 내려지는 수레는 더욱 많았습니다. 당신은 그의 치질을 핥아 고쳐주었습니까? 어찌 그토록 많은 수레를 받았습니까? 어서 가보십시오."

[조상이라는 사람이 장자에게 자신의 재주를 자랑하자 그러한 것은 아무런 의미가 없다고 장자는 말하고 있다.]

魯哀公問乎顔闔曰 吾以仲尼爲貞幹 國其有瘳乎?

曰 殆哉圾乎仲尼 方且飾羽而畫 從事華辭。以支爲旨 忍性以視民而不知不信。受乎心 宰乎神 夫何足以上民?

彼宜女與 予頤與 誤而可矣 今使民離實學僞 非所以視民也。爲後世慮 不若休之。難治也.

노나라 애공이 안합에게 물었다.

"나는 공자를 나라의 대신으로 삼고자 하는데 그러면 나라가 다스려지겠습니까?"

안합이 말했다.

"위태롭고 위험한 일입니다. 공자는 지금 새의 깃으로 장식을 하고도 채색을 더 하는 짓을 하고 있고, 화려한 말을 늘어놓는 일에 종사하고 있으며, 지엽적인 것들로 주지를 삼고 있습니다. 사람의 본성을 삐뚤게 해서 백성들에게 가르치면서도 백성들의 마음에 진실로 받아들여지지 않고, 그들의 정신을 움직이지 못하고 있음을 알지 못하고 있습니다. 그러니 어찌 백성들의 위에 설 수가 있겠습니까?

백성들이란 피차가 서로 어울려 즐겁게 지낼 수 있도록 해주면 그 뿐인 것입니다. 지금 백성들로 하여금 사실을 떠나 거짓됨을 배우게 한다면, 백성들을 가르치는 방법이 되지 못하는 것입니다. 후세를 위해 생각하신다면 그만 두는 것이 좋을 것 같습니다. 그를 써서 나라를 다스리기는 어려운 일입니다."

[공자는 사람의 본성보다는 인위로 형식을 중하지 생각하므로 나라를 다스려도 백성들이 평안하지 않을 것이라 말하고 있다.]

施於人而不忘 非天布也 商賈不齒。雖以事齒之 神者弗齒。

爲外刑者 金與木也 爲內刑者 動與過也。宵人之離外刑者 金木訊之 離內刑者 陰陽食之。夫免乎外內之刑者 唯眞人能之。

사람들에게 은혜를 베풀면 잊지 않는다. 하늘이 은택을 베푸는 것은 이와 다르다. 장사꾼은 도를 얘기할 자격이 없다. 비록 일 때문에 도에 대하여 관여한다 하더라도 정신은 도와 함께 있지 않은 것이다.

사람이 밖으로부터 받는 형벌이란 쇠와 나무로 만든 형구에 의한 것이다. 그러나 사람이 안으로부터 받는 형벌이란 마음의 동요와 지나침 때문이다. 소인으로서 밖으로부터 형벌을 받는 자는 쇠와 나무로 만든 형구에 의하여 신문을 당하지만, 안으로부터의 형벌을 받는 사람은 음양의 두 기운의 부조화에 의하여 잠식을 당한다. 이러한 안팎으로부터의 형벌을 면할 수 있는 것은 오직 진인(眞人)에게만 가능한 것이다.

[대부분의 사람들은 이익을 위해 살아간다. 이는 자연의 원리가 아니기에 살아가면서 많은 고통이 따를 수 밖에 없다. 우리의 삶은 이익을 위해 존재하는 것이 아니다.]

孔子曰 凡人心險於山川 難於知天。天猶有春秋冬夏旦暮之期 人者厚貌深情。故有貌願而益 有長若不肖 有順懁而達 有堅而縵 有緩而釬。故其就義若渴者 其去義若熱。

故君子遠使之而觀其忠 近使之而觀其敬 煩使之而觀其能 卒然問焉而觀其知 急與之期而觀其信 委之以財而觀其仁 告之以危而觀其節 醉之以酒而觀其側 雜之以處而觀其色。九徵至 不肖人得矣。

공자가 말했다.

"사람들의 마음이란 산천보다도 험난한 것이어서 자연에 대하여 알기보다 어려운 일이다. 자연에는 봄, 가을과 겨울, 여름 및 아침, 저녁의 일정한 시간의 변화가 있다. 사람이란 두툼한 외모 속에 감정을 깊이 간직하고 있다. 그러므로 외모는 성실한 듯 하면서도 마음은 교만한 자가 있고, 외모는 잘난 듯 하면서도 사실은 못난 자가 있고, 외모는 신중한 듯 하면서도 마음은 경박한 자가 있고, 외모는 견실한 듯 하면서도 속은 유약한 자가 있고, 외모는 느린 듯 하면서도 마음은 성급한 자가 있다.

그러므로 목마른 듯이 의로움으로 나아가는 사람은 뜨거운 것을 피하듯 의로움을 떠나기도 하는 것이다. 그러므로 군자는 멀리 놓고 부리면서 그의 충성됨을 살피고, 가까이 놓고 부리면서 그의 공경함을 살피는 것이다. 그에게 번거로운 일을 시키고서 그의 능력을 살피고, 갑자기 질문함으로써 그의 지혜를 살피는 것이다. 급작스럽게 그와 약속을 함으로써 그의 신용을 살피고, 재물을 그에게 맡겨봄으로써 그의 어짊을 살피는 것이다. 그에게 위태로움을 얘기해줌으로써 그의 절의를 살피고, 그를 술로 취하게 함으로써 그의 법도를 살피는 것이다. 남녀가 섞여 지내게 함으로써 그의 호색함의 정도를 살피는 것이다. 이 아홉 가지 시험을 다 마치면 못난 자를 가려낼 수가 있게 되는 것이다."

[사람의 마음은 너무나 복잡하다. 사람의 겉모습과 속마음은 너무나 다르다. 따라서 사람의 마음을 제대로 알 수 있기는 힘이 든다.]

正考父一命而傴 再命而僂 三命而俯 循牆而走 孰敢不軌.
如而夫者 一命而呂鉅 再命而於車上儛 三命而名諸父。孰協唐許
賊莫大乎德有心而心有睫 及其有睫也而內視 內視而敗矣。
凶德有五 中德爲首。何謂中德 中德也者 有以自好也而吡其所不爲者

也。

窮有八極 達有三必 形有六府。美髯長大壯麗勇敢 八者俱過人也 因以是窮。緣循 偃俠 困畏不若人 三者俱通達。

知慧外通 勇動多怨 仁義多責 達生之性者傀 達於知者肖 達大命者隨 達小命者遭。

정고부는 사(士)에 임명되자 허리를 굽히고, 대부에 임명되자 온몸을 굽히고, 경으로 임명되자 몸을 굽히고 담장 아래로 붙어 걸어 다녔다. 이런 태도는 누구나 모범으로 삼아야 할 일이다. 보통 사람들을 보면 사에 임명되면 몸을 뻣뻣이 거만한 태도를 지니고, 대부에 임명되면 수레 위에서 춤이라도 출 듯 멋대로 행동하고, 경에 임명되기만 하면 자기 아저씨들까지 이름을 부를 정도가 된다. 이들은 요임금이나 허유의 겸손한 태도에 합치될 수가 없는 것이다.

사람을 해치는 일 중에서 덕에 대하여 유위(有爲)한 마음을 갖는 것보다 더 큰 것이 없으니, 그 마음이 눈썹처럼 움직이기 때문이다. 그의 마음이 눈썹처럼 움직이게 되면 모든 일을 자기 마음대로 보고 판단한다. 자기 마음대로 보고 판단을 하면 실패를 하게 된다.

흉한 덕에는 다섯 가지가 있는데, 중덕(中德)이 그 중에서도 첫째가는 것이다. 무엇을 중덕이라 하는가? 중덕이란 것은 자기 마음으로만 판단을 하여 무엇을 좋아하고 한편으로 자기가 좋아하지 않는 것은 욕하는 것이다.

궁하여 지는 데는 여덟 가지 법칙이 있고, 뜻대로 통하게 되는 데에는 꼭 필요한 세 가지 조건이 있으며, 육체에 화를 부르는 데에는 여섯 가지 조건이 있다. 아름답고, 멋진 수염이 났고, 키가 크고, 몸집이 크고, 힘이 세고, 멋이 있고, 용기가 있고, 과감한 이 여덟 가지가 모두 남보다 뛰어나면, 이것 때문에 궁해지는 것이다.

밖의 물건에 순응하고, 남을 따라 행동하고, 곤경에 빠져 남만 못한 듯 두려워하는 것, 이 세 가지 것은 모두 사람을 통달하게 하는 것이다.

지혜는 밖의 물건에만 통용되는 것이며, 용기 있게 행동하는 것은 많은 원망을 사게 되며, 어짊과 의로움을 내세우는 것은 많은 책망을 듣게 된다.

삶의 실정에 통달해 있는 사람은 위대하다. 지식에 통달해 있는 사람은 작아 보인다. 위대한 천명에 통달해 있는 사람은 자연을 따라 자유롭다. 자기의 작은 운명에만 통달해 있는 사람은 운명에 기대를 건다.

[사람은 지위가 높을수록 겸손해야 한다. 사람의 마음가짐이 중요하다. 또한 이 대목에서는 마음이 궁해지는 여덟 가지 원칙과 뜻대로 일이 잘 되게 하는 세 가지의 원리, 몸을 해치는 여섯 가지에 대해 말하고 있다.]

人有見宋王者 錫車十乘。以其十乘驕穉莊子。

莊子曰 河上有家貧恃緯蕭而食者 其子沒於淵 得千金之珠。其父謂其子曰 取石來鍛之 夫千金之珠 必在九重之淵而驪龍頷下。子能得珠者 必遭其睡也。使驪龍而寤 子尙奚微之有哉 今宋國之深 非直九重之淵也 宋王之猛 非直驪龍也 子能得車者 必遭其睡也。使宋王而寤 子爲粉夫。

어떤 사람이 송나라 임금을 만났는데 수레 열 채를 받았다. 그는 수레 열 채를 받았다고 장자에게 자랑을 했다.

장자가 말했다.

"황하가에 가난하게 사는 집이 있는데, 싸리로 삼태기를 짜서 생활을 꾸려나가고 있었습니다. 그 집 아들이 하루는 깊은 물에 잠수를 하여 천금의 진주를 얻었습니다. 그러자 그의 아버지가 말했습니다. '돌을 가져다 깨뜨려버려라. 천금의 진주란 반드시 깊은 물 속 검은 용의 턱 밑에 있는 것이다. 네가 그 진주를 주울 수 있었던 것은 마침 용이 잠을 자고 있었기 때문일 것이다. 만약 검은 용이 잠을 자고 있지 않았다면 네가 어찌 잡아먹히지 않고 살아 나올 수 있었겠느냐?'

지금 송나라의 알 수 없기는 깊은 물에 그치는 정도가 아니고, 송나라 임금의 사나움은 검은 용에 비교할 바가 아닙니다. 당신이 수레를 얻을 수 있었던 것은 그가 잠을 자고 있었기 때문일 것입니다. 만일 송나라 임금이 깨어 있었다면 당신은 가루가 되었을 것입니다."

[임금에게 아첨을 하여 이득을 보는 것이 얼마나 위험한 것인지에 대해 설명하고 있다. 이는 이익을 추구하는 삶의 폐해을 말하고 있는 것이다.]

或聘於莊子 莊子應其使曰 子見夫犧牛乎 衣以文繡 食以芻叔。及其牽而入於大廟 雖欲爲孤犢 其可得乎?

莊子將死 弟子欲厚葬之。莊子曰 吾以天地爲棺槨 以日月爲連璧 星辰爲珠璣 萬物爲齎送。吾葬具豈不備邪 何以加此?

弟子曰 吾恐烏鳶之食夫子也。

莊子曰 在上爲烏鳶食 在下爲螻蟻食 奪彼與此 何其偏也。

以不平平 其平也不平 以不徵徵 其徵也不徵。明者唯爲之使 神者徵之。夫明之不勝神也久矣 而愚者恃其所見入於人 其功外也 不亦悲乎?

어떤 사람이 장자를 초빙하려 하자, 장자가 그의 사자에게 말했다.

"당신은 제물로 쓰이는 소를 본 일이 있습니까? 무늬를 수놓은 옷을 입고, 좋은 풀과 콩을 먹으며 지내지만, 일단 그 소가 끌려서 태묘로 들어갈 때가 되면 비록 외로운 송아지가 되려 한다 해도 될 수가 있겠습니까?"

장자가 죽으려 할 때, 제자들이 그를 성대히 제사 지내려 했다. 그러자 장자가 말했다.

"나는 하늘과 땅을 관과 관 뚜껑으로 삼고, 해와 달을 한 쌍의 구슬 장식으로 삼고, 별자리들을 진주와 옥 장식으로 삼고, 만물을 부장품으로 삼으려 하니, 나의 장례 용품은 다 갖추어진 것이 아니냐? 여기에 더 무엇을 보태려 하느냐?"

제자들이 말했다.

"저희들은 까마귀나 솔개가 선생님을 뜯어먹을까 두렵습니다."

장자가 말했다.

"위쪽에 놓아두면 까마귀와 솔개가 먹을 것이고, 아래쪽에 묻으면 개미들이 먹을 것이다. 어느 것들이 먹는다고 그것을 빼앗아 다른 것들에게 주는 것이다. 어찌하여 그리 편벽되게 생각을 하는 것이냐?"

공평치 못한 척도로써 공평하게 하려 한다면 공평한 것조차도 공평하지 못하게 된다. 올바로 감응되지 않은 사람의 마음을 가지고 사물에 감응하려 한다면, 올바로 감응할 것조차도 제대로 감응하지 않게 된다.

명철한 사람이란 오직 외물을 따라 부림을 당하는 것이며, 신령스러운 사람이란 외물을 따라 감응하여 나가는 것이다. 그러나 명철한 것이 신령스러운 것을 이겨내지 못하는 것은 오래된 사실이다. 그런데도 어리석은 자들은 그들이 본 것에 의지하고서 인위적인 일에 빠져들어 간다. 그들의 공로란 모두 외부적인 것들이니 또한 슬프지 않은가?

[장자는 죽음에 대해서는 초월하였다. 죽음은 자연스러움이기에 이에 어떤 형식도 그는 거부했다. 장자는 제자들에게 조그만 지혜를 의지하지 말고 자연의 가장 커다란 원리인 도를 따르는 것을 죽기 전까지도 이야기하고 있다.]

第三十三 天下

[장자의 마지막 장인 천하이다. 여기서는 유가, 법가, 묵가 등 여러 사상을 설명하고 비판하면서 노자의 도가 사상의 설명과 노자의 사상이 장자에서 전해진 것에 대한 이야기를 하고 있다.]

天下之治方術者多矣 皆以其有爲不可加矣。
古之所謂道術者 果惡乎在 曰 無乎不在。曰 神何由降 明何由出 聖有所生 王有所成 皆原於一。
不離於宗 謂之天人。不離於精 謂之神人。不離於真 謂之至人。以天爲宗 以德爲本 以道爲門 兆於變化 謂之聖人。以仁爲恩 以義爲理 以禮爲行 以樂爲和 薰然慈仁 謂之君子。
以法爲分 以名爲表 以參爲驗 以稽爲決 其數一二三四是也.
百官以此相齒 以事爲常 以衣食爲主 蕃息畜藏 老弱孤寡爲意 皆有以養 民之理也。

천하(天下)에서 도술을 추구하는 사람은 많다. 그런데 모두가 자기가 닦고 있는 도술이 더 보탤 것이 없는 최고의 학문이라고 생각한다. 그러니 옛날의 이른바 도술(道術)이라고 하는 것은 과연 어디에 있는가? 말하자면 그것이 존재하지 않는 곳이란 없다. 그렇다면 신인(神人)은 어디로부터 내려오는가? 밝은 지혜는 무엇으로부터 나오는 것인가? 성인은 태어나는 까닭이 있고 왕자(王者)는 이루어지는 까닭이 있으니 모두가 하나에 근원한다.

도(道)의 대종(大宗)에서 떠나지 않는 사람을 천인(天人)이라 하고, 도(道)의 정수(精髓)에서 떠나지 않는 사람을 신인(神人)이라 하고, 도의 진수(眞髓)에서 떠나지 않는 사람을 지인(至人)이라 하고, 천(天)을 도(道)의 대종(大宗)으로 삼고 도(道)의 체득(體得)을 자기의 근본으로 삼으며, 도(道)를 문으로 삼아 출입하여 우주 만물의 변화 조짐을 미리 아는 사람을 성인(聖人)이라 한다.

인애(仁愛)로 은혜를 베풀며, 정의로 조리를 세우며, 예를 행위의 기준으로 삼으며, 악(樂)으로 조화를 이루어 따뜻하게 자애로운 사람을 군자라 한다.

법률로 직분을 정하며, 관명으로 그 직무를 표기하며, 그것을 실무와 비교하여 성적을 검증하며, 참고하여 상벌을 결정하니, 그 상벌의 등급을 매기는 수는 一二三四가 그에 해당한다. 백관은 이 一二三四로 수량화된 등급에 의해 서로의 차례가 정해진다. 노동을 일상으로 삼으며, 의식(衣食)의 공급을 제일가는 일거리로 삼아 가축을 번식시키고 곡물을 저장하여 노인, 어린이, 고아, 과부를 특히 마음에 두니 모두 백성을 기를 수 있는 도리이다.

[원래 도는 하나였다. 자연의 가장 큰 원리가 바로 도이다. 이 대목에서는 하늘의 사람, 신과 같은 사람, 지극한 사람에 대해 설명하고 있다. 또한 성인과 군자의 차이에 대해서도 이야기하고 있다.]

古之人其備乎 配神明 醇天地 育萬物 和天下 澤及百姓 明於本數 係於末度 六通四辟 小大精粗 其運無乎不在。

其明而在數度者 舊法世傳之史尚多有之。其在於《詩》、《書》、《禮》、《樂》者 鄒魯之士搢紳先生多能明之。《詩》以道志《書》以道事《禮》以道行《樂》以道和《易》以道陰陽《春秋》以道名分。其數散於天下而設

於中國者 百家之學時或稱而道之。

天下大亂 賢聖不明 道德不一 天下多得一察焉以自好。譬如耳目鼻口皆有所明 不能相通。猶百家衆技也 皆有所長 時有所用。雖然 不該不偏 一曲之士也。判天地之美 析萬物之理 察古人之全 寡能備於天地之美 稱神明之容。

是故內聖外王之道 闇而不明 鬱而不發 天下之人各爲其所欲焉以自爲方。悲夫 百家往而不反 必不合矣 後世之學者 不幸不見天地之純 古人之大體 道術將爲天下裂。

옛사람은 완전한 덕을 갖추었던가 보다. 신묘한 도와 밝은 지혜와 짝하며 천지에 순수하게 화합하며, 만물을 육성하며, 천하를 화평하게 하여 그 은택이 백성에게 미치고, 근본의 원리와 법칙에 밝고, 말단적인 법도(法度)까지 체계화하며, 상하사방으로 통하고 사계절에 열려, 작고 크고 정밀하고 거친 모든 존재에 이르기까지 도(道)의 운행이 미치지 않은 데가 없다.

그중에서 분명하게 법도로 나타난 것은 예부터 전해온 법률을 대대로 전하는 사관(史官)의 기록에 지금도 많이 남아 있고, 시경(詩經)·서경(書經)·예(禮)와 악(樂)의 경전(經典)에 문자로 기재되어 있는 것은 추로(鄒魯)의 선비들과 띠를 두른 선생들 중에서 밝게 아는 이가 많다.

시(詩)로 사람의 마음을 표현하고, 서(書)로 고대의 정사(政事)를 말하고, 예(禮)로 인간의 실천을 말하고, 악(樂)으로 조화를 말하고, 역(易)으로 음양(陰陽)을 말하고, 춘추(春秋)로 명분을 말하고 있다. 옛 도술의 구체적인 내용이 천하에 흩어져 중원(中原)의 나라에 베풀어진 것을 제자백가(諸子百家)의 학파에서도 때로 말하는 자가 있다.

천하가 크게 어지러워지자 현인 성인이 모습을 감추었고, 도덕이 하나로 통일되지 못해서 천하 사람들이 일부만 알고 스스로 만족하는 경우가 많아졌다. 비유하자면 귀, 눈, 코, 입이 각자 밝게 아는 부분이 있지만 서로 소통하지 못하는 것과 같다. 마치 제자백가의 여러 학술이 서로 소통하지 못하는 것과 같고, 모두 나름대로 뛰어난 점이 있어서 때로 그 기술을 쓸 곳이 있다. 비록 그렇지만 전부를 포괄하거나 두루 미치지 못하여 일부분밖에 알지 못하는 사람들이다. 그들은 본래 하나인 천지의 미덕을 멋대로 가르고, 본래 하나인 만물의 이법(理法)을 쪼개며, 고인(古人)들이 체득했던 도술(道術)의 전체를 산산조각 내서, 천지의 아름다움을 갖추고 천지의 신묘하고 밝은 모습에 꼭 맞출 수 있는 이가 적다.

이 때문에 내면으로는 성인이면서 밖으로는 제왕이 되는 내성외왕(內聖外王)의 도가 어두워서 밝게 드러나지 못하며 막혀서 나타나지 못하여 천하의 모든 사람들이 각각 자기가 하고 싶은 대로 해서 그것을 스스로 방술(方術)이라고 여긴다. 슬프다! 제자백가들은 각자 앞으로 나아가기만 할 뿐 도의 근본으로 돌아오지 않아서, 절대 道와 만나지 못할 것이다. 후세의 학자들은 불행히도 천지의 순수함과 고인(古人)의 대체(大體)를 보지 못할 것이니 도술(道術)이 천하 사람들 때문에 바야흐로 찢겨질 것이다.

[이 대목에서는 유가의 경전에 대해 이야기하고 있다. 진정한 도는 이러한 경전에 의해 성취되는 것은 아니다. 오히려 이러한 인위가 더욱 세상을 혼란하게 만들고, 사람들의 본성을 잃어버리게 할 수도 있다.]

不侈於後世 不靡於萬物 不暉於數度 以繩墨自矯而備世之急 古之道術有在於是者。墨翟、禽滑釐聞其風而說之 爲之大過 已之大循。作爲《非樂》命之曰《節用》 生不歌 死無服。

墨子氾愛兼利而非鬪 其道不怒 又好學而博 不異 不與先王同 毁古之

禮樂。黃帝有《咸池》堯有《大章》舜有《大韶》禹有《大夏》湯有《大濩》文王有辟雍之樂 武王周公作《武》。

古之喪禮 貴賤有儀 上下有等 天子棺槨七重 諸侯五重 大夫三重 士再重。今墨子獨生不歌 死不服 桐棺三寸而無槨 以爲法式。以此教人 恐不愛人 以此自行 固不愛己。

未敗墨子道 雖然 歌而非歌 哭而非哭 樂而非樂 是果類乎 其生也勤 其死也薄 其道大觳 使人憂 使人悲 其行難爲也 恐其不可以爲聖人之道 反天下之心 天下不堪。墨子雖獨能任 柰天下何 離於天下 其去王也遠矣。

墨子稱道曰 昔禹之湮洪水 決江河而通四夷九州也 名川三百 支川三千 小者無數。禹親自操橐耜而九雜天下之川 腓無胈 脛無毛 沐甚雨 櫛疾風 置萬國。禹大聖也而形勞天下也如此。

使後世之墨者 多以裘褐爲衣 以跂蹻爲服 日夜不休 以自苦爲極 曰不能如此 非禹之道也 不足謂墨。

후세 사람들에게 사치를 부리지 못하게 하고, 만물을 낭비하지 아니하고, 법도를 번드레하게 내걸지 아니하여 엄격한 계율을 만들어 스스로를 규제하여 세상의 위급에 대비하니 옛날의 도술 가운데 이에 해당하는 학술이 있었다. 묵적(墨翟)과 금활리(禽滑釐)는 그 학문의 기풍을 듣고 기뻐하여 실천하기를 너무 지나치게 추구했고 절제하기를 너무 지나칠 정도로 따라서, 비락(非樂)편을 짓고, 절용(節用)편이라는 이름을 붙여 살아서는 노래하지 않고 죽어서는 상복을 입는 일이 없었다.

묵자는 널리 사랑하고 모든 사람에게 이익을 주어야 하며 싸움은 그르다고 말했다. 남이 모욕해도 성내지 않는 것을 도리로 여겼다. 또 학문을 좋아하여 널리 배우는 것만은 선왕의 도(道)와 다르지 않았지만 그의 학문은 선왕의 道와 같지 않아서 옛날의 예와 악을 비난하였다.

황제(黃帝)에게는 함지(咸池)가 있었고, 요(堯)임금에게는 대장(大章)이 있었고, 순(舜)임금에게는 대소(大韶)가 있었고, 우(禹)임금에게는 대하(大夏)가 있었고, 탕(湯)임금에게는 대호(大濩)가 있었고, 주(周) 문공(文王)에게는 벽옹(辟雍)이라는 태학에서 연주하는 음악이 있었고, 무왕(武王)와 주공(周公)은 무(武)라는 음악을 지었다. 고대(古代)의 상례(喪禮)는 귀천에 따른 의례가 있었으며, 상하의 사이에 차등이 있었으며, 천자는 관(棺)과 곽(槨)을 합쳐 일곱 겹이고 제후는 다섯 겹이고 대부는 세 겹이고 사(士)는 두 겹이었다.

그런데 유독 묵자(墨子)만은 살아서는 노래하지 아니하고 죽어서는 상복(喪服)을 입지 않고, 오동나무 관을 세 치 두께로 만들고, 외관은 만들지 아니하고 그것을 법식으로 삼았다. 이런 기준을 가지고 사람들을 가르치게 되면 아마도 사람을 사랑하지 않게 될 것이고, 이런 기준을 가지고 스스로 행동하면 자기를 사랑하지도 않게 될 것이다. 묵자의 도(道)를 공격하려는 것은 아니다. 비록 그렇지만 흥겨워 노래하고 싶은데 노래를 비난하며, 울고 싶은데 우는 것을 비난하며, 음악을 연주하여 즐기고 싶은데 음악을 비난하는 것이 과연 인정에 가까운 것인가? 살아서는 노동에 지치고, 죽어서는 허술하게 떠나니, 그 도(道)는 너무 인정머리가 없어 세상 사람들을 걱정하게 하고 슬프게 할 뿐이라, 실행하기 어려울 것이니 아마도 그것을 성인의 道라고 할 수는 없을 것이다. 천하 사람들의 마음에 어긋나는 것인지라 천하 사람들이 그것을 감내하지 못할 것이다. 묵자가 비록 혼자서 그렇게 할 수 있다 한들 천하 사람들을 어쩌겠는가! 천하 사람들로부터 유리(遊離)되어 버린지라 왕자(王者)의 道에서 멀리 벗어나 버린 것이다.

묵자(墨子)는 사람들을 향해 이렇게 말했다.

"옛날 우(禹)임금이 홍수를 막고 장강과 황하의 수로를 터서 사방의 이적(夷狄)과 구주(九州)의 교통로를 소통하게 하였는데 그때 천하에는 커다란 하천이 3백 개였고, 지류가 3천 개였으며, 그 밖에 작은 내는 셀 수 없을 정도로 많았다. 우임금이 친히 삼태기와 보습을 손에 들고 천하의 내를 규합할 때 우임금의 장딴지에는 살이 빠졌고 정강이에는 털이 없어지고 장맛비에 얼굴 씻고 모진 바람에 빗질한 끝에 만국(萬國)을 건설하였다. 우임금은 대성인(大聖人)인데도 이처럼 천하를 위해 자기 몸을 혹사했다."

그리하여 후세의 묵가(墨家)로 하여금 거친 옷을 입고 나막신이나 짚신을 신고 밤낮으로 쉬지 않고 자기 몸을 고통스럽게 하는 것을 최고의 규율로 삼게 하고는 말하기를,

"능히 이와 같이 할 수 없다면 우임금의 도리가 아닌지라 묵가라 하기에 부족하다."라고 하였다.

[이 대목에서는 묵자의 사람들은 서로 사랑해야 하고 부지런히 일 하며, 물건들을 아껴야 한다는 것에 대해 비판하고 있다.]

相里勤之弟子五侯之徒 南方之墨者苦獲、已齒、鄧陵子之屬 俱誦《墨經》而倍譎不同 相謂別墨 以堅白同異之辯相訾 以觭偶不仵之辭相應 以巨子爲聖人 皆願爲之屍 冀得爲其後世 至今不決。

墨翟禽滑釐之意則是 其行則非也。將使後世之墨者 必自苦以腓無胈脛無毛相進而已矣。亂之上也 治之下也。雖然 墨子真天下之好也 將求之不得也 雖枯槁不舍也。才士也夫

오늘날 묵가의 제자로는 상리근(相里勤)의 제자들과 오후(五侯)의 무리와 남방(南方)의 묵가(墨家)와 고획(苦獲)과 이치(已齒)와 등릉자(鄧陵子)의 무리들이 모두 묵가의 경서를 독송하고 있는데, 그 해석이 서로 배반하고 대립하여 같지 않아서 서로 상대방을 별묵(別墨)이라 하여 견

백론(堅白論)과 동이론(同異論)으로 서로 비난하고 기수(奇數)와 우수(偶數)처럼, 짝이 맞지 않고 어긋나는 말로 서로 응수하여 '거자(巨子)'를 성인(聖人)이라고 하면서 모두 자기가 주인이 되기를 원하여 자기가 묵자의 후계자가 되기를 바라면서 지금까지 결론을 내리지 못하고 있다.

묵적(墨翟)과 금활리(禽滑釐)의 뜻은 옳았으나 실천 방법은 잘못되었다. 후세의 묵가로 하여금 반드시 스스로를 괴롭혀서 장딴지에 살이 다 빠지고 정강이에 털이 닳아 없어지도록 강제함으로써 서로 생명을 다 소진하게 할 뿐이다. 그러니 이것은 천하를 어지럽히는 데는 상책이요 천하를 편안히 다스리는 데는 하책이다. 비록 그러하나 묵자 자신은 참으로 천하를 좋아하였다. 그는 구하던 것을 얻지 못하게 되면 비록 자기 몸이 말라비틀어진다 하더라도 그만두지 않았으니 훌륭한 인물이라 할 수 있을 것이다.

[이 대목에서는 묵자 이후의 여러 파로 나뉘어 서로 싸우는 묵가들에 대해 비판하고 있다. 또한 묵자가 천하를 사랑하고 천하를 위했던 것은 인정하고 있다.]

不累於俗 不飾於物 不苟於人 不忮於衆 願天下之安寧以活民命 人我之養畢足而止 以此白心 古之道術有在於是者。宋鈃尹文聞其風而悅之.

作爲華山之冠以自表 接萬物以別宥爲始 語心之容 命之曰心之行 以聏合驩 以調海內 請欲置之以爲主。見侮不辱 救民之鬪 禁攻寢兵 救世之戰。以此周行天下 上說下教 雖天下不取 強聒而不舍者也 故曰 上下見厭而強見也。

雖然 其爲人太多 其自爲太少 曰 請欲固置五升之飯足矣 先生恐不

得飽 弟子雖飢 不忘天下。日夜不休 曰 我必得活哉 圖傲乎救世之士哉 曰 君子不爲苛察 不以身假物。以爲無益於天下者 明之不如已也 以禁攻寢兵爲外 以情慾寡淺爲內 其小大精粗 其行適至是而止。

세속의 일에 얽매이지 아니하고, 외물 때문에 자신을 꾸미지 아니하고, 남에게 구차하게 행동하지 아니하고, 민중을 해치지 아니한다. 그리하여 천하가 안녕하여 민중의 생명이 잘 살기를 원하여 타인과 자신의 생활이 모두 만족하게 되면 멈추었으니 이렇게 하여 마음을 깨끗하게 하였다. 옛 도술(道術) 중에 이런 것을 추구하는 것이 있었다. 송견(宋銒)과 윤문(尹文)이 이러한 경향의 학풍을 듣고서 기뻐하였다. 그들은 상하의 폭이 균등한 화산(華山)의 갓을 만들어 자기들의 생각을 내외에 표명하고, 만물을 접할 때는 모든 선입견을 배제하는 것을 시작으로 삼으라고 주장하였다.

마음의 모습을 말하여 정의하기를 '마음의 행위'라 하였다. 부드러운 마음으로 함께 즐거워하여 온 천하의 사람들을 화합하게 하여 사람들의 청원(請願)을 적게 줄이는 것을 중심 주장으로 삼았다. 남에게 모욕을 당해도 그것을 욕된 것으로 여기지 않음으로써 백성들의 싸움을 말리고, 침략을 금하고 무기를 철폐함으로써 세상의 전쟁을 없애고자 하였다. 이런 주장으로 온 천하를 널리 돌아다니며 위로 군주에게 유세하고 아래로 민중을 가르쳐서 비록 천하 사람들이 자신들의 주장을 따르지 않더라도 떠들썩하게 주장하며 그만두지 않았다. 그 때문에 사람들은 그들을 두고 '상하 양쪽 계층으로부터 싫어함을 당하고서도 억지로 설득하려 든다.'고 욕을 했던 것이다. 비록 그러하나 그들은 남을 위해 하는 일이 너무 많고, 자신들을 위해 하는 일이 너무 적었다. 그리고 그들은 말하기를

"사람의 정욕은 본시 적은 것이니 하루에 다섯 되의 밥만 먹으면 만족

할 것이다. 이렇게 되면 선생 자신도 배부르지 못할까봐 두렵기만 한데 제자들은 비록 배가 고플지라도 천하를 잊지는 않을 것이다."

그리고 밤낮으로 쉬지 않고 노력하며 말하기를: "나는 기어코 민생을 살리고야 말 것이다!" 라고 하니, 도모함이 크구나! 이 세상을 구제하는 인물이라 할 것이다.

그들은 말하기를

"군자는 사물을 자세히 살피지 않으며 내 몸 때문에 외물을 해치지 않는다."

고 하면서 천하에 이익이 되지 않는 것은 밝히기보다는 그만두는 것이 낫다고 생각하였다. 그리하여 전쟁을 금지하고 무기를 버리는 것을 밖으로 내거는 주장으로 삼고, 정욕을 적게 줄이는 것을 내면의 수행으로 삼고 있으니, 그 주장이 작고 큼, 정밀하고 조잡함에 차이가 있을지언정 그들의 행동은 마침내 여기에서 끝나게 되는 것이다.

[이 대목에서는 명가에 속하는 송견과 윤문의 사상을 소개하면서 이를 비판하고 있다.]

公而不當 易而無私 決然無主 趣物而不兩 不顧於慮 不謀於知 於物無擇 與之俱往 古之道術有在於是者。彭蒙田駢愼到聞其風而悅之 齊萬物以爲首 曰 天能覆之而不能載之 地能載之而不能覆之 大道能包之而不能辯之.

知萬物皆有所可 有所不可 故曰選則不徧 教則不至 道則無遺者矣。

是故愼到棄知去己而緣不得已 泠汰於物以爲道理 曰知不知 將薄知而後鄰傷之者也 謑髁無任而笑天下之尚賢也 縱脫無行而非天下之大聖 椎拍輐斷 與物宛轉 舍是與非 苟可以免 不師知慮 不知前後 魏然而已矣。

推而後行 曳而後往 若飄風之還 若羽之旋 若磨石之隧 全而無非 動靜無過 未嘗有罪。是何故?

夫無知之物 無建己之患 無用知之累 動靜不離於理 是以終身無譽。故曰至於若無知之物而已 無用賢聖 夫塊不失道。豪桀相與笑之曰 愼到之道 非生人之行而至死人之理 適得怪焉。

田駢亦然 學於彭蒙 得不教焉。彭蒙之師曰 古之道人 至於莫之是莫之非而已矣。其風窢然 惡可而言。

常反人 不見觀 而不免於魭斷。其所謂道非道 而所言之韙不免於非。彭蒙田駢愼到不知道。雖然 概乎皆嘗有聞者也.

공정하여 어느 한쪽에 치우치지 아니하고, 평등하여 사사로움이 없고, 마음을 비워 아집이 없으며, 사물을 대할 때 둘로 나누어 차별하지 아니하며, 사려(思慮)하여 주위를 돌아보지 아니하고, 지혜를 써서 계책을 꾸미지 아니하며, 외물을 대할 때 가리지 아니하며, 사물과 함께 가니 옛 도술(道術) 중에 이런 학문이 있었다.

팽몽(彭蒙)과 전병(田騈)과 신도(愼到)가 그러한 학풍을 듣고 기뻐하였다. 그들은 만물을 평등하게 보고 그것을 으뜸가는 주장으로 삼아서 말하기를 "하늘은 만물을 덮을 수는 있지만 실을 수는 없고, 땅은 만물을 실을 수는 있지만 덮을 수는 없다. 위대한 도는 모든 것을 포용하지만 그것을 말로 표현할 수는 없다."라고 했는데 그로써 만물에는 가능한 것도 있지만 불가능한 것도 있음을 알고 있었다. 그래서 그들은 말하기를 "만물을 선택하면 모든 물건에 공평할 수 없고, 가(可), 불가(不可)를 따져서 차별하면 완전한 경지에 이르지 못한다. 참다운 道는 모든 것을 남김없이 포용하는 것이다."라고 했다.

이 때문에 신도(愼到)는 지혜를 버리고 사심을 제거하여 그렇게 할 수밖에 없는 필연의 도리를 따라 외물에 그대로 내맡기는 것을 도리라고 하였다.

그리하여 신도(愼到)는 말하기를

"알지 못하는 것을 알려고 하면 장차 그 지(知)에 억압당해 해침을 당할 것"이라고 했다.

그리하여 그는 아무렇게나 행동하고 게으르게 살면서 일정한 책임을 지는 일없이 천하 사람들이 현자(賢者)를 숭상하는 것을 비웃으며, 방종(放縱) 일탈(逸脫)하여 올바른 행동을 하지 않으면서 온 천하가 존중하는 대성인(大聖人)을 비난하였다. 그러면서도 모난 데를 치고 두드리고 깎고 끊어서 행동을 원만하게 조정하여 외물과 함께 변화하고, 시(是)와 비(非)의 판단을 버리고 진실로 재앙을 면할 수 있었으며 사려분별을 스승으로 삼지 아니하고, 일의 앞뒤도 알지 못하고 홀로 높다랗게 서 있었을 뿐이다. 떠밀린 뒤에 나아가고 끌려야 비로소 가는데, 마치 세찬 바람이 회오리쳐 도는 것 같기도 하고 깃털이 빙글빙글 돌며 떨어지는 것 같기도 하며, 마치 방앗간의 맷돌이 회전하는 것 같아서 완전무결하여 그릇됨이 없었고, 움직이건 가만히 있건 과오를 저지른 적이 없었는지라 일찍이 한번도 죄를 지은 적이 없었다. 그것은 무슨 까닭인가? 무릇 지혜가 없는 자연물은 자기를 내세우는 근심이 없고, 지혜를 쓰는 번거로움이 없고, 움직이건 가만히 있건 자연의 이치에서 벗어나지 않는지라, 이 때문에 죽을 때까지 명예를 얻는 일이 없다.

그래서 신도(愼到)는 말하기를

"나는 지각이 없는 자연물과 같은 경지에 도달할 뿐, 현인이니 성인이니 하는 것은 필요가 없다. 저 흙덩어리라면 道를 잃는 일이 없을 것이다."라고 하였는데, 천하의 호걸들이 서로 함께 이것을 비웃으면서 말하기를 "신도(愼到)의 도(道)는 살아 있는 사람의 행동이 아니라 죽은 사람의 도리에 도달하였으니, 마침 기괴한 것을 손에 넣었을 뿐이다."라고 하였다.

전병(田駢)도 그러하였다. 그는 팽몽(彭蒙)에게 배워, 가르치지 않는 것을 체득하였다. 팽몽(彭蒙)의 스승은 말하기를

"옛날 도(道)의 체득자는 무엇을 옳다고 함이 없었고 무엇을 그르다고 함도 없는 경지에 도달했을 뿐이다. 그 학풍은 고요하니 어찌 말로 표현할 수 있겠는가?"라 하였다.

그는 항상 사람들의 상식에 반(反)하고 사람들의 눈길을 끌려고도 하지 않았으나 만사를 원만하게 하기 위해 깎고 끊는 작위(作爲)를 면치는 못했다. 그가 이른바 도는 참다운 도가 아니고, 그가 말하는 정의(正義)도 그릇됨을 면치 못했다. 팽몽(彭蒙), 전병(田駢), 신도(愼到)는 도(道)를 알지 못했다. 비록 그러하나 개략적으로는 모두 일찍이 道가 무엇인지 들은 적이 있었던 사람들이다.

[이 대목에서는 법가에 속하는 팽목과 전변 그리고 신도의 사상을 설명하면서 이를 비판하고 있다.]

以本爲精 以物爲粗 以有積爲不足 澹然獨與神明居。古之道術有在於是者 關尹老聃聞其風而悅之。

建之以常無有 主之以太一 以濡弱謙下爲表 以空虛不毁萬物爲實。

關尹曰 在己無居 形物自著。其動若水 其靜若鏡 其應若響。芴乎若亡 寂乎若淸 同焉者和 得焉者失。

未嘗先人而常隨人。

만물의 근본을 정묘(精妙)하다 여기며, 만물은 조잡(粗雜)하다고 생각하여 그런 조잡한 만물은 아무리 축적해도 충분하지 않다고 하여 담담하게 홀로 신명과 함께 머문다고 하니 옛날 도술 중에 그런 학문이 있었다. 관윤(關尹)과 노담(老聃)이 그 학풍을 듣고 기뻐하였다. 그들은 상

무(常無)와 상유(常有)의 세계를 건립하고 태일(太一)을 세계의 주재자로 생각하여 연약하고 겸손한 것을 밖으로 처신하는 원리로 삼고, 자기 마음을 비워 만물을 해치지 않음을 진실한 것으로 삼았다.

관윤(關尹)은 말하였다.

"자기에게 집착하지 않으면 형체 있는 만물이 저절로 모습을 드러낸다. 그 움직임은 물과 같아서 모든 사물에 스며들고, 그 고요함은 거울과 같아서 만물을 있는 그대로 비추고 그 반응이 메아리와 같다. 그러면서도 흐릿하여 존재하지 않는 것 같고 고요하여 맑은 샘물과 같다. 이 같은 경지에 동화하면 화합할 수 있고 자기 것으로 차지하려고 하면 잃어버린다. 남보다 앞선 적이 없었고 항상 남의 뒤를 따라간다."

[여기에서는 노자와 관윤이 사상을 설명하고 있다.]

老耼曰 知其雄 守其雌 爲天下谿 知其白 守其辱 爲天下谷。
人皆取先 己獨取後.
曰受天下之垢.
人皆取實 己獨取虛 無藏也故有餘 巋然而有餘。其行身也 徐而不費 無爲也而笑巧 人皆求福 己獨曲全.
曰苟免於咎。
以深爲根 以約爲紀.
曰堅則毀矣 銳則挫矣。
常寬容於物 不削於人 可謂至極。
關尹老耼乎 古之博大真人哉.

노담(老聃)은 말하기를

"남성적인 강함이 무엇인지를 알고서 여성적인 유약을 지키면 만물이 모여드는 천하의 계곡이 되며, 청백(淸白)의 맑고 깨끗함을 알고서 더러움을 지키면 천하의 골짜기가 된다."라고 하였다. 그리하여 사람들이 모두 앞으로 나아가면 자기는 홀로 뒤로 처진다. 그리고는 말하기를

"천하의 모든 오욕을 내 몸에 뒤집어쓴다."라고 하였다.

사람들이 모두 충족을 추구할 때 자기는 홀로 공허함을 추구했다. 저장한 것이 없으므로 도리어 여유가 있는지라 높이 솟은 산처럼 넉넉하다. 자기 몸을 움직일 때 천천히 움직여 쓸데없이 정기(精氣)를 낭비하지 않고 아무 것도 작위하지 않으면서 기교를 부리는 행동을 비웃는다. 사람들이 모두 행복을 구하는데 자기는 홀로 몸을 구부려 온전함을 얻는다.

그리하여 노담(老聃)은 말하기를

"어떻게든 허물을 면할 것이다."라고 하여 깊은 것을 근본으로 삼고 간략함을 행동의 기준으로 삼아서 "견고하면 부수어지고 날카로우면 무뎌진다."라고 하여 언제나 만물을 너그럽게 마주하고 남에게 모질게 대하지 않으니 궁극에 도달하였다고 할 만하다. 관윤(關尹), 노담(老聃)은 옛날의 넓고 큰 진인(眞人)이라 할 것이다.

[이 대목에서는 노자의 사상을 자세히 설명하고 이것이 바로 도의 극치에 이른 것이라 말하고 있다.]

芴漠無形 變化無常 死與生與 天地並與 神明往與 芒乎何之 忽乎何適? 萬物畢羅 莫足以歸 古之道術有在於是者。莊周聞其風而悅之. 以謬悠之說 荒唐之言 無端崖之辭 時恣縱而不儻 不以觭見之也。以天下爲沈濁 不可與莊語 以巵言爲曼衍 以重言爲真 以寓言爲廣。獨與天地精神往來而不敖倪於萬物 不譴是非 以與世俗處。

황홀하고 적막하여 형체가 없으며, 끊임없이 변화하여 일정한 모습이

없다. 죽은 것인가 살아 있는 것인가! 천지와 나란히 존재하고 있는 것인가! 신명(神明)과 함께 가고 있는 것인가! 아득하여 어디로 가는 것인가? 황홀하여 어디로 가는 것인가? 만물이 모두 여기에 망라되어 있기는 하나, 족히 여기에 돌아가 쉴 곳을 알지 못한다. 옛날 도술 중에 이런 학문이 있었다.

장주(莊周)가 이러한 학풍을 듣고 그것을 기뻐하였다. 그는 터무니없는 이야기와 황당한 말과 밑도 끝도 없는 언사(言辭)로 이따금 제멋대로 하면서도 한쪽에 치우치지 않았으며, 진기함을 자랑삼아 그것을 내보인 것이 아니다. 천하 사람들이 혼탁함에 빠져 함께 바른 이야기를 할 수 없다고 생각해서, 치언(巵言)으로 자연의 끝없는 변화에 순응케 하고, 중언(重言)으로 진실을 깨닫게 하고, 우언(寓言)으로 우주의 광대함을 깨닫게 하였다. 그리하여 그는 홀로 천지의 정묘하고 신묘한 작용과 함께 더불어 왕래하면서도 만물 위에서 오만하게 흘겨보지 아니하며, 시비를 따져 추궁하고 견책하지 아니하여, 세속과 더불어 살았다.

[지극한 도의 원리는 노자와 관윤으로부터 장자에게 전해졌음을 말하고 있다. 장자가 생각하는 도에 대한 설명도 나온다.]

其書雖瓌瑋而連犿無傷也。其辭雖參差而諔詭可觀。彼其充實不可以已 上與造物者遊 而下與外死生無終始者爲友。其於本也 弘大而辟 深閎而肆 其於宗也 可謂稠適而上遂矣。雖然 其應於化而解於物也 其理不竭 其來不蛻 芒乎昧乎 未之盡者。

그의 저서(著書)는 비록 터무니없이 진기한 내용을 담고 있으나, 둥글게 순환하여 사물을 해치는 일이 없으며 그 언사는 비록 크고 작게 어긋남이 있으나 수수께끼처럼 기발하여 볼만한 점이 있다. 그는 마음에 무엇인가가 충실하게 되면 멈출 수가 없어서, 위로는 조물자와 함께 노닐고, 아래로는 사생(死生)을 도외시 하고, 끝도 시작도 없는 사람을 벗으로 사귄다. 도(道)의 뿌리에 대해서는 넓고 크게 열고, 깊고 크게 뻗어나갔으며 도의 큰 줄기에 대해서는 조화적합(調和適合)해서 높은 경지에까지 올라갔다고 할 수 있을 것이다.
비록 그러하나 변화에 대응하여 만물을 해명(解明)할 때에는 사물의 조리(條理)를 다하지는 못했으며 사물이 올 때 다 벗어나지 못했으며 아득하고 어두울 뿐인지라, 아직 극진하지는 못한 자이다.

[장자의 자신의 저서에 대한 이야기이다.]

惠施多方 其書五車 其道舛駁 其言也不中。厤物之意 曰
至大無外 謂之大一 至小無內 謂之小一。無厚 不可積也 其大千里。
天與地卑 山與澤平。日方中方睨 物方生方死。大同而與小同異 此之謂小同異 萬物畢同畢異 此之謂大同異。
南方無窮而有窮 今日適越而昔來。連環可解也。我知天之中央 燕之北越之南是也。
氾愛萬物 天地一體也。
惠施以此爲大 觀於天下而曉辯者 天下之辯者相與樂之。

혜시(惠施)는 다방면에 걸친 학문을 추구하여 장서(藏書)가 수레 다섯대에 실을 정도로 많았으나, 그 도리(道理)가 잡박하여 그 말이 적중하지 못했다. 그는 사물의 의미를 차례로 검토하여 다음과 같이 열거하였다.
"지극히 커서 밖이 없는 것을 일컬어 대일(大一)이라 하고, 지극히 작아서 안이 없는 것을 일컬어 소일(小一)이라 한다. 두께가 없는 것은 쌓아올릴 수는 없으나, 그 넓고 큼은 천리 사방에 미친다. 하늘은 땅과 마찬가지로 낮고 산과 못은 둘 다 평평하다. 해는 중천에 떠오르면서 기울기 시작하고, 사물은 생기는 동시에 죽어간다. 크게는 같으면서 작게는 다른 것을 조금 다르다고 하고, 만물이 물(物)이라는 점에서는 다 같고, 개별로서는 다 다른 것을 일러 크게 다르다고 한다. 남쪽은 끝이 없지만 남쪽의 끝은 있다. 오늘 월나라에 갔는데 어제 도착했다.

이어진 고리는 풀 수 있다. 나는 천하의 중앙이 어디 있는지를 안다. 연나라의 북쪽과 월나라의 남쪽이 바로 중앙이다. 두루 만물을 사랑하면 사물의 차별이 없어지고 하늘도 땅도 하나가 된다."

혜시(惠施)는 이상의 명제(歷物十事)를 뛰어난 것으로 자부하여, 이것을 천하에 공표하여 논리학자들을 설득하였다. 그래서 천하의 논리학자들이 모두 서로 더불어 이것을 즐거워하였다.

[장자가 자신의 친구인 혜시에 대해 설명하며 비평하고 있다.]

卵有毛 雞三足 郢有天下 犬可以爲羊 馬有卵 丁子有尾 火不熱 山出口 輪不蹍地 目不見 指不至 至不絕 龜長於蛇 矩不方 規不可以爲圓 鑿不圍枘 飛鳥之景未嘗動也 鏃矢之疾而有不行不止之時 狗非犬 黃馬驪牛三 白狗黑 孤駒未嘗有母 一尺之捶 日取其半 萬世不竭。

辯者以此與惠施相應 終身無窮。桓團公孫龍辯者之徒 飾人之心 易人之意 能勝人之口 不能服人之心 辯者之囿也。

惠施日以其知與人之辯 特與天下之辯者爲怪 此其柢也。

然惠施之口談 自以爲最賢 曰天地其壯乎 施存雄而無術。

알에 털이 있다. 닭에는 세 개의 발이 있다. 초나라 서울 영(郢)에 천하가 있다. 개는 양이 될 수 있다. 말은 알을 깐다. 개구리에 꼬리가 있다. 불은 뜨겁지 않다. 산은 사람의 입에서 나온다. 수레바퀴는 땅에 붙어 있지 않다. 눈은 보지 못한다. 손가락으로 가리키는 곳에 도달할 수 없으니 손가락으로 가리키는 곳까지의 길이는 끊어지지 않는다. 거북이는 뱀보다 길다. 곱자로 네모를 그릴 수 없고 그림쇠로 원을 그릴 수 없다. 구멍에 꽂아 넣은 쐐기를 구멍이 꽉 둘러싸고 있지 않다. 나는 새의 그림자는 결코 움직이지 않는다. 살촉이 붙은 화살이 빨리 날아가더라도 날아가지도 머물지도 않을 때가 있다.강아지는 개가 아니다. 황색 말과 검은 소는 합해서 셋이다. 흰 개는 검다. 어미 없는 망아지는 본시 어미가 없다. 한 자 길이의 채찍을 매일 절반씩 자르면 영원토록 다 자를 수 없다. 당세(當世)의 변자(辯者)들은 이상의 명제(辯者二十一事)를 가지고 혜시(惠施)와 함께 서로 응수하면서 죽을 때까지 논쟁을 멈추지 않았다.
환단(桓團)과 공손룡(公孫龍)은 변자의 무리이다. 사람들의 마음을 쓸데없이 꾸며대게 하고 사람들의 생각을 바꾸게 하여 사람들의 입을 이길 수는 있었지만, 사람들의 마음을 승복시키지는 못하였으니, 이것이 변자(辯者)의 한계이다.
혜시는 날마다 지혜를 쏟아 사람들과 변론하였는데 그중에서도 특히 천하의 변자들과 기괴한 의론을 만들었으니 이것이 그들의 본질이다.

[혜시의 궤변을 예를 들어 보여 주고 이것은 아무 소용도 없다는 것을 말하고 있다.]

然惠施之口談 自以爲最賢 曰天地其壯乎 施存雄而無術。

南方有倚人焉曰黃繚 問天地所以不墜不陷 風雨雷霆之故。惠施不辭而應 不慮而對 遍偏爲萬物說 說而不休 多而無已 猶以爲寡 益之以怪。以反人爲實而欲以勝人爲名 是以與衆不適也。弱於德 強於物 其塗隩矣。

由天地之道觀惠施之能 其猶一蚉一宜之勞者也。其於物也何庸 夫充一尚可 曰愈貴道 幾矣 惠施不能以此自寧 散於萬物而不厭 卒以善辯爲名。

惜乎! 惠施之才 駘蕩而不得 逐萬物而不反 是窮響以聲 形與影競走也 悲夫!

그러나 혜시의 구변은 스스로 가장 뛰어나다고 생각하였다. 그리하여 말하기를

"천지는 참으로 장대하구나!"라고 하였다. 혜시가 품은 생각은 웅대하였으나 실제로 실천할 방법은 없었다.

남쪽 땅에 기인(奇人)이 있었으니 이름이 황료(黃繚)이다. 그가 혜시에게 하늘과 땅이 추락하지 않고 꺼지지 않는 이유와 비, 바람, 천둥이 일어나는 까닭을 물었다.

혜시는 사양하지 않고 잘 생각해보지도 않은 채 대답하여 두루 만물에 대해 설명하였다. 말을 그치지 않았으며 수다를 떨며 멈추지 않았다. 그러고도 오히려 그것을 적다고 생각해서 여기에 괴이한 말까지 보탰다.

그리하여 인정에 어긋나는 것을 오히려 진실이라 하고, 말로 남을 이기는 것으로 명성을 얻으려 하였다. 이 때문에 많은 사람과 적절하게 지내지 못했다. 도덕을 추구하는 데는 빈약하고 외물(外物)을 추구하는 데는 강했으니 그의 나아간 길은 치우쳐 있었다. 천지의 도를 기준으로 혜시의 재능을 바라본다면 그것은 한 마리 모기나 한 마리의 등에가 수고롭게 날아다님과 같으니, 사물에게 무슨 쓸모가 있겠는가!

그를 도의 일단(一端)에 충당하는 것은 그래도 괜찮지만 만일 도를 더욱 존귀하게 했다고 말한다면 위험하다. 혜시는 이 정도를 스스로 편안히 여기지 아니하고 산만하게 외물을 추구하여 싫증내지 않아서 끝내

말 잘하는 것으로 명성을 얻었으니 애석한 일이다!

혜시의 재능은 멋대로 행동하여 제대로 터득하지 못했으며 만물을 쫓아가 돌아오지 않았으니, 이것은 메아리를 멈추게 하고자 하면서 큰 소리를 지르고 몸이 그림자와 경주하면서 그림자에게서 떨어지려 하는 것이다. 슬픈 일이다!

[혜시의 설명은 도와 아무런 상관이 없음을 말하고 있다. 장자는 이러한 진리에 벗어난 설명 때문에 참된 도를 알기가 더 어렵다고 이야기한다. 도는 그저 자연의 원리를 따르며 그 본성을 지키기만 하면 되는 것이다. 이로써 만물은 평안하고 인간은 삶의 자유를 누릴 수가 있다.]

장자의 이해

(삶의 자유로움을 위하여)

정태성 값 30,000원

초판발행 2021년 10월 15일
지 은 이 정태성
펴 낸 이 도서출판 코스모스
펴 낸 곳 도서출판 코스모스
주 소 충북 청주시 서원구 신율로 13
대표전화 043-234-7027
팩 스 050-7535-7027

ISBN 979-11-91926-11-8